Le syndrome
de Vichy

Du même auteur

Un château en Allemagne
La France de Pétain en exil. Sigmaringen 1944-1945
Ramsay, 1980 ; réédité sous le titre :

Pétain et la fin de la Collaboration
Sigmaringen 1944-1945
Bruxelles, Complexe, 1984

La Collaboration
MA Editions, 1987

Les Années noires. Vivre sous l'Occupation
Gallimard-Découvertes, 1992

Vichy, un passé qui ne passe pas
en collaboration avec Eric Conan
Fayard, 1994 ; n^{elle} éd. Gallimard / Folio-Histoire, 1996

SOUS LA DIRECTION DE HENRY ROUSSO

De Monnet à Massé
Enjeux politiques et objectifs économiques
dans le cadre des quatre premiers Plans (1946-1965)
éditions du CNRS, 1986

La Planification en crises (1965-1985)
éditions du CNRS, 1987

Les Entreprises françaises sous l'Occupation.
Une enquête à l'échelle locale
en collaboration avec Robert Frank et Alain Beltran
Belin, 1994

La Seconde Guerre mondiale
Guide des sources conservées en France, 1939-1945
en collaboration avec Brigitte Blanc
et Chantal de Tourtier-Bonazzi
Archives nationales, 1994

Henry Rousso

Le syndrome de Vichy

De 1944 à nos jours

Deuxième édition
revue et mise à jour

Éditions du Seuil

En couverture : Militants d'extrême droite
célébrant la fête de Jeanne d'Arc à Paris,
le 10 mai 1987.
Photo Ph. Chesnot © Sipa-Press.

ISBN 2 02-012157-3

Remerciements

Je tiens à exprimer toute ma gratitude à Jean-Pierre Azéma, Jean-Pierre Rioux et Michel Winock, dont les conseils permanents et le regard attentif ont permis à ce livre de voir le jour.

Je tiens également à remercier mes collègues de l'Institut d'histoire du temps présent, aventuré depuis quelques années sur le champ de la mémoire, en particulier François Bédarida, Karel Bartosek, Claude Lévy, Michael Pollak, Denis Peschanski, Marianne Ranson, Dominique Veillon, Danièle Voldman, ainsi que Jean Astruc, Françoise Mercier, Anne-Marie Pathé et Lucienne Nouveau pour la documentation, et Valérie Arigon et Brigitte David. Claude Cherrier, Jean-Marie Guillon et Eugène Martres, correspondants de l'IHTP, m'ont fourni de précieuses indications.

Je remercie vivement ceux qui ont accepté de me livrer leur témoignage écrit ou oral, en particulier Pierre Cézard, Jacques Chumbuz, Jacques Delarue, René Descubes, Jean Favier, Henri Fréville, Yvette Garnier-Rizet, Génia Gemahling, Stanley Hoffmann, Jacques Isorni, Jean-François Kahn, Georges Lamirand, François Lehideux, Robert Paxton, Gilbert Renault dit Rémy, Georges Rouchouze, Philippe Viannay.

Nombreux sont ceux qui m'ont facilité la tâche dans ma documentation, notamment Renée Bédarida, Olivier Béressi, Georges Bonopéra, Yvan Charron, Robert Frank, Étienne Fouilloux, Pascal Krop, Sigrid et Fred Kupferman, Carine Marcé, Guillaume Malaurie, Michel Margairaz, Martine Rousso, Anne Sastourné, Judith Saymal, Jean-François Sirinelli, Chantal de Tourtier-Bonazzi, Pierre Vidal-Naquet, Éric Vigne, Jean-Pierre Vittori, Annette Wagner, Olivier Wieviorka.

Nathalie et Claudine Larguier, ainsi que Sébastien Verdo-liva et Jean-Pierre Gouailhardou m'ont accueilli avec ami-tié, à Douvres et Chablis.

J'adresse aussi ma profonde reconnaissance à Annette et Albert Rousso, mes parents, premiers lecteurs d'un manus-crit en chantier et soutiens fidèles.

La névrose

L'idée de ce livre est née d'une découverte que seule une naïveté juvénile pouvait rendre surprenante. Débutant à la fin des années 1970 une recherche sur l'histoire du régime de Vichy, et bien que sachant à l'évidence le sujet encore brûlant, je pensais la distance suffisante pour jouer du scalpel en toute innocence. Mais le cadavre était encore chaud : l'heure n'était pas au médecin légiste mais bien plutôt au médecin tout court, voire au psychanalyste.

Car la véritable surprise résidait moins dans les réactions passionnelles que suscitait tout écrit sur les années noires, y compris chez les historiens eux-mêmes, que dans l'*actualité* de cette période, dans son incroyable présence tournant parfois à l'obsession : scandales incessants, injures, anathèmes et procès en diffamation, affaires pouvant prendre une dimension nationale comme le procès de Klaus Barbie ou l'arrestation de Paul Touvier, champ culturel envahi par les images d'un passé trouble et fascinant, comme lors de la mode dite «rétro»...

D'où le sentiment d'une urgence qui dépassait la simple démarche scientifique : en parallèle à l'histoire de Vichy, se construisait une autre histoire, celle de son souvenir, de sa rémanence, de son devenir, *après* 1944 et jusqu'à une date qu'il est aujourd'hui encore impossible de déterminer.

Né dix ans après la guerre, j'appartiens à une «génération» qui a grandi à l'ombre quelque peu encombrante des réminiscences et simulacres de mai 68. Non seulement nous avons été dépourvus d'«événement fondateur» auquel nous rallier — de ceux qui, comme les engagements de l'Occupation, dans la Résistance ou l'autre bord, de la guerre d'Algérie ou des

fièvres de mai, ont soudé une communauté de pensée et une
communauté de souvenirs —, mais de surcroît obligés d'assister à l'interminable liquidation des séquelles de ces fractures
antérieures, en particulier celles des années 1940. Même quatre décennies après, une grande partie de la classe politique
et intellectuelle, les plus vieux comme les moins vieux, jouait
encore aux phalanges de l'ordre noir.

Le champ de la mémoire

Au-delà de ces raisons purement subjectives, il est un fait
que les historiens se penchent depuis quelques années sur les
« phénomènes de mémoire ». *A priori*, histoire et mémoire
sont deux perceptions du passé nettement différenciées. Le
fait a été souvent analysé, en particulier récemment par Pierre
Nora [1]. La mémoire est un vécu, en perpétuelle évolution,
tandis que l'histoire — celle des historiens — est une
reconstruction savante et abstraite, plus encline à délimiter
un savoir constitutif et durable. La mémoire est plurielle en
ce sens qu'elle émane des groupes sociaux, partis, Églises,
communautés régionales, linguistiques ou autres. De ce point
de vue, la mémoire dite « collective » est à première vue une
chimère, car somme imparfaite de mémoires éclatées et hétérogènes. L'histoire en revanche a une vocation plus universelle, sinon plus œcuménique. Malgré les conflits, elle est une
propédeutique de la citoyenneté. La mémoire, parfois, est
du registre du sacré, de la foi ; l'histoire est critique et laïque. La première est sujette au refoulement, tandis que, toujours *a priori*, rien n'est étranger au territoire de l'historien.

Cette distinction est pourtant un trait propre au XXᵉ siècle, mis en évidence par Maurice Halbwachs, disciple de
Bergson, et qu'illustre l'évolution de l'historiographie
contemporaine, tournée vers le savoir et non plus vers la légitimation. Au siècle dernier, en particulier en France, la différence n'existait pratiquement pas. L'histoire avait pour
fonction essentielle de légitimer la République naissante et

de forger un sentiment national, ce que Pierre Nora appelle l'«histoire-mémoire». Or, aujourd'hui, l'assimilation n'est plus possible : l'éclatement de la société rurale porteuse de traditions ancestrales, l'inflation des sources d'information, qui ont entraîné une multitude d'approches de la réalité sociale, l'affaiblissement du sentiment national en Europe occidentale depuis la Seconde Guerre mondiale, la profondeur des fractures internes, dont précisément celle de Vichy, ont fait diverger l'évolution de l'histoire et celle des mémoires.

> Avec l'avènement de la société en lieu et place de la nation, la légitimation par le passé, donc par l'histoire, a cédé le pas à la légitimation par l'avenir. Le passé, on ne pouvait que le connaître et le vénérer, et la nation, la servir ; l'avenir, il faut le préparer. Les trois termes ont repris leur autonomie. La nation n'est plus un combat, mais un donné ; l'histoire est devenue une science sociale ; et la mémoire un phénomène purement privé. La nation-mémoire aura été la dernière incarnation de l'histoire-mémoire [2].

D'où un nouvel atelier d'historien : l'histoire de la mémoire, c'est-à-dire l'étude de l'évolution des différentes pratiques sociales, de leur forme et de leur contenu, ayant pour objet ou pour effet, explicitement ou non, la représentation du passé et l'entretien de son souvenir, soit au sein d'un groupe donné, soit au sein de la société tout entière.

Cette histoire s'enracine dans des «lieux de mémoire», étudiés par Pierre Nora et son équipe, traces concrètes, visibles et durables de la célébration du passé. Elle prend naissance au sein de groupes particuliers qui sont porteurs d'une mémoire singulière : *les Camisards* de Philippe Joutard [3], ou *les Anciens Combattants* d'Antoine Prost [4]. Mais elle s'articule aussi autour de quelques événements clés, dont le souvenir perdure bien longtemps après l'extinction des derniers feux, et qui imprègnent l'ensemble de la société : la Révolution française, bien sûr [5], les guerres de Vendée qui lui sont directement liées et ont refait surface tout récemment [6], la Seconde Guerre mondiale [7]. Autant de sujets qui préoccupent les historiens, non plus simplement pour établir, compléter ou réviser les faits eux-mêmes, mais pour analyser la postérité de l'événement.

Ce n'est en rien un hasard si, dans cette dernière catégorie, les périodes explorées sont toutes relatives à des crises profondes de l'unité et de l'identité françaises. Ce sont celles qui ont laissé les souvenirs les plus durables, les plus conflictuels, les plus en relief. D'autant que ces crises s'alimentent l'une l'autre, la mémoire de la précédente jouant sur la suivante : la Révolution dans l'affaire Dreyfus, Dreyfus dans Vichy, Vichy dans la guerre d'Algérie, etc., les souvenirs du passé étant des éléments constitutifs — même s'ils sont seconds — de la crise[8].

L'intérêt de l'approche «événementielle» est qu'elle permet de souligner le poids des tensions qui alimente toute représentation à vocation collective du passé. Ces tensions existent d'abord entre groupes sociaux rivaux fort jaloux de leurs reconstructions respectives : l'ancien prisonnier de guerre n'aura pas les souvenirs ni la mémoire de l'ancien maquisard ou du déporté; entre tout ou partie de ces groupes avec la «mémoire dominante», c'est-à-dire un sentiment collectif diffus où prévaut une certaine interprétation du passé et qui peut avoir valeur de mémoire officielle : on pense ici à la mémoire gaulliste ou à la mémoire communiste; entre une mémoire volontariste, par exemple celle qui célèbre, érige, décore ou enterre, et une mémoire latente, implicite, sujette au refoulement... donc aux actes manqués, aux non-dits, aux lapsus et surtout au retour du refoulé. Car, même étudiée à l'échelle d'une société, la mémoire se révèle comme une organisation de l'oubli.

Mais ces tensions existent également dans l'écriture de l'histoire. L'historien, professionnel ou occasionnel, est toujours tributaire de son temps et de son époque. Il se trouve placé, dans le réseau des souvenirs collectifs, à un carrefour : d'un côté, il subit comme tout citoyen la mémoire dominante, qui, souvent contre son gré, lui suggère des interprétations, voire des pistes de recherche; de l'autre, il est lui-même un «vecteur du souvenir» (et un vecteur privilégié), en ce sens qu'il propose une vision du passé qui risque — après un long parcours — d'infléchir les représentations de l'heure.

En conséquence, il est difficile de parler d'universalité de l'histoire à propos de la Révolution, de Vichy ou de la guerre d'Algérie. Non seulement l'histoire n'a aucune vertu thérapeutique, n'ayant plus cette vocation de forger une identité nationale, mais (au moins à court terme) elle entretient souvent malgré elle la fracture originelle : il n'est que d'observer l'écriture houleuse de l'histoire des guerres franco-françaises citées plus haut. Vichy en tête.

Pourquoi Vichy ?

« Une époque révolue, écrit Krzysztof Pomian, se met, quand vient son heure, à fonctionner comme un écran sur lequel les générations qui se suivent peuvent projeter, en les objectivant, leurs contradictions, leurs déchirements, leurs conflits [9]. » C'est ce qui semble s'être passé à l'orée des années 1970 avec le souvenir de l'Occupation. D'où la nécessité de remonter à la source pour tenter de repérer ce qui, dans l'événement lui-même, était susceptible de durer et de resurgir une fois la crise passée.

Si le souvenir des années 1940-1944 a été aussi permanent et aussi conflictuel, c'est bien entendu d'abord parce que la tragédie a été d'une exceptionnelle gravité, presque unique dans l'histoire de la France. Déjà ébranlé dans les années trente, le pays va connaître en quelques années une série de secousses répétées : la guerre de 1939-1940, courte mais désastreuse (quelque quatre-vingt-dix mille morts et près de deux millions de captifs), la défaite militaire écrasante et inattendue, l'occupation étrangère humiliante et féroce, l'éclatement du territoire et de l'Empire, la guerre civile qui atteint son paroxysme en 1944 et se poursuit à la Libération avec l'épuration, enfin la rentrée dans la guerre en 1944-1945, sans compter les problèmes posés par la reconstruction économique, politique et morale. Énoncé banal, si ce n'est qu'il faut rappeler que cette série noire prend place dans l'intervalle de temps qui équivaut à celui d'une législature en temps de paix, et que les Français n'ont pas eu le temps nécessaire d'accepter, de comprendre, de faire le deuil de ce qui leur arrivait sans être immédiatement happés dans un autre tourbillon : c'est avec et sous Vichy que l'on a commencé de prendre la mesure de la défaite, c'est avec et sous l'épuration que la majorité a pris conscience de ce qu'était le régime de Pétain.

Ensuite, la défaite de 1940 abat une puissance impériale et un État en apparence solidement constitué. En quelques semaines pourtant, l'ensemble des structures du pays, des élites militaires, politiques, communales, s'effondre. Les circuits d'échange et de distribution s'interrompent brusquement. L'autorité semble tout d'un coup s'évanouir quelque part entre Paris et Bordeaux : c'est un fait sans précédent dans l'histoire des grands États contemporains.

L'intitulé même du régime qui succède à la IIIᵉ République et lui donne le coup de grâce — l'« État français » — illustre *a contrario* l'importance de cette vacuité soudaine. Au-delà des considérations idéologiques, cette appellation relève de la parole magique : est créé dans un casino, à Vichy, le 10 juillet 1940, ce qui précisément est en train de s'écrouler. L'État français, au départ, était d'abord un non-État, d'où les velléités de reconstruction interne, de modernisation. Le drame de Vichy — on l'a maintes fois souligné — est d'avoir cru pouvoir combler rapidement, sous le regard de l'occupant, ce vide qui s'est ouvert sous les pieds des Français en juin 1940. Livrés à eux-mêmes et aux Allemands, ballottés entre les paroles rassurantes d'un Maréchal et les dures réalités de l'Occupation, soumis à des autorités multiples sans qu'aucune ait une légitimité incontestable, ils garderont longtemps le goût amer de cet effondrement, même s'ils voudront l'oublier.

Mais sans doute l'élément essentiel provient-il de la multiplicité des conflits internes qui éclatent entre 1940 et 1944 et font de Vichy l'archétype des guerres franco-françaises. Dès les années trente, on s'affrontait sur la nature des dangers qui menaçaient la France : pour les uns, notamment à gauche, c'était le fascisme et le nazisme, y compris en France même ; pour les autres, le Front populaire et les communistes. Seul point commun, la priorité donnée à l'« ennemi intérieur », en particulier à droite. L'armistice, après le point culminant de la crise de Munich, va cristalliser définitivement les positions, non sans quelques transfuges et retournements de dernière minute. Peu à peu, va se dessiner ainsi la faille principale, entre la Collaboration et la Résistance, deux entités extrêmement hétérogènes mais malgré tout nettement clivées.

Cependant, cette faille mère va masquer d'autres fractures, parfois plus profondes. Ainsi, sous l'Occupation, «rejoue» la vieille faille jamais sédimentée de la Révolution, tout comme celle de l'affaire Dreyfus : la lutte contre les institutions républicaines, des actes constitutionnels aux velléités cléricales de 1940-1941, même si elle a été moins vivace qu'on ne le croyait sur l'instant, a été une obsession des vichystes. Tout comme leur antisémitisme, officialisé par la loi et le droit, s'est inspiré non du nazisme mais bien d'une tradition française.

De même, éclatent au grand jour et avec violence des antagonismes sociaux qui sont un écho direct des événements de 1936 : le régime de Vichy, c'est une banalité, fut par bien des aspects une revanche contre le Front populaire, des lois sur l'organisation de la production au procès avorté de Riom. Tous les chefs d'entreprise ne furent certes pas des collaborateurs, ni les ouvriers des résistants, loin de là. Néanmoins, la conscience de ce qui les sépare fut suffisamment aiguë durant ces années-là pour que subsistent des haines tenaces, justifiées ou non.

C'est cette multiplicité des fractures internes que l'on peut désigner sous le vocable générique de «guerre civile». Le terme peut choquer : rien de comparable en effet à l'Espagne de 1936, ni à la Grèce pendant et après la guerre, ni à la Yougoslavie, encore moins à l'Allemagne ou l'Italie. Mais dans un pays empreint d'une profonde tradition parlementaire, démocratique et républicaine, les luttes intestines, pour la première fois depuis la Commune, ont revêtu un caractère meurtrier et radical.

Le régime de Vichy et les collaborationnistes, d'un côté, sont directement responsables de la condamnation de 135 000 personnes, de l'internement de 70 000 suspects (dont nombre de réfugiés politiques d'Europe centrale), de la révocation de 35 000 fonctionnaires [10]. Victimes des lois d'exclusion, 60 000 francs-maçons ont été fichés, 6 000 ont été inquiétés, et 549 (sur 989) sont morts en déportation [11]. De même, l'administration française et les partis à la solde des Allemands, chacun à leur manière, ont contribué à la déportation de 76 000 juifs français et étrangers, dont moins de 3 % a survécu. Les mêmes ont œuvré à l'envoi en Allemagne de 650 000 travailleurs au titre du STO et ont mené une lutte sans répit à la Résistance et à tous les opposants en général. Certes, ni Vichy ni les collaborationnistes ne sont directement responsables de toutes les exécutions, exactions, déportations. Mais il ne fait aujourd'hui aucun doute que, parmi les nombreuses victimes de cette époque, une partie non négligeable a subi le contrecoup, non de l'Occupation étrangère ou du conflit militaire, mais des luttes internes, dont Vichy a été le maillon initial : c'est un fait, pas un *a priori* idéologique.

De l'autre côté, le combat de la France libre et de la Résistance a également laissé des traces sanglantes, là aussi au-delà de tout *a priori* moral ou idéologique. Environ 10 000 personnes ont été tuées en dehors des instances judiciaires légales du Gouvernement provisoire, dont une bonne moitié avant le 6 juin 1944, donc en pleine Occupation. Sur les 160 287 dossiers examinés par les tribunaux militaires, les cours de justice et les tribunaux civils, 45 % ont abouti à un non-lieu ou à un acquittement, 25 % à la dégradation nationale et à la perte des droits civiques, 24 % à des peines de prison, dont un tiers aux travaux forcés temporaires ou à perpétuité. Enfin, 7 037 personnes ont été condamnées à mort et 767 effectivement exécutées. De même, l'épuration professionnelle, sans être très poussée ni équitable suivant les secteurs, a touché plus de 150 cadres et chefs d'entreprise, dont certains d'envergure, ou encore environ 700 fonctionnaires dans l'enseignement, pour ne citer que deux exemples [12].

On doit additionner à ces chiffres les milliers de morts occasionnés par les affrontements d'Afrique occidentale et de Syrie, entre soldats restés fidèles à Vichy et ceux qui ont rallié la France libre. Au total, les luttes fratricides de l'Occupation ne sont en rien une « guerre civile froide » ou

« verbale », mais une guerre civile tout court, à l'échelle de l'histoire française. Et les guerres civiles ont de tout temps été les plus dures à se résorber car, contrairement à la guerre contre l'étranger, l'« ennemi » reste sur place après la bataille.

A ces facteurs propres à la situation intérieure française, s'ajoutent les caractéristiques de la Seconde Guerre mondiale. D'abord, loin d'être semblable à la Grande Guerre, elle est une guerre idéologique. De ce point de vue, la faille hexagonale recoupe très largement une faille aux dimensions planétaires née de l'affrontement entre les trois grands systèmes politiques du siècle : fascisme/nazisme, communisme et démocratie parlementaire, affrontement dont l'écho a résonné bien au-delà du 8 mai 1945.

Ensuite, la dernière guerre a entraîné partout de profonds bouleversements, y compris en France. Le *Blitzkrieg* de 1940, les bombardements de 1943-1945 ont été par exemple autant de révélations, pour la population affolée, de l'emprise de la technologie sur la marche du siècle. Obsédés par le souvenir des tranchées de 1914, par la saignée humaine, rares ont été ceux qui ont saisi l'importance du changement d'échelle de la guerre. Qu'on pense à l'appel du 18 juin : « ...foudroyés aujourd'hui par la force mécanique, nous pourrons vaincre dans l'avenir par une force mécanique supérieure, le destin du monde est là. » La panique devant l'effondrement de l'État et de la société s'est accompagnée d'une conscience progressive que seul un État « fort » était à même d'affronter la dureté des crises, de la crise économique à la guerre elle-même, de prendre en compte cette dimension technologique nouvelle, et surtout d'assurer la protection des citoyens, corollaire indispensable des désordres engendrés par ces mutations profondes. L'historien américain William H. McNeill a même soutenu que le *Welfare State* (État-Providence) était directement issu du « *Warfare State* » [13].

Enfin, après les Arméniens, les Mandchouriens, les Allemands, les Russes, les Espagnols et les juifs européens, les Français ont été dans ces années-là directement confrontés à la brutalité du siècle, à la terreur de masse, au phénomène

concentrationnaire, à la mort comme arme politique bana-
lisée et systématique.

L'État omniprésent, la technologie, la violence organisée — mais aussi la mondialisation des échanges, l'unification des marchés et des mentalités dans de larges fractions
de la planète... On peut ainsi facilement admettre l'idée que
la Seconde Guerre mondiale a accouché dans une large
mesure de notre monde actuel, de notre temps présent. Or
cet accouchement s'est fait dans la douleur, dans l'aliéna-
tion, dans la division. Autant de raisons supplémentaires qui
expliquent les difficultés avec lesquelles les Français (comme
d'autres) ont accepté ce passé-là.

Pourquoi avoir choisi Vichy comme angle d'attaque ?
Pourquoi ne pas s'être interrogé par exemple, dans la même
logique, sur le souvenir et la mémoire de la Résistance ? Certes, les résistants et la Résistance sont présents dans cet
ouvrage, mais, par choix et par souci de limiter le sujet, des
pans entiers de la mémoire des années quarante ont été volontairement négligés, comme la mémoire communiste (auquel
un seul livre ne suffirait pas !...) ou celle d'associations spécifiquement liées au souvenir des années quarante, étudiées
par d'autres [14].

L'hypothèse initiale qui sous-tend ici la réflexion est que
la guerre civile, en particulier l'avènement, l'influence et les
actes du régime de Vichy ont joué un rôle essentiel sinon premier dans la difficile réconciliation des Français avec leur histoire. Plus que l'occupation étrangère, plus que la guerre, plus
que la défaite qui, sans avoir bien entendu disparu des
consciences, sont souvent observées et perçues à travers le
prisme de Vichy.

Un peu comme l'inconscient dans la théorie freudienne,
la mémoire dite « collective » existe d'abord dans ses
manifestations, dans ce par quoi elle se donne à voir,
explicitement ou implicitement. Le syndrome de Vichy est
l'ensemble hétérogène des symptômes, des manifestations,
en particulier dans la vie politique, sociale et culturelle, qui
révèlent l'existence du traumatisme engendré par l'Occupation, particulièrement celui lié aux divisions internes, trau-

matisme qui s'est maintenu, parfois développé, après la fin des événements.

La mise en ordre historienne de ces symptômes a mis en évidence une évolution en quatre phases. Entre 1944 et 1954, la France affronte directement le problème des séquelles de la guerre civile, de l'épuration à l'amnistie : c'est la phase de deuil, dont les contradictions seront lourdes de conséquences par la suite. De 1954 à 1971, le souvenir de Vichy se fait moins conflictuel, à l'exception de « rejeux » sporadiques entre 1958 et 1962. Les Français semblent refouler cette guerre civile, aidés en cela par l'établissement d'un mythe dominant : le résistancialisme. Le terme, forgé à la Libération par les adversaires de l'épuration (cf. chapitre 1), a ici une autre acception. Il désigne un processus qui a cherché : primo la marginalisation de ce que fut le régime de Vichy et la minoration systématique de son emprise sur la société française, *y compris dans ses aspects les plus négatifs* ; secundo, la construction d'un *objet* de mémoire, la « Résistance », dépassant de très loin la somme algébrique des minorités agissantes que furent les résistants, objet qui se célèbre et s'incarne dans des *lieux* et surtout au sein de groupes idéologiques, tels les gaullistes et les communistes ; tertio, l'assimilation de cette « Résistance » à l'ensemble de la nation, caractéristique notamment du résistancialisme gaullien.

Entre 1971 et 1974, le miroir se brise et les mythes volent en éclats : c'est la troisième phase, qui se présente comme un « retour du refoulé ». Elle inaugure par la suite une quatrième phase, dans laquelle il semble que nous soyons encore, celle d'une obsession, marquée d'une part par le réveil de la mémoire juive, qui a joué et joue un rôle crucial dans le syndrome, et de l'autre par l'importance des réminiscences de l'Occupation dans le débat politique interne.

Cette première partie tente de cerner ainsi les contours d'une « névrose », les emprunts à la psychanalyse n'ayant ici valeur que de métaphore, non d'explication. Elle n'opère pas de tri entre les différents types de manifestations : une petite phrase présidentielle ou le scandale provoqué par un film sont mis sur le même pied que l'analyse d'un procès retentissant. Seul compte dans cette optique l'effet d'actualité, à condition qu'il soit patent, même s'il peut être restreint.

Une deuxième partie, en revanche, tente de hiérarchiser ces manifestations du souvenir, en s'interrogeant sur les vecteurs de transmission du passé, en particulier ceux qui ont joué un rôle déterminant dans l'histoire du syndrome : les commémorations, le cinéma et l'historiographie (de la production historique à l'enseignement), les premières parce qu'elles semblent avoir échoué dans la construction d'une mémoire officielle, le deuxième parce que l'image semble avoir eu un impact décisif dans la formation d'une mémoire commune sinon collective, et enfin la troisième parce que les historiens et les livres d'histoire sont encore une fois un vecteur de mémoire par excellence.

En dernier ressort, après avoir observé et analysé les *émetteurs* — quand et comment ont été émis les signes qui tentent de formuler une représentation du passé (ou qui révèlent son existence implicite) —, l'attention s'est portée sur les *récepteurs*, la « mémoire diffuse », potentiellement aussi importante que les mémoires organisées (partis ou associations) ou que la mémoire savante, mais qui en est l'enjeu ultime, d'autant qu'elle ne peut, elle, formuler une vision cohérente et opératoire du passé autre qu'individuelle. Les Français, par classes d'âge et par familles de pensée, ont-ils été ou non sensibles aux représentations qu'on leur offrait ?

Construit autour d'une idée et d'une hypothèse — la survivance active et historiquement repérable du passé —, ce livre se veut « ouvert », de ce fait loin de toute prétention à l'exhaustif, ou au péremptoire. Et, précision liminaire qui a son importance, il a cherché, autant que faire se pouvait, à n'être pas trop prisonnier du syndrome qu'il décrit...

Avant-propos
à la deuxième édition

1944-198... Dans son titre même, la première édition de cet ouvrage, en 1987*, laissait entendre que le fin mot de l'histoire n'était pas pour demain et que la Seconde Guerre mondiale n'était pas terminée. Du moins jusqu'à la chute récente du Mur de Berlin et les révolutions en Europe de l'Est. Sans surprise, les séquelles de l'Occupation ont continué depuis trois ans d'agiter la conscience nationale des Français. Une suite (et un changement prudent de sous-titre) était donc presque inévitable. Cette deuxième édition, revue et corrigée, offre quelques compléments sur le procès Barbie, les « affaires » Touvier et Leguay, les querelles autour de l'histoire de la Résistance, l'impact de quelques grands films sortis depuis 1987 [1]. Mais la véritable interrogation était de savoir si, en quelques années, les hypothèses de base avaient été ou non invalidées. Au lecteur de juger. En tout état de cause, j'ai le sentiment très net que la « phase obsessionnelle » du syndrome, qui débute à mon sens dans le milieu des années 1970, a conservé ses caractéristiques propres : le rôle croissant de la justice et du droit comme vecteurs de mémoire comme en témoignent les inculpations en cascade pour crimes contre l'humanité ; le processus d'« historisation » dans lequel se sont trouvés, à leur corps défendant, les survivants du génocide, puis les anciens résistants ; la Résistance, devenue l'enjeu central d'une histoire renouvelée de la Seconde Guerre mondiale en France. Le constat originel n'a pas non plus de raison d'être remis en cause : la mémoire de l'Occupation est toujours vécue en France de manière conflictuelle,

* Éditions du Seuil, coll. « xxᵉ siècle ».

mais les lignes de clivage continuent de se déplacer ou de changer de nature suivant les époques et les enjeux du moment.

Cependant, rien ne sert de masquer les faiblesses dont j'ai pu mesurer la nature avec le recul et les critiques, bienveillantes ou non, d'historiens, acteurs, témoins ou simples lecteurs occasionnels, que je remercie ici de leurs remarques. Ces critiques permettent d'élargir la perspective d'un projet qui, à l'origine, se trouvait être relativement isolé dans le champ historiographique, ce qui n'est plus le cas aujourd'hui. J'en retiendrai quatre, de nature et d'ampleur différentes.

N'ayant pas cherché l'exhaustivité, l'ouvrage ne pouvait que receler de nombreuses lacunes. Je n'ai pas assez pris en compte, par exemple, la dimension planétaire du phénomène décrit ici : l'Allemagne, l'Europe en général, voire les États-Unis ou le Japon, sont tout autant sinon plus déchirés sur les souvenirs de la dernière guerre. Dans ces pays aussi, ces souvenirs ont été vécus sur un mode conflictuel, en termes nationaux ou internationaux, et de manière souvent aiguë comme le prouvent la récente affaire du Carmel d'Auschwitz ou les farouches discussions des historiens allemands au sujet du nazisme, en attendant les révisions radicales consécutives à la nouvelle donne à l'Est. Seule une perspective qui transcende les frontières peut rendre sa véritable dimension au souvenir de la dernière guerre. Cela étant, j'ai bien essayé de montrer qu'en France, ce « passé qui ne passe pas » s'était d'abord manifesté dans le cadre de la reconstruction ou de la préservation d'une identité nationale. Le fait n'est d'ailleurs pas propre à la France et concerne nombre de pays où le conflit militaire s'est doublé d'un conflit interne, aux allures de guerre civile.

La critique du manque d'exhaustivité pose en réalité un problème de méthode. Les résurgences retenues ici comme significatives n'ont pas été sélectionnées en fonction d'une échelle d'importance établie de façon rétrospective, mais en fonction du vécu des contemporains, de leurs représentations du moment, du moins telles qu'elles ont pu être reconstituées, et des conséquences à moyen terme dans le registre de la mémoire. A titre d'exemple, si j'ai accordé une grande place à l'affaire Darquier de Pellepoix, consécutive à son interview du 28 octobre 1978, dans *l'Express*, ce n'est pas parce qu'en soi l'événement méritait de longs développements, mais bien parce qu'il a frappé les esprits de l'époque et que la polémique qu'il a engendrée a eu comme conséquence les premières inculpations pour crimes contre l'humanité en France, celles de Leguay et de Touvier, un tournant dont on n'avait pas souligné avant l'importance.

Autre reproche souvent justifié : celui d'avoir formulé des jugements de valeur et exprimé quelques *a priori* peu fondés. J'en ai révisé certains, notamment à propos du film *Shoah*, de Claude Lanzmann. Mais il était sans doute illusoire de vouloir échapper au syndrome que je décrivais puisque, précisément, il est constitutif de notre temps présent duquel l'historien pas moins qu'un autre ne peut s'évader. Ces jugements de valeur sont peut-être plus criants dans les pages consacrées au cinéma : celles-ci n'avaient pas la prétention d'être celles d'un spécialiste de l'image que je ne suis pas, encore moins d'un critique de cinéma, mais celles d'un historien qui, tout en revendiquant un regard spécifique, n'a pu se départir complètement de sa qualité de simple spectateur.

Beaucoup ont été ceux, notamment chez les historiens, qui ont critiqué l'usage de concepts « freudiens » hors de leur champ d'application d'origine. Au départ, ce recours n'avait qu'une valeur heuristique. Il m'a permis de mieux saisir le sens de l'évolution décrite et d'expliciter des notions très souvent utilisées par les historiens sans justification autre que le sens commun des mots : refoulement, deuil, oubli, etc. Tout en étant conscient que l'approche « freudienne » n'était qu'une clé possible parmi d'autres, j'ai estimé lors de la rédaction que la démonstration y gagnerait en intelligibilité si elle laissait transparaître ce fil conducteur originel. Je l'ai fait sur le mode de la métaphore qui ne fait qu'esquisser, peut-être de façon insatisfaisante, un modèle d'évolution. N'ayant pas eu à ma disposition une théorie armée rendant compte de la complexité des phénomènes collectifs de mémoire, du moins tels que je les envisageais : en partant non d'un groupe social donné mais d'un événement précis, je ne renie nullement cette grille de lecture, aussi empirique soit-elle. Tant pis si je chagrine un peu plus ceux qui tremblent à l'idée qu'un historien se doit (comme d'autres) de construire son objet de recherche et doit donc se confronter, tant bien que mal, à des approches plus conceptuelles, ou ceux, au contraire, qui attendent de lui qu'il soit en même temps philosophe, politiste, sociologue, anthropologue, que sais-je encore. Si seulement la réciproque était vraie.

Enfin, dernières formes de critiques : celles qui n'ont vu dans l'ouvrage qu'une « démonstration idéologique ». Je n'en citerai ici que deux, parmi les plus radicales. Elles sont significatives de la survivance d'un certain état d'esprit, celui du soupçon systématique.

Dans le rôle de l'ancien combattant des tranchées du Quartier latin, Francis Marmande a cru déceler, à l'égard de mai 68, « un regret agacé de n'en avoir pas été », et il s'insurge contre la faible part accordée dans le livre à cet événement. Ce « refoulement » serait ainsi consécutif « à une fascination discrète pour la personnalité de De Gaulle » qui m'« empêche d'analyser, bien entendu, l'imposture qui lui a fait accaparer et dévoyer une symbolique (*celle de la Résistance*) qu'il a détournée à son profit[2] ». Étrange critique, alors que l'ouvrage tente précisément d'analyser en long et en large ce détournement. Mais l'auteur ne le voit pas, furieux de cette absence d'hommage à la « nouvelle Résistance » de mai 1968 : celle-ci n'est l'objet que d'une simple mention, ni plus ni moins en relief que d'autres références du même ordre. A l'échelle de quatre décennies, la vision et l'action de l'« homme du 18 juin » (rappel pour mémoire, toute fascination mise à part) me semblaient autrement topiques que l'analyse détaillée des motivations de ceux qui entonnaient le *Chant des partisans* devant des SS déguisés, les fourbes, en CRS. Cela suffit apparemment pour être catalogué comme un tigre de papier. Néanmoins, l'aveu implicite de cette critique ne manque pas d'intérêt : le véritable regret, c'est celui justement de « n'en avoir pas été », les insurgés de la rue Gay-

Lussac ayant laissé des souvenirs moins vifs mais souvent plus bruyants que ceux du Vercors. On est en plein dans le syndrome décrit dans ce livre.

D'un bord opposé, Annie Kriegel a été à la fois la plus constante et la moins explicite dans ses attaques. Elle se désole par exemple que les études françaises consacrées à la Solution finale et à ses suites aient « eu pour objet quasi unique de faire le procès des complices, comparses, exécutants de la machine de mort hitlérienne : tantôt les gens de Vichy, tantôt la police française, tantôt les juifs de vieille ascendance française (...) ». Elle cite à titre d'exemple (si l'on peut dire...) cet ouvrage ainsi que d'autres, dont celui de Michael Marrus et Robert Paxton (*Vichy et les Juifs*, Calmann-Lévy, 1981), « de meilleur aloi bien que, dans la foulée, aussi globalement gauchis, aussi fondamentalement erronés dans leur problématique et leur perspective [car] en ne partant pas de l'analyse du lieu d'origine, l'Allemagne hitlérienne, en ne replaçant pas les acteurs périphériques, leurs attitudes et leurs conduites dans les structures de subordination qui modelaient leur rôle, ces ouvrages ne pouvaient aboutir qu'à une analyse décalée et déformée ». Et elle invalide celle-ci en la soupçonnant de n'être qu'une « instrumentalisation de la Shoah » à des fins purement idéologiques [3].

D'abord, argument accessoire mais non sans intérêt, tel n'était en rien le sujet du livre qui ne fait aucun « procès » mais se propose au contraire de se pencher sur ceux que la société française s'offre périodiquement depuis 1944, à tort ou à raison, c'est un tout autre problème. De même, reprocher à un livre qui précisément s'interroge (bien ou mal) sur les diverses formes d'instrumentalisation du passé de n'être lui-même qu'un instrument relève d'un procédé rhétorique classique, dépourvu d'une réelle plus-value critique. Sur le fond, j'ai voulu démontrer qu'*en France*, c'est bien la question de *Vichy* qui a été au centre des polémiques récurrentes depuis 1944, plus que la question nazie. On peut s'en féliciter ou le déplorer, mais pour l'instant, personne n'a démontré, Annie Kriegel moins qu'une autre, que ce constat était « fondamentalement erroné ». Enfin, on a suffisamment reproché dans les années antérieures aux historiens français d'avoir délaissé l'étude de Vichy et de la Collaboration pour accepter aujourd'hui sans broncher le reproche inverse.

Au-delà de la polémique, ce type d'argument mérite d'être relevé moins à cause de ce qu'il affirme qu'à cause de ce qu'il nie : la part d'autonomie du régime de Vichy en regard de l'occupant nazi, et donc la prise en compte de sa spécificité. Là réside pourtant une des avancées majeures de l'historiographie de ces vingt dernières années qui a montré l'originalité du cas français où se combinent une politique de collaboration d'État et la volonté d'une rénovation interne, la « Révolution nationale », indépendante de l'Occupation proprement dite. On peut et on doit aujourd'hui relativiser cette autonomie, replacer Vichy dans une perspective comparative prenant en compte la dimension européenne de l'occupation nazie et donc la parenté qui existe entre Vichy et d'autres régimes du même type[4]. Cette comparaison est possible désormais sans tomber dans la vision fausse d'une simple parenthèse ouverte par la volonté de l'occupant nazi. Encore fallait-il bien circonscrire au préalable la spécificité de l'« État français ».

Le travail entrepris ici s'inscrit sans hésitation dans ce courant historiographique. S'il cherche plutôt à évaluer la nature et la profondeur des cicatrices laissées par ces années terribles, il se veut aussi un éclairage différent sur la blessure elle-même.

Janvier 1990

PREMIÈRE PARTIE

L'ÉVOLUTION

1
Le deuil inachevé
(1944-1954)

Une vision objective (et optimiste) des choses a pris l'habitude de définir l'après-guerre comme la succession de deux étapes : la « Libération » et la « Reconstruction ». Après la nuit, la lumière. Pourtant, la décennie qui suit la fin de l'Occupation a connu la mise en place d'un difficile travail de deuil, celui, attendu et traditionnel, des blessures de la guerre, comme jadis après 1918, celui, plus noueux et conflictuel, des fractures internes. La récurrence ultérieure des crises du souvenir prend sa source dans ces années-là, la société française se révélant incapable de résorber entièrement le traumatisme.

La Libération, un souvenir-écran

La joie des premiers « beaux jours » après le cauchemar a été si profonde qu'elle dure encore deux générations plus tard. Lors d'un sondage effectué en 1983, la Libération et l'armistice de 1940 arrivaient en tête (respectivement cités par 51 % et 31 % de Français) des deux événements « les plus importants de ces quarante dernières années [1] ». Malgré les bouleversements intervenus depuis, la guerre dans son ensemble a donc gardé toute sa prégnance. Mais, en bonne logique, l'armistice (donc la défaite) aurait dû précéder la Libération, et la cause la conséquence. Or, avec la distance, la hiérarchie des représentations a supplanté celle des faits, qui confond l'importance historique d'un événement avec son caractère positif ou négatif.

Du moins, au regard d'une histoire positiviste. Il est probable, en effet, que cette inversion résulte de l'importance des années 1944-1945, non seulement comme événement en soi (ce qui est un autre problème), mais parce que les premières visions rétrospectives de l'Occupation se sont ébauchées à ce moment-là. Très vite, parce que la nécessité commandait de liquider les séquelles, et parce que des forces politiques rivales ont tenté d'exploiter à leur profit un héritage ambivalent, la mémoire « collective » de l'événement encore chaud s'est cristallisée autour de quelques noyaux durs.

> Paris ! Paris outragé ! Paris brisé ! Paris martyrisé ! mais Paris libéré ! libéré par lui-même, libéré par son peuple avec le concours des armées de la France, avec l'appui et le concours de la France tout entière, de la France qui se bat, de la seule France, de la vraie France, de la France éternelle.

En quelques phrases, le 25 août 1944, le général de Gaulle a posé d'emblée la première pierre du mythe fondateur de l'après-Vichy. Fort de sa légitimité, il va inlassablement chercher à écrire et réécrire l'histoire des années de guerre, en proposant une vision issue de son seul imaginaire.

A l'instar de Paris, le reste du pays se serait libéré tout seul : dans le discours du 25 août à l'Hôtel de Ville, il n'évoque que tardivement « nos chers et admirables alliés ». Il parle peu de la « Résistance » et des résistants, forces contingentes dans le temps. Le salut émane de la « France éternelle », l'abstraction qui constitue l'une des clés de voûte de la symbolique gaullienne. Ainsi, première image-force, la défaite militaire de 1940 a été effacée par les armes et par la nation tout entière. Et, comme toute représentation à valeur collective, elle n'est pas entièrement dénuée de sens objectif, puisque c'est une division française qui est entrée la première dans Paris (grâce à lui) et qu'une bonne partie du territoire, notamment le Sud-Ouest, n'a pratiquement pas vu de soldats alliés.

Mais alors, si la « France » est intacte, quelle place accorder dans ce système à Vichy et à la Collaboration ? La réponse est tout aussi immédiate. Ce même 25 août, Georges Bidault, entouré du Conseil national de la Résistance qu'il préside et du Comité parisien de Libération, est venu demander au chef de la France libre de « proclamer solennellement la République devant le peuple ici rassemblé ». Cela lui vaut une réplique sans appel :

> La République n'a jamais cessé d'être. La France libre, la France combattante, le Comité français de Libération nationale l'ont, tour à tour, incorporée. Vichy fut toujours et demeure nul et non avenu. Moi-même suis le président du gouvernement de la République. Pourquoi irais-je la proclamer [2] ?

La réponse est bien sûr politique. D'après Georges Bidault, dans ses Mémoires parus après la guerre d'Algérie, le CNR et lui-même, ne connaissant pas la teneur du discours que de Gaulle allait prononcer sur le balcon de l'Hôtel de Ville, ont souhaité « écarter d'emblée tout malentendu [3] ». Mais elle illustre la mise entre parenthèses de Vichy.

Le 2 avril 1945, à l'occasion de la journée des Drapeaux, remis aux régiments de l'armée française renaissante, le Général a poursuivi dans la même veine, tentant cette fois d'éclipser la spécificité de l'occupation nazie.

> La France découvre avec lucidité quel effort il lui faut fournir pour réparer tout ce que cette guerre, commencée voici plus de trente ans, a détruit de sa substance... Dans le domaine moral, des germes de division subsistent qu'il faut extirper à tout prix. Nous avons payé assez cher tous ceux qu'avaient déjà semés entre Français tant de secousses intérieures, naturellement conjuguées avec tant d'invasions, puisqu'il n'y a pas d'exemple que les batailles intestines de la France n'y amènent bientôt l'étranger [4].

La « guerre de trente ans » est une autre composante majeure de la symbolique gaullienne. L'assimilation entre les deux guerres mondiales permet d'insister sur le facteur militaire, donc d'éroder les particularités de la seconde : poids des résistances sans uniforme, des luttes idéologiques, du génocide. Il est vrai que les déportés ne sont pas encore rentrés et que la guerre, à laquelle participe une armée française régulière, n'est pas terminée. Elle tente également de tirer un trait sur les divisions internes, par un appel à l'unité, voire à l'« union sacrée ». Étroitement liées aux « invasions », les luttes fratricides n'ont plus de raison d'être une fois l'ennemi battu. Ce qui laisse dans l'ombre les causes proprement internes de la lutte entre partisans et adversaires du nazisme, que le Général n'a pas le désir de nier. Elle anticipe enfin sur la victoire, celle de 1945 résonnant comme l'écho de celle de 1918, qui fut, elle, incontestable et vierge de tout sentiment de malaise ou de honte.

Cette vision cohérente et relativement fermée sur elle-même constitue ce qu'on peut appeler le « résistancialisme gaullien », qui se définit moins comme une glorification de la Résistance (et certainement pas des résistants), que comme la célébration d'un peuple *en résistance* que symbolise l'homme du 18 juin, sans l'intermédiaire ni des partis, ni des mouvements, ni d'autres figures de la clandestinité. Elle tente de se superposer à la réalité autrement plus complexe et composite de l'Occupation. Son objectif inavoué était d'interpréter le passé en fonction des urgences du présent. Mais de Gaulle ne pouvait à lui seul gérer à la fois les impératifs du rétablissement de l'ordre républicain et fournir une image lisse d'événements troubles vécus par des millions de Français, souvent dans des situations fort différentes. Le mythe, partie intégrante du gaullisme, est amorcé, mais ne sera réellement installé que bien plus tard, et pour peu de temps.

Souvent absents des discours du Général, les résistants tiennent par contre le devant de la scène politique, du moins dans un premier temps. Sans entrer dans une histoire déjà largement défrichée, il faut rappeler qu'entre 1944 et 1947, la droite, même traditionnelle, était totalement déconsidérée. L'effondrement du régime de Vichy a même failli signifier « sa condamnation irrévocable [5] ». A titre d'exemple, sur

302 députés et sénateurs touchés par des mesures d'inéligibilité, consécutives au vote des pleins pouvoirs à Pétain ou
à la participation au régime, 163, soit plus de la moitié, appartiennent au centre et à la droite parlementaire de 1936, 79
viennent de la famille radicale et 52 de la SFIO. Sur l'ensemble de la presse quotidienne nationale, les organes d'inspiration communiste, socialiste et résistante accaparent plus de
la moitié des tirages, les premiers multipliant par quatre leur
audience d'avant-guerre. Enfin, sur un échantillon d'un millier de parlementaires élus sous la IVe République, les deux
tiers seraient issus directement de formations de la Résistance
ou de la France libre[6].

En partie régénérée, la classe politique véhicule désormais
une nouvelle référence fétiche, quasiment sacrée : celle de la
Résistance, ensemble aux frontières floues, dont l'appartenance, âprement convoitée, semble un sésame tout-puissant.
Du moins est-ce une autre image essentielle qui circule dans
tous les courants idéologiques, bien que la gauche ait, plus
volontiers que d'autres, tenté d'inscrire la Résistance au panthéon des valeurs républicaines, diffusant ainsi une autre
forme de résistancialisme, distincte de la version gaulliste,
car directement inspirée par les partis et mouvements. Les
communistes ont été les plus prompts en la matière, en diffusant très tôt le slogan du « parti aux 75 000 fusillés ».

Mais l'aura des résistants fonctionne plus à usage interne
(comme en témoignent parfois, quarante ans après, les solidarités personnelles, au-delà des oppositions idéologiques)
que sur le terrain. Les premières élections d'après-guerre révèlent en effet le faible taux de renouvellement des élites locales et la réapparition de notables qui ne doivent rien à leur
engagement contre l'occupant. La Résistance a modifié la
strate supérieure du milieu politique, sans toucher semble-
t-il les niveaux inférieurs.

Parmi les 90 % de Français qui ont applaudi à la Libération en août 1944, combien, même de milieu populaire,
se sentaient engagés par la Résistance pour envisager
d'inventer à sa suite des structures entièrement nouvelles
de participation politique ? Fort peu, sans doute. L'enra-

cinement de la démocratie républicaine classique dans les
mœurs françaises est tel que les structures des partis (même
des partis qui furent défaillants ou absents de 1940 à 1944)
étaient sans doute, même en 1945, plus réellement populaires que les comités de héros inconnus [7].

On est là en présence d'une tension originelle. Le citoyen
d'après-guerre tient à l'image rassurante d'une France résistante, mais le désir d'un retour à la normale et la volonté
d'oublier les circonstances exceptionnelles de l'Occupation
empêchent toute consécration réelle. L'échec d'un grand
« parti de la Résistance » dès l'été 1945 illustre cette contradiction. Le triomphe du tripartisme signifie tout autant le
refus de l'aventure institutionnelle, telle que la rêvaient, chacun à leur manière, et le général de Gaulle et les mouvements
de Résistance, qu'une consécration des partis traditionnels,
ressourcés en partie par la lutte contre l'occupant, ou qui
exploitent au mieux l'héritage.
   Cette ambivalence entre l'adhésion sentimentale à la vision
rétrospective d'un peuple en résistance et le rejet des *résistants* constitue un autre élément capital d'une mémoire en
gestation. Il illustre les grandes ambiguïtés que recèle le
concept de Résistance, suivant qu'on parle du fait historique, politique et militaire, des individus qui en sont à l'origine ou d'une attitude diffuse des Français en général.

L'épuration politique, professionnelle, idéologique était
inévitable. Elle marque elle aussi une étape dans la représentation de l'Occupation, car c'est au nom d'un certain nombre de choix et de valeurs, qui ont pris corps ou se sont
renforcés pendant les années noires, qu'elle va juger, et parfois donner la mort.
   En majorité, et sauf les condamnations pour crimes, tortures ou dénonciations, relevant du Code pénal traditionnel,
les collaborateurs ont été poursuivis en vertu de l'article 75
du Code pénal, rédigé en 1939, et qui réprime « l'intelligence
avec l'ennemi ». Mais cette définition, si elle est relativement
solide au plan du droit, ne l'est pas politiquement. Elle ne
prend pas en compte l'engagement idéologique qui ne s'est

pas déterminé uniquement en fonction du patriotisme. Comment juger des hommes qui ont revendiqué eux aussi une « certaine vision de la France » ? Les fascistes européens avaient-ils une « patrie » ? La lutte antinazie n'était-elle pas sans frontières ?

D'où l'inégalité des condamnations, très diverses suivant les instances (les tribunaux militaires ont été, en général, plus cléments que les cours de justice, prenant souvent en compte la sincérité d'un milicien ou d'un légionnaire de la LVF), suivant le statut social (les chefs et cadres d'entreprise ont été plus épargnés que les journalistes, car moins exposés, et surtout plus indispensables à la remise en route de l'économie), suivant les dates (il valait mieux passer en jugement après 1945 qu'avant).

Suite logique de la guerre franco-française, l'épuration provoque à son tour de profondes divergences, qui s'amplifient au fur et à mesure qu'on s'éloigne de la Libération.

Dans un livre paru en 1953, et qui a obtenu le prix de la Résistance l'année suivante, Jean Cassou, résistant parmi les premiers, laisse éclater une rancœur caractéristique de toute une génération de résistants :

> Les jugements des tribunaux n'ont été en général que simagrées, qui obscurcissaient un débat simple et ne l'atteignaient jamais au fond. Pas plus que le procès Pétain, le procès de Maurras n'a rien appris, ni à ceux qui ne voulaient pas apprendre, ni à ceux qui avaient besoin d'apprendre. On a condamné Maurras pour avoir, dans un de ses derniers articles, dénoncé un voisin du coin. Mais tous ceux qu'il a dénoncés dans tous ses articles ? Mais tout un demi-siècle d'Action française [8] ?

D'un autre bord, Charles Rist, bourgeois modéré, farouchement antipétainiste, exprime le point de vue de ceux qui n'ont pas été animés par des engagements tranchés. Dans son journal, le 28 janvier 1945, il écrit :

> ... Les plus nombreux sont dégoûtés par l'arbitraire, les arrestations sans cause, le maintien sous les verrous d'hommes sans tache... Les tribunaux d'exception fleu-

rissent comme sous Vichy... Drancy fonctionne comme
du temps des Boches[9].

L'épuration a donc mécontenté tout le monde, car elle n'a
pu trouver un compromis satisfaisant entre la justice traditionnelle, réclamée par les plus modérés (mais aussi par les
plus menacés politiquement) et la nécessité d'en finir avec
le fascisme et ses hérauts. Le dilemme n'était pas seulement
moral, le droit contre la revanche légitime, la mémoire courte
contre la rancune tenace, il était politique, les communistes
étant les plus intransigeants. Il a conditionné en grande partie le souvenir ultérieur de l'Occupation : le nouveau
conflit s'est substitué au premier, presque aussi virulent car
purement interne et amplifié par une presse libre et déchaî-
née ; il a engendré à son tour des mythes négatifs, comme
les « 100 000 exécutions sommaires » (en réalité dix fois
moins[10]), ou la menace de soviets rouges, notamment dans
le Sud-Ouest[11].

Face à des mythes concurrents et devant le renouvellement
des divisions, les premières célébrations officielles ne pouvaient servir de ciment unitaire.

La Grande Guerre, cataclysme sans précédent, avait
emporté près d'un million et demi d'hommes, laissant des
millions de « gueules cassées », traces visibles et ambulantes
de la boucherie. Au moins le souvenir des tranchées avait-il
pu s'incarner en une figure symbolique, un archétype admis
et adulé par tous : l'ancien combattant. Antoine Prost l'a
montré avec force, le principal message légué par les rescapés appartenait au registre du sensible, de la souffrance vécue
dans les corps avant de l'être dans les têtes et de trouver un
relais politique. Mieux encore, la douleur pouvait revêtir un
caractère exemplaire, voire édifiant pour les générations à
venir. L'essentiel, c'était « l'amour de la vie, la fierté de
n'avoir pas plié sous l'épreuve, le sentiment de ne pas avoir
lâché ses camarades et d'avoir pu compter sur eux[12] ».
Après ce sacrifice national, presque sans dissonances au
moins jusqu'en 1917, les Français se sont retrouvés pour célébrer leur deuil. Conséquence : les poilus qui ornent les villages

LA STÈLE GEORGES MANDEL

Au sud de Fontainebleau, sur la nationale 7, cette stèle a été inaugurée le 7 juillet 1946, en présence de P. Reynaud, L. Blum, P. Cot, É. Daladier, A. Sarraut, J. Paul-Boncour et du fils de W. Churchill.

Elle est due à l'architecte Nicod et au sculpteur F. Cogné, connu pour ses statues d'hommes politiques, dont celle de Clemenceau, aux Champs-Élysées. Elle est située à l'endroit où Mandel fut abattu par des miliciens français qui l'avaient sorti de la prison de la Santé, où les Allemands l'avaient renvoyé après sa déportation en Allemagne.

Sur le socle, on peut lire : «ET LORSQU'IL FUT TOMBÉ SANGLANT DANS LA POUSSIÈRE, LES MAINS DE LA VICTOIRE ONT FERMÉ SA PAUPIÈRE. TRISTAN L'HERMITE.» (Cliché Constant Anée.)

de l'Hexagone ont presque tous les mêmes traits de pierre ou de marbre, tandis qu'une seule date, le 11 novembre, scande annuellement le souvenir de l'héroïque victoire, sans provoquer de conflits.

Après la Seconde Guerre mondiale, rien de tel ne se produit. Sur les 600 000 morts, seul un tiers est tombé les armes à la main. Le reste a disparu dans les bombardements, les fusillades, les massacres, en déportation ou victime des combats internes, en France ou dans l'Empire. Autant de circonstances qui échappent aux commémorations traditionnelles. Ainsi, plus encore qu'entre les deux guerres, l'encadrement du souvenir s'encombre d'emblée de silences pudiques. Le 7 juillet 1946, devant Paul Reynaud, Léon Blum, Édouard Daladier, Albert Sarraut, Joseph Paul-Boncour, entourés d'un millier de personnes, Alexandre Varennes, représentant du gouvernement, découvrait le monument élevé en forêt de Fontainebleau en hommage à Georges Mandel, exécuté par des miliciens. Sur le fronton, on pouvait lire : «En ce lieu Georges Mandel est mort assassiné par les ennemis de la France, le 7 juillet 1944.» Des ennemis sans nom, sans visage, sans uniforme qui auraient pu tout aussi bien être des Allemands (et le sont sans doute pour le passant d'aujourd'hui)[13].

Cet exemple est loin d'être isolé. Les monuments aux morts spécifiques de la Seconde Guerre mondiale sont fort rares. La plupart du temps, les stèles honorent les victimes des «deux guerres», les patronymes de 1939-1945 étant rajoutés, moins nombreux, mais aussi moins visibles[14].

Les centaines d'associations nées après la guerre ont eu, entre autres, pour fonction d'instituer une véritable hiérarchie de la souffrance : le combattant volontaire de la Résistance ne tient pas à être confondu avec le déporté «racial», qui ne se mêlera pas avec les prisonniers de guerre qui eux-mêmes prendront bien soin de se distinguer des «déportés du travail», les guillemets étant dans ce dernier cas l'objet d'une farouche bataille sémantique qui dure encore... Quant aux victimes de l'épuration (exécutées ou assassinées), elles sont, localement, dans toutes les mémoires, mais inscrites nulle part.

Entre 1944 et 1946, les célébrations de la Libération ou de la victoire ont été très nombreuses, preuve de l'incapacité de construire une mémoire nationale unitaire. La série a commencé dès l'automne 1944, le parti communiste prenant l'initiative, à Paris (au Père-Lachaise), à Ivry, à Chateaubriant, d'organiser les premières manifestations en l'honneur des victimes de la lutte clandestine. Le parti communiste réussit même à prendre en charge la journée du 11 novembre 1944, « en hommage aux combattants de 1914-1918, aux héros qui depuis quatre ans ont lutté hors de France et sur le sol même de la patrie », comme le proclame une brochure du Front national[15]. Les combattants « hors de France » désignent bien sûr les Français libres, de Londres ou Alger, mais aussi Maurice Thorez. De même, les « quatre ans » apparaissent déjà comme un bloc sans faille, jetant une chape sur l'attitude dialectique du Parti entre 1939 et 1941.

En janvier 1945, surgit une querelle de « panthéonisation » : qui, de Romain Rolland, soutenu par les communistes, de Charles Péguy, soutenu par *le Figaro*, ou d'Henri Bergson, soutenu par le MRP, sera envoyé sous la coupole des héros de la République ? Qui sera le plus porteur de sens : l'intellectuel antifasciste, le patriote de 1914 ou le philosophe spiritualiste juif ? Aucun. Il faut attendre 1964 pour que « l'École normale des morts » accueille un représentant de cette époque en la personne de Jean Moulin[16]. Le 12 février 1945, la gauche célèbre l'anniversaire de la grève antifasciste de 1934, donc une guerre intestine de onze ans, des prémices du Front populaire à la Libération, tandis que le 2 avril, lors de la journée des Drapeaux, de Gaulle, voyant toujours plus loin, célèbre celle de « trente ans ». Quant au 14 juillet, il exprime surtout une liesse populaire, d'où la politique est provisoirement absente.

Dans cette logique, il n'est finalement pas étonnant que la seule cérémonie qui prenne réellement de l'importance soit le 11 novembre 1945. Même le 8 mai 1945, date officielle de la capitulation allemande, les festivités ont été relativement discrètes, de l'avis de tous les préfets[17]. Le 11 novembre, par décision ministérielle, quinze dépouilles mortelles de Français sont réunies autour de la flamme du soldat inconnu : deux résistants de l'intérieur, un homme et une femme, deux déportés, un homme et une femme (des combattants et non des déportés « raciaux »), un prisonnier abattu lors d'une évasion, un FFI, et enfin neuf militaires des différentes armes et théâtres d'opérations. La journée sera grandiose, en une sorte de condensé de toutes les commémorations passées et à venir de la guerre, révélant un réel consensus populaire autour de cette date, véritable fête nationale de l'année 1945.

Dans les premiers défilés, les Français ont pu découvrir les pyjamas rayés des déportés, apparition fugace qui disparaît vite des commémorations officielles. Le retour des victimes de l'univers concentrationnaire nazi représente sans doute l'événement le plus vite refoulé. Les premiers articles informés paraissent à l'hiver 1944 : Roger Vaillant décrit dans *Action*, le 15 décembre 1944, la libération du camp du Struthof, en Alsace ; Georges Soria, dans *Ce soir*, le 10 janvier 1945, dépeint l'ouverture de Maïdanek, d'après les récits des soldats de l'Armée rouge [18].

Mais le choc le plus épouvantable survient en avril, lorsque les premiers trains rapatrient les survivants. Beaucoup pensaient trouver des hommes et des femmes dans un état semblable à celui des prisonniers de guerre. S'occupant à l'époque de leur accueil, Olga Wormser-Migot a témoigné du décalage entre l'attente et la réalité :

> Quand on avait pensé à la gare d'Orsay, on n'imaginait pas l'état des survivants. On pensait qu'ils pourraient, après les formalités d'accueil, regagner leur logis, reprendre de plain-pied la vie normale... Aurait-on pu savoir [19] ?

Ce ne sera pas Orsay, mais l'hôtel Lutétia, théâtre de visions insoutenables et d'attentes désespérées. « Les victimes sont toujours gênantes, écrit Emmanuel Mounier en septembre 1945, il leur arrive d'être défigurées. Leurs plaintes sont lassantes pour qui désire retrouver au plus vite la sérénité bienveillante des jours [20]. » Cette rencontre entre les déportés, dont beaucoup n'ont pu survivre qu'avec l'espoir de transmettre et de témoigner, et les premiers réflexes de refus et de refoulement, représentent un autre rendez-vous manqué, lourd de rancœur et d'incompréhension. Il faudra attendre 1954 pour voir instaurer une journée de la Déportation, et près de trente ans pour que se réveille la mémoire des juifs rescapés du génocide.

La Libération représente donc une étape intermédiaire entre l'Occupation et la mémoire de l'événement. Elle contient en germe les principales caractéristiques du syndrome, qui se définissent sous forme d'ambivalences et de rivalités.

La tension entre l'oubli des pages les plus noires, la guerre civile, la déportation, et les pages les plus épiques est vive, sans que le dilemme soit réellement résolu. D'où une attitude ambiguë à l'égard des résistants, d'où les peurs, rancœurs et insatisfactions de l'épuration.

Au plan symbolique, la commémoration officielle se révèle comme un vecteur très incomplet du souvenir, lourd de silences. Par la suite, les principales évolutions ou déblocages se feront en dehors de ce cadre qui, pour être quelque peu reconnu, est obligé de se tromper de guerre. Mais les rivalités ont également joué leur rôle dans l'impossible définition d'une mémoire officielle, face aux mémoires partisanes.

Les communistes ont privilégié la lutte clandestine, le combat antifasciste, et le combat de classe contre les élites qui ont « trahi ». Dans leur optique, les résistants sont les héritiers de 1793 et de la Commune, et Pétain, l'émule du traître Bazaine.

La vision gaullienne met, elle, en avant le combat militaire et la légitimité républicaine. Les résistants ont été héroïques, certes, mais ils n'ont fait que leur devoir de soldats. Quant à la « Résistance », elle est l'émanation de la France tout entière, de la France de Jeanne d'Arc et des poilus. Mais cette réécriture, si elle correspond à une attente diffuse, n'emporte pas l'adhésion de tous. Elle heurte nombre d'anciens résistants, qui en garderont rancune au Général. Elle en révolte d'autres... « De Gaulle a dit cette phrase criminelle : ''Les jours des pleurs sont passés. Les jours de gloire sont reve-

nus." Nous ne pardonnerons jamais », écrit Marguerite
Duras, dans l'attente angoissée du retour de son mari de
Dachau [21]. Comment s'étonner alors que l'interprétation
gaullienne ne déplaise pas à une partie de l'opinion restée
fidèle au maréchal Pétain, ces « pétaino-gaullistes » dont parle
Fred Kupferman, qui, effrayés par l'image déjà déformée de
l'épuration, songent à un autre épilogue : « L'amnistie réciproque, le maintien des bonnes lois de Vichy, la guerre
commune contre l'Allemand [22]. » Pétain n'appartient-il pas
de plain-pied à cette « France éternelle », n'est-il donc pas,
lui aussi, lui surtout, un « résistant » ? Ce nouveau mythe (le
panthéon de l'époque est encombré même si la coupole est
vide) émergera plus vite que prévu.

La guerre franco-française froide

Un événement chasse l'autre. L'année 1947 marque la rupture avec la séquence Munich/guerre/Libération. Les prémices de la guerre froide réamorcent la peur d'un nouveau
conflit mondial. Les tensions sociales consécutives à la persistance d'une certaine pénurie dévoilent l'impatience d'en
finir avec l'ère des rutabagas. Sur la scène politique, le renvoi des ministres communistes, le 14 mai, met un terme à ce
tripartisme, fils bâtard de la Résistance. Dorénavant, la vie
politique française est dominée par l'anticommunisme qui
permet à la droite de s'afficher de plus en plus sans masque.

Dans ce contexte, l'Occupation prend une nouvelle dimension dans les mémoires. Comme la Libération le laissait pres-
sentir, elle devient un vaste vivier de références symboliques,
où les forces politiques viennent puiser suivant les enjeux et
les urgences de l'heure. Entre 1944 et 1947, le deuil collectif
s'est mal engagé. La renaissance précoce de divisions internes l'empêchera définitivement de se réaliser.

Le glissement à droite des différents gouvernements
entraîne la résurrection d'un « néo-vichysme » que l'on croyait

discrédité. Dès 1945, une extrême droite nostalgique avait tenté de relever la tête malgré l'épuration. Quelques feuilles toutes plus ou moins clandestines avaient ainsi vu le jour : *les Documents nationaux*, d'inspiration maurrassienne, *Questions actuelles*, l'« opposition nationale », ou encore *Paroles françaises*, animée par André Mutter, ancien Croix-de-Feu, résistant, élu député indépendant de l'Aube et cofondateur de l'éphémère Parti républicain de la liberté (PRL) qui s'engage dans de violentes campagnes contre ses anciens « camarades ». Ce journal atteindra parfois les 100 000 exemplaircs, contrairement aux autres qui ne tirent qu'à quelques milliers[23].

En 1947, ce courant prend un relatif essor avec la sortie du premier numéro des *Écrits de Paris*, de René Malliavin, et la réapparition d'un organe permanent et autorisé de l'Action française, *Aspects de la France*. En 1951, le même Malliavin fonde *Rivarol*, en hommage au contre-révolutionnaire qui combattait la Terreur comme lui et ses amis combattent l'épuration. On y retrouve quelques belles plumes du Paris occupé, Alfred Fabre-Luce et Marcel Jouhandeau, et de jeunes talents prometteurs comme François Brigneau, futur éditorialiste de *Minute*.

Se forge cette année-là un nouveau concept, très prisé à droite : le « résistantialisme », écrit avec un *t*, et non avec *c*, commc dans résistancialisme. La différence est fondamentale. Dans le premier cas, la connotation péjorative désigne les résistants, particulièrement les fanfarons de la dernière heure (du moins est-ce le prétexte invoqué). Il laisse ainsi intacte la Résistance, dont la définition se fait de plus en plus lâche. En attaquant lcs hommcs, la droitc néo-vichyste tente de récupérer un symbole toujours positif dans l'opinion, tout en dénonçant l'action néfaste des épurateurs. D'ailleurs, n'est-ce pas de Gaulle lui-même qui a mis en circulation cette idée abstraite et désincarnée de la Résistance ?

Ce qu'explique Michel Dacier, dans le premier numéro des *Écrits de Paris* :

Le mot paraît excellent, car il a le très grand avantage de mettre tout à fait en dehors du débat la Résistance elle-même, qui a été une manifestation de la santé morale de la nation [24].

Étrange Résistance sans résistants... Suit une analyse qui va devenir l'alpha et l'oméga d'une partie de la droite et de l'extrême droite : la défaite et l'armistice étant inéluctables, Vichy l'était aussi et a gouverné en toute légitimité, résistant tant qu'il pouvait aux nazis ; ainsi, à côté d'une résistance de gauche, « noyautée » par les communistes, résistance quelque peu louche, proche du brigandage, en un mot « révolutionnaire », s'est affirmée une résistance de droite, souvent antigaulliste, proche de Pétain, de Weygand, de Giraud et restée fidèle à la tradition militaire française ; enfin, depuis 1944, ce sont les « autres » qui ont déclenché la guerre civile, et, à cause d'eux, « les Français ont été habitués à se détester et surtout à se suspecter [25] ». Cette accusation sera reprise comme un leitmotiv par les nostalgiques de Vichy. A la même époque, Louis-Dominique Girard, ancien chef de cabinet de Pétain, invente la formule de « guerre franco-française », un barbarisme qui désigne non les luttes fratricides de l'Occupation, mais la guerre civile qui fait rage... en 1950 [26] !

Les maurrassiens vont encore plus loin et tentent de nier la spécificité idéologique des années 1940-1944 :

> A qui se souvient, « Résistance » et « Collaboration » furent durant les années terribles deux survivances du régime d'opinion, l'une et l'autre dirigées contre l'autorité, la souveraineté, l'unité que représentait le Maréchal [27].

En renvoyant dos à dos les deux camps, les maurrassiens tentent une opération à double bénéfice : se débarrasser de la Collaboration dont ils ont été les complices (Maurras a dénoncé les collaborationnistes mais a largement soutenu la politique de Vichy et la collaboration d'État) ; et se débarrasser de la Résistance, dont, sans ambiguïté aucune, ils n'ont pas fait partie, à quelques exceptions individuelles près.

Toutefois, les tentatives pour renouveler le nationalisme français ne sont pas toutes marquées par les péchés originels de l'Occupation. Roger Nimier ne craint pas, par exemple, de jeter aux orties les vieilles lunes :

> Nos amis sont morts. Nos espoirs sont ruinés. Ceux qui rêvaient à l'ordre nouveau connaissent la fraternité des ruines, le déchirement des nations pauvres et les seuls Européens du siècle dans la personne des cadavres sur les décombres. Nous autres, moins imaginatifs, nous n'avions que la France. Nous demeurons au milieu de cet entracte avec un visage fermé. Nous comprenons mal la fidélité de nos aînés : qu'ils vivent pour des camarades qu'ils ont aimés, cela est juste, mais qu'ils vivent aussi pour les vieux drapeaux, couverts d'honneur, couverts de honte et sans raison pour personne, quelle faiblesse ! Les lumières de juin 1940 et de l'été 1944 se confondent à présent, le désespoir et le bonheur font une égale balance, mais nous rejetons cet équilibre honteux. Vichy, le gaullisme, la Collaboration sont rendus à l'histoire. Ni victoire ni défaite : la situation de 1945 nous a laissés libres. J'entends bien qu'on viendra déterrer les cadavres sous nos yeux pour nous dire qu'il faut continuer, que cette voie seule est glorieuse. Mais à défaut d'humanité — et c'est le fond qui manque le plus — vient la fatigue [28].

« Une droite sans nostalgie est-elle possible ? », demande Raoul Girardet [29]. Apparemment non, n'en déplaise aux « hussards ». Ces révisions multiples de l'histoire s'inscrivent dans la redéfinition plus générale d'un nouveau paysage de droite dont aucune composante ne peut ignorer la référence à Vichy, soit pour s'en réclamer, soit pour s'en démarquer. Si tous ne vont pas aussi loin dans l'amnésie politique que *Rivarol*, qui demande ouvertement d'« oublier le passé [30] », l'Occupation obsède aussi bien les contre-révolutionnaires que les nationalistes, tout comme elle plane sur la droite parlementaire, voire le RPF gaulliste.

En effet, outre l'extrême droite nostalgique, toute une frange de la droite modérée s'engouffre dans la lutte contre l'épuration : la substitution d'une guerre civile à l'autre fonctionne à plein. Le chanoine Desgranges, député du Morbihan, affilié au groupe du parti démocrate populaire, a fondé par exemple une confrérie, filiale de l'ordre Notre-Dame de

la Merci, aux fins de soulager le sort des victimes de la nouvelle « Terreur ». En 1948, il fait paraître un pamphlet, best-
seller de référence : *les Crimes masqués du résistantialisme* :

> Le « résistantialisme » est à la Résistance ce que le clé-
> ricalisme est à la religion, le libéralisme à la liberté, et,
> comme dirait Sartre, la nausée à la vie. C'est l'exploita-
> tion d'une épopée sublime par le gang tripartite à direc-
> tion communiste [31].

Il dénonce les erreurs, les compromissions, les injustices
de l'épuration. Il pleure devant l'élite française sacrifiée,
« compromise par le Maréchal et abandonnée par le Général [32] ». Sans doute pense-t-il à son propre itinéraire : il a voté
en effet les pleins pouvoirs le 10 juillet et semble avoir subi,
comme nombre de catholiques, la tentation pétainiste, déclarant après la guerre « avoir été trompé [33] ». Fin psychologue
ou lucide sur l'avenir, il propose d'expulser les termes de
« vichysme » et de « Collaboration » du vocabulaire français,
parce qu'il redoute finalement plus l'antivichysme et « la
fraude des *mots* par quoi tant d'innocents ont péri [34] ».

Mais sa rupture avec le vichysme n'est pas totale. En 1946,
le chanoine Desgranges a participé à la création de l'Association des représentants du peuple de la IIIe République. Elle
regroupe maires et députés déclarés inéligibles, dont quelques
résistants (élus aux municipales d'octobre 1945, après la levée
de leur inéligibilité), et surtout d'anciennes personnalités de
l'État français défunt, comme Paul Faure et Pierre-Étienne
Flandin. En mars 1948, l'association organise un « Banquet
des mille », en souvenir des banquets de 1848. On y défend
l'idée d'amnistie, on fait l'apologie du « maquisard probe et
sincère », des ministres de Vichy « qui signaient des traités
secrets avec l'Angleterre » et on condamne les collaborateurs
et faux résistants criminels [35]. Le plus étrange est que cette
association, tout en œuvrant pour la réhabilitation des épurés politiques, se réclame d'abord de la IIIe République. Pour
elle, Vichy n'a été qu'une simple émanation du vote parlementaire du 10 juillet 1940, et c'est aux députés, sénateurs
et maires de la IIIe que s'en prend en priorité, selon eux, le

nouveau régime, par le biais de l'inéligibilité. Beaucoup se retrouvent, en 1948, au sein du Centre national des indépendants.

Dans ces années-là, les attaques contre les résistants ne sont pas uniquement verbales. Des poursuites sont engagées contre d'anciens FTP ou FFI, soupçonnés de s'être livrés à des exactions à la Libération, parfois à juste titre. Certaines de ces affaires sont restées célèbres et resurgiront parfois bien des années après. A l'automne 1946, éclate une sombre histoire de filière d'évasion de prisonniers allemands, l'affaire dite de « la queue du renard », dans laquelle est impliqué Robert Leblanc, ancien chef du maquis Surcouf de Normandie. Objet de menaces ayant trait à son passé de résistant, Robert Leblanc reprendra même, pour un temps, le « maquis », refusant de se rendre aux convocations du juge d'instruction. Quelques années plus tard, en 1953, c'est l'affaire Guingouin. Georges Guingouin, ancien chef des FFI de Limoges, figure légendaire du parti communiste clandestin, surnommé le « Tito limousin », est arrêté le 24 décembre 1953. Il restera en prison jusqu'en juin 1954, maltraité et peut-être victime d'une tentative d'assassinat. Accusé d'être l'instigateur du meurtre de paysans corréziens, il est surtout l'objet d'une haine farouche : on ne lui pardonne pas d'avoir créé le tribunal militaire de Limoges, en août 1944, responsable (sous l'autorité de la 5e région militaire) d'une quarantaine d'exécutions. Soutenu par ses camarades de la Résistance, dont Claude Bourdet dans *France-Observateur*, il est ignoré par le parti communiste, dont il a démissionné quelques mois plus tôt. L'ancien résistant ne comprend pas que le parti communiste ait, lui aussi (mais pour d'autres raisons) décidé de faire table rase des années 1940. Il défendra, malgré les pires calomnies, la cause d'André Marty et de Charles Tillon. Guingouin bénéficie d'un non-lieu en 1959. Son avocat, le jeune Roland Dumas, a bien pris la mesure symbolique d'une telle attaque, qui, « sous prétexte de dénoncer la ''terreur rouge'', s'était peu à peu amplifiée aux dimensions d'un procès du maquis et de la Résistance » [36].

Pour beaucoup, c'est le monde à l'envers. Alors qu'on décide l'amnistie des anciens collaborateurs sous prétexte d'unité nationale, on pourchasse d'anciens résistants. Le plus étonnant dans cette redistribution des cartes est le rôle joué par certains transfuges. Du combat contre l'occupant et ses partisans, certains sont passés sans transition dans le camp des « épurés ». Par « conviction chrétienne » peut-être, comme l'abbé Desgranges, mais aussi par conviction politique, comme le colonel Rémy, proche compagnon du Général qui vient de fonder, en 1947, le Rassemblement du peuple français.

L'archer du Général

L'« affaire Rémy » n'est qu'une affaire de mots. De mots prêtés, empruntés, triturés. Elle est aussi une querelle sur le sens de l'événement passé, qui pose le dilemme : vérité historique ou vérité politique. En somme, l'idéal type du syndrome.

Le 11 avril 1950, le colonel Rémy publie un article dans l'hebdomadaire *Carrefour*. « La France de juin 1940 avait à la fois besoin du maréchal Pétain et du général de Gaulle », écrit-il, ajoutant que, lui, fidèle gaulliste, se propose de « tendre une main loyale aux fidèles du Maréchal, qui comme lui se sont mis spontanément à la disposition de la France ». Ces quelques lignes déclenchent immédiatement une violente polémique.

A l'heure de l'amnistie et des recentrages idéologiques, le propos n'a en soi rien de nouveau, si ce n'est la personnalité de son auteur.

Né le 6 août 1904 à Vannes, homme d'affaires et réalisateur de cinéma, Gilberd Renaud, dit Rémy, est, comme on dit, « une grande figure de la Résistance ». Ses sympathies pour l'Action française ne l'empêchent pas de refuser l'armistice et de s'engager dès juillet 1940 dans les services secrets de la France libre dirigés par le colonel Dewavrin, futur colonel Passy, autre figure légendaire. Fondateur du réseau Confrérie Notre-Dame, il prend l'initiative d'une rencontre avec les FTP et convoie jusqu'à Londres, en janvier 1943, Fernand Grenier, représentant du parti communiste.

Dès 1945, il commence à publier quantité d'ouvrages populaires à grand succès, consacrés à l'épopée clandestine, et devient l'archétype du héros de la Résistance, « image confuse où s'entremêlent l'agent secret, le justicier ou le hors-la-loi qui tiennent de l'acteur de western, du chevalier sans peur et sans reproche faisant sauter, mitraillette au poing, un nombre incalculable d'usines et de trains [37] ».

Très proche du général de Gaulle, il participe en avril 1947 à la fondation du RPF, devient membre de son comité exécutif et remplit, selon sa propre expression, « les fonctions officieuses d'ordonnateur des pompes gaulliennes [38] ». L'article paraît dans un contexte délicat : dans un an, en juin 1951, le RPF doit affronter ses premières élections législatives, après son raz de marée aux municipales d'octobre 1947. Mais il y a plus grave. Que Rémy, dans son article, prenne le parti du maréchal Pétain, passe encore, malgré la surprise. Mais il engage, de surcroît, la parole du général de Gaulle. Il affirme, en effet, que celui-ci, lors d'un tête-à-tête en décembre 1946, lui aurait tenu les propos suivants :

> Souvenez-vous qu'il faut que la France ait toujours deux cordes à son arc. En juin 1940, il lui fallait la « corde » Pétain aussi bien que la « corde » de Gaulle [39].

Là réside la véritable dimension de l'affaire qui touche aux relations pour le moins ambiguës que de Gaulle et le RPF entretiennent avec l'image et la personne du maréchal Pétain.

Objet d'une véritable « révélation », Rémy semble avoir été touché par la grâce.

Pourtant, en juin 1940, il en était venu à « haïr jusqu'au nom de Pétain [40] ». En 1945, il reste dans des sentiments analogues, dénonçant dans ses Mémoires « la morphine vichyste [41] ». Les confidences de De Gaulle en 1946 le « stupéfient » sans pour autant changer ses positions. En 1949, par le truchement d'un de ses amis, proche de Weygand, il rencontre l'amiral Auphan, ancien secrétaire d'État à la Marine de Vichy et ardent défenseur de Pétain. C'est lui qui

le convertit au credo de la « résistance » pétainiste. Il lui
révèle, entre autres, l'existence de télégrammes secrets que
Pétain aurait envoyés à Darlan, l'encourageant à rallier les
Américains lors du débarquement en Afrique du Nord, le 8
novembre 1942[42].

En mars 1950, sous l'influence du chanoine Desgranges,
qu'il connaît bien pour avoir voté pour lui dans le Morbihan
depuis sa prime jeunesse, il dénonce publiquement les « crimes » de la Libération et fustige les tribunaux d'exception.
Un mois après, il a franchi le pas.

Il serait erroné de croire que ce revirement est isolé et purement individuel. Rémy l'a plusieurs fois déclaré : il a suivi
l'exemple... du général de Gaulle lui-même. En effet, depuis
son départ en janvier 1946, le Général n'a cessé d'agiter le
nom de Pétain, à des fins essentiellement politiques. En juin
1948, à Verdun, il a évoqué le « grand chef de la Grande
Guerre (...) emporté sous l'effet de l'âge, par le torrent des
abandons[43] ». En mars 1949, lors d'une conférence de
presse, prenant lui-même l'initiative devant les journalistes
aux aguets mais circonspects, il déclare que la condamnation
de Pétain était nécessaire (pouvait-il se dédire ?) car « il avait
symbolisé ce qui fut la capitulation et, même s'il ne l'avait
pas voulu, la collaboration avec l'ennemi ». Mais ceci valait
en 1945. « Aujourd'hui, il y a un vieillard dans un fort... dont
moi, et beaucoup d'autres, reconnaissons qu'il a rendu de
grands services à la France[44]. » Enfin, le 16 mars 1950, il
déclare, toujours devant la presse : « S'il fallait une preuve
de la carence du régime, cette question brûlante et amère nous
la donnerait (...). C'est un opprobre que de laisser en prison
un homme qui va avoir quatre-vingt-quinze ans[45]. » Moins
d'un mois plus tard, l'article de Rémy lui fait directement
écho en s'intitulant : « La justice et l'opprobre. »

Nous sommes loin des déclarations de la Libération, qui
renvoyaient le régime de Vichy dans la nuit de l'oubli.
L'excuse de l'« âge », puis celle de la collaboration quasi involontaire, pour enfin s'apitoyer sur le prisonnier de l'île d'Yeu
constituent autant d'abandons successifs de la thèse d'une
nécessaire culpabilité du Maréchal. Pourtant, il est peu probable que de Gaulle ait réellement changé d'avis sur le régime

de Vichy. Il est même certain qu'il n'est pas dépourvu de sincérité à l'égard de l'homme : n'avait-il pas tenté naguère de lui éviter le procès ? Mais il est toujours difficile (et vain) de démêler chez Charles de Gaulle l'individu du politique[46]. Dans son combat contre la IVe République, le chef du RPF utilise froidement et systématiquement un atout important, cherchant à provoquer dans une partie de l'électorat une indignation d'autant plus légitime que c'est le principal adversaire de Pétain qui en prend l'initiative.

Mais rien n'est simple avec de Gaulle. A aucun moment, il n'a eu vent du projet que fomente son fidèle avec l'aide d'Émilien Amaury, grâce à qui celui-ci peut faire publier son article. Rémy a souvent insisté sur ce point, notamment sur la liberté d'action que lui laissait le Général. Ce dernier n'a pas bronché lorsque, par exemple, Rémy participe, en 1950, à une réunion en faveur de la réhabilitation de Charles Maurras. Et le nœud de cette affaire est bien là : s'il est patent que le Général agite la détention de Pétain sous le nez du gouvernement, rien n'indique qu'il ait accepté d'aller aussi loin dans le révisionnisme et de laisser croire (même s'il a pu le penser intimement) que l'homme du 18 juin était du même chanvre que l'homme du 16 juin et du 10 juillet.

Après la publication de l'article, de Gaulle réagit vigoureusement :

> Rien ne saurait justifier ce qui fut la politique du régime et des hommes de Vichy, c'est-à-dire en pleine guerre mondiale la capitulation de l'État devant une puissance ennemie et la collaboration de principe avec l'envahisseur. La nation a condamné cela. Il le fallait pour l'honneur et l'avenir de la France[47].

Dans une lettre adressée à Rémy, tout en lui renouvelant son « inaltérable » amitié, il déplore l'initiative de son fidèle compagnon, surtout venant d'un responsable du RPF[48]. Répondant à l'innombrable courrier d'étonnement qu'il reçoit, il s'affirme sans cesse outré par les propos que lui prête Rémy.

Je croyais qu'on savait ce que j'ai fait et dit quant à Vichy depuis le 18 juin 1940. Je croyais que cela suffisait à démentir un million de fois l'infamie des « deux cordes ». Je regrette de constater l'espèce de doute que paraît marquer à ce sujet votre lettre du 2 mai, et que de votre part je trouve inexplicable [49].

Dans une autre correspondance, le Général s'insurge contre le fait que Rémy puisse mettre sur le même plan « ce que *nous* avons fait, c'est-à-dire la guerre, et ce que *Vichy* a fait, c'est-à-dire au total la capitulation ». Et il affirme avec force sa position : « L'indulgence et la clémence dont je suis partisan n'ont rien à voir avec la question de principe qui ne changera jamais [50]. »

Une position en apparence claire, si ce n'était, en premier lieu, le contexte de l'époque et l'ambiguïté de ses discours. Si ce n'était, ensuite, le fait qu'il n'a jamais nié *publiquement* les confidences faites à Rémy. Si ce n'est, enfin, quelques indices qui tendent à prouver que la teneur des propos tenus en décembre 1946, à l'abri d'oreilles indiscrètes, est fort proche de celle rapportée par Rémy.

En 1947, Rémy est chargé par Claude Guy, officier d'ordonnance de De Gaulle, de rédiger une plaquette hagiographique du chef du RPF. Il y fait figurer la fameuse phrase de l'hiver 1946 :

J'évoquais récemment devant le Général l'attitude de Pétain en ces journées si lumineuses, et pourtant si troubles, de l'été 1940. C'était le soir, à Paris, avenue Victor-Hugo. Après le dîner, le Général nous avait conviés, le capitaine Guy et moi, à faire un tour avec lui. Il était « en civil », heureux de fouler librement l'asphalte parisien (Guy devait m'apprendre que c'était la *deuxième* fois, depuis la Libération, qu'il sortait ainsi librement dans Paris)... Il me répondit avec autant de sérénité, et de claire objectivité, que s'il se fût agi d'une affaire qui se serait alors déroulée à l'opposé de notre hémisphère, et dont il n'aurait pas eu à supporter les premiers contrecoups. Je regrette bien de n'avoir pu noter cette conversation dans son détail, mais je crois ne pas trahir la pensée de mon interlocuteur en la résumant ainsi : les armistices étant signés, notre pays étant placé devant le fait accompli, il n'était pas mauvais que la France disposât de deux cordes à son arc, l'une d'elles étant maniée par de Gaulle et l'autre par Pétain, étant bien entendu qu'elles devaient s'accorder au bénéfice exclusif de la nation[51].

Premier élément, ce texte date de 1947, avant la conversion de Rémy et alors que celui-ci reste, de son propre aveu, sur des positions antipétainistes et antivichystes. Ensuite, ces phrases ont été corrigées de la main même du Général. Dans son premier jet, Rémy avait écrit : « Il faut que la France ait toujours deux cordes à son arc. Il lui fallait alors la corde de Gaulle, mais il lui fallait aussi la corde Pétain. » Le Général a supprimé le caractère trop intemporel de la phrase, limitant la nécessité des « deux cordes » aux seules circonstances de l'Occupation. Et il a rajouté la condition finale. C'est après que Rémy a rédigé de nouveau l'ensemble, gardant et le subjonctif littéraire (qui laisse un doute de savoir s'il s'agit d'un vœu rétrospectif ou d'un fait établi), et la condition finale qui semble tempérer le propos, mais peut être interprétée de toutes les manières[52]. Mais, quelles que soient les corrections, de Gaulle a effectivement formulé la parabole des deux cordes, ou a accepté de la voir mise dans sa bouche.

Autre indice, Georges Pompidou a révélé dans ses Mémoires qu'il a fait enlever au Général une phrase de son discours de clôture aux troisièmes assises du RPF, le 25 juin 1950, porte de Versailles. De Gaulle y reprenait la parabole des deux cordes : « Je lui fais remarquer qu'il a l'air d'avouer : touché, il admet[53]. » Dans ce discours, de Gaulle reconnaissait que peu d'élus de la IIIe République avaient eu « le courage de refuser la complète abdication », mais insistait sur la déliquescence des institutions d'alors. Toujours selon Pompidou, de Gaulle aurait dit de Rémy : « Il a lâché sur l'essentiel. » Pour le Général, Rémy avait conduit la logique du RPF et de son chef jusqu'au bout, Pétain symbolisant malgré tout la capitulation devant l'ennemi, quelles que fussent sa popularité supposée et la justesse de certaines de ses conceptions idéologiques.

Les conséquences politiques de l'article de *Carrefour* ne

se font pas attendre. Rémy a beau démissionner du comité directeur, le RPF affirmer qu'il ne s'exprimait qu'à titre personnel et de Gaulle tenter de retrouver ses accents antivichystes d'antan, c'est un déchaînement. Robert Verdier, le 12 avril 1950, accuse le RPF dans *le Populaire* de rallier les troupes de Vichy pour détruire le régime républicain. Le même jour, dans *l'Humanité*, le parti communiste dénonce, dans les paroles de Rémy, les prémices d'«une agression impérialiste contre l'Union soviétique». *Libération* fustige «l'axe de Gaulle-Pétain». Même *l'Époque* de la droite modérée, toujours le 12 avril, déplore l'opération électorale que constituent à ses yeux tant les paroles de Rémy que celles, antérieures, du Général : «Il serait trop simple de découvrir la justice après l'opprobre pour rallier les suffrages des réprouvés», rappel sans frais des responsabilités de De Gaulle dans la détention de Pétain.

Le geste spontané de Rémy, s'il n'émane pas officiellement du RPF, révèle néanmoins l'une de ses facettes inavouée et inavouable. Rejeté publiquement, Rémy est soutenu officieusement par certains membres du mouvement gaulliste. D'ailleurs, le 9 novembre 1950, lors de la discussion sur le projet de loi d'amnistie, les députés Louis Terrenoire et Edmond Michelet déposent un amendement demandant la libération de Pétain. Il est repoussé sur la forme par 466 voix contre 98, mais la motion des élus MRP ralliés au RPF a recueilli le soutien d'une droite qui ne doit pas grand-chose à l'héritage de la Résistance[54].

Incontestablement, il a existé au sein du RPF des tendances propétainistes, soit qu'elles aient été envoûtées par la magie du verbe maréchaliste, soit qu'elles aient été convaincues de son impact dans l'opinion. L'appel aux supposés partisans de la Révolution nationale a valu cette remarquable formule de René Rémond : «De fait, le chapitre RPF est, de toute l'histoire du gaullisme, si riche en variations, l'épisode le moins éloigné de ce qu'on avait pris en France l'habitude de désigner comme le fascisme[55].» La bonne foi de Rémy peut difficilement être mise en doute. Comme tant d'autres, il a succombé au charme eucharistique du mythe Pétain. Royaliste et catholique convaincu, son anticommunisme l'a entraîné à se désolidariser d'une certaine vision de la Résistance. Reste l'attitude du Général, aux prises avec le sens des mots. Il ne peut nier avoir formulé la parabole, puisqu'il l'a reprise plusieurs fois. Mais il en refuse l'interprétation maximaliste que fait son fidèle, car il joue à l'époque sur deux tableaux. En réclamant le pardon pour Pétain, outre ses sentiments personnels, il se démarque des excès de l'épuration, cherchant, comme d'autres, à faire porter le chapeau par les seuls communistes. En maintenant ferme le principe d'une condamnation de Vichy, il reste le premier des résistants. En réalité, c'est lui qui a effectivement besoin de deux cordes à son arc, celle de la Résistance et celle du pétainisme, indispensables à qui prône à l'époque l'« unité nationale ». Les invectives qu'il adresse au même moment (en public, mais surtout en privé) aux « vichystes », visent certainement plus ses adversaires à droite et ceux qui lui ont gardé une haine indéfectible depuis l'Occupation, que le courant diffus de sympathie à l'égard de Pétain et du pétainisme.

Ce faisant, il exprime toute l'équivoque d'un passé qui se recompose au gré du contexte présent : en 1940, Pétain représentait l'adversaire ; en 1944, il constitue un problème ; en 1950, une arme, mais à double tranchant. Il n'est donc pas étonnant que dans la longue liste des anathèmes dont seront victimes presque tous les hommes politiques français, même éloignés de toute velléité pétainiste, ce soit l'homme du 18 juin qui ait inauguré la série.

La légende du Maréchal

La résurrection du pétainisme connaît son apogée en 1951. En juin, aux législatives, la liste UNIR (Union des indépendants républicains) obtient 288 089 voix. Elle a été fondée par Jacques Isorni, avocat de Pétain, seul, selon ses propres termes, à être entré en collaboration au moment où la plupart des Français cherchaient à entrer en résistance, c'est-à-dire en 1945, et par Odette Moreau, avocate de Gabriel Péri sous l'Occupation et du milicien Jean de Bassompierre, exécuté à la Libération. La liste obtient trois élus qui se réclament ouvertement de la pensée du Maréchal : Jacques Isorni à Paris, Roger de Saivre à Oran et Paul Estèbe en Gironde, les deux derniers étant d'anciens membres du cabinet de Pétain, auxquels il faut joindre l'ancien ministre de l'Agriculture du gouvernement Laval, Jacques Le Roy Ladurie, élu sur une autre liste d'indépendants.

Un mois après, le 23 juillet, à l'âge de quatre-vingt-quinze ans, le maréchal Pétain meurt à l'île d'Yeu.

L'événement aurait pu constituer une sorte d'apothéose, l'ascension du maréchal-Christ. Telle est du moins la vision des fidèles qui imaginent la France entière saluant d'un dernier geste la dépouille du vainqueur de Verdun, comme en témoignent les images d'Épinal qui circulent à l'époque. En réalité, c'est tout juste si l'ex-prisonnier échappe à une inhumation sans cérémonie, dans un angle de la forteresse de Pierre-Levée. Le gouvernement d'Henri Queuille, démissionnaire depuis le 10 juillet, a en effet décidé in extremis qu'il pourra être enterré au cimetière de Port-Joinville, dans le périmètre étriqué de l'île d'Yeu, peu propice aux grandes pompes.

Le 24 au soir, commence la veillée funèbre, conduite par des anciens combattants de Verdun. Sous les fenêtres de la chambre mortuaire, quatre jeunes filles en costume traditionnel de Vendée, terre symbole de la contre-révolution. Dans la petite foule de quelques centaines de personnes, la voix forte d'un paysan vendéen s'élève, scandant : « Saints et saintes de France, priez pour notre vieux chef », avant de terminer après la prière, par un : « Monsieur le Maréchal, pardonnez à la France ! »

Le lendemain, l'île connaît une certaine effervescence. Mais sur le quai où débarquent le général Weygand, le général Hering, l'amiral Fernet et une kyrielle de personnalités, galonnées ou non, se forme une double haie d'une foule bigarrée, mélange de touristes en tenue estivale et de pêcheurs curieux. Ailleurs, on a pu voir quelques groupes formés par d'anciens fidèles, fonctionnaires de Vichy et autres « épurés », qui se passent et repassent une petite brochure hagiographique : on n'est pas si loin de la manifestation politique revancharde.

LE MYTHE PÉTAIN
(Brochure diffusée par *Aspects de la France* après sa mort.)

La cérémonie retrouve toutefois son caractère de dignité lorsque commence l'office religieux, retransmis dans toute l'île grâce à des haut-parleurs. Le cercueil est ensuite emmené au cimetière. Lorsqu'il descend dans la fosse, le général Weygand y laisse tomber une petite miniature, représentant une croix de guerre, remise par un ancien combattant vendéen. On entend alors une voix qui lance un : « Vive la France ! », repris fortement par l'assistance, tandis qu'une autre lance, avec moins de succès : « Vive le Maréchal [56] ! »

Malgré deux messes à Paris et le dépôt d'une gerbe à l'Arc de Triomphe, l'événement n'a pas été à la mesure des espérances. Il serait exagéré de prétendre que Pétain est mort dans l'indifférence générale. C'est plutôt un sentiment de soulagement qui semble l'emporter. Hubert Beuve-Méry l'exprime à sa façon :

> Plût au ciel que l'on pût enterrer ce débat avec l'homme qui voulut en assumer seul la pleine responsabilité ! Mais la plaie subsiste, et peut-être est-elle de celles qu'il faut débrider largement pour en atténuer la purulence... Au bord de cette tombe, et alors que nous assistons à un nouveau retournement du pendule, les Français sauront-ils réfléchir honnêtement à leurs fautes passées ou présentes, souvent fort lourdes de part et d'autre, pour mieux voir ensemble les dures conditions de leur avenir commun [57] ?

Parole de sage, mais dont le pessimisme est justifié. La mort de Pétain ne règle en rien le traumatisme de la guerre civile. Au contraire, elle va l'attiser : désormais entré dans la légende, noire pour les uns, sacrée pour les autres, Pétain va continuer de diviser les Français. D'autant que ses partisans trouvent à l'occasion de sa mort un regain d'activité.

En avril 1948, s'était constitué à l'initiative de ses avocats un « Comité d'honneur » pour sa libération, présidé par Louis Madelin. Devant les protestations indignées des milieux de la Résistance, il était presque immédiatement interdit. A l'époque, le Maréchal avait fait montre d'une réticence manifeste devant cette initiative tapageuse : « Il ne pouvait accepter que sa mise en liberté soit envisagée ou demandée tant que demeurent en prison ceux qui ne sont coupables que d'avoir obéi à ses ordres[58]. » Après sa disparition, les fidèles ont désormais les mains libres pour célébrer son culte.

Le 6 novembre 1951 est fondée l'Association (loi 1901) pour défendre la mémoire du maréchal Pétain, jamais interdite et encore active de nos jours.

Laissons un instant le déroulement chronologique, pour entrer dans le sanctuaire...

Les gardiens du temple

Sous la présidence d'honneur du général Weygand jusqu'en 1965, l'ADMP a tenté de regrouper tous les fidèles, pour l'essentiel ses anciens collaborateurs pendant l'Occupation. A la tête de son comité directeur, se sont ainsi succédé le général Hering, ancien gouverneur militaire de Paris, jusqu'en 1960 ; Jean Lemaire, l'un de ses avocats, jusqu'en 1968 ; le général Lacaille, chef d'état-major du général Huntziger, de 1968 à 1973 : l'amiral Auphan, jusqu'en 1976, et enfin, renouvelés tous les quatre ans, trois autres anciens ministres de Vichy : Jean Borotra, Georges Lamirand et François Lehideux, dernier en date. A l'évidence, dès sa création, l'ADMP a été une association de notables. Entre 1951 et 1971, son comité directeur a compté 36 officiers supérieurs, 22 anciens ministres, 12 académiciens, des préfets, etc. On l'aura deviné, l'un des tout premiers à apporter son adhésion (dès 1951) et à y rester jusqu'à sa mort, fut... le colonel Rémy, caution fort commode pour rallier les « pétaino-gaullistes ».

Très vite, l'ADMP se lance dans une intense activité de propagande. Elle vise les « quarante millions de pétainistes » de 1940, ou ce qu'il en reste. Le tout premier appel aux adhésions, déjà en forme de regret, illustre à quel point l'ADMP fonctionne en complet décalage des réalités :

Si notre association groupait tous ceux qui ont vu dans l'armistice de juin 1940 un acte sauveur et dans la présence du Maréchal à la tête de l'État français une protection tutélaire, l'ADMP rassemblerait vraiment tous les Français, tous ceux qui, avec le vainqueur de Verdun, ont fait la politique de présence sur le territoire envahi et occupé[59].

Pourtant, malgré le contexte favorable des années cinquante, l'ADMP n'a jamais pu espérer devenir un « rassemblement ». Si l'on en croit ses propres estimations, en 1955, les adhérents se montent à 7 000 (chiffre incluant les familles, pour faire masse !) ; en 1961, ils ne sont toujours que des « milliers » ; passant brusquement en 1971 à « des dizaines de milliers » ; en 1976, on parle de 2 500 adhérents et en 1983, le secrétaire général n'hésitera pas à affirmer qu'ils sont près de 20 000[60].

Les chiffres comptent peu. L'impact de l'ADMP est d'abord idéologique. Modeste mais têtue, son action se résume à trois objectifs.

La révision

Elle se bat tout d'abord pour la révision du procès de Pétain. Le feuilleton juridique dure depuis trente ans, sous la direction de Mᵉ Isorni. Entre 1950 et 1981, presque tous les gardes des Sceaux ont trouvé sur leur bureau, en prenant leurs fonctions, l'inévitable dossier. Au total, huit requêtes en révision ont été déposées pour statuer sur la conformité au droit de la *demande* en révision, non de la révision elle-même. Jusqu'en 1972, les cinq premières ont été déclarées recevables, la révision effective étant toujours rejetée. Une sixième, faite en 1972, auprès de René Pleven, et une septième, en 1979, auprès d'Alain Peyrefitte, ont été rejetées sous l'argument que les jugements de la Haute-Cour n'étaient pas susceptibles d'être révisés. En 1981, Robert Badinter, rompant avec ses deux prédécesseurs, a déclaré recevable la huitième requête. Mais l'espoir de Jacques Isorni de voir un collègue, lui aussi familier des « erreurs judiciaires », réparer l'injustice est vite déçu, la révision étant rejetée. Pouvait-on envisager de mobiliser l'opinion en 1985 sur un tel sujet ?

Cette valse-hésitation montre que les gouvernements, quelle que soit leur couleur politique, mesurent mal l'impact du mythe Pétain dans l'opinion. Le bénéfice est réel pour l'ADMP, qui a fait de la requête en révision un véritable rituel, entretenu surtout par Me Isorni.

La translation

De façon tout aussi rituelle, l'ADMP réclame la translation des cendres du Maréchal à l'ossuaire de Douaumont. En mai 1954, une pétition recueille ainsi près de 70 000 signatures, soutenue par de très nombreuses associations d'anciens combattants de la Première Guerre mondiale. Le prétexte invoqué est toujours la « réconciliation nationale ».

Par deux fois, si l'on en croit les pétainistes, le gouvernement a failli succomber à la tentation symbolique. A l'été 1958, juste après son retour au pouvoir, le général de Gaulle aurait été favorable à la translation, dont la cérémonie devait être organisée par Edmond Michelet :

> On a pu lire dans le journal de mon père, écrit Claude Michelet, à quel point le général de Gaulle était soucieux de donner une conclusion à cette pénible affaire. Il confia à son ministre des Anciens combattants le soin d'organiser la manifestation au cours de laquelle le maréchal Pétain serait, comme il y avait droit, inhumé à Verdun. La cérémonie ne devait être ni grandiose ni trop simple. Il était indispensable de rendre hommage à l'homme de la Grande Guerre, sans toutefois oublier l'attitude du vieillard de Vichy. Opération réalisable car, comme dit mon père : « Je ne puis moi-même être taxé de pétainisme, aussi je me fais fort de trouver trois anciens poilus de 14-18 et trois déportés qui acceptent d'escorter la dépouille du Maréchal, et tout le monde verra là ce qu'il faut y voir : la réconciliation [61]. »

Bizarrement, c'est Jacques Isorni qui est accusé, notamment par Rémy, d'avoir fait capoter le projet en ayant l'air de forcer la main au Général en lui écrivant :

> L'homme d'État, soucieux d'ajouter à sa gloire ce qui lui manque encore, ne peut refuser d'accomplir le geste de piété civique dans lequel les Français ne verront qu'un

symbole de concorde et de réconciliation, comme vous
venez en Algérie de l'offrir à la France tout entière, même
à ses adversaires [62].

Mais, comme le rappelle fort justement Me Isorni, il est
peu vraisemblable que le projet ait réellement avancé et encore
plus invraisemblable que ce soit une lettre de l'avocat qui ait
remporté la décision finale : « Comme si de Gaulle avait
attendu que je dise quoi que ce soit : dans un sens ou dans
l'autre, il décidait par lui-même ! » L'autre cas, toujours
d'après Isorni, aurait été celui de Georges Pompidou qui
aurait reculé devant les violentes pressions d'une partie des
gaullistes historiques [63]. Dans ces affaires, la part d'autoper-
suasion des protagonistes est considérable et, pour l'instant,
il est difficile de vérifier leurs assertions. Mais, au-delà de
ces péripéties, il est important de souligner que la translation des cendres est en réalité une translation de mémoire.
Contrairement à l'opinion de Claude Michelet, il s'agit bien
d'*oublier* le maréchal de 1940 au profit du général de 1916,
d'utiliser la mémoire des anciens combattants de la Grande
Guerre, pour qui Pétain reste l'homme du « On les aura ! »,
au profit d'une idéologie.

La réconciliation

Car, en troisième lieu, le projet de l'ADMP et des pétainistes est aussi un projet idéologique qui tend à réhabiliter
la pensée d'un homme et les valeurs de la Révolution nationale. De 1951 à aujourd'hui, avec une accélération au
moment de la guerre d'Algérie, l'ADMP a servi de vivier pour
une extrême droite nostalgique, restant en marge des combats politiques, mais servant de petite caisse de résonance.
Elle a beau se réfugier derrière un « manifeste pour la réconciliation », elle se trahit souvent elle-même, en laissant libre
cours à sa rancœur. En mai 1977, par exemple, juste après
les municipales, et dans la perspective d'une victoire de
l'Union de la gauche aux prochaines législatives, l'amiral
Auphan n'a pas hésité à plonger son association dans le débat
politique :

Tant que la France reste un pays où l'on peut dire ce que l'on pense — ce n'est peut-être pas pour longtemps —, rien ne nous empêchera de proclamer (...) qu'il faut réviser cette condamnation (celle de Pétain) qui égare les consciences et nous tous ici, fidèles aux principes de ses messages, préférons, malgré les menaces qu'on brandit, le programme de bon sens que recouvre la devise «Travail, Famille, Patrie» au matérialisme sous toutes ses formes, libérales ou collectivistes. Ce qui arrive à la France maintenant n'est que la rançon de la réconciliation refusée il y a trente-trois ans [64].

De même, plusieurs membres de l'ADMP appartiennent aux formations d'extrême droite, comme Georges Rouchouze, ancien garde du corps de Francis Bout-de-L'an, secrétaire général-adjoint de la Milice, adhérent au Front national et proche de Jean-Marie Le Pen, qui a présidé longtemps la filiale stéphanoise de l'ADMP. Enfin, dernière preuve de son caractère politique, l'ADMP se divise fondamentalement en deux clans, qui, tour à tour, dominent ses instances : les antigaullistes, conduits par Jacques Isorni, qui n'ont jamais pardonné à de Gaulle ni l'épuration ni la politique algérienne, et les pétaino-gaullistes, conduits un temps par Rémy. Ces derniers ont toujours éprouvé une réelle fascination à l'égard du Général, ennemi certes, mais surtout rival, si proche de leur modèle. Sans les circonstances dramatiques de 1944-1945, Pétain aurait pu faire de De Gaulle son héritier politique et profiter ainsi de l'aura dont a si généreusement bénéficié l'homme du 18 juin. C'est ainsi qu'en janvier 1971, après la mort de De Gaulle, le journal de l'ADMP publie un étonnant panégyrique, sous la plume du général Lacaille, son président :

La mort du général de Gaulle a provoqué une vive émotion en France et dans le reste du monde. On a célébré à cette occasion la carrière exceptionnelle de celui qui, après la terrible défaite de 1940, maintint notre pays dans le combat et lui permit d'être présent à la table de la victoire grâce à la valeur des soldats de la France libre, de ceux de l'armée d'Afrique, préparée par Weygand et conduite par Juin puis par de Lattre, de ceux de Leclerc et des combattants sans uniforme de l'intérieur [65].

Hommage en un certain sens touchant ! Mais qui n'est pas du goût de tous au sein de l'association. Jusqu'en 1985, peu avant la mort du colonel Rémy, les batailles entre les deux tendances ont été farouches, la mouvance dure l'ayant, semble-t-il, emporté.

Ces querelles bassement temporelles n'enlèvent rien au caractère cultuel de l'ADMP. Lors de la première assemblée générale, en 1951, le général Héring conviait les adhérents à un « apostolat ». Depuis, chaque année est rythmée par les anniversaires. Le 24 avril, date de naissance de Pétain, les pèlerins se rendent à Cauchy-la-Tour. Le 23 juillet, ils s'embarquent pour l'île d'Yeu, le Golgotha. Le 1er mai, ils célèbrent conjointement la Charte du travail (l'œuvre « sociale ») et la Saint-Philippe, qui tombe en fait le 3 mai. Enfin, ils commémorent le 10 novembre, date de la victoire de 1918, pudiquement reculée d'un jour pour permettre aux fidèles de participer aux cérémonies officielles du 11. Parfois, cet apostolat atteint les limites de l'obsession. Dans le Maréchal daté de mars 1959, on peut lire l'information suivante : « Dans la cote des prénoms attribués aux enfants nés dans l'année 1958 (date du retour de De Gaulle…), on constate que le prénom le plus donné a été celui de Philippe. » Ces errements peuvent prêter à sourire, mais ils ne sont pas restés sans écho, notamment auprès d'une certaine frange de la hiérarchie catholique. N'était-ce pas Pétain lui-même qui, à l'ouverture de son procès, déclarait représenter « une certaine tradition, celle de la civilisation française et chrétienne » ? Rémy fera même en 1950 le voyage jusqu'à Rome, pour tenter de rallier Pie XII à la cause du Maréchal, sur les conseils de Mgr Beaussart, doyen du chapitre de Notre-Dame.

Le chemin des apôtres n'a pas toujours été simple. Avec le temps, les espoirs nés dans le contexte de la guerre froide se sont quelque peu émoussés. Reste aujourd'hui une question angoissante : qui va prendre le relais des octogénaires qui hantent encore, tous les ans, le sanctuaire de l'île d'Yeu ?

N° 81   N° 81 - Janv.-Février 1971

LE MARÉCHAL

ORGANE DE L'ASSOCIATION POUR DÉFENDRE LA MÉMOIRE DU MARÉCHAL PÉTAIN
Direction et Rédaction : A.D.M.P., 6, rue de Marengo, PARIS (1er) • C.C.P. 6459-26 PARIS • Tél. : 231-39-50 (poste 114)

« AI-JE DONC VRAIMENT MÉRITÉ UN TEL SORT ? » Philippe PÉTAIN

La mort du Général DE GAULLE
Le problème de la translation des Cendres du Maréchal PÉTAIN

La mort du Général de Gaulle a provoqué une vive émotion en France et dans le reste du monde. On a célébré à cette occasion la carrière exceptionnelle de celui qui, après la terrible défaite de 1940, maintint notre pays dans le combat et lui permit d'être présent à la table de la victoire grâce à la valeur des soldats de la France Libre, de ceux de l'Armée d'Afrique préparée par Weygand et conduite par Juin puis par de Lattre, de ceux de Leclerc et des combattants sans uniforme de l'intérieur.

Au moment où l'on évoque cette période dramatique de notre histoire, l'A.D.M.P. se doit de rappeler qu'un Maréchal de France, après toute une vie consacrée au service de la Patrie, s'est à cette époque sacrifié pour elle afin de lui éviter de plus dures épreuves, qu'il fut ensuite injustement condamné pour un crime de trahison qu'il n'avait pas commis, et qu'il mourut en prison à 95 ans, après six années de cruelles souffrances matérielles et morales... La France, incontestablement, doit réparation au Maréchal Pétain.

La translation de ses cendres à Douaumont auprès de ses anciens soldats, conformément au vœu qu'il a exprimé en 1938 dans son testament, et à celui formulé en 1966 par 800.000 anciens combattants, symboliserait cette réparation. Le passionnant récit (publié ci-contre), qu'a bien voulu nous adresser sur ce sujet le Colonel Rémy, montre que le Général de Gaulle y pensa en 1958, et qu'elle aurait pu se faire à cette date dans un climat d'unanimité nationale. Il y pensait certainement le 10 novembre 1968, lorsqu'il fit solennellement déposer une couronne sur la tombe de l'Ile d'Yeu et quand, dans son discours aux Invalides le même jour, il rendit un hommage tout particulier au Maréchal Pétain.

Comme le Colonel Rémy, l'A.D.M.P. regrette profondément que cette translation n'ait pas eu lieu en 1958, ni depuis lors. Elle reste indispensable, pour l'honneur de la France et pour l'union des Français. L'A.D.M.P. ne cessera de la réclamer.

Le Président :   *Les Vice-Présidents :*
Général LACAILLE   J. BOROTRA, A. FOUCERET,
                       P. HENRY, G. RIVOLLET.

DÉDICACE AU MARÉCHAL PÉTAIN PAR LE GÉNÉRAL DE GAULLE DE SON LIVRE « LE FIL DE L'ÉPÉE »

CET ESSAI, MONSIEUR LE MARÉCHAL, NE SAURAIT ÊTRE DÉDIÉ QU'A VOUS, CAR RIEN NE MONTRE, MIEUX QUE VOTRE GLOIRE, QUELLE VERTU L'ACTION PEUT TIRER DES LUMIÈRES DE LA PENSÉE.

C'est par cette phrase que le Général de GAULLE dédia au Maréchal PÉTAIN son ouvrage « Le fil de l'épée ».

En outre la 2e édition de cette phrase porte la dédicace manuscrite ci-dessous :

« HOMMAGE D'UN TRÈS RESPECTUEUX ET TRÈS PROFOND DÉVOUEMENT » signé C. de GAULLE.

Le Colonel Rémy a bien voulu nous adresser le texte historique ci-dessous, qui fait écho à la préoccupation majeure de l'A.D.M.P.

Nous l'en remercions chaleureusement.

Un certain jour de l'année 1953, le Général Weygand me dit tout à coup : « Rémy, la France glisse vers l'abîme. Il faut faire quelque chose pour empêcher cela. Avez-vous une idée ? »

L'idée me vint à l'esprit par le fait même que la question m'était soudainement posée. « Oui, mon Général, répondis-je. Mais je ne sais si elle vous conviendra. »

Eh bien, quelle est-elle ?

— Mon Général, si une délégation d'anciens combattants de Verdun vient vous prier de vous rendre à Douaumont pour y recevoir solennellement la dépouille mortelle du Maréchal Pétain, quelle sera votre réponse ?

— Quelle question ! Je serai là-bas, à côté de n'importe qui.

— Il ne s'agit pas dans mon idée de n'importe qui, mon Général. Si cette délégation vous disait qu'en sortant de chez vous elle ira faire la même demande au Général de Gaulle, et que celui-ci accepte, que feriez-vous ?

Le Général Weygand se raidit légèrement dans son fauteuil, et plongea son regard dans mes yeux. Puis il déclara d'une voix contenue : « Rémy, c'est vous qui avez raison. J'y serai, moi aussi. »

De sa part de cette conversation avec le Général Hering, Président de l'A.D.M.P., qui m'honorait lui aussi de son amitié, et dont je savais que le Général de Gaulle lui témoignait une affectueuse déférence. « L'idée est excellente ! m'écria-t-il. Je vais m'occuper de la réaliser. »

Le Général Hering est mort, et c'est seulement à lui qu'il eût appartenu de dire pourquoi ma suggestion n'aboutit pas. Je suis cependant en mesure de déclarer que le Général de Gaulle n'y fut pour rien.

Peu après le retour du Général de Gaulle au pouvoir, en 1958, j'eus l'occasion de déjeuner à la table de mon ami Emilien Amaury en compagnie de notre ami commun Edmond Michelet. « Quand le Général se fut fait appeler pour me proposer le Ministère des Anciens Combattants, nous déclara-t-il, sans me le demander, je n'eus pas à m'empêcher de songer qu'il m'avait confié en 1945 le Ministère des Armées, sans que j'eusse rien sollicité. Dans l'ordre des valeurs, c'était une sorte de rétrogradation. Ce qui me fit dire à mon Général : »

« Bien entendu, mon Général, je suis tout à votre disposition, mais je ne vois qu'une signification au poste que vous m'assignez : vous voulez que je sois le Ministre qui conduira le Maréchal Pétain à Douaumont ? »

« Le Général de Gaulle sourit, et ne répondit pas. Mais j'interprétai ce sourire comme un acquiescement. Je crois que cela se serait fait sans une sorte de mise en demeure qui parut dans la presse. Chacun sait que le Général n'aimait pas qu'on prétendît le mettre au pied du mur. De ce jour, il n'y eut plus d'espoir. »

Qu'on me permette de dire que ce fut un malheur pour la France. Le transfèrement de la dépouille mortelle du Maréchal Pétain à Douaumont eut pris, au plan national, toute sa signification si la cérémonie avait été présidée par le Général de Gaulle, Président de la République.

Je suis de ceux qui ne croient pas à la nécessité d'un procès en réhabilitation, qui eut déjà fait dans l'esprit des Français, mis un geste constituant une réparation, eût mis fin à ce qui, tout bien considéré, fut une mauvaise querelle de famille, en scellant la réconciliation entre des Français qui furent animés par un même amour de la Patrie. Ce geste sera fait, je n'en doute pas, mais l'amour que je porte à mon pays me fera mourir avec le regret au cœur qu'il n'ait pas été accompli par mon ancien chef dont, quoi qu'on puisse en dire, le prestige était tel dans le monde qu'à travers sa personne c'est un hommage à la France que le monde entier, ou presque, a rendu lors de la cérémonie qui fut célébrée à Notre-Dame le jour de ses obsèques. Comment douter que le monde entier eût à Douaumont pour ce jour le Général de Gaulle accueillir celui qui fut son chef ?

Colonel RÉMY.
Janvier 1971.

L'oubli juridique

Lorsque naît l'association Pétain, l'agitation autour des années noires encore proches se cristallise autour d'une bataille âpre, dont le cas Pétain n'est qu'un des éléments : celle de l'amnistie. Ce farouche combat idéologique constitue l'étape essentielle dans la liquidation des séquelles de l'Occupation. Depuis longtemps, les historiens ont été attentifs aux débats qui agitent les milieux intellectuels à la fin des années 1940, sur le sort réservé à leurs collègues de plume ayant mis la leur au service de l'Allemagne. On connaît le célèbre débat entre Albert Camus et François Mauriac, le premier, dans *Combat*, cherche à se convaincre de la nécessité d'une « justice humaine ». Le second, dans *le Figaro*, préconise très vite le pardon et l'oubli pour les écrivains « égarés ». Inaugurant une ère riche en pétitions, Mauriac se démène en 1945 pour sauver en vain Robert Brasillach de la mort, entraînant dans son sillage toute une élite intellectuelle et artistique, dont Camus lui-même. Quelques années plus tard, Jean Paulhan, l'ancien résistant en congé de NRF sous l'Occupation, exprime sa désapprobation avec la politique de l'épuration, particulièrement celle du Comité national des écrivains, et adresse en 1951 une *Lettre aux directeurs de la Résistance*, dans laquelle il leur reproche d'avoir condamné sans juger [66].

Mais l'arbre des intellectuels ne doit pas cacher la forêt. Derrière ces affrontements mouchetés à coups de formules assassines, la bataille de l'amnistie est une véritable querelle politique qui mobilise tous les partis. Elle est un enjeu de société grave, car au carrefour de la loi, de la morale et du souvenir. « Oubli juridique », selon les termes mêmes du droit, l'amnistie peut singulièrement modifier la perception de l'Occupation, notamment par les silences qu'elle impose sur les peines prononcées.

C'est aussi un enjeu d'importance pour une droite renaissante, soucieuse d'être lavée de l'hypothèque de la Collaboration ou du pétainisme, et qui trouve là un excellent terrain pour attaquer les formations se réclamant de la Résistance. Par ricochet, c'est un défi lancé à la gauche, notamment au parti communiste.

L'offensive commence en 1948. En première ligne, on trouve bien sûr les épurés : on l'a vu avec le cas du Banquet des mille. Mais ce sont surtout les démocrates-chrétiens du MRP et le RPF qui mènent l'offensive parlementaire, avec, en écho, les déclarations du général de Gaulle sur Pétain. Le 24 octobre 1950, s'ouvre à la Chambre le premier grand débat, à la suite des propositions de lois de Georges Bidault, Edmond Michelet et Louis Rollin. Les partisans de l'amnistie avancent cinq grands arguments : la clémence, la réparation des injustices de l'épuration, la réconciliation des Français, la nature politique de certains délits commis sous l'Occupation, et enfin l'exemple donné par l'Allemagne et l'Italie, déjà sur la voie de la réconcilition nationale. En face, les communistes, violemment hostiles à toute forme d'amnistie, dénoncent pêle-mêle la renaissance d'un néo-fascisme, l'opération électorale et la conjonction du réarmement de l'Allemagne avec la volonté d'absoudre les collaborateurs. Quant aux socialistes, ils acceptent le principe de la grâce, mais pointent un doigt menaçant en direction des manifestations de réhabilitation.

Minoritaire au Parlement, la gauche ne peut empêcher la promulgation d'une première loi d'amnistie le 5 janvier 1951, adoptée en seconde lecture par 327 voix contre 263. Elle accorde l'amnistie aux auteurs de faits ayant entraîné l'indignité nationale et une peine de prison inférieure à quinze ans. Elle prévoit également des mesures individuelles pour les incorporés de force, les mineurs de moins de vingt et un ans et ceux dont la peine est presque purgée. Large dans son principe, elle ne concerne ni les crimes graves ni les décisions de la Haute Cour, supprimée l'année précédente en même temps que les cours de justice [67].

C'est une première atteinte sérieuse, non plus à l'idéologie de la Résistance, déjà moribonde cinq ans après la fin de la guerre, mais à sa mémoire. Grâce à cette loi, des fascistes notoires, des nostalgiques de Vichy peuvent non seule-

ment refaire surface, on l'a vu, mais retrouver leurs préro-
gatives publiques et surtout se faire élire, sans avoir, comme
Antoine Pinay, à passer devant les jurys d'honneur. Grâce
à elle aussi, les prisons de l'épuration peuvent commencer
à se vider.

La droite, forte de ce premier succès, pousse plus loin son
avantage. Un second débat s'ouvre en juillet 1952, cette fois
pour une amnistie totale. Le mot d'ordre d'«unité nationale», l'union sacrée contre les communistes prédominent
dans son argumentaire. D'autant que le danger extérieur n'est
plus allemand, mais soviétique :

> La IV⁰ République est assez forte pour faire preuve de
> compréhension et d'humanité. Elle doit s'y employer
> d'autant mieux que, devant la montée des périls, l'union
> entre tous les Français est plus que jamais souhaitable.
> Que demain la patrie soit en danger, elle n'aura pas trop
> de tous ses enfants pour la défendre [68].

La droite invoque ainsi l'amnistie des communards en juillet 1880, déclenchant les foudres du socialiste Daniel Mayer :

> Quel manque de tact lorsque, citant largement Victor
> Hugo, vous avez voulu assimiler les combattants de la
> Commune aux collaborateurs de 1940-1944 ! Les combat-
> tants de la Commune — je ne veux pas parler de leurs
> desseins sociaux, de leurs tentatives économiques — furent
> ceux qui, jusqu'au mur des Fédérés, ont voulu lutter contre
> l'adversaire auquel vous vous êtes rendus en 1940 [69].

Une manière de rappeler que la Résistance fut une réaction patriotique et que les collaborateurs furent *aussi* des traîtres, et jugés comme tels. Quant à la nécessaire unité
nationale :

> ... nous l'avons faite à un certain moment et, si vous
> tenez à tout prix à unir des hommes et tous les partis, pre-
> nez donc, si vous le voulez, Gabriel Péri, Pierre Sémard,
> Pierre Brossolette, Marx Dormoy, Estienne d'Orves, Gil-
> bert Dru... et tous ceux qui, sur tous les bancs de cette

chambre, quelles qu'aient été leurs pensées, ont incarné ce qu'André Malraux a appelé un jour « un moment de la dignité humaine »[70].

L'amnistie en 1952 est sans conteste un geste de clémence et d'apaisement si l'on se place du point de vue des passions et des sensibilités. Les difficultés de l'épuration, tant politiques que juridiques, ont prolongé de beaucoup la guerre franco-française : en 1952, celle-ci dure, avec plus ou moins d'intensité, depuis huit, douze ou dix-huit ans, suivant que l'on situe son déclenchement en 1944, 1940 ou encore 1934... Mais, comme toute « réconciliation » politique, elle déclenche des effets pervers, du fait d'arrière-pensées et d'actes manqués. De nombreuses propositions de lois ont par exemple demandé l'amnistie conjointe des collaborateurs et des délits de grève commis en 1947-1948, un amalgame qui fait rugir les communistes mais qui déjà était présent dans la loi d'amnistie partielle de 1947.

Le combat droite/gauche a donc supplanté les solidarités résistantes. Non sans heurts. Ainsi, alors que le député Roger de Saivre, ancien chef-adjoint du cabinet de Pétain, élu en 1951, implore ses collègues de supprimer « à tout jamais de nos discussions et de notre vie publique ce qui l'empoisonne depuis si longtemps », c'est-à-dire les débats sur la Collaboration et donc la Résistance, Georges Bidault, l'un des plus fermes partisans de l'amnistie, se lève et s'écrie : « Vive la Résistance ! », soutenu par un tonnerre d'applaudissements.

Après une année de polémiques et l'examen de centaines d'amendements, la seconde loi d'amnistie est votée le 24 juillet 1953 par 394 voix contre 212. Reflet de ses ambiguïtés et d'une certaine mauvaise conscience des députés, l'article 1 sert de manière inhabituelle d'exposé des motifs :

> La République française rend hommage à la Résistance, dont le combat au-dedans et au-dehors des frontières a sauvé la nation. C'est dans la fidélité à l'esprit de la Résistance qu'elle entend que soit aujourd'hui dispensée la clémence. L'amnistie n'est pas une réhabilitation ni une revanche, pas plus qu'elle n'est une critique contre ceux

qui, au nom de la nation, eurent la lourde tâche de juger
et de punir [71].

Mise en exergue, la citation dissimule mal un évident souci
de justification. La première phrase, à la demande du groupe
communiste qui vote contre la loi, a été votée séparément.
Elle a recueilli l'unanimité.

A l'exclusion des cas les plus graves, tous ceux qui restent en prison sont libérés. La loi met ainsi un terme à l'épuration. Si la Haute Cour se réunit à nouveau en 1954 et en
1960 pour des contumaces rentrés en France, dont Abel Bonnard, elle ne prononce plus que des peines symboliques, tout
comme les tribunaux militaires qui ont remplacé les cours
de justice. Au total, l'effectif des 40 000 personnes empri-
sonnées pour faits de collaboration en 1945 a évolué comme
suit [72] :

1945	40 000
1948 (décembre)	13 000 (loi d'amnistie de 1947)
1949 (octobre)	8 000
1950 (avril)	5 587
1951 (janvier)	4 000
1952 (octobre)	1 570 (loi d'amnistie de 1951)
1956	62 (loi d'amnistie de 1953)
1958	19
1964	Aucune

Il aura donc fallu moins d'une décennie pour que l'ostra-
cisme soit levé. On comprend l'amertume de certains :

> Pourquoi, comment ce pays a-t-il été trahi ? Que parle-
> t-on de trahison ? Quelle trahison ? Où est la trahison ?
> Comment, sous quelle loi, dans quelle volonté et quel souci
> les gens de ce pays ont-ils vécu pendant ce temps ? Qu'ont-
> ils fait et pour quoi faire ? Tout s'en est allé en fumée,
> exactement à la façon d'un petit village qui s'appelait
> Oradour [73].

Victoire politique de la droite, l'amnistie est un rendez-vous manqué de la mémoire nationale. Pas plus que les commémorations, elle ne pourra empêcher que s'expriment, sur le mode polémique et récurrent, toutes les rancœurs. D'autant que les fractures de l'Occupation n'ont pas toutes été idéologiques.

Réminiscences fiévreuses

La justice amnistiante n'a pas le pouvoir de calmer les réminiscences de l'Occupation, particulièrement nombreuses au début des années 1950. Elles révèlent des failles qui mettent en regard non plus des idées politiques, mais des sentiments religieux, communautaires, ou marqués par la géographie particulière de l'Occupation.

Les enfants Finaly

Le 3 février 1953, éclate l'affaire des enfants Finaly. Deux enfants juifs de douze et treize ans, dont les parents sont morts à Auschwitz, viennent d'être « enlevés » par celle qui en avait la charge, Antoinette Brun. Les religieuses de Notre-Dame-de-Sion lui avaient confié la garde des enfants après les avoir sauvés, comme beaucoup d'autres, du massacre. Réclamés après la guerre par la famille des parents vivant en Israël, ils deviennent l'objet d'une querelle sentimentale et religieuse. « J'en ai fait des petits catholiques ! » lance Antoinette Brun à un membre de la communauté juive, venu s'enquérir des enfants, tandis que la hiérarchie catholique tente de justifier leur baptême intempestif. Ce qui déclenche les violentes attaques du rabbinat. L'« affaire » dure jusqu'au 26 juin 1953, jour de la restitution des enfants.

Mais les interrogations de la communauté juive sont nombreuses : le rôle joué par certaines instances chrétiennes dans le sauvetage de juifs justifie-t-il une telle attitude ? Que devient le souvenir des parents légitimes, brûlés dans des fours ?

« Sont-ils maintenant considérés comme des Français à part entière ? Peuvent-ils compter, pour affirmer leur identité, sur la sympathie des autres, à commencer par les catholiques ? » résume fort bien André Kaspi[74]. Pris dans un réseau complexe de souvenirs, le fait divers a tourné au drame et revêtu valeur de symbole : emmenés en Israël en juillet 1953, les enfants Finaly seront reçus avec des fleurs... et des drapeaux. Il révèle la profonde originalité de la mémoire juive, distincte de fait de la mémoire des déportés, dont elle n'est qu'une partie, et qui tient, dans l'histoire du syndrome, une place à part, sur laquelle on reviendra.

Les enfants d'Oradour et d'Alsace

Le 12 janvier 1953, devant le tribunal militaire de Bordeaux, s'ouvre un procès peu banal. Vingt et un rescapés de la division SS « Das Reich » se retrouvent au banc des accusés pour répondre d'un crime, devenu le symbole de la barbarie militaire nazie : le massacre de 642 habitants d'un petit village de Haute-Vienne, Oradour-sur-Glane.

Point d'officier, à part deux gradés, juste des comparses. Cela aurait pu être un nouveau procès pour crimes de guerre, de ces procès qui permettent, tant bien que mal, de faire un peu justice des crimes innombrables commis par l'occupant. Ce sera un drame national : « Hasard ou paradoxe affreux », écrit Jean-Pierre Rioux, sur les vingt et un accusés, quatorze sont des Français, tous originaires d'Alsace, dont douze « malgré-nous », incorporés de force dans la Waffen SS, un engagé volontaire et un dernier au statut indéfini[75].

L'affaire est diablement complexe, et d'abord d'un point de vue juridique. Déserteurs de la SS, la plupart des Alsaciens incriminés ont rejoint les rangs des FFI ou des FFL. Ils ont, après la guerre, bénéficié d'un non-lieu. En 1953, ils sont retournés au pays, se sont mariés et ont commencé d'oublier leur drame. C'est une loi rétroactive du 15 septembre 1948, posant le principe de la « responsabilité collective » pour les crimes de guerre, qui les ramène devant la justice. Mais le président du tribunal, dont la tâche est ardue, ne s'y réfère pas, de peur d'amalgamer trop ouvertement le cas des

Allemands et celui des Français. En fait, il apparaît clairement que, depuis la fin de la guerre, les pouvoirs publics ont
reculé devant l'épineux problème des « malgré-nous ». Lors
des débats à l'Assemblée sur le procès de Bordeaux, certains
ne se priveront pas de le rappeler :

> Au milieu de ce drame émerge indiscutablement le pro-
> blème des incorporés de force... Malheureusement, celui-ci
> paraît avoir été ignoré dans le passé, ou tout au moins,
> les gouvernements ont omis, devant les multiples soucis
> de l'après-guerre, d'y songer et de le résoudre [76].

Une omission qui ressemble fort à un refoulement politique, et qui resurgit tragiquement par le fait des hasards de
la justice.

L'affaire est ensuite complexe sur le plan politique, car elle
explose en pleine réconciliation européenne. De Bonn, le
chancelier Adenauer craint que le procès n'affaiblisse la crédibilité de la jeune démocratie ouest-allemande. Tandis qu'en
France, les communistes, seuls à ne pas être divisés sur cette
question, dénoncent, dans leur langage habituel, la conjonction entre les appels à l'amnistie et le projet d'armée européenne. « Vous savez bien que les Américains », lance le
député communiste Marcel Rosenblatt à l'adresse de ses
adversaires, « déclarent que les SS furent les premiers soldats
européens. C'est pour cela que vous en avez besoin [77] ».

Enfin, et c'est l'essentiel, l'affaire met en scène deux
mémoires également blessées mais antagonistes. Les associations des familles des victimes d'Oradour réclament justice,
tandis que les associations alsaciennes, notamment l'ADEIF,
qui regroupe les déserteurs, évadés et incorporés de force,
estiment que l'Alsace a payé suffisamment cher l'Occupation. Me André Moser, l'un des avocats des Alsaciens, le rap-
pellera dans sa plaidoirie :

> Ces jeunes gens sont pour nous l'incarnation vivante
> de notre tragédie. Nous avons peur de l'ouragan qui
> s'accumule sur notre plaine. C'est l'Alsace qui recevra le

souffle de la condamnation ou le bouquet de l'espérance. Rappelez-vous que derrière les cris des 642 suppliciés limousins retentissent et retentiront éternellement les clameurs des milliers de suppliciés d'Alsace, morts pour une même cause [78].

La cause alsacienne remporte quelques premiers succès. Le 28 janvier 1953, un amendement vide la loi de 1948 de son contenu, ce qui permet de disjoindre, à Bordeaux, le cas des Allemands et celui des Français. Pourtant, après des délibérations tendues, le tribunal rend son verdict le 13 février : deux condamnations à mort pour les gradés, et des peines de travaux forcés et de prison pour les Allemands et les Français. La France est en état de choc.

Prenant l'initiative, le président du Conseil René Mayer fait mettre en discussion un projet de loi d'amnistie pour les incorporés de force. Le débat — qui se déroule en parallèle avec celui sur l'amnistie des collaborateurs — revêt cette fois un caractère moins polémique. Il aboutit, en deuxième lecture, à un vote favorable de 300 voix contre 228. Tous les communistes, une majorité de socialistes et un tiers de radicaux ont voté contre [79]. Comme pour la loi d'amnistie de juillet 1953, la première rédaction comportait en préambule une citation à l'ordre de la nation des victimes d'Oradour. Elle sera supprimée en seconde lecture, après refus du Conseil de la République : en matière de pardon, les députés ont décidément mauvaise conscience ! Le 21 février 1953, les Alsaciens sont libérés.

Cette affaire a mis en lumière deux nouveaux éléments majeurs qui conditionnent la mémoire de la guerre. Plus encore que pendant l'épuration, qui se déroule dans un climat de guerre civile (et peut-être à cause du mauvais souvenir qu'elle a laissé, à tort ou à raison), la justice se révèle impuissante à formuler un verdict équitable. Elle est, et le sera à chaque fois qu'on la sollicitera pour résorber une séquelle de l'Occupation, d'un côté, prisonnière du respect du droit, souvent mal armée, et, de l'autre, dépendante des conséquences politiques de ses décisions, quand ce n'est pas directement du pouvoir. Elle se découvre ainsi (sans surprise) incapable d'écrire l'histoire, alors même qu'un jugement amnistiant relève très directement d'une inscription symbolique du passé dans le présent.

Elle l'est d'autant plus que cette histoire ne s'écrit pas de la même encre chez les « collaborateurs » ou les « résistants », à droite ou à gauche, à Strasbourg ou à Limoges. Car, c'est le deuxième élément, l'affaire d'Oradour a montré que les failles nées de l'Occupation ne sont pas simplement idéologiques. Elles peuvent être géographiques, reflet des différences de situation de la France occupée. Tandis que l'Alsace s'apaise, le Limousin continue de s'agiter, accumulant la rancune : comme d'autres victimes de la guerre et de l'Occupation, il aura l'impression d'avoir été deux fois blessé.

Un deuil inachevé ? Il l'est pour cause de contradictions politiques insolubles. D'abord, les appels incessants à l'oubli, à la réconciliation, voire à l'amnésie, entrent en opposition avec des résurgences à répétition, qui surgissent spontanément. Ni les commémorations ni la justice ne se montrent à même de liquider les séquelles sans rouvrir des blessures ou accuser les fossés. Dans ses formes les plus symboliques, la mémoire officielle semble bien incapable d'unifier des mémoires éclatées.

Ensuite, l'image idéalisée de la Résistance est démentie par l'éviction concrète des résistants au sein des mouvements politiques. Les communistes ont très vite écarté les cadres de la lutte clandestine. Quant à la SFIO, elle tourne le dos à l'apport de la Résistance, devenant le « parti du système », reflet des ambiguïtés de la IVe République [80]. Les parlementaires ont beau être issus en majorité des cadres de la Résistance, en particulier dans la première législature, l'influence réelle de ces derniers n'a fait que décroître, surtout après 1951. La droite traditionnelle, de son côté, a basé sa nouvelle légitimité plus sur la lutte contre le résistantialisme (avec un *t*...) et l'épuration, que sur des valeurs nées de la guerre. Même les gaullistes du RPF ont parfois tourné le dos aux références héroïques. Dans ces années-là, a pris corps l'une des tensions majeures du syndrome, qui fait de la Résistance un mythe fondateur ambigu, et des résistants des individus encombrants. Dépossédés de leur mémoire, les résistants n'en seront, par la suite, que plus susceptibles.

Vers le milieu de ces années cinquante, les suites directes de l'Occupation s'estompent devant d'autres urgences (les guerres coloniales, l'instabilité du régime ou la tension internationale). Mais la référence aux années noires devient une habitude. Lors des violents débats sur la CED, de 1952 à 1954, les adversaires d'une alliance avec l'Allemagne dénoncent les « nouveaux collabos » et mobilisent associations et groupements de la Résistance. C'est « une première réactivation brutale des douleurs refoulées depuis 1945 », écrit Jean-Pierre Rioux[81]. C'est surtout l'une des premières batailles où le souvenir de l'Occupation sert de miroir déformant dans des combats qui ont de moins en moins de relation directe avec l'an quarante.

2
Les refoulements
(1954-1971)

Une pause ?

L'année 1954 marque un tournant. Depuis peu, la France connaît une première période d'expansion économique, sans la hantise de l'instabilité monétaire. La croissance commence seulement à faire sentir ses effets : c'est peut-être à ce stade que joue réellement la rupture avec l'Occupation, car, vécues au quotidien, la pénurie persistante et les difficultés économiques ont prolongé les années de vaches maigres tout autant que les séquelles politiques. En 1952, Jean Dutourd a immortalisé les humiliations alimentaires des années noires, fustigeant les épiciers du *Bon Beurre*.

D'autres rancœurs et d'autres déchirements prennent la suite. Diên Biên Phu entame sérieusement le fragile renouveau de l'armée française, commencé dans les combats d'Afrique, de France et d'Allemagne, qui avait lui-même contribué à faire oublier la défaite militaire de 1940. La guerre d'Indochine terminée sans gloire et celle d'Algérie qui commence hypothèquent à nouveau la « grandeur française ».

L'année 1954 est aussi celle d'un homme politique : Pierre Mendès France. Le nouvel homme providentiel aurait pu s'ancrer dans le sillage de la Résistance et de la lutte contre le « néovichysme », dont il subit les résurgences antisémites. Pourtant, bien que marqué profondément par la guerre, il entraîne une génération elle aussi issue de la Résistance, mais peu encline à ressasser les vieilles querelles. Lorsque des intellectuels mendésistes fonderont un Club Jean-Moulin, ce sera au lendemain du 13 mai 1958, et par référence au résistant,

bien sûr, mais peut-être plus encore au préfet républicain.
Sous le mandat de Mendès, prend définitivement fin la
bataille de la CED, et ses réminiscences munichoises. Au bout
du compte, elle n'a pas contrecarré la réconciliation franco-
allemande, plus prompte que la réconciliation franco-
française.

Le procès Oberg-Knochen

En 1954, s'ouvre un des derniers grands procès de l'après-
guerre, celui de Karl Oberg, chef suprême de la SS en France
de 1942 à 1944, et de son adjoint Helmut Knochen. On juge
les principaux responsables de la lutte contre la Résistance
et de l'application de la solution finale en France. C'est dire
l'importance symbolique que revêt *a priori* l'événement.

Pourtant, avec le recul, on est frappé par la dissymétrie
qui existe entre l'agitation provoquée par le procès Barbie,
trente ans plus tard, avant même qu'il ne s'ouvre, et le déroulement du procès Oberg, moins houleux, et moins riche de
polémiques que les derniers procès de responsables français,
quelques années auparavant. Au cours des audiences est révélée cependant l'ampleur de la Collaboration et de la répression du régime de Vichy. Cité comme témoin, René Bousquet,
ancien secrétaire général à la Police, peut s'exprimer en toute
liberté, et développer un plaidoyer *pro domo*.

Comme le souligne à l'époque le correspondant du *Monde*,
Jean-Marc Théolleyre, on attendait beaucoup de cette
confrontation, assez rare dans les procès d'alors. Bousquet,
«homme jeune, élégant, la taille bien prise dans son costume
gris, le visage encore basané du soleil des vacances [1]», a été
condamné en 1949 à cinq ans d'indignité nationale, peine
systématiquement dévolue par la Haute Cour aux anciens
ministres de Vichy. Il est attentif à réduire la portée des
accords signés avec Oberg et Knochen, entre le 2 et le 4 juillet 1942, qui définissaient les modes de coopération entre la
police française et la SS (grâce à cet accord, les Allemands
laisseront les Français opérer les rafles de juifs à l'été 1942,
notamment celle du Vel' d'Hiv). Pris dans son système de
défense, il présente cet accord comme une victoire, comme

d'autres ont prétendu que celui de Montoire, qui le précède et le justifie par avance, fut un « Verdun diplomatique ». Bousquet parvient même à disculper l'accusé : « Je dois à la vérité de dire que sur la plupart des points, le Général m'a donné satisfaction. Pour le reste, Berlin ne lui permettait pas d'aller plus loin[2]. »

Les avocats français d'Oberg, pour protéger leur client, dressent pourtant un réquisitoire contre les responsabilités de Vichy en matière de répression antijuive, avant les polémiques des années 1970-1980, avant les historiens. Mais les faits ne parlent pas d'eux-mêmes. Le contexte ne se prête pas à un déballage aussi poussé. D'autant que ces révélations sont *a priori* entachées de suspicion, les avocats plaidant, comme il se doit, l'« honorabilité » des prévenus.

En ce sens, le procès Oberg-Knochen est un procès écran, d'où la mauvaise conscience n'est pas absente. Le 9 octobre 1954, le tribunal militaire de Paris condamne les deux nazis à mort. Mais ils sont graciés en 1958 par René Coty, et libérés par le général de Gaulle en 1962, après dix-huit ans de détention. C'est beaucoup plus que la plupart des collaborateurs, libérés dans les années cinquante ; c'est moins qu'Eichmann, pendu cette année-là à Jérusalem.

Le syndrome à la Chambre...

Dans les années qui suivent, les séquelles visibles se font de plus en plus rares, éclatant comme des prurits lorsque surgissent des hommes au passé chargé. Dans les milieux politiques et intellectuels, la chose est fréquente, même si ces affaires prennent rarement une dimension dramatique.

Le 18 avril 1956, l'Assemblée nationale connaît une journée houleuse. Jean Legendre, député indépendant de l'Oise, demande l'invalidation de son collègue, Robert Hersant, élu en janvier comme mendésiste dans le département, sur les listes du Front républicain. Toute son argumentation repose en fait sur le passé du député, dont on découvre pour la première fois les zones d'ombre.

En août 1940, à l'âge de vingt ans, il animait un petit mouvement politique, Jeune Front, semblable aux autres grou-

puscules qui fleurissent aux premiers temps de l'Occupation.
En 1941, il dirige un centre de jeunesse « Maréchal-Pétain »
à Brévannes, avant de lancer un journal, *Jeunes Forces*. A
plusieurs reprises, il a eu les honneurs de la presse collaborationniste [3]. Candidat aux municipales à Paris en avril
1945, il est inculpé en juin pour atteinte à la sûreté de l'État
et faits de collaboration. Il reste un mois en prison, est
condamné à dix ans d'indignité nationale en 1947 pour avoir
dirigé (peu de temps) Jeune Front et bénéficie de l'amnistie
en 1952 [4]. N'étaient sa personnalité fort discutée et son rôle
futur de magnat de la presse, son passé ne lui aurait sans
doute pas fait office de casserole aussi bruyante.

Car, en 1956, l'attaque n'est que pure tactique. Acculé,
Robert Hersant se défend mal. Pour justifier la création des
centres de jeunesse pétainiste, il évoque le chômage et prétend que ces centres étaient animés par des responsables de
la Jeunesse ouvrière chrétienne. Ce qui lui vaut une réplique
indignée du député Fernand Bouxom : « Les dirigeants de la
JOC étaient arrêtés à ce moment-là, il y a une nuance ! » S'il
reconnaît la création du mouvement Jeune Front, il nie son
caractère collaborationniste, arguant que sa condamnation
en 1947 était relativement légère, alors qu'à cette époque, « les
jugements étaient particulièrement sévères pour ceux qui
avaient collaboré » (ce qui est inexact, les jugements ayant
au contraire tendance à s'émousser). A Jean Legendre, qui
lui rappelle que, dans les attendus du jugement, il était question de propagande pour la LVF, il répond, de façon encore
plus maladroite : « C'est complètement ridicule, les faits dont
il s'agit sont de 1942 et la LVF n'a été créée que deux ans
plus tard [5]. »

Mais l'intérêt de l'affaire n'est pas là. Faisant figure de
« collaborateur », son invalidation est prononcée par 125 voix
contre 11. Les communistes, la majorité des socialistes et des
radicaux n'ont pas pris part au vote. Les voix hostiles émanent… des députés poujadistes, de la majorité des indépendants et d'une partie du MRP, tandis que les onze voix de
soutien lui sont acquises grâce à des collègues républicains.
Fait rare, la droite la plus proche du pétainisme défunt s'est
offert le luxe d'épingler un « collabo » dans les rangs de la

gauche. Car l'anathème lancé ne doit rien à la morale. Jean Legendre, « écho sonore des betteraviers », n'a que faire de l'ancien collaborateur. C'est au mendésiste qu'il en a, comme, naguère, il en avait au ministre de l'Intérieur de Mendès France, François Mitterrand, lorsqu'il l'accusait le 3 décembre 1954, à l'Assemblée, de désorganiser les « services de renseignement anticommunistes », dans le cadre de l'affaire des fuites [6]. L'invalidation n'a en outre qu'un effet limité : Robert Hersant est à nouveau élu député de l'Oise le 18 juin (!) 1956, cette fois sans problème.

L'affaire Hersant illustre le mécanisme de l'anathème, qui dissocie totalement la nature des faits reprochés de l'appartenance politique de l'individu visé : en 1956, il est lancé par la droite ; dans les années 1970, il le sera par la gauche, prenant plus d'envergure du fait de l'enjeu et de la puissance du groupe Hersant, aussi à cause d'une autre sensibilité aux années quarante. Mais, dans les deux cas, il n'est qu'un procédé, qui neutralise le sens des mots : comment convaincre l'opinion du caractère « fasciste » d'un politicien, lorsque l'accusation varie avec le temps et le costume de ce dernier ? Dans les années 1980, la perversion atteindra son comble, symbolisée, à l'étranger, par l'affaire Waldheim.

... et sous la Coupole

Le 20 avril 1958, le scandale éclate à l'Académie française. L'annonce de la candidature de l'écrivain Paul Morand soulève une vague d'indignation chez les immortels résistants.

En 1934, dans *France la doulce*, traduit par les Allemands en 1939, Morand dénonçait déjà à mots couverts la « pègre » cosmopolite. Après l'invasion, la Propaganda Abteilung le cite, aux côtés de Jacques Chardonne et Robert Brasillach, comme représentant de la « nouvelle littérature française » dont elle juge l'attitude à l'égard de l'occupant « extrêmement positive [7] ». Diplomate de carrière, il est en 1943 ambassadeur de Vichy à Bucarest, puis en juillet 1944 à Berne, grâce à la complicité de Jean Jardin, et malgré l'hostilité des Suisses. Il offre sa plume à des journaux de la Collaboration, tel *Combats*, l'organe de la Milice, où sa signature voisine avec celle de Colette ou de Pierre Mac Orlan[8]. A la Libération, il est révoqué de son poste. Mais, en 1953, le Conseil d'État annule cette décision et, deux ans plus tard, il est réintégré. Il n'a pourtant jamais renié ses sympathies. En 1951, dans *le Flagellant de Séville*, décrivant l'Espagne occupée par les armées napoléoniennes, il justifie la Collaboration et brocarde les résistants.

Sa candidature pourrait surprendre, si l'Académie n'avait été, depuis la Libération, un bastion du pétainisme respectable. En 1944-1945, elle avait subi une forte secousse, menacée de disparition par le chef du gouvernement provisoire, qui l'oblige à annuler des élections en 1945. Abritant nombre de chantres plus ou moins talentueux de la Révolution nationale, elle est obligée d'en exclure quatre, et non des moindres, après les procès de l'épuration : Charles Maurras, Pétain en personne, et les deux Abel, Bonnard et Hermant. Les deux derniers seront remplacés en 1946 par Jules Romains et Étienne Gilson, mais les deux autres fauteuils resteront vacants jusqu'à la mort des titulaires.

En 1958, seuls treize fauteuils sont occupés par des académiciens installés avant 1940, date de la dernière élection avant l'Occupation, pendant laquelle l'Académie s'est abstenue. Entre 1944 et 1946, l'Académie a procédé à une vingtaine d'élections, dont celles de bon nombre d'écrivains ou de personnalités de la Résistance, ou «réputées» telles : le professeur Pasteur Vallery-Radot, Jules Romains, André Siegfried. Néanmoins, malgré ce profond renouvellement, le clan pétainiste reste assez puissant, d'autant que les ombres de Pétain et Maurras ont plané à plusieurs reprises. En 1953, l'ancien ambassadeur André François-Poncet est élu au fauteuil de Pétain. L'éloge de son prédécesseur était fort attendu, pour les raisons que l'on devine. Il s'en tire, non sans un certain courage, avec un grand talent rhétorique, développant la thèse du « bouclier » pétainiste et chargeant Laval de tous les péchés, tout en affirmant son admiration pour de Gaulle (que l'évocation du « bouclier » a pourtant singulièrement énervé...) :

> Bien souvent (...) sans méconnaître les intentions de
> l'homme qui avait voulu couvrir la France d'un bouclier,

j'ai rendu hommage en moi-même, comme je le fais ici, devant vous, à celui qui avait relevé l'épée, tombée de nos mains [9].

Pierre Benoit lui répondra sur le thème de la « réconciliation », chère aux pétainistes : « J'ai l'impression qu'il ne nous reste plus qu'à nous féliciter l'un et l'autre, que nous avons travaillé de notre mieux à cette union [10]. » L'année suivante, Robert Aron développera dans son *Histoire de Vichy* la thèse du « bouclier » et de l'« épée », variante de la parabole des « deux cordes » [11].

En 1956, le même André François-Poncet, accueillant Jérôme Carcopino, ancien ministre de l'Éducation de Vichy, est plus à l'aise pour évacuer la partie délicate du *curriculum*, pour se consacrer entièrement à l'éloge du romaniste.

Mais, avec Morand, il est difficile d'invoquer le double jeu ou de mettre des œillères. Ce n'est ni l'ami de Proust ni celui de Giraudoux qui se présente, mais bien un homme de Vichy, voire un « collaborateur », terme soigneusement évité jusquelà, sauf par François-Poncet pour accabler Laval. Sa candidature fait figure de provocation politique. André Siegfried, qui signe un article anonyme (mais transparent) dans la *Revue française de science politique*, le ressent comme tel, désignant l'instigateur en la personne de Jacques de Lacretelle [12]. Avec dix de ses collègues, conduits notamment par François Mauriac et Jules Romains, il signe la lettre en forme de pétition que le clan « résistant » adresse à François-Poncet, directeur du trimestre en cours :

Les membres soussignés de l'Académie française ne contestent nullement les titres littéraires de ce candidat. Mais à sa personne, à son rôle pendant la dernière guerre, demeurent liés des souvenirs, des griefs, de nature à réveiller des controverses, des conflits, dont il vaudrait mieux laisser au temps le soin d'achever l'apaisement [13].

Mais le piège, sans doute calculé, est perfide : comment écarter Morand sans provoquer précisément une « controverse » et sans évoquer son passé, donc de « mauvais souve-

nirs » ? Jules Romains, qui était aux États-Unis pendant la
guerre, emploie dans *l'Aurore* des arguments plus politiques.
Selon lui, une telle élection signifierait :

> ... la revanche de la Collaboration sur une France qui avait
> eu le tort de se refuser à l'ennemi avant de la chasser et
> sur une élite intellectuelle qui avait préféré l'hostilité du
> pouvoir, les risques de la Résistance ou l'exil aux faveurs
> de l'occupant [14].

Jacques de Lacretelle prend la défense de Morand, invoquant le témoignage de juifs que l'écrivain aurait sauvés, et
s'abritant derrière l'annulation du Conseil d'État, qui a réintégré l'ancien diplomate [15]. Fait intéressant, si Lucien Rebatet prend la défense de Morand dans *Rivarol* (8 mai 1958)
— « ce libéral, ce ''bon Européen'' de toujours, jugea en un
clin d'œil à Londres, en juin 1940, de Gaulle et sa clique,
revint en France, accepta de la représenter dans un pays qui
se battait contre Staline » —, le journal croit moins à une
action politique qu'à un règlement de comptes personnel et
littéraire, provoqué par Jules Romains, Georges Duhamel et
surtout François Mauriac.

Cela dit, fonctionnent ici directement l'insuccès de l'épuration et son incapacité d'avoir pu établir définitivement la
nature des crimes et délits de la Collaboration, une brèche
dans laquelle s'enfoncent les pétainistes : pourquoi l'exclusion devrait-elle persister si le droit a statué ? Question redoutable car il est difficile de reconnaître qu'en la matière, la
justice n'a pas été à la hauteur de l'enjeu.

L'élection du 22 mai 1958 est donc on ne peut plus agitée.
Par un habile stratagème, deux élections ont été menées
conjointement : celle qui doit pourvoir le fauteuil d'Édouard
Herriot, et dont Jean Rostand est le favori ; celle qui doit
pourvoir celui de Claude Farrère, pour lequel Paul Morand
et Jacques Bardoux se disputent les faveurs de la droite. Celle-
ci devait « donner » Rostand à la gauche, qui de son côté
concédait Morand. Las ! cette savante combinaison capote
lamentablement. Devant l'hostilité déclarée à son candidat,
le clan pétainiste fait échec à la candidature de Rostand, qui,

comme Morand, n'obtient que dix-huit voix sur les dix-neuf requises pour porter l'épée. Furieux, Pierre Benoit, organisateur du scrutin, déclare après les résultats qu'il ne remettra plus les pieds à l'Académie : « On ne le revit plus », signale laconiquement le duc de Castries [16].

Têtu, Morand se représente en 1959. C'est la troisième fois, après un premier échec en 1936. Mais la chose remonte aux oreilles du nouveau chef de l'État. Reprenant l'argument des pétitionnaires de 1958, le général de Gaulle n'approuve pas en effet une telle candidature, « à cause des haines partisanes que l'écrivain soulèverait au sein de l'Académie [17] ». Morand doit se retirer. L'auteur de *l'Homme pressé* devra attendre encore neuf ans avant d'entrer sous la Coupole, en octobre 1968, après que le Général eut levé son « veto ». Il sera élu au fauteuil de l'avocat Maurice Garçon, un de ceux qui avaient signé la pétition contre lui en 1958... En 1975, un autre écrivain, Félicien Marceau, provoque à son tour des remous. On lui reproche son activité à la radio belge sous l'Occupation. Mais il est élu (au fauteuil de Marcel Achard). Cette fois, c'est Pierre Emmanuel, l'un des plus authentiques représentants de l'« élite intellectuelle » dont parlait Jules Romains, que l'on ne reverra plus.

Mai, juin, juillet

Le retour au pouvoir du général de Gaulle provoque de multiples réminiscences, qui tissent, dix-huit ans après l'année tragique, une toile surréaliste de l'événement. La référence au 18 juin joue de manière directe, chez les gaullistes, car le spectre de la défaite de 1940 et de la faillite de l'État se profile derrière la question algérienne. Elle prend parfois tournure d'intoxication, dans les messages qui précèdent le « débarquement » en Corse (deuxième département libéré, en 1943... après l'Algérie) du 24 mai 1958, l'opération « Résurrection », rappelant les voix de la clandestinité.

Mais elle joue tout autant, en sens contraire, chez les adver-

saires, qui brandissent, eux, le rappel du 10 juillet et du vote
contesté des pleins pouvoirs à Pétain. Un vote qui, précisément, a donné toute sa légitimité politique à l'appel du Général. C'est le cas à gauche.

Le 1er juin, lors de la courte séance d'investiture de De
Gaulle au Parlement, Mendès France trouve des accents dan-
toniens : « Le peuple nous croit libres, nous ne le sommes
plus, ma dignité m'interdit de céder à cette pression des factions et de la rue [18]. » Phrases qu'il aurait peut-être pu prononcer au casino de Vichy, rompant certains silences lourds,
s'il n'était tombé dans le piège du *Massilia* et ne s'était pas
trouvé à Rabat ce jour-là... De même, « qui sait si, écrit René
Rémond, en se posant dès le 1er juin en opposant irréductible, François Mitterrand n'a pas eu la conviction d'être en
1958 l'authentique héritier de l'esprit du 18 juin [19] ? ».
Dénonçant, dans *le Coup d'État permanent*, les « revanches »
du 13 mai (de l'affaire Dreyfus, du Front populaire, de la
Révolution nationale, etc.), Mitterrand déplorera plus tard
le « bénéfice illicite » que le Général tire de sa gloire : « Sacri-
fiant à l'usage, saluerai-je avant d'aller plus loin l'homme
du 18 juin 1940, le chef de la France en guerre, le libérateur
de la Patrie, et gémirai-je sur le malentendu qui l'oppose
aujourd'hui à ses compagnons d'autrefois restés républicains [20] ? »

C'est également le cas à l'extrême droite, notamment sur
les bancs des... pétainistes. D'où quelques télescopages désar-
çonnants.

Le 3 juin, lors du vote sur la modification de l'article 90
de la Constitution, qui donne au nouveau gouvernement la
possibilité de réviser celle-ci, le député Tixier-Vignancour
refuse au Général la délégation du pouvoir constituant. Il a
voté la veille l'investiture, comme naguère il vota et défendit
les pleins pouvoirs à Pétain. Mais, en redoutable débatteur
qu'il est, il motive son refus en invoquant précisément le précédent de 1940 :

> Monsieur le président du Conseil, il y a quelques années,
> vous aviez réuni à Alger une commission de juristes au
> sein de laquelle — si mes souvenirs sont exacts — siégeait

M. Edgar Faure que j'ai le plaisir de voir à son banc (...).
Or, cette commission nous a fait connaître, à nous, députés et sénateurs de la IIIe République qui avions voté, le 10 juillet 1940, une motion précisant que le gouvernement allait rédiger une constitution ratifiée par la Nation et appliquée par les assemblées qu'elle aurait créées, que nous n'avions pas le droit de déléguer ce pouvoir constituant et que nous avions de ce chef — 580 députés et sénateurs — commis une faute grave qui devait nous valoir d'être éloignés, par ce que vous appeliez l'inéligibilité des compétitions électorales...

Dans un tonnerre de protestations, il conclut :

... vous m'excuserez de penser que jamais je n'aurais pu croire que deux fois dans mon existence on me demanderait de déléguer la fraction de pouvoir constituant que je détenais, et — qui mieux est — jamais je n'aurais pu envisager que, pour la deuxième fois, celui qui me le demanderait serait celui-là même qui m'avait puni pour avoir accordé une première fois cette délégation.

Le comble, et le plus délicieux, est qu'Edgar Faure ne se laisse aucunement démonter par l'allusion, comme en témoigne un bref échange entre les deux hommes :

E. Faure : Monsieur Tixier-Vignancour, voulez-vous me permettre de vous interrompre ?
J.-L. Tixier-Vignancour : Volontiers.
E. Faure : Je vous remercie de votre courtoisie (...). Je dois dire, en effet, que la question de la délégation du pouvoir constituant est délicate. Mais, monsieur Tixier-Vignancour, comme nos esprits, recherchant des souvenirs, ont sans doute suivi — du moins jusqu'à un certain point — le même chemin, il se trouve que j'avais avec moi ce soir une revue publiée à Alger à cette époque où j'avais l'honneur, sous vos ordres, monsieur le président du Conseil, de diriger les services législatifs du Comité de libération nationale.
J.-L. Tixier-Vignancour : Je savais que vous aviez apporté cette revue [21].

Vichy est bien dans toutes les têtes. Suit un débat de droit constitutionnel, dans lequel Tixier-Vignancour, avec le renfort de Jacques Isorni, tente de démontrer, en s'appuyant sur les arguments gaullistes du jour, que le vote du 10 juillet était parfaitement conforme aux textes.

> *J.-L. Tixier-Vignancour :* ... Le texte qui a été voté (en 1940) ne prévoyait précisément aucune application de cette Constitution... puisqu'il était ainsi conçu : « Elle sera ratifiée par la nation et appliquée par les assemblées qu'elle aura créées. »
>
> *J. Minjoz :* Vous oubliez l'essentiel : on avait supprimé les précédentes.
>
> *J.-L. Tixier-Vignancour :* C'est ce qui va vous arriver, mon cher collègue, exactement [22] !

Étranges va-et-vient entre le passé et le présent, où les rôles s'inversent et les repères disparaissent au gré des bons mots. Car ces échanges sont peut-être comiques, bien en deçà de l'enjeu capital qui se joue à la Chambre, mais ils ont sans doute contribué à rendre le passé confus, détruisant l'unité organique de l'événement. Comment concilier, en effet, un passé qui sert de référence historique et motive profondément l'engagement des uns et des autres, avec un passé manipulable et malléable à merci qui leur sert en même temps d'effet rhétorique ou d'anathème ? Les symboles peuvent-ils garder leur charge émotionnelle et attractive sans paraître de simples instruments politiciens ? La question serait sans intérêt si, par ailleurs, l'Occupation n'avait pas constitué un traumatisme pour l'ensemble de la société française, et pas seulement pour la classe politique. Les fausses symétries, comme, plus tard, la banalisation de certains mots (comme « génocide »), si elles n'ont trompé aucun de ceux qui avaient vécu les événements, ont sans doute entraîné une certaine lassitude en dehors des cercles sensibles.

En définitive, c'est bien l'homme du 18 juin qui peut, plus qu'un autre, offrir une image rétrospective acceptable des souvenirs funestes.

L'exorcisme gaullien

La vision gaullienne de l'Occupation s'est constituée en cinq étapes successives. A la Libération, on l'a vu, le général de Gaulle a posé les deux principales pierres de touche : l'évacuation de Vichy et la légitimation de la Résistance, image abstraite, vidée de sa multiplicité historique, dont il dépossède les résistants au profit de la nation « tout entière ». Entre 1946 et 1950, par tactique politique, il tente d'attirer une partie de l'électorat, en usant de la corde Pétain, et réactive, de fait, une mémoire pétainiste. Mais l'affaire Rémy l'entraîne trop loin et il abandonne le brûlot, devenu inopérant après la mort du Maréchal, retrouvant même ses accents antivichystes. Entre 1954 et 1958, il renoue, dans ses *Mémoires de guerre*, avec l'interprétation amorcée en 1944 : l'histoire de France, entre 1940 et 1944, s'est écrite à Londres et à Alger (voir chapitre 6). Avant la cristallisation définitive du mythe résistancialiste des années 1960, dernière étape, il va tenter une fois de plus l'exorcisme de l'an quarante.

Le 30 décembre 1958, dans le cadre des économies budgétaires du plan Pinay-Rueff, la retraite des anciens combattants est supprimée, mesure qui touche beaucoup d'anciens résistants et provoque un tollé de réactions indignées. Le Général s'en explique, un an plus tard, à la veille du 11 novembre : « Les anciens combattants sont faits pour être les premiers à l'honneur, ils ne sont pas faits pour être les premiers à la revendication[23]. » Fait significatif, il n'évoque que le sort des anciens combattants de la Grande Guerre, laissant les autres, ceux de la Seconde Guerre mondiale ou ceux des guerres coloniales, dans l'ombre. Finalement, la retraite sera discrètement rétablie quelque temps après. A l'évidence, il s'agissait là d'un geste symbolique « dont l'intérêt financier n'était pas capital et dont l'opportunité n'était pas évidente[24] ». Dépositaire de l'héritage héroïque, le Général ne semble pas enclin à le distribuer à quelques privilégiés.

Le 11 avril 1959, c'est un nouveau coup de boutoir. Il supprime par décret la commémoration du 8 mai. Désormais, le jour de la Victoire sera célébré le deuxième dimanche du mois de mai. Conséquence, le 8 mai n'est plus un jour férié, donc chômé, la multiplication des jours fériés se faisant « au préjudice non seulement de l'activité nationale, mais aussi de certaines catégories de travailleurs [25] ». Le dimanche 9 mai 1959, le gouvernement rend hommage tant à la victoire des Alliés qu'au souvenir de Jeanne d'Arc, dont la fête tombe le même jour. Ce qui enlève à la cérémonie, largement boudée par les associations d'anciens combattants, un peu plus de sa spécificité.

La même année, d'autre célébrations prennent par contre un éclat particulier : le 18 juin, le Général se rend au mont Valérien ; le 29 août, il commémore la libération de la capitale en présence de membres du Conseil national de la Résistance et du Comité parisien de libération ; enfin le 11 novembre, de Gaulle associe dans une même communion les deux guerres, comme en 1945 [26].

La mise en relief d'une certaine idée de la Résistance ne l'empêche pas de ménager, dans le cadre de l'unité nécessaire, toutes les sensibilités. Y compris par de petits gestes.

En avril 1959, juste avant les premières élections sénatoriales de la Ve République, le Général se rend en Auvergne. C'est l'occasion de remuer quelques souvenirs. Le 18, le cortège présidentiel s'arrête... à Vichy. D'emblée, l'étape s'annonce pour le moins intéressante. Avec le maire, M. Coulon, il échange quelques mots :

> — Depuis 1933, avec la venue d'Albert Lebrun, aucun président de la République n'est venu dans notre ville. *(C'est bien entendu faux. Le maire a « oublié » la présence du président Lebrun, à Vichy, en juillet 1940...)*
> — Ma présence ici a un caractère un peu particulier en raison des événements de naguère que vous savez et de ceux d'aujourd'hui...

Il prend ensuite la parole devant la foule des Vichyssois, les habitants de la « reine des villes d'eaux », qui, dès septembre 1944, revendiquait par l'entremise de son conseil municipal que toute allusion au régime de « Vichy » soit bannie du vocabulaire :

> ... Maintenant, je vais vous faire une confidence que vous ne répéterez pas, mais je suis obligé de dire qu'il y a pour moi un peu d'émotion à me trouver officiellement à Vichy. Vous en comprenez les raisons, mais nous enchaînons l'histoire, nous sommes un seul peuple, quels qu'aient pu être les péripéties, les événements, nous sommes le grand, le seul, l'unique peuple français. C'est à Vichy que je le dis. C'est à Vichy que j'ai tenu à le dire. Voilà pour le passé. Vive Vichy ! Vive la France ! Vive la République [27] !

Discours étonnant, qui, toutes proportions gardées et à l'échelle des disputes franco-françaises, vaut bien tous les « Québec libre ». D'une œillade cavalière, sa « confidence », il se permet d'évoquer l'indicible au risque de réveiller quelques odeurs de soufre. Il joue même les apprentis sorciers en parlant d'unité nationale dans l'ex-capitale de la France pétainiste, sachant parfaitement quel poids négatif peut encore évoquer le signifiant « Vichy », martelé plusieurs fois, comme une parole conjuratoire. L'un des ministres qui l'accompagne parlera d'« exorcisme [28] ».

Le même jour, à Moulins, il rend un hommage collectif à la ville :

> ... Je sais tout ce qui a été fait ici. Cela a été d'autant plus méritoire que vous étiez ici en bordure du drame (...) sur cette blessure constituée à travers notre pays qu'on appelle ligne de démarcation [29].

Quelque temps après, le 6 juin 1959, venant de Clermont-Ferrand, il fait une halte au Mont-Mouchet, où s'élève le monument national aux maquis de France. Entre le 16 et le 20 juin 1944, sous la conduite du colonel Gaspar, trois à quatre mille maquisards affrontèrent à visage découvert les Allemands avant de se retirer, laissant de nombreux morts sur le terrain. Ce jour-là, de Gaulle est en uniforme. Devant les anciens des Mouvements unis de Résistance, il s'avance, seul, et lance : « Gaspar. » Celui-ci sort de la foule, s'incline devant le Général qui répète son nom d'une voix « émue », avant de lancer au chef des maquis « une bourrade affectueuse au creux de l'estomac » :

> J'ai tenu, en passant en Auvergne, à rendre hommage à nos morts du Mont-Mouchet. Il y a eu ici un épisode insuffisamment connu, émouvant, de la Résistance française. Cela s'est fait au moment où il fallait le faire. Ceux qui l'ont fait ne l'ont pas fait en vain. Je suis heureux de participer avec vous à cette cérémonie, avec nos maquisards et leur chef, Gaspar [30].

Hommage remarquable, bien que tardif. Le 1er juillet 1945, le général de Gaulle, alors accompagné par le sultan du Maroc, s'était rendu en voyage officiel en Auvergne et avait refusé de se rendre au Mont-Mouchet. A Clermont, il avait serré la main des officiels, dont Gaspar, mais sans lui accorder d'attention particulière [31]. A l'époque, il cherchait à minimiser l'impact et la popularité des chefs de maquis. De même, il ne tenait pas à réveiller des souvenirs encore très frais sur les erreurs et carences du commandement des FFI au moment du débarquement allié. Une absence dont les résistants locaux lui tiendront rigueur. En 1959, le contexte a changé et ce n'est pas tant le chef du maquis qu'il honore que le résistant.

En quelques semaines, le Général a parcouru un itinéraire symbolique, chaque étape constituant un « lieu de mémoire ». Il a, tour à tour, pratiqué l'exorcisme de la guerre civile, rappelé les divisions — géographiques — entraînées par l'occupant, et célébré la Résistance à sa manière, tout en lui refusant un statut privilégié. Mais le contexte est trop marqué par les nouvelles fractures de l'affaire algérienne pour permettre une cristallisation définitive du passé.

Le rejeu de la faille

L'historien doit être attentif à ne pas tomber, lui aussi, dans les charmes de l'anachronisme. Observés d'un point de vue strictement objectif et avec le recul, les enjeux de la guerre d'Algérie n'avaient qu'un lointain rapport avec ceux de l'Occupation. Mais les contemporains ne l'ont pas ressenti comme tel. Dans leur imaginaire, dans les mots d'ordre, parfois dans leurs actes, les protagonistes de cette nouvelle guerre franco-française se sont identifiés aux hommes et aux événements de 1940. Nombre d'entre eux, surtout parmi les leaders, avaient d'ailleurs vécu activement l'Occupation. L'anachronisme serait donc d'évacuer cette dimension mémoriale.

Lors de la guerre d'Algérie, la référence à l'histoire prend une autre dimension. Elle n'est plus une simple réminiscence ou un anathème tactique. Elle opère comme héritage politique. Mais l'écheveau est tout aussi complexe à démêler. La nouvelle faille n'est pas un rejeu direct de celle de 40. Ses bords ne recoupent qu'imparfaitement la fracture qui opposa naguère les « résistants » et les « collaborateurs ». Les reclassements en délimitent d'autres, qui tous font plus ou moins appel aux souvenirs passés. Mais, par ricochet, ils rappellent aussi que les divisions de l'Occupation n'étaient pas aussi clairement définies par la seule alternative résistance/collaboration.

Dans une analyse récente, Pierre Vidal-Naquet a distingué, au sein de la « résistance » à la guerre d'Algérie, trois types idéaux : « les bolcheviks », héritiers du léninisme révolutionnaire et communistes dissidents ; les « tiers-mondistes », laïcs ou mystiques ; et enfin, « les dreyfusards », attachés à une certaine idée de la France plus que de l'Algérie [32]. C'est évidemment au sein de ces derniers que la référence à la Résistance a pris valeur de symbole, dans la mesure où celle-ci fut, dans certaines de ses composantes, l'héritière du combat contre le nationalisme antidreyfusard.

Dans un premier temps, cette gauche a dénoncé la résurrection d'un « fascisme » : en 1957, dans son combat contre la torture ; en mai 1958, assimilé, on l'a vu, à un nouveau « 10 juillet ». « La peste fasciste et ses imitations se renforcent toujours des exacerbations et des perversions du sentiment national. L'État libéral s'effondre au moment même où il devrait ressaisir le destin de la nation menacée et humiliée », écrit Michel Winock [33]. L'étiquette recouvre tout autant les ultra-nationalistes que le nouveau « sauveur ». Elle sert de concept générique plus que de référence au fascisme historique des années 1930-1940 : est « fasciste », en somme, tout ce qui menace la République et la démocratie.

Mais, deux ans plus tard, c'est l'OAS et les activistes qui apparaissent comme le danger principal, leur combat pour l'Algérie française n'étant qu'« un prétexte, un moyen (...) d'atteindre ce qui a toujours constitué pour eux l'objectif suprême : la conquête du pouvoir, l'instauration d'un régime fasciste [34] ». Par contrecoup, le général de Gaulle, cible privilégiée de l'OAS, devient pour certains un rempart contre ce fascisme-là. Michel Winock rappelle ces revirements, qui, à l'époque, le scandalisèrent : ceux de Roger Stéphane ou de Maurice Clavel, tentés de voir en de Gaulle l'homme providentiel, non celui du 13 mai, mais celui du 18 juin. « L'ombre du Général hantait de nouveau les salles de rédaction [35]. »

A gauche, la référence à l'an quarante trouve cependant à l'époque des limites naturelles. Elle est un point de passage rétrospectif qui permet de rebondir plus loin dans le passé, dans les souvenirs de l'affaire Dreyfus. Elle ne peut prendre en compte les autres dimensions de la guerre d'Algérie : étudiant les filiations entre celle-ci et les autres fractures antérieures, Bernard Droz a souligné que « la véritable guerre civile est celle qui a ravagé le peuple algérien [36] », vérité d'évidence sur le caractère parfois sollicité des réminiscences franco-françaises. Enfin, sans doute l'élément le plus déterminant (observé du point de vue des batailles de mémoires), l'héritage de la Résistance n'appartient pas en propre aux adversaires de la guerre, qui doivent la partager avec d'autres. Car, au sein des partisans de l'Algérie française, les souvenirs des années noires sont à la fois plus présents et plus contradictoires.

L'extrême droite de l'après-guerre a connu une série de vicissitudes, maintes fois décrites. Les poujadistes, après leur succès électoral de 1956, ont vu leur impact décliner avec la chute de la IVe République. Si la gauche voit en eux des héritiers du pétainisme ou du fascisme, il ne semble pas que cette filiation ait réellement joué au sein du mouvement Poujade, peu ancré dans des traditions idéologiques. Certains ont tenté la synthèse du «nationalisme renouvelé», autour de Pierre Boutang et de *la Nation française*, un journal rassemblant «des hommes qui entendent rester fidèles au vieux Maréchal dont ils ont servi la personne et d'autres qui ont combattu dans les rangs de la Résistance et sous les uniformes de la France libre et qui prétendent ne rien renier de leur passé[37]». Enfin, seuls les pétainistes (Tixier-Vignancour, Jacques Isorni, etc.) et les néo-fascistes, comme Maurice Bardèche, restent attachés aux traditions politiques de l'Occupation, la Révolution nationale, pour les uns, l'«ordre nouveau européen», pour les autres.

Le retour de De Gaulle, en 1958, provoque de nombreuses divergences. Chez les pétainistes les plus stricts, Jacques Isorni rejette toute adhésion au Général, dès le vote d'investiture du 1er juin 1958 : «Les souvenirs auxquels je suis lié, certains marqués par le sang qu'aucun mot ni aucun geste n'ont encore effacés, me l'interdisent.» Tixier-Vignancour, on l'a vu, a voté l'investiture mais pas la délégation du pouvoir constituant. Enfin, d'autres se sont ralliés au «oui», comme, par exemple... la maréchale Pétain !

Les hésitations de *Rivarol* sont à cet égard assez éclairantes. L'organe des nostalgiques conserve d'abord son hostilité traditionnelle à l'égard du Général : «Un gouvernement de salut public, oui, mais pas de Gaulle» (éditorial du 15 mai). La semaine suivante, sur la première page, le journal publie deux photos accolées, l'une de Pétain, l'autre de De Gaulle. En légende, deux citations : «Je fais à la France le don de ma personne pour atténuer son malheur» (Pétain, le 16 juin 1940) ; «Je suis un homme qui n'appartient à personne et appartient à tout le monde » (de Gaulle, le 19 mai 1958). Ces rappels permettent au journal de se ranger du bout de la plume derrière de Gaulle, qui, malgré son action passée « calamiteuse », est préférable au « maintien aux affaires d'un conglomérat de bafouilleurs prétentieux » (éditorial du 22 mai 1958). Jusqu'en juillet, *Rivarol* maintient cette position que l'on peut résumer en deux formules : il est derrière de Gaulle car fidèle à Pétain, et mieux vaut de Gaulle qu'un nouveau Front populaire...

Mais l'évolution du conflit algérien brouille à nouveau les cartes. L'hostilité au Général remet à l'ordre du jour un néofascisme proche des origines. Le Mouvement populaire français, référence explicite à Jacques Doriot, qui appelle à lutter « à la fois contre la ploutocratie capitaliste et contre la lutte de classe marxiste », singe les défilés nazis, rendant un hommage solennel « aux grands Européens qui surent vivre et mourir pour la grande cause des peuples blancs : José Primo de Rivera, Marcel Déat, Drieu La Rochelle, Jacques Doriot, Robert Brasillach, Marcel Bucard, etc. [38] ». Jeune Nation, un des mouvements les plus actifs, a été fondé par trois des frères Sidos, fils d'un inspecteur général adjoint des Forces du maintien de l'ordre (dépendantes de la Milice), exécuté en mars 1946. L'un, François, s'est engagé en 40 dans les Forces françaises combattantes, tandis que les deux autres, Pierre et Jacques, furent arrêtés et incarcérés à la Libération.

Le combat pour l'Algérie française a redonné à ces nostalgiques, un bref moment, le sentiment d'une unité factice :

> La liquidation de l'empire colonial français donnait à l'opposition nationale les forces qui lui avaient manqué depuis 1945. Lavée de la lourde hypothèque de Vichy, elle pouvait, de nouveau, faire appel au nationalisme, voire au pur et simple patriotisme des Français, pour faire obstacle à l'abandon d'une importante fraction du territoire national. L'armée devenait perméable à sa propagande et un million de pieds-noirs paraissaient représenter la plus grande masse de manœuvre qu'ait eue l'opposition nationale depuis l'épuration [39].

Cet esprit de revanche est très répandu parmi tous ceux

qui ont souffert des exclusives de 1945. Le 6 décembre 1960, se crée, à Alger, une filiale de l'association Pétain. Dans sa première motion, elle fait le serment de poursuivre, « les armes à la main s'il le faut », le combat pour la « terre française », pour que soient jugés en Haute Cour « tous les bradeurs et traîtres à la patrie » et pour que soient transportés à Douaumont les restes de « celui qui, par deux fois, sauva la Patrie, sut en 1940, malgré la défaite et l'Occupation, conserver intégralement le territoire national et le trésor de la France intacts [40] ». On retrouve là le phénomène traditionnel d'inversion, avec ses syllogismes et fausses symétries : la Haute Cour pour le « traître » de Gaulle, qui brade un empire « sauvé », en 1940, par Pétain et l'armistice, permettant la levée d'une résistance militaire (la seule légitime) en Afrique. C'est d'ailleurs à ce titre que le général Weygand sort de sa réserve en octobre 1959, proclamant que l'Algérie est française. « Une occasion, écrira de Gaulle, d'exhaler les rancœurs de Vichy [41]. »

La rancune et la revanche ne sont cependant pas les seules motivations nourries de références à l'Occupation. Parmi les adversaires irréductibles de l'indépendance, se retrouvent également d'anciens résistants authentiques. Les exemples sont nombreux et connus. L'un des dirigeants de l'OAS, Château-Jobert, défenseur acharné de l'« Occident chrétien », est un ancien des FFL et Compagnon de la Libération, comme Jacques Soustelle, comme Georges Bidault. Le cas de ce dernier est encore plus remarquable puisque, dans le sillage de l'OAS, il n'hésite pas à fonder en 1962 un « Conseil national de la Résistance », écho lointain de celui dont il prit la tête, en 1943, après la disparition de Jean Moulin.

Bidault s'en est justifié dans ses Mémoires. Il développe l'idée que l'empire était la principale préoccupation du gaullisme de guerre (ce qui n'est pas faux), feignant d'ignorer les contextes respectifs des années 1940-1944 et 1958-1962. Mais l'intérêt de sa démonstration réside moins dans les aspects polémiques que dans la fidélité à une certaine *sensibilité*, qui éclaire en partie la postérité complexe du fait résistant :

Parmi ceux qui ont été de vrais résistants, qui ont connu de vrais dangers, il n'a pas manqué d'hommes qui ont trouvé de mauvais goût que je fasse sortir la Résistance du musée pour un objet qui, quoique identique à nos premiers buts, n'avait plus le bonheur de leur plaire. On doit le reconnaître : nombre de résistants avaient pris leur retraite (...). Beaucoup étaient convaincus que cette épopée qu'ils avaient vécue ne pouvait pas, ne devait pas recommencer. La Résistance était trop belle dans leur souvenir pour qu'elle ne restât pas un souvenir unique, non susceptible de récidive. Sa place était au musée des Invalides. Ils aimaient en elle ce que jamais on ne verra deux fois [42].

Étrange propos sous la plume du chef du MRP, qui fut le principal artisan de l'amnistie, de l'oubli juridique, et s'engage au nom d'un souvenir. Du bord opposé, il rejoint ainsi, d'une certaine manière, les adversaires de l'Algérie française, qui, eux aussi, se sont engagés en souvenir de leur jeunesse résistante et n'ont pas succombé à la «tentation des Invalides». Mais cette fidélité de cœur n'empêche pas Georges Bidault d'aller au bout de la logique de sa haine contre de Gaulle. En effet, au même moment où il rédige ces lignes, écrites en exil en 1965, il adresse un «message» aux partisans du maréchal Pétain, à l'occasion du sempiternel transfert possible des cendres à Douaumont, quelques mois avant l'élection présidentielle au suffrage universel :

... Sans rien renier ni changer de ce que j'ai dit et fait aux moments les plus noirs, n'ayant jamais rien dû à Pétain, ne l'ayant jamais combattu à moitié, n'étant ni son protégé ni son filleul, ayant été son adversaire, je dis qu'il appartient seulement maintenant et sans attendre à ceux qui ont connu, comme je les ai connues, les duretés, les horreurs et la longueur du combat dans la Résistance sur le territoire national de dire et de proclamer (que) Pétain avait les Allemands sur le dos, il a préservé l'Empire. Celui qui, contre lui, a revendiqué que l'Empire entrât dans la guerre et proclamé que Pétain allait le livrer à l'ennemi, une fois la victoire remportée, en a fait don, malgré les engagements solennels, à la racaille qui a déporté les nôtres et ruiné l'Afrique du Nord (...). Dans la vie du maréchal Pétain, le sommet, c'est Douaumont. Dans la vie du général de Gaulle, le sommet c'est Londres et Alger (...). Pétain est mort à Douaumont, de Gaulle est mort à Alger [43].

Répétons-le : la guerre d'Algérie obéit à d'autres logiques que celle de la réminiscence. Elle offre toutefois un échantillon significatif des différentes formes que revêt le passé dans une lutte politique :

— *L'héritage :* il est incontestable que, dans les deux camps, s'expriment des formes d'enracinement traditionnelles. Certains ultras ont effectivement cherché à abattre la République, en continuité avec l'obsession des hommes de Vichy, voire à instaurer un régime fasciste, à l'instar des collaborationnistes. Ce qui n'a pas été sans effets néfastes pour l'extrême droite. Toute l'armée, loin de là, n'était pas favorable à la «contre-révolution» de l'OAS, pas plus que les partisans de l'Algérie française n'ont été sensibles, *dans leur majorité*, à la perspective d'un fascisme français. Selon René Chiroux, ils ont même souvent été embarrassés de cette mauvaise image de marque [44]. A gauche, la continuité avec 1940 était d'autant plus directe que la lutte contre la guerre d'Algérie a sans doute contribué à une certaine régénérescence des idées et des hommes, souvent hors des partis installés, un peu comme dans la Résistance, précisément.

— *La nostalgie :* dans chacun des camps, on trouve des hommes et des femmes qui s'engagent en souvenir de l'Occupation, époque qui fut aussi celle de leur jeunesse, de leurs premiers combats, décidant des engagements ultérieurs. La nostalgie joue alors de manière directe, comme l'évocation du CNR chez Bidault, du gaullisme de guerre chez certains hommes de gauche, voire même, à l'opposé, les singeries du nazisme de certains groupuscules. Ni la droite ni la gauche ne peuvent se passer de nostalgie.

— *Le fantasme :* ou le complexe de Maurras. En janvier 1945, s'entendant condamné à la réclusion perpétuelle, Charles Maurras, accroché à ses certitudes et à ses dogmes, s'écriait : «C'est la revanche de Dreyfus!» Cette exclamation haineuse, quatre décennies après l'« affaire », signifiait de façon claire que l'ennemi qui le condamnait en 1945 et, ironie du sort, à la même peine, était le même, structurellement identique depuis ses premiers combats contre la « gueuse ». Par ricochet, il y trouvait une légitimité et une identité accrues : « Si les autres, en face, sont toujours les mêmes, comment eux ne le seraient-ils pas davantage encore ? » écrit Mona Ozouf au sujet de l'hommage rendu en 1939 par l'Action française à Charlotte Corday et à l'insurrection vendéenne, contre la célébration du cent-cinquantenaire de 1789 [45]. Pour exister, pour subsister et rester fidèle à lui-même, en dépit de la durée, il lui fallait fantasmer son ennemi, supposé, lui aussi, insensible à l'érosion du temps. On retrouve des comportements de même nature dans les années soixante. Dans ce registre, l'adversaire dénoncé doit prendre (si la crise et l'enjeu l'obligent) les traits du Malin, de l'ennemi type, celui contre lequel aucune compromission n'est permise. Chez les anciens épurés, après quelques hésitations, c'est de Gaulle, le même et l'unique. Chez Bidault, c'est l'« esprit d'abandon », le même qui a conduit à ne pas continuer la lutte en 1940, et à délaisser l'empire en 1962. A gauche, c'est le spectre de la réaction antidreyfusarde et, bien sûr, du fascisme, réel ou mythique, souvent brandi pour attirer des sympathisants et pour unifier les rangs.

La guerre d'Algérie, observée en métropole, est donc bien un rejeu de la guerre franco-française. Mais à condition d'admettre que cette faille rejoue dans les esprits. Qu'elle offre un miroir composite, reflétant non l'événement passé, mais ses traductions contemporaines.

L'honneur inventé

Les Français sont friands d'anniversaires. Surtout les vingtièmes, vingt-cinquièmes, trentièmes, quarantièmes..., dates qui prennent toujours un éclat particulier : les chiffres ronds tranquillisent, car ils sonnent comme des carillons de la mémoire. L'année 1964 n'échappe pas à la règle. Elle constitue à la fois un tournant et un apogée. Les déchirements de la guerre d'Algérie, qui ont remis en lumière ceux de l'Occupation, commencent à se cicatriser (mais elle provoquera une nouvelle blessure de mémoire). Les nostalgies du passé laissent la place aux futurs optimistes que programment allégrement planificateurs et autres technocrates.

L'heure était sans doute venue, pour un gaullisme sorti de l'épreuve, d'ancrer sa légitimité dans un passé sublimé. Après le temps de l'exorcisme, vient celui de l'«honneur inventé [46]».

Il ne s'agit plus simplement d'organiser l'oubli de la guerre franco-française, mais d'orienter le souvenir et de forger une mémoire officielle à la mesure de la «grandeur» renaissante du pays. 1964 marque l'apogée d'une vision rassurante de l'Occupation, celle d'un peuple qui «résiste encore et toujours à l'envahisseur», que ce dernier revête l'uniforme vert-de-gris ou celui des légions romaines. En 1959, dans le journal *Pilote*, fraîchement créé, deux dessinateurs, encore peu connus, viennent de réinventer l'immortel Gaulois, en la personne d'Astérix. En 1963, celui-ci a vaincu les Goths et tapé quelques collabos gallo-romains. Mais il faudra attendre la fin de 1980, après la mort de René Goscinny, pour qu'Albert Uderzo évoque directement le «Grand Fossé» qui scinde le village en deux.

A partir de 1964, dans les écoles et collèges de France, on récompense tous les ans les meilleures copies du «Concours national de la Résistance et de la déportation» : comme la République et la grammaire, la geste héroïque des aînés doit forger le potache et futur citoyen. C'est le Concours général de la nouvelle République. Dans les films, les romans, les ouvrages scientifiques, la Résistance fait recette, tandis que Vichy et la Collaboration deviennent des sujets tabous, rarement transgressés.

Il fallait à ce transfert, à ce détournement de mémoire, une formalisation, une mise en scène dignes des pompes gaulliennes. L'occasion est fournie grâce au... transfert des cendres de Jean Moulin au Panthéon.

L'initiative date du printemps 1963. Elle ne vient pas du pouvoir, mais de l'Union des résistants, déportés, internés et des familles des morts de l'Hérault, créée en mars 1960 (Jean Moulin est né à Béziers, en 1899). Au même moment, Raoul Bayou, député socialiste de l'Hérault et secrétaire de l'Assemblée nationale, formule une demande analogue, arguant que «personne ne met en doute le caractère particulièrement héroïque de l'action entreprise par Jean Moulin, véritable fondateur et premier chef de la Résistance sur le sol national [47]». Moulin est certes une figure propice au rassemblement. Mais elle permet à la gauche de rappeler que le général de Gaulle n'était, au bout du compte, ni le seul ni le premier des résistants.

Bien que venant de l'opposition, l'idée fait néanmoins son chemin, d'autant que le pouvoir n'avait, semble-t-il, rien prévu avant la suggestion des résistants locaux. Dès le 30 mai 1963, André Malraux, ministre d'État chargé des Affaires culturelles, en discute avec le Premier ministre Georges Pompidou. Le seul problème qui se pose alors est de savoir si la décision sera prise par une loi ou par décret, «l'usage étant établi de laisser aux Assemblées parlementaires le soin de rendre un tel hommage de la nation». En effet, comme le précise le ministère de l'Intérieur, s'il est «hautement souhaitable d'associer le Parlement à une manifestation publique aussi solennelle de respect et de reconnaissance», la nouvelle Constitution permet de se passer de son aval [48]. La décision revient finalement au chef de l'État : le transfert est promulgué par décret du 11 décembre 1964, quelques jours avant la cérémonie [49]. Il est intéressant de noter que la question n'a donné lieu à aucun débat à l'Assemblée ni au Sénat, hormis la question écrite du député Bayou, et la réponse laconique du ministre des Anciens combattants.

Les gaullistes semblent ainsi avoir récupéré une initiative de l'opposition, tout en évitant une discussion parlementaire. Celle-ci aurait associé les adversaires politiques dans une cérémonie qui se veut celle du pouvoir, et aurait pu, dans le cadre d'un vote à l'Assemblée, ne pas recueillir l'unanimité et entacher le geste symbolique de considérations politiciennes et contingentes. En face, l'opposition, une fois la décision prise, n'a pas non plus discuté avec âpreté les modalités : sur cette question, le consensus était réel.

Le choix de la date semble en revanche le fruit du hasard et d'une certaine précipitation. Le Panthéon étant bloqué jusqu'en novembre 1964 pour cause de ravalement, il ne restait qu'un mois avant la fin de l'année fatidique (le vingtième anniversaire de la Libération). Le choix s'est porté sur les 18 et 19 décembre, quelques jours avant les fêtes de fin d'année. Seul élément de référence, c'est dans la nuit du 1er au 2 janvier 1942 que Jean Moulin a été parachuté en France comme représentant du général de Gaulle.

La cérémonie s'est déroulée en deux temps, selon un protocole extrêmement précis. Il a été mis au point, lors d'une réunion tenue le 8 décembre, au cabinet du chef de l'État, avec des représentants de la direction de l'Architecture, responsable de l'organisation, du ministère des Armées, et des Anciens combattants [50]. Pas un détail, jusqu'au descriptif des uniformes de chaque unité, n'a été laissé au hasard. Et le minutage s'est fait à la seconde près : pour plus de sûreté et pour éviter les désordres intempestifs, la note de service du gouverneur militaire de Paris se termine même par le rappel du numéro de l'horloge parlante...

La première journée, celle du vendredi 18, a été consacrée à l'exhumation et au transfert de l'urne funéraire. Le matin, au Père-Lachaise, l'urne a été exposée au crématoire. C'est là que le général de Gaulle est venu rendre un premier hommage, à 12 heures 15, avant tout le monde. Comme prévu, cette visite n'« était qu'une cérémonie à caractère privé sans le moindre apparat [51] ». La caisse, recouverte d'un drap tricolore, a ensuite été déposée dans un cercueil portant une sobre inscription : « Jean Moulin ». A 14 heures 45, ce dernier est transporté dans l'île de la Cité, dans la crypte du Monument des martyrs de la déportation, où il reçoit les hommages militaires avant d'y être descendu au son d'une marche funèbre. Le protocole précise bien que le détachement du 76e bataillon d'infanterie regagne ses véhicules « après le départ des autorités officielles », les représentants du gouvernement.

Après le chef de l'État, le matin, les honneurs militaires, en début d'après-midi, vient l'hommage de la Résistance, des résistants et du public. De 15 heures à 21 heures 30, une garde d'honneur se constitue qui se relaie toutes les demi-heures, puis toutes les dix minutes. Elle est composée de 194 compagnons de la Libération et de très nombreuses personnalités politiques de toutes tendances : Jacques Baumel, de l'UNR, Marcel Paul, du PC, le colonel Rol-Tanguy, Eugène Claudius-Petit, Emmanuel d'Astier de la Vigerie, etc. Des membres du Conseil national de la Résistance, des représentants des mouvements de la résistance intérieure et de la France libre sont également présents. Pendant tout ce temps, le bourdon de Notre-Dame sonne lentement le glas.

A 22 heures, un cortège se forme : en tête, un régiment de la Garde républicaine de Paris, suivi par les drapeaux des associations de résistants ; derrière, un engin blindé de reconnaissance transporte le cercueil, encadré par des porteurs de torches ; en queue du cortège, les familles et délégations d'anciens résistants. Dans un Paris plongé dans l'obscurité d'une nuit d'hiver et au son des tambours voilés de crêpe, il se dirige vers le Panthéon, en passant par le quai de l'Archevêché, la rue du Cloître-Notre-Dame, le parvis, le pont puis le boulevard Saint-Michel, jusqu'à la rue Soufflot. Là, un nouvel hommage militaire est rendu, avant l'organisation de la veillée, assurée une nouvelle fois par les compagnons de la Libération et les anciens résistants. Toute la nuit, un pinceau tricolore de projecteurs de DCA sera tracé dans le ciel à partir du monument.

Ce premier temps fort illustre le caractère ambigu de la célébration. La journée a été consacrée à l'hommage que rend à Jean Moulin la Résistance tout entière et le peuple de Paris. Tous les mouvements et partis sont présents, y compris, et c'est important, les communistes et la gauche. Par ailleurs, la cérémonie s'ouvre sur la capitale, et les différents trajets empruntés par le cortège ont une signification précise. Du Père-Lachaise à la crypte, il ne s'agit que d'une translation obligée : le mort d'entre les morts du cimetière rejoint les martyrs de la lutte clandestine. De la crypte au Panthéon, le cortège traverse le cœur de la capitale, presque le cœur de la France, naguère « outragé, brisé, martyrisé, mais libéré ». L'hommage est ici populaire, avec deux nuances de taille : du début à la fin de la journée, il est encadré par une symbolique militaire et c'est de Gaulle, personne « privée », qui, le premier, lui a rendu les honneurs. Plus discrète que le lendemain, l'assimilation entre Moulin, l'homme du 18 juin et l'aspect militaire de la Résistance, inscrite dans une tradition guerrière plus que politique, est bien présente. En somme, avant la véritable cérémonie, le pouvoir a concédé à tous les résistants, et aux Parisiens, le privilège de saluer le futur « grand homme ».

Le lendemain, samedi 19 décembre, c'est le général de Gaulle, le chef de l'État cette fois, qui préside la cérémonie. Après la célébration de la mort, c'est la pompe républicaine. Devant le cercueil, toujours sur un catafalque au pied du Panthéon, deux tribunes ont été installées, l'une, celle du président, devant la façade de la faculté de Droit, l'autre devant celle de la mairie du Ve arrondissement : le tout formant un « V », comme le « V » de la victoire (voir croquis).

Le ministre des Armées, Pierre Messmer, celui des Anciens combattants, Jean Sainteny, arrivent peu après midi et sont accueillis par le général Dodelier, gouverneur militaire de Paris. De Gaulle arrive quelques minutes plus tard, accompagné de Georges Pompidou et d'André Malraux. Après les honneurs de la Garde républicaine, les quatre ministres et le président vont s'incliner devant le cercueil avant de regagner la tribune présidentielle. A 12 heures 30, Malraux prononce l'éloge funèbre, conclu par *le Chant des partisans*. Puis, c'est le défilé des troupes. Il a été soigneusement réglé : en tête, un détachement de gardes républicains de Paris, suivi par les trois armes, Terre, Mer et Air. Venant de la rue Clotaire, il défile de la droite vers la gauche de la façade du Panthéon, passant d'abord devant le catafalque, puis devant le chef de l'État et les ministres, placés pour la circonstance à sa droite, de telle sorte qu'« il salue dans un même mouvement la dépouille mortelle de Jean Moulin et le président de la République [52] ».

Ensuite, le cercueil est transporté au centre du Panthéon et placé sur un « reposoir », sous la coupole, dont la base est

tendue de longs voiles violets, couleur de deuil, le fond du
chœur étant tendu d'un immense drapeau tricolore, également
voilé de violet. C'est là que le Général, les quatre ministres et le Grand Chancelier de l'ordre de la Libération
viennent rendre le dernier hommage et saluer la famille. Ni
le président ni le Premier ministre ne sont présents lorsqu'on
descend le cercueil dans la crypte nord du Panthéon, avant
l'inhumation définitive qui aura lieu plus tard. La cérémonie officielle s'est arrêtée au centre du Panthéon.

Retransmise sur la première chaîne de télévision, cette journée n'a rien de commun avec la précédente. Tout est centré
autour de la personnalité du Général, qui pour un peu vole-
rait presque la vedette à son ex-délégué. Les anciens résistants, en particulier les représentants de la Résistance
intérieure, celle des mouvements et des partis, n'apparaissent
qu'à l'arrière-plan. Le cabinet du ministre des Anciens
combattants a même oublié d'inviter officiellement l'ANACR,
une grande association de résistants, considérée malgré la plu-
ralité idéologique de ses membres comme plutôt proche du
parti communiste. Étourderie ou oubli volontaire ? Toujours
est-il que dans un communiqué diffusé à la presse le 15 décembre, l'ANACR avait appelé ses adhérents à participer à
« l'hommage populaire », c'est-à-dire la cérémonie du vendredi sans faire mention de celle du lendemain : « En rendant un hommage solennel à la haute figure de celui qui
symbolise leur union dans le combat pour la Libération, les
résistants de tous mouvements fraternellement rassemblés,
témoigneront de leur commune fidélité aux idéaux de liberté,
de justice et de paix qu'exprima en leur nom le Conseil national de la Résistance. » Mais finalement, l'erreur est réparée
et Pierre Villon, député communiste et président de
l'ANACR, ainsi que de nombreuses personnalités de l'association (Jacques Debû-Bridel, Léo Hamon et d'autres) par-
ticiperont à la cérémonie [53]. Mais l'incident montre bien la
différence de nature entre les deux journées, la seconde ayant
comme objectif de mettre en relief les liens privilégiés — historiquement très réels mais entendus dans un sens presque
exclusif — entre le héros panthéonisé et le Général, ce qu'illustre à merveille le célèbre discours d'André Malraux.

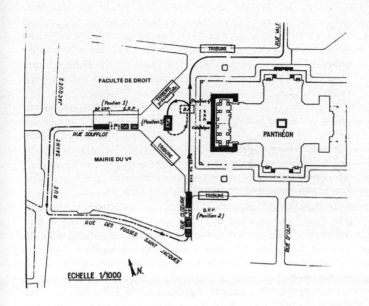

ECHELLE 1/1000 ↑ N.

LE DÉFILÉ MILITAIRE AU PANTHÉON
DU 19 DÉCEMBRE 1964

Le défilé militaire était composé de six compagnies : une pour la Garde républicaine de Paris (G.R.P.), qui assure le commandement en tête, avec sa batterie fanfare (B.F.), trois pour l'armée de Terre, une pour l'armée de l'Air, une pour l'armée de Mer. Placé en attente, rue Soufflot, pendant l'éloge funèbre d'André Malraux (position 1), il est venu se placer ensuite au point de départ (position 2). Il s'est ébranlé dès que le président de la République, suivi des membres du gouvernement, a quitté la tribune présidentielle pour se placer à la droite du catafalque, au centre, sur lequel est posé le cercueil. De la sorte, le défilé a pu rendre hommage, « d'un même mouvement », à Jean Moulin et à Charles de Gaulle. Il a attendu le chef de l'État, lorsque celui-ci pénètre dans le Panthéon, accompagnant le cercueil. Il s'en va ensuite, par la rue Valette, dès que celui-ci sort. (Croquis original tiré de la note du gouverneur militaire de Paris, 11 décembre 1964, Archives des palais nationaux.)

JEAN MOULIN AU PANTHÉON
Cérémonie du 19 décembre 1964

A droite, le catafalque, devant lequel défilent la Garde républicaine et les différentes armes qui vont ensuite saluer d'un même mouvement le général de Gaulle, à gauche, entouré (à sa droite) de Georges Pompidou et (à sa gauche) d'André Malraux. (Cliché AFP.)

Relativement court (il ne dure que quinze minutes environ), il se situe au carrefour entre l'Histoire, la mémoire et l'épopée. Mais derrière les images saisissantes et l'évocation vibrante d'un « peuple de la nuit », se profile une remarquable démonstration idéologique qui tient en une équation, axiome du résistancialisme gaullien : la Résistance, c'est de Gaulle ; de Gaulle, c'est la France ; donc, la Résistance, c'est la France.

De Gaulle et la France

Le Général assumait alors le *non* du premier jour, le maintien du combat, quelle qu'en fût la forme ; enfin le *destin* de la France (...). La France, et non telle légion de combattants français.

Tel est l'homme, incarnation du pays blessé, que Moulin rencontre à Londres, pour lui transmettre des informations et le presser de constituer une armée secrète. Dans cette vision, au-delà des péripéties propres à chaque mouvement, seul le chef de la France libre pouvait réaliser la « synthèse ». Potentielles, les forces de la lutte clandestine et celles de l'extérieur ne devenaient opérationnelles que grâce à de Gaulle :

Chaque groupe de résistants pouvait se légitimer par l'allié (*anglais, américain ou russe*) qui l'armait et le soutenait, voire par son seul courage ; le général de Gaulle seul pouvait appeler les mouvements de Résistance à l'*union* entre eux et avec tous les autres combats, car c'était à travers lui seul que la France livrait un seul combat.

Cette unité organique entre la France et de Gaulle, à laquelle adhèrent les différents mouvements, explique le rôle que joue Jean Moulin dans la mythologie gaullienne. C'est lui, non plus le préfet qui part vers Londres, mais l'émissaire qui en revient, qui permet précisément cette unité. Il n'est au fond (et c'est d'ailleurs comme cela que beaucoup l'ont perçu à l'époque, non sans de violentes réticences...) que le bras discipliné d'un projet qui le dépasse et qui lui est anté-

rieur : redonner à la France sa « liberté et sa grandeur », selon
les termes des discours de juin 1940.

La Résistance

> Après vingt ans, la Résistance est devenue un monde
> de limbes où la légende se mêle à l'organisation. (C'est
> un) sentiment profond, organique, millénaire, qui a pris
> depuis son accent légendaire...

Dans le verbe de Malraux, les résistants et la Résistance
sont deux choses bien distinctes. Les premiers appartiennent
au registre de la contingence, de la réalité concrète, de l'histoire telle qu'elle a été vécue. La seconde ressort du domaine
de l'immanence, de l'abstraction épique et édifiante, de l'histoire telle qu'elle se rêve. C'est le règne de l'Idée, plus que
les hommes de chair et de sang. A cette hauteur, les hommes ne sont que des pions, importants certes, mais
secondaires.

> Jean Moulin n'a nul besoin d'une gloire usurpée : ce
> n'est pas lui qui a créé Combat, Libération, Franc-Tireur,
> c'est Frenay, d'Astier, Jean-Pierre Lévy. Ce n'est pas lui
> qui a créé les nombreux mouvements de la zone Nord dont
> l'histoire recueillera tous les noms. Ce n'est pas lui qui
> a fait les régiments, c'est lui qui a fait l'armée.

On retrouve cette constante de la pensée gaulliste : la Résistance est avant tout une action militaire, poursuite des
combats malheureux de 1940 et dans la tradition de ceux de
Verdun. D'où les obsédants défilés dans la cérémonie depuis
la veille.

Cette vision a un double effet positif : elle permet d'évacuer la guerre civile, puisque l'armée se bat contre un ennemi
étranger, pas contre quelques traîtres (pratiquement jamais
évoqués dans le discours) ; elle permet d'évacuer tout l'aspect
politique et idéologique de la Résistance, unie mais pour le
moins multiforme.

La nation, hier, aujourd'hui, demain

Malraux, dans sa fougue, ne peut s'empêcher de faire une allusion directe au temps présent :

> Attribuer peu d'importance aux opinions dites politiques, lorsque la nation est en péril de mort — la nation, non pas un nationalisme alors écrasé sous les chars hitlériens, mais la donnée invincible et mystérieuse qui allait emplir le siècle ; penser qu'elle dominerait bientôt les doctrines totalitaires dont retentissait l'Europe ; voir dans l'unité de la Résistance le moyen capital du combat pour l'unité de la nation, c'était peut-être affirmer ce qu'on a depuis appelé le gaullisme. C'était certainement proclamer la survie de la France.

Et voilà Moulin gaulliste, cru 1964. Ce sera son dernier acte de gloire. Et le nœud de la cérémonie du transfert se trouve bien là. Hier, peuple de la nuit, la France retrouve aujourd'hui la pleine lumière, après une aube quelque peu longue et nuageuse. Et la panthéonisation doit marquer un point de non-retour :

> Puissent les commémorations des deux guerres s'achever aujourd'hui par la résurrection du peuple d'ombres que cet homme anima, qu'il fait entrer ici comme une humble garde solennelle autour de son corps de mort.

« Debout les morts ! » Et que s'efface le sacrifice des individus pour laisser la place à l'esprit supérieur qui les motiva et doit les motiver vingt ans après.

L'évocation hallucinée de sa rencontre personnelle avec l'armée des ombres, en Corrèze, lors de l'enterrement de résistants alsaciens, ou le tutoiement presque biblique qu'il utilise soudain au détour d'une phrase, pour s'adresser au mort et lui raconter, en un débit saccadé, tout ce qu'il n'a pas vu, la Normandie, Leclerc aux Invalides, puis à Strasbourg, donne à ce discours une qualité exceptionnelle. Et le talent de Malraux, très anxieux de s'adresser aux jeunes générations, fait quelque peu oublier son caractère partisan et idéologi-

que. Il n'empêche. Le transfert des cendres de Moulin est bien
un acte politique.

Il s'inscrit d'abord dans un contexte. Le transfert se déroule
deux jours après le vote d'une première loi d'amnistie des
délits les moins graves commis lors des événements d'Algérie, et une semaine avant le vote d'une loi sur l'imprescriptibilité des crimes contre l'humanité. Il s'insère dans une
dynamique de la mémoire nationale : d'une part, l'oubli des
séquelles de la nouvelle guerre franco-française, la nation
accordant le pardon à certains de ses fils, une nouvelle fois
égarés ; de l'autre, l'affirmation solennelle que l'on n'oublie
rien des crimes les plus marquants du nazisme, la loi s'adressant en priorité aux criminels allemands, étrangers (voir
infra). Il s'agit donc moins de refouler le passé dans sa totalité, que d'opérer une sélection propre à ressouder l'unité
nationale.

Ensuite, chaque tendance politique y a trouvé son compte,
ce qui explique l'absence de conflits préalables au transfert
et éclaire l'opportunité tant de l'objet du souvenir, Jean Moulin, que du lieu choisi, le Panthéon.

Jusqu'en 1964, Jean Moulin n'est pas cette figure légendaire et symbolique que consacre la panthéonisation. Chaque parti, chaque mouvement a ses propres héros : Danièle
Casanova, Jean-Pierre Timbaud ou Georges Politzer, pour
les communistes ; Pierre Brossolette, pour les socialistes ;
Honoré d'Estienne d'Orves, prisé par la droite, et bien
d'autres, dont les noms ornent les rues de n'importe quelle
bourgade de France, suivant les sensibilités idéologiques ou
les souvenirs locaux. Dans ce foisonnement de mémoires partisanes ou régionales, fort jalouses de « leur » martyr, l'unificateur de la Résistance a eu parfois du mal à percer. Dans
les commémorations de la Seconde Guerre mondiale, il ne
figure pas toujours en bonne place [54]. Personnage complexe,
dont la tâche éminemment politique ne le fut pas moins, qui
donne encore lieu à de très vifs débats au sein des milieux
d'anciens résistants, il n'avait sans doute pas le profil du
« héros incontestable » que certains découvrent en 1964. Les
gaullistes l'érigent en symbole en un anachronisme transparent : l'homme qui fut, sous les ordres du Général, « au-

dessus » des partis et mouvements en 1943 doit servir une cause identique vingt ans plus tard, alors que la France combat, encore et toujours, pour son indépendance nationale.

C'est la raison pour laquelle le cérémonial a bien distingué, d'une part, la commémoration d'une mémoire résistante, unitaire, et celle qui affirme, d'autre part, l'existence d'une mémoire gaulliste prenant ses racines dans la Seconde Guerre mondiale, et qui cherche à s'identifier à la France tout entière. Car personne n'est dupe. Ni les gaullistes, qui savent que cette identification, à destination de l'opinion, ne peut fonctionner qu'avec l'accord plus ou moins tacite des autres sensibilités qui se réclament de la Résistance. Ni ces dernières, au premier rang desquelles le parti communiste, qui s'accommodent du rappel même récupéré des heures héroïques, car leur propre légitimité s'en trouve renforcée.

A cet égard, la réaction des communistes après la cérémonie est caractéristique. Ils profitent tout d'abord du transfert pour dénoncer une fois de plus les anciens collaborateurs, entendez les milieux pétainistes qui réclament, non sans quelques oreilles complaisantes, la translation des cendres de Pétain à Douaumont. En participant ensuite activement à la première journée du vendredi, ils rappellent la signification du combat clandestin :

> Jean Moulin au Panthéon, cela veut dire que la France honore celui qui comprit que, dans sa lutte contre le pouvoir nazi, la libération de notre peuple dépendait de son union, comme, dans sa lutte contre le pouvoir de l'argent, sa libération dépend de son union aujourd'hui. Jean Moulin au Panthéon, cela veut dire que la France s'incline devant le premier président du CNR, dont le programme comportait la nationalisation des banques et des trusts. Jean Moulin au Panthéon, cela veut dire que la patrie est reconnaissante aux grands hommes qui tiennent parole [55].

Toutefois, dans cet éditorial, André Wurmser remarque que la cérémonie met surtout l'accent sur l'activité de Jean Moulin après sa rencontre avec de Gaulle (la deuxième, en février 1943, d'où il revint avec mission de créer un Conseil national de la Résistance), et très peu sur celle qui, en France même, « amènera ce voyage à Londres où l'accord de la Résistance, de Jean Moulin à Fernand Grenier, fit du général de Gaulle le président du Gouvernement provisoire de la République française ». En somme, il est « beaucoup plus question de Jean Moulin mandaté que du Jean Moulin mandatant », c'est-à-dire de celui qui a imposé le chef de la France libre comme autorité suprême, plus que de celui qui a réussi l'unification d'une partie de la Résistance intérieure. « Mais il importe bien peu, note finalement André Wurmser, honneur à Jean Moulin, honneur à ceux qui, suivant son exemple, moururent pour la patrie, honneur à la Résistance française ! » Entre la mémoire communiste et la mémoire gaulliste, l'accord est net pour régner sur le souvenir de la Résistance.

Le choix du Panthéon ne doit rien non plus au hasard. Celui-ci est, par définition, un monument de la célébration républicaine, « conçu pour la mise en scène quasi religieuse du rassemblement national [56] ». Il s'impose donc comme lieu topique après la secousse algérienne et un an avant l'élection si contestée du président de la République au suffrage universel, considérée, par tout un courant de l'opinion, comme la fin de l'idéal républicain. Pourtant, si l'on en croit Mona Ozouf, le Panthéon a toujours été « le lieu même de la rupture entre les Français : sur lui ne parvient pas à s'effacer la marque originelle de la Révolution française [57] ». De tout temps, les panthéonisations ont provoqué des querelles mémorables, comme celles autour du transfert des cendres de Jaurès, le 23 novembre 1924, ou celles qui ont germé, on l'a signalé, à la Libération. En revanche, ici, l'organisation duale de la commémoration et le choix de Moulin évite en partie l'écueil, et consacre un plus petit dénominateur commun.

Ce constat opéré, subsiste une autre question. Le Panthéon est aussi un lieu d'oubli, qui n'est jamais parvenu ni à concurrencer les Invalides pour les gloires militaires, ni à faire entrer sous sa coupole les « vrais grands hommes », ceux qui ont eu en charge la nation (par exemple de Gaulle lui-même). Est-ce le cas de Jean Moulin ? Oui, à bien des égards. Le transfert a d'abord été un transfert d'identité sur la personne du Général, via la dépouille de celui qui est présenté comme son porte-parole, chef du « peuple de la nuit », mais chef *délégué*. On célèbre le mort pour mieux célébrer le vivant. Quant aux adversaires, ils feignent de ne voir en Moulin que l'« unificateur ». Une fois panthéonisé, presque fossilisé, les mémoires partisanes pourront fourbir à nouveau leurs armes, quitte à faire appel de temps à autre, au moment d'une crise ou au lendemain d'une élection dramatique, à son souvenir. Sous la coupole, le symbole est inusable. Surtout si l'on s'en sert peu.

D'autres signes indiquent, après 1964, que l'auréole de Jean Moulin est quelque peu retombée. En mai 1969, à Salon-de-Provence, a été érigé un mémorial en souvenir du lieu où il fut parachuté, en janvier 1942. Les fonds ont été réunis par des associations locales et la cérémonie n'a donné lieu à aucune manifestation d'envergure. L'ANACR y organise bien régulièrement des cérémonies importantes, comme celle du 22 octobre 1972, à la suite du déclenchement de l'affaire Touvier, qui se termine de façon significative par un « serment » : « continuer la lutte pour la France en défendant la Résistance *et* les résistants [58] ». Mais le monument de Salon n'est guère devenu un lieu de mémoire important, comme en a témoigné Maurice Agulhon qui, le visitant un jour, avait trouvé là un endroit délabré, « un cloaque » offert aux yeux des touristes, dont, ce jour-là, des Allemands [59]... Il est vrai que lors de l'inauguration, le Général quittait les affaires et que ce monument n'a pas bénéficié de tout le lustre qu'il méritait. Il semble bien néanmoins que le caractère œcuménique de la figure de Jean Moulin se soit estompé après la panthéonisation, au moins jusqu'à la réactivation du mythe héroïque et fondateur par le nouveau président, François Mitterrand, en mai 1981. Depuis 1964, le nom de Moulin est plus souvent évoqué dans le cadre de polémiques farouches (lors du procès Barbie ou de la parution de la biographie de Daniel Cordier), qui ont trait à son rôle dans l'unification difficile de la Résistance ou aux circonstances de son arrestation, que dans le cadre de célébrations consensuelles.

Vingt ans... Les générations se croisent. Celles de la guerre, qui détiennent en partie les rênes du pouvoir, réécrivent l'histoire à l'usage de celles qui arrivent, qui n'ont connu au pis que les privations des parents. Mais vingt ans, c'est aussi le temps de la prescription des actes commis en 1944. Et l'oubli a ses limites.

En juin 1964, un projet de loi est déposé à l'Assemblée qui prévoit l'imprescriptibilité des crimes contre l'humanité, tels qu'ils ont été définis par le Tribunal de Nuremberg et la Charte des Nations unies : « ...l'assassinat, l'extermination, la réduction en esclavage, la déportation et tout autre acte inhumain commis contre toute population civile avant ou pendant la guerre ou bien les persécutions pour des motifs politiques, raciaux ou religieux... » Il réplique à une annonce de la RFA selon laquelle tous les crimes de guerre, y compris ceux contre l'humanité, seraient prescrits à la date du 8 mai 1965, décision rapportée par la suite. En première lecture et à l'unanimité des deux chambres, la loi est votée le 26 décembre 1964 [60]. Au contraire des différentes lois d'amistie des années 1950, la discussion s'est déroulée sans la moindre anicroche. Raymond Schmittlein, député UNR, ou Marie-Claude Vaillant-Couturier, député communiste, sont également applaudis sur tous les bancs. Et aucun anathème partisan ne vient troubler les débats : l'harmonie décrite plus haut est bien une réalité. Seuls, il est vrai, sont évoqués les criminels de guerre nazis. Et même si la Charte de 1946 fait explicitement mention des complices, à aucun moment l'éventualité d'une application à des criminels français, anciens collaborateurs, n'est effleurée [61]. C'est un point capital dans la mesure où, dix ans plus tard, cette loi sera appliquée, pour la première fois, *à des Français*.

Au total, les refoulements des années 1960 ont vu une renaissance spectaculaire de la mémoire résistante, sous l'angle, il est vrai particulier, de la mémoire gaulliste. Mais s'imposant tardivement, après de multiples résurgences, cette vision épique n'a pas effacé les rancœurs, ni les interrogations. Même le général de Gaulle n'a pas été exempt de réflexes revanchards : après la mort du général Weygand, le 28 janvier 1965, il refusera que les obsèques, selon l'usage pour les officiers généraux, se déroulent en l'église Saint-Louis des Invalides, « geste mesquin qui ne peut que desservir le régime [62] ».

Le modèle de l'honneur inventé s'est parfaitement harmonisé avec le désir grandissant, perceptible dès le milieu des années cinquante, de calmer le jeu et rejeu des séquelles. D'où le relatif consensus autour du résistancialisme gaullien, qui a laissé malgré tout sa place à d'autres mémoires partisanes. L'évidence est là : toute une génération s'est accommodée de l'image imposée par le gaullisme, négligeant les voix discordantes qui s'expriment ici ou là.

> Tant que la Résistance pouvait être un prétendant, il fallait l'abattre, et même en se servant des partis. Contre les partis se cramponnant au pouvoir, la Reine morte redevint bonne à prendre (...). Beaucoup ont été persuadés et le restent que la République nouvelle était fondée par de Gaulle, c'est-à-dire la Résistance, le mauvais intermède de la IVe République ayant pratiquement disparu des mémoires. C'est choquant pour la conscience historique, agaçant pour les acteurs qui sont suspects s'ils laissent entendre que la Résistance et de Gaulle ne sont pas identiques, c'est efficace en politique [63].

3
Le miroir brisé
(1971-1974)

En mai 1968, une « génération » a clamé bruyamment son refus d'une certaine société. Donc, implicitement, celui d'une certaine vision de son histoire.

En avril 1969, le général de Gaulle a fait ses adieux à la scène, cette fois sans espoir de retour. Il laisse la place à son dauphin tranquille, Georges Pompidou. Le temps de l'épopée est révolu.

Le 9 novembre 1970, il meurt, abandonnant les Français devant leur album de souvenirs soudain désuet.

Trois événements majeurs dans l'histoire de France. Trois dates importantes dans l'évolution des représentations collectives.

Dans la série des guerres franco-françaises, mai 68 aurait pu tenir sa place. L'événement oppose bien deux France, droite contre gauche, parti de l'ordre contre tendances libérales et libertaires, culture accrochée à la tradition contre culture avide de réforme et de changement, sinon de « révolution ». Mais cette fois, la guerre civile n'est pas à l'ordre du jour, sauf à de très rares moments, amplifiés sur l'instant, mais vite oubliés. C'est plus une affaire de famille qu'une affaire de classes ou de partis. Et, contrairement à l'habitude, le premier rôle n'est pas tenu par les vieux adversaires, à chaque fois renouvelés par du sang neuf, mais par une génération qui se réclame moins volontiers des camps établis, connus, blanchis sous le harnais des luttes séculaires. Déconcertées, les formations politiques ne se reconnaissent d'ailleurs pas tout de suite dans la révolte. Les étudiants n'ont ni leur mémoire ni leurs références historiques.

Pourtant, le souvenir de l'Occupation n'est pas totalement absent. Dans le feu de l'agitation et le foisonnement des mots d'ordre, l'appel à l'«antifascisme» est toujours vivace : les cris de «CRS = SS» ou «Nous sommes tous des juifs allemands», puis le concept maoïste de «Nouvelle Résistance», sont autant de ponts jetés spontanément entre le passé et le présent, même s'ils véhiculent l'idée abstraite et fantasmée d'un danger fasciste. On peut même penser, avec le recul, qu'ils ont constitué, au-delà de l'enflure naturelle du discours idéologique, une forme de provocation suprême. Celle-ci était susceptible de réveiller chez les aînés de vieux complexes, d'autant plus irritants que ces mots d'ordre visaient des gaullistes.

Par ailleurs, certaines tendances qui dominent à l'extrême gauche ont pris corps durant la guerre d'Algérie, d'autres ont été nourries de réminiscences anticolonialistes et s'inscrivent donc malgré tout dans une tradition des guerres franco-françaises. Cela étant, pendant la crise elle-même, la référence au passé ne semble pas avoir joué le rôle central que l'on peut observer dans d'autres fractures internes. Les étudiants de mai s'en prennent à un pouvoir qui se veut et se présente comme l'héritier de la Résistance. Ils en veulent autant à son identité présente qu'à son histoire. Ils s'en prennent également à une société réfugiée derrière l'«honneur inventé». Le transfert gaullien ne les a pas touchés, précisément parce qu'ils sentent qu'il a quelque chose d'inventé. A la différence de leurs parents, ils n'ont aucun besoin de s'y agripper. Ils ont au contraire toutes les raisons de le dénoncer, puisque cette image héroïque ne colle pas à celle qu'ils attaquent, cocktails Molotov en main.

Il n'en reste pas moins que 1968 représente un tournant dans la vision de l'Occupation. Seulement, la mutation ne s'opère pas sur l'heure. L'enjeu de mémoire est sous-jacent. Plus qu'un pavé rageur, c'est une bombe à retardement. Et une bombe culturelle : «En se refusant à se donner les moyens d'une prise du pouvoir, le soixante-huitard (objet aussi mythique et indispensable que le Français moyen) inscrivait en fait son action dans le domaine de la représentation plus que du pouvoir [1]», même si son discours se voulait tout entier

« politique ». La remarque se vérifie dans les nouvelles interprétations de Vichy qui germent quelques années plus tard, et constituent une rupture essentielle conduite avec éclat par quelques individualités, cinéastes ou écrivains.

« Le père est mort, on fait l'inventaire de l'héritage[2]. » La voix s'est tue et son verbe mythique ne résonne plus que dans les mémoires. Le Général avait pratiqué tour à tour l'exorcisme de Vichy, et l'histoire sainte et édifiante de la Résistance. Son charisme avait pour un temps empêché les questionnements anxieux ou provocateurs. Mais après sa mort, l'opinion se retrouve devant une image soudain brouillée, « incapable de retrouver le fil de son histoire, travaillée par le remords d'être inégale à son rêve héroïque[3] ». La gigantesque croix de Lorraine dressée à Colombey est trop éloignée, trop excentrée pour abriter encore sous son aile une bonne consciene, pourtant péniblement acquise. Avec son successeur, le gaullisme politique remplace le gaullisme idéal.

1971 : « C'était le bon temps. » Dix ans après la mort de Georges Pompidou, nombre de journaux, embrayant sur *le Figaro-Magazine*, se sont mis hypocritement à regretter ces douces années et cette autre force tranquille, restée « fidèle à son terroir ». A l'heure de la crise économique (et de la gauche au pouvoir), voilà soudain une nouvelle nostalgie qui pointe, celle d'une « France forte et paisible », d'un pays uni dégustant avec délices les fruits de sa croissance. Et si l'on en croit un sondage de mars 1984, près des quatre cinquièmes de l'opinion, toutes tendances et générations confondues, ont alors dans la tête l'image d'une époque « où il faisait bon vivre[4] ».

Pourtant... Pour les plus jeunes, le temps de la contestation ne s'est pas terminé avec les derniers pétards de 68. A la moindre boule puante, les uniformes des CRS envahissent lycées et collèges, qui vivent encore au rythme assourdi de la guerre du Viêt-nam. L'« État-UDR » semble encore peser de tout son poids. Mais la rupture culturelle de 68 fait son chemin et les graines semées au hasard, lors du grand monôme, commencent à germer.

A partir de 1971, la « doulce France » est de nouveau en

proie aux résurgences de l'an quarante. Cette fois, le politique s'efface devant les représentations esthétiques, littéraires ou filmées. Les objets du délit : un film hérétique, une grâce incomprise et une mode provocante.

Impitoyable Chagrin

Première explosion, sinon premier symptôme : *le Chagrin et la Pitié*, réalisé par Marcel Ophuls, en collaboration avec André Harris et Alain de Sédouy.

Un titre immérité... ou ironique, soufflé par Verdier, le pharmacien du film, un bon représentant de la bourgeoisie locale, à l'attentisme presque caricatural. Il ne correspond que fort peu à la tonalité générale de l'œuvre. Devenu une contre-légende, le film a provoqué à l'époque toutes sortes de sentiments : révoltes et autoflagellations, hontes et indignations, surprises et incrédulités, à la rigueur du chagrin. Mais tout, sauf un sentiment rétrospectif de pitié : pour qui ?

L'histoire est connue : tournant le dos aux grandes reconstitutions épiques des années soixante [5], le film s'oriente vers la « chronique », le récit contrasté et en demi-teintes de la vie quotidienne à Clermont-Ferrand, sacrée pour la circonstance capitale de la France profonde de l'Occupation. Il dépeint ainsi les hésitations d'un pays peu enclin aux engagements décisifs avant l'« heure des choix », en 1942. Refusant le style démonstratif, il présente une palette de personnages, au sens propre, les acteurs du drame : les pétainistes, de bonne ou mauvaise compagnie, les collaborateurs, les notables empêtrés dans leur bonne conscience voisinent avec les résistants, anonymes ou illustres, et les autres, tous les autres. La grande histoire, celle des manuels et des cérémonies officielles, n'y fait qu'intrusion, par moments. Vision stendhalienne, accrochée au détail significatif, elle laisse sur la touche (à quelques exceptions près) les grandes figures, habituellement dominantes dans les images d'alors, au premier rang desquelles le général de Gaulle, quasiment absent du film.

Un témoignage

Ophuls, Harris et Sédouy ont toujours revendiqué l'aspect créatif et artistique de l'œuvre. Leurs nombreuses innovations techniques ont sans doute été déterminantes dans le succès du *Chagrin*, devenu un modèle imité par tous les films de montages historiques. Pour la première fois, le témoignage prend le pas sur les images d'archives. Sur une durée totale de 260 minutes, les bandes des *Actualités françaises* ou de la propagande allemande n'occupent que 45 minutes. Le reste est entièrement consacré à la mise en scène de témoins, interrogés souvent dans un cadre à forte charge émotive : Christian de la Mazière, l'ancien Waffen-SS, à Sigmaringen, capitale de la Collaboration en exil ; René de Chambrun, gendre de Laval, à Chateldon, dans la propriété de l'ancien président du Conseil ; le colonel du Jonchay, de l'Organisation de résistance de l'armée, à Vichy, etc.

Ce déséquilibre n'est en rien fortuit. Tout le ressort dramatique du film repose sur le décalage entre l'image « objective » de l'événement, celle des actualités, et le récit « subjectif » des acteurs. Chaque témoignage se voit ainsi ponctué d'une espèce de rappel à l'ordre, un : « Souviens-toi ! » sans cesse formulé. D'où l'apparente contradiction entre deux vérités : celle du passé, celle du souvenir. Sur l'instant, le spectateur, pris dans la dynamique du film, a l'impression que beaucoup de témoins, particulièrement ceux du camp pétainiste, mentent effrontément, ce qui n'est pas toujours le cas. Quand Georges Lamirand, interrogé sur le sens de la Révolution nationale, s'exclame : « C'est un mot !... », l'image qui le montre en train de haranguer, en 1942, sous un portrait du Maréchal, une foule de jeunes massée autour de lui, devient soudain terriblement accusatrice. La vision n'a pourtant rien de particulièrement insoutenable (relativement à d'autres). Mais elle donne le sentiment d'assister à un « faux témoignage », tant est profond le fossé entre les actes d'hier et les mots d'aujourd'hui. Quand les professeurs du lycée Blaise-Pascal tentent en vain de se dépêtrer d'une question sur leurs collègues juifs de l'époque, les images et sons de la propagande antisémite de l'époque qui encadrent leur témoignage leur enlèvent toute crédibilité, voire toute dignité.

Ce procédé a été l'objet de nombreuses critiques, tout comme la nature des témoins interrogés. Un bref décompte de ces derniers (36 au total) permet de rétablir les équilibres réels. Premier constat, les Français dominent largement les étrangers : 26 Français, 5 Allemands et 5 Anglais. C'est logique dans un certain sens, mais cette répartition souligne un aspect très controversé : située en zone sud, l'action a privilégié nettement les aspects internes, l'occupant ne jouant qu'un rôle en définitive modeste.

Deuxième constat, le poids quantitatif des « grands témoins » français est relativement faible par rapport aux anonymes ou personnalités simplement locales. Seuls Pierre Mendès France, Jacques Duclos, Georges Bidault et Emmanuel d'Astier de la Vigerie — tous quatre authentiques résistants — ont une stature nationale. Quelques autres sont des témoins importants, sinon connus : Marcel Degliame-Fouché, ancien membre du CNR, Émile Coulaudon dit « Gaspar », chef des maquis d'Auvergne, René de Chambrun, gendre de Laval, Georges Lamirand. Le reste, soit dix-sept témoins, sont des Français « moyens », soudain sortis de l'anonymat.

Troisième constat, le partage entre « résistants » et « collaborateurs » favorise nettement les premiers. Outre les six résistants déjà cités, les deux frères Grave, M. Leiris, maire de Combronde, ainsi que le Dr Claude Lévy, ancien FTP, résistants ou présentés comme tels, auxquels on peut adjoindre Roger Tounze, du journal *la Montagne*, et Me Henri Rochat, l'avocat de Mendès, qui, dans le film, appartiennent de fait à ce premier camp. Dans les autres, le calcul est bien plus rapide ; un pétainiste bon teint, Georges Lamirand, un lavalien, René de Chambrun, un collaborationniste, de la Mazière, et deux personnages qui, quoi qu'ils aient réellement pu faire ou penser pendant l'Occupation, sont présentés l'un comme un antisémite (le mercier), l'autre comme une maréchaliste (la coiffeuse, tondue à la Libération, et *seule* femme du film à témoigner ès qualités). Un cas prête à discussion, celui du colonel du Jonchay, qui apparaît autant

comme un résistant que comme un pétainiste et un anti-
communiste. Au total, il est net que la balance penche du côté
résistant, surtout si l'on tient compte de la valeur qualitative
de certains témoignages, notamment celui de Mendès France.
Néanmoins, pour être complet, on peut ajouter que sur l'ensemble du film, en comptant donc les images d'archives, Marcel
Ophuls parvient à un équilibre différent : « En soulignant chaque ligne du texte manuscrit (...) 20 % du film seraient consacrés à l'évocation de la Résistance, 25 % à la Collaboration,
ainsi qu'à la politique et à la propagande de Vichy, et 55 %
ne se réfèrent directement ni à l'un ni à l'autre [6]. »

Enfin, dernier constat, au sein même du monde résistant,
les tendances idéologiques (sans tenir compte de la qualité
des témoins) sont assez inégales. Les communistes sont repré-
sentés par Duclos, et les FTP rapidement évoqués par Claude
Lévy (qui n'est pas communiste dans le film). La résistance
de gauche englobe d'Astier, Mendès, Degliame-Fouché, les
frères Grave, dont on sait qu'ils sont proches du parti socialiste. La résistance nationaliste trouve un héraut en la personne du colonel du Jonchay, mais de manière ambivalente.
Enfin, les autres sont difficilement classables sur un échiquier
politique, à la simple écoute de leurs déclarations dans le film.
Les grands absents, ce sont bien entendu les gaullistes et ceux
de la France libre.

Ces décomptes sont en eux-mêmes éloquents et soulignent
les renversements de perspective opérés sur l'histoire de
l'Occupation.

Une vision hexagonale

L'occupant allemand, l'élément étranger ne jouent qu'un
faible rôle. On apprend ou l'on redécouvre que « la France
de Vichy », au moins jusqu'en novembre 1942, n'a pas été
conditionnée en permanence et dans tous les domaines par
la présence allemande. L'image du champion cycliste Raphaël
Géminiani hésitant sur le souvenir de la présence effective
d'Allemands, bien que détournée par les auteurs [7], a bouleversé une hiérarchie du souvenir jusque-là dominante. Deux
éléments, rarement mis autant en relief, surgissent ainsi au

premier plan : primo, le régime de Vichy, ses lois, ses actions, ses projets ont obéi à une logique qui ressortit autant à la situation de la défaite et de l'Occupation, qu'à une logique interne, propre à l'histoire politique et idéologique de la France ; secundo, la guerre étrangère (la « guerre de trente ans » dont parlait le général de Gaulle) a moins laissé de traces que la guerre civile, une évidence que rappellent la plupart des non-dits et lapsus des témoins de la base.

L'antisémitisme

Parmi ces grandes plages d'amnésie mises au jour, l'antisémitisme français prend une place de toute première importance. Située en zone sud, l'action montre les manifestations antisémites qui s'exprimaient ici et là dans la population, et qui ne doivent rien à l'antisémitisme nazi. C'est un point crucial dans le mesure où précisément, dans les années soixante-dix, on assiste en France à un très net réveil de la conscience et de la mémoire des juifs français. On peut rétorquer que le film ne parle pas des manifestations de sympathie envers les juifs persécutés, très nombreuses, particulièrement en zone sud, à partir de l'été 1942. Mais dans le contexte des années soixante-dix, la critique perd de sa force. Les représentations traditionnelles avaient littéralement gommé l'existence de cet antisémitisme, encouragé par un antisémitisme d'État, tous deux ancrés dans une tradition française. Les persécutions étaient le plus souvent mises au compte du seul occupant nazi. Le film aurait certes pu nuancer son propos et parler des manifestations anti-antisémites, mais au risque d'affaiblir son propos essentiel. Ce n'est que plus tard, aujourd'hui, une fois connu, repéré, borné l'antisémitisme d'État de Vichy, qu'il est possible de mesurer la distance qui le sépare de l'opinion des Français d'alors. En partie grâce aux déblocages consécutifs au *Chagrin*, tout partiel qu'il fût.

Les collaborateurs

Le témoignage le plus saisissant et le plus neuf (hormis celui de Mendès) a été sans conteste celui de Christian de la

Mazière. Les auteurs l'ont d'ailleurs particulièrement soigné, exploitant sa télégénie naturelle, et dramatisant sa prestation en le filmant dans le décor fantasmagorique de Sigmaringen. Élevé dans des traditions militaires et nationalistes, de la Mazière ne représente qu'une frange minoritaire des Waffen-SS de la division Charlemagne, pour la plupart (sauf les officiers) de modeste condition. Mais cela, le téléspectateur ne le sait pas. Sa sincérité, l'explication qu'il donne de son désir de revêtir à l'époque l'uniforme allemand révèlent indirectement un aspect méconnu et oublié : l'engagement. Loin d'être seulement des traîtres, les collaborateurs ont agi par choix politique et idéologique, surtout les plus extrémistes. Tous n'ont pas tiré avantage de leur engagement, et ont au contraire payé de leur personne, s'engouffrant dans une cause perdue d'avance. Nous sommes loin de l'image classique du « collabo », qui trahit par vénalité ou turpitude intellectuelle ou morale (catégorie qui elle aussi a existé). Voilà tout à coup une image rassurante qui s'effondre : non, il n'y avait pas de « bons » ou « mauvais » Français ; il y avait ceux qui avaient choisi en toute conscience le camp du fascisme et du nazisme et il y avait ceux qui acceptaient de mourir pour une certaine idée de la France — ajouter : de la démocratie et de la république. C'était reconnaître implicitement que le choix de l'un ou l'autre camp n'allait pas forcément de soi, que le pays était traversé par une fracture à l'échelle planétaire et que la Seconde Guerre mondiale n'était pas un affrontement entre nations, mais également un combat idéologique sanglant. En 1971, le propos avait quelque chose d'assez neuf.

Il avait aussi quelque chose de dangereux, susceptible de troubler une jeunesse encline à respecter l'engagement en tant que tel, ou propice à renforcer l'anticommunisme naturel de l'après-goulag, relativisant ainsi le caractère criminel du fascisme *et* des fascistes (que le film ne nie aucunement).

Les résistants

Par contrecoup, la Résistance perdait son caractère exclusivement patriotique, se dévoilant, elle aussi, comme un engagement. Le nœud du *Chagrin* est là. Caricatural et lacunaire, il l'est sans nul doute. Les deux grandes composantes de la Résistance, communistes et gaullistes, sont délibérément écartées : l'absence du général de Gaulle est même trop ostensible pour être réellement crédible. Elles le sont au profit de la résistance intérieure non communiste, et surtout d'une résistance de base, que les auteurs voient minoritaire. L'absence de toute mention concernant l'université de Strasbourg, repliée à Clermont-Ferrand, déforme également la réalité en passant sous silence les formes non militaires de la Résistance. L'esprit de rébellion a animé une partie de la population, clermontoise ou autre, qui ne peut se réduire aux Verdier, encore moins à la coiffeuse ou au mercier. De même, la définition de la Résistance que donne d'Astier dans le film (« Nous étions des inadaptés ») a profondément heurté les milieux résistants, qui ont recruté (on le sait aujourd'hui de façon scientifique) beaucoup plus dans les strates très intégrées de la société, notables, employés, ouvriers, que chez les marginaux. Enfin, le film oblitère tout un aspect de l'histoire de la Résistance : la mise en place d'une république dans la clandestinité, avec son exécutif (le GPRF), son législatif (l'Assemblée d'Alger), sa branche armée (l'Armée secrète), et surtout cette structure démocratique (autant que faire se pouvait) qu'était le CNR, organe représentatif de toutes tendances, unique en son genre dans l'ensemble des résistances européennes. Bref, il oblitère cette vision rassurante (en partie exacte) d'une organisation huilée, d'un autre *État*, qui s'est substitué de fait et dans la mémoire à la légalité illégitime de Vichy.

Le scandale

Fait remarquable, le consensus est quasi total chez les critiques pour saluer la démythification. Dans toute la presse communiste, les compliments sont dithyrambiques :

> Ce film est un géant, par la masse de documents et de témoignages qu'il rassemble, qu'il brasse, qu'il nous révèle. Par l'exceptionnelle qualité de sa mise en œuvre. Par sa puissance d'impact, enfin, sa lucidité décapante : on le reçoit à l'estomac, au cœur, à la mémoire [8].

Dans l'*Humanité*, on parle d'«un acte politique, non pas déprimant, mais purificateur [9]». A l'évidence, même si on souligne en passant le rôle restreint que tiennent les résistants communistes, le Parti est ravi de voir la concurrence gaulliste en perte de vitesse. Depuis 1968, le consensus tacite entre gaullistes et communistes sur leur vision réciproque de la guerre est rompu. D'autant que le pouvoir pompidolien, s'il se défend contre les attaques, notamment du film, ne fait rien pour redonner du souffle au mythe résistancialiste.

A l'opposé, *Rivarol*, le journal des nostalgiques, trépigne lui aussi de joie :

> Le «colonel Gaspar», héros hilare du maquis auvergnat et sosie de Podgorny, a depuis longtemps tombé la veste de partisan. Il roule en Mercedes et vend des téléviseurs en faisant risette aux clients, aux anciens «attentistes», voire anciens «collabos».

Le journal d'extrême droite se félicite de l'évocation de la Révolution nationale, et même de l'image que le film donne... des Allemands :

> Rien de plus éloigné de l'archétype «brute épaisse» que les anciens combattants allemands interrogés (...). Pour ces vétérans — et l'on comprend que le régime né du mythe résistantialiste ait reculé devant cette mise au point — les Français n'étaient pas, ne pouvaient pas être des adversaires au sens plein du mot.

On note même au passage que l'un des frères Grave, déporté en Allemagne, rappelle qu'un cinéma fonctionnait à Buchenwald... Et, pour terminer, on exhume un vœu depuis longtemps refoulé :

> A défaut des téléspectateurs, les spectateurs qui, à Paris, et — il faut le souhaiter — en province, auront vu *le Chagrin et la Pitié* comprendront-ils enfin que la «Collaboration» — si souvent défigurée — fut le moindre mal de l'Occupation [10]?

Entre ces pôles, tous les critiques applaudissent à la qualité du film, à la puissance des images, à la sincérité des témoignages. Pourtant, dans ce concert de louanges, quelques voix discordantes s'élèvent. Alfred Fabre-Luce, naguère fasciné par la « Nouvelle Europe », s'insurge contre l'antipétainisme des réalisateurs. Insistant sur les lacunes (réelles) du film, il leur reproche d'« avoir manqué de tact » en évoquant le « problème juif », car, selon lui, « il est toujours gênant de voir des survivants *(les juifs...)* accabler un homme *(Pétain...)* à qui ils doivent la vie [11] ». L'ancienne résistante Germaine Tillion lui répond son indignation devant de tels propos, mais elle n'est pas plus tendre : « De cet ensemble se dégage le profil d'un pays hideux. » Consciente de la désaffection ambiante à l'égard de la Résistance, elle dénonce la préférence accordée « à un quart de vérité qui scandalise [plutôt qu'aux] trois quarts de vérité défraîchie par l'usage [12] ». Elle pressent avec une grande intuition que la redécouverte du versant attentiste et collaborateur va accélérer la désaffection à l'égard des résistants, déjà victimes d'un mythe qu'ils n'ont pas tous contribué à créer.

Claude Mauriac, tout en reconnaissant la valeur du film, se lamente de l'absence de De Gaulle, entraperçu à la fin du film : « Le cœur n'y est pas. Le nôtre souffre [13]. » Enfin, dans *la Cause du peuple*, Jean-Paul Sartre fait lui aussi la fine bouche. Avec ses œillères du moment, il dénonce encore et toujours l'« idéologie dominante », sans saisir à quel point l'esprit de mai a insufflé *le Chagrin* :

> ...un film qui ne nous parle ni de la vérité politique ni de la vie concrète. Il manque donc les deux buts, les seuls, qu'il pouvait se fixer. Et c'est un film qui fait sourire tout le temps. Or, l'Occupation ne faisait pas tellement sourire. Donc c'est une transcription inexacte. Et c'est tout à fait exprès. C'est un film pour la télévision, commandé pour la télévision. Par conséquent, les gens qui l'ont fait savaient ce que la télé peut accepter. Et ils ont fait un film tout entier « en dessous » de la vérité, mais avec des petits clins d'œil de sorte que ceux qui savent ce qu'était la période de l'Occupation puissent dire : oui, quand il dit ça, il veut en dire plus. Mais pour les gens qui ne l'ont

pas connue, ou qui n'ont pas l'habitude de ce genre
d'esprit, ça donne tout le contraire [14].

Étrange rencontre dans le refus entre Sartre et le pouvoir,
tous deux enclins à prendre les spectateurs potentiels pour
des enfants, des ignares ou des inadaptés. Insuffisant pour
le philosophe, *le Chagrin* n'en est pas moins insupportable
pour le pouvoir d'alors, plus lucide dans ses réactions que
Sartre dans ses critiques : fallait-il que les « clins d'œil » soient
meurtriers pour déclencher les foudres officielles une décennie durant !

Le conflit entre les réalisateurs du *Chagrin* et la télévision
d'État va durer de 1971 à 1981, symptôme d'un divorce entre
le pouvoir, celui de Georges Pompidou et Valéry Giscard
d'Estaing, et l'opinion. Gardiens d'une mémoire officielle,
gouvernement et télévision ont cherché à tout prix à endiguer la vague déclenchée par ce film hérétique.

Il a été réalisé entre 1967 et 1968 et fait partie d'un triptyque sur l'histoire contemporaine de la France. Les auteurs
sont tous trois issus de la « génération » de 68 — non pas au
sens de l'âge puisqu'ils avaient tous la trentaine lors des événements, mais au sens culturel du terme — qui diffuse des
valeurs propres aussi bien aux étudiants qu'à une large fraction des intellectuels, jeunes ou moins jeunes.

Dès 1965, Harris et Sédouy ont produit deux émissions
d'information, qui tranchaient avec les traditions empesées
de l'ORTF : « Zoom » et « 16 millions de jeunes ». Leur
conception du journalisme n'obéit en rien à la philosophie
de Georges Pompidou (« les journalistes de la télévision ne
sont pas comme les autres, ils sont un peu plus »). En 1967,
ils produisent le premier volet du triptyque, *Munich ou la
Paix pour cent ans* réalisé par Marcel Ophuls, fils de Max
Ophuls, le cinéaste de réputation mondiale qui avait fui le
régime nazi. Le choix de ce premier sujet éclaire bien les intentions affichées : Munich est non seulement un point de départ
du second conflit mondial, mais une étape essentielle dans
la guerre franco-française des années quarante, la première
fracture qui préfigure celle de Vichy :

> *Marcel Ophuls* : ...on était, dès le départ, embarqués dans une certaine ligne qu'on n'a plus quittée depuis.
> *André Harris* : Toute la symbolique qui s'attache au mot Munich impliquait déjà...
> *Marcel Ophuls* : ...que l'on devienne des fouilleurs de merde...
> *André Harris* : ...des videurs de poubelle. C'était une époque où nous étions agacés, les uns et les autres, par l'aspect linéaire et totalement irréel des émissions et des films historiques, par cette conception qui consiste à accrocher l'Histoire sur le mur avec un clou, en conviant les gens à la regarder [15].

Cette première tentative est un succès et ses auteurs commencent le second volet, qui aura (moins que le troisième, *Français, si vous saviez*) une tout autre destinée. Mais, dès cet instant, l'équivoque grandit entre le trio remuant et les responsables de l'ORTF : « Ce que nous concevions de plus en plus comme une histoire de l'Occupation continuait à être étiqueté par les administratifs comme une histoire de la Résistance [16]. » Après mai 68, Harris et Sédouy sont priés de quitter la maison, tandis qu'Ophuls part travailler à la télévision allemande. Le projet refait alors surface, financé cette fois par le département vidéo des éditions Rencontre de Lausanne et la Norddeutscher Rundfunk de Hambourg. Après neuf mois de travail et cinquante-cinq heures de témoignages enregistrés, le film voit le jour en 1969.

Commence alors un feuilleton aux multiples épisodes entre les auteurs et l'ORTF. Diffusé d'abord en Allemagne fédérale (une petite aubaine pour les ex-occupants, aussi mal lotis dans le film que certains Français), en Suisse, en Hollande et aux États-Unis, le film devait tout naturellement trouver sa place sur les ondes nationales. Mais l'ORTF va pratiquer durant dix ans la « censure par inertie » (Marcel Ophuls), refusant d'acquérir les droits du film. En 1971, le P.-D.G., Jean-Jacques de Bresson, lui-même ancien résistant (il sera élu en 1985 à la présidence de l'Association nationale des médaillés de la Résistance française) explique devant la commission des Affaires culturelles du Sénat que *le Chagrin* « détruit des mythes dont les Français ont encore besoin [17] ».

A partir d'avril 1971, le film est projeté dans une petite salle du Quartier latin, le Saint-Séverin, puis aux Champs-Élysées. Malgré l'exiguïté des lieux (on refuse du monde à chaque séance) 600 000 spectateurs, dont 232 000 Parisiens, vont défiler durant les 87 semaines d'exclusivité du film : une longévité assez exceptionnelle, due à la programmation très limitée [18]. En 1972, après une promesse de diffuser le film, Arthur Conte, le nouveau P.-D.G., change d'avis. D'après Ophuls, il est possible que René de Chambrun, gendre de Laval et par ailleurs descendant du marquis de La Fayette, contacté par Conte pour la préparation du bicentenaire de l'Indépendance américaine, ait pesé dans cette décision [19]. En 1979, après la diffusion de la série américaine *Holocaust*, on évoque à nouveau une possible programmation. Rien à faire. Cette fois, c'est Simone Veil qui met son autorité dans la balance, tandis que le film, ressorti en salle, fait déjà figure de classique « académique » et n'est vu cette fois que par une trentaine de milliers de spectateurs. La position du ministre de la Santé de l'époque est à cet égard significative. Ancienne déportée, elle a fait forte impression le 6 mars 1979, lors du débat aux « Dossiers de l'écran » qui a suivi le téléfilm, acceptant de témoigner avec courage sur sa propre expérience de la déportation [20]. Elle n'en demeure pas moins farouchement opposée au film de Marcel Ophuls. Déjà, en 1971, alors qu'elle était membre du conseil d'administration de l'ORTF, elle avait usé de son influence pour en empêcher la diffusion.

Une polémique s'instaure même, en 1981, entre le ministre et le réalisateur : « Dès lors que *le Chagrin et la Pitié* était offert comme une vision globale de la France occupée, déclare le ministre, c'était insupportable (...). Présenter tous les Français comme des salauds, c'était du masochisme [21]. » Ce qui lui vaut une question de Marcel Ophuls qui s'interroge sur le pouvoir que s'arrogent certains de déterminer « ce que des millions de nos concitoyens peuvent voir ou ne pas voir sur leur écran de télévision [22] ».

Finalement, douze ans après sa création, il est diffusé sur FR3, les 28 et 29 octobre 1981, devant quinze millions de télé-spectateurs. Fait significatif : alors que les critiques demeurent toujours très élogieuses dans leur ensemble, malgré un contexte fort différent, la plupart de ceux qui étaient hostiles au film à sa sortie le restent envers et contre tout. Fabre-Luce proposera un nouveau titre : « la Haine et la Délectation », Simone Veil continuera de penser que ce film « montre une France lâche, égoïste, méchante et qu'il noircit terriblement la situation », regrettant une fois de plus qu'on ne voie que « très peu de résistants » [23].

Au total, l'histoire agitée du *Chagrin* soulève une interrogation fondamentale : comment un film, visionné par une minorité (environ 700 000 spectateurs avant sa programmation en 1981, soit moins qu'un grand succès, pour la seule Région parisienne, en quelques semaines) a pu avoir un tel impact dans les mentalités collectives ? Le bénéfice du scandale a certes joué. Mais l'explication est insuffisante.

En premier lieu, le film a été une vaste entreprise de démythification volontaire et consciente. D'ailleurs, les auteurs l'ont avoué en toute franchise : « Ce qui m'agaçait, ce n'était pas la Résistance mais le résistancialisme, qui ne représentait pas la réalité de l'Histoire et dont on a encombré la littérature, le cinéma, les conversations de bistrot et les manuels d'histoire [24]. » Il déplace la caméra, éclairant les zones d'ombre, mais assombrit du même coup ce qui était surexposé. D'où le risque, souligné par Stanley Hoffmann [25], de remplacer une légende par une autre, ce qui s'est effectivement produit : à l'image d'une France unanime dans la Résistance, s'est substituée (à tort, mais on peut le dire aujourd'hui en toute quiétude) l'image d'une France tout aussi unanime dans la lâcheté.

On peut contester et dénoncer cette démythification partiale, et le film a précisément été accablé pour l'avoir entreprise sans hésiter. Mais, avec le recul, la critique s'effrite un peu. Le *Chagrin* s'est voulu *un* film sur l'Occupation, il n'a jamais prétendu rendre compte en quelques heures de toute la réalité complexe de l'époque, même si, après coup (hommage involontaire), on le lui a demandé. Et, paradoxalement, ce sont ses défauts, les questions et débats qu'ils ont entraînés, qui ont fait du film une référence importante, y compris chez les historiens.

Ensuite, l'originalité de la forme, le rôle prépondérant des témoignages, leur démenti immédiat rapprochent *le Chagrin* du récit de famille, qui parle au quotidien, et accepte la contradiction. D'où les rapports passionnels que les Français ont entretenus avec l'œuvre. En ce sens, *le Chagrin* est sans doute le premier film sur la mémoire de l'Occupation, plus que sur son histoire. Les auteurs ont braqué leurs projecteurs non sur les années quarante, mais bien sur la fin des années soixante, après une décennie de régime gaulliste. Là aussi, ils l'ont clairement exprimé :

> Michel Cournot (lors d'une projection à l'ORTF) nous a reproché de poser des questions trente ans après l'événement. Si j'avais pu répondre, j'aurais dit : « ...si vous aviez inventé une machine à remonter le temps et si vous nous l'aviez proposée en location, je ne suis pas sûr que nous l'aurions acceptée. » Pour nous, en effet, l'intérêt était de confronter la réalité historique — et tout le flou qui s'y attache — avec les souvenirs des gens d'aujourd'hui [26].

Autre raison, l'effet pervers de la censure. Elle a mis à nu, plus encore que le film lui-même, la fragilité du mythe officiel. En 1971, l'attitude de l'ORTF est un combat d'arrière-garde, qui refuse d'entériner un constat : le mariage idyllique entre la France, de Gaulle et la Résistance est en rupture de ban. Mais, là encore, c'est le mythe, l'image contemporaine et politisée de la Résistance qui est en cause : pas la Résistance (encore moins les résistants), ni son histoire en tant que telle.

Après 1974, la politique du silence, profondément enracinée dans les mœurs du pouvoir en France, explique l'attitude d'un gouvernement peu suspect de défendre l'image du gaullisme historique. Elle trouve des adeptes même chez la libérale Simone Veil, et constitue un motif plus efficace (et plus banal) que le souci d'un président de la République de préserver l'image de marque de sa famille, citée abruptement dans le film. Mais le silence en matière de souvenir ne porte jamais ses fruits. Entre 1974 et 1981, les résurgences du souvenir et les fantasmes sur les années noires ont été tels, que la censure a plutôt fait office de sel sur la blessure de mémoire. Et, au bout du compte, elle a finalement bénéficié aux adversaires : les socialistes de 1981, en laissant le film passer à la télévision, ont donné l'impression qu'eux n'avaient rien à cacher...

Enfin, *le Chagrin* a soulevé sans fausse pudeur le problème de la transmission du souvenir. Entre 1971 et 1981, les plus hostiles (excepté le pouvoir) n'ont pas désarmé. Fabre-Luce ou Simone Veil ont continué d'exprimer leur désapprobation. Or, cette rencontre entre un ancien thuriféraire de l'Europe allemande et une ancienne déportée n'est pas fortuite. Tous ceux qui dénoncent la partialité du film, dans un sens ou dans l'autre, tous ceux qui ne voient que ses lacunes ont en général un point commun : ils appartiennent à une génération qui a vécu les événements, qui en a profondément souffert, qui a vu son comportement ultérieur largement influencé par la période de l'Occupation. Même la pseudo-critique « idéologique » de Sartre ne doit pas faire illusion. Ce n'est pas le rédacteur de *la Cause du peuple* qui parle, mais bien l'auteur des *Mouches*, dont on connaît le complexe qu'il a entretenu à l'égard de l'engagement résistant. D'où les discordances avec les autres critiques. C'est un fossé de générations qui s'exprime là. Celles qui sont nées après la guerre reconnaissent dans *le Chagrin* leurs propres interrogations et applaudissent, toutes tendances confondues, lorsqu'il brise le miroir. Celles de la guerre, trop enserrées dans leurs propres souvenirs, manifestent d'instinct une réaction de rejet.

Non sans un certain aveuglement. Le plus souvent, dans le film, ce sont les témoins de cette même génération qui mettent en relief les points les plus chauds : Mendès France et le Dr Lévy parlent de l'antisémitisme ; Coulaudon, le colonel Gaspar, évoque tous ceux qui viennent lui raconter « leur » résistance, « qui n'ont jamais fait ce qu'y faudrait », pourtant ; les pétainistes glorifient les mérites de la Révolution nationale. Ce sont les témoins, pas les auteurs.

Qu'aurait dit une femme comme Simone Veil si elle avait été interrogée dans le film ? De quels résistants Germaine

Tillion aurait-elle parlé ? Et comment auraient-ils réagi ensuite ? Mendès, interrogé en 1971, reprochera au film ses lacunes, ses interprétations parfois sollicitées, ses déséquilibres. Mais en aucun cas il ne manifestera d'hostilité[27]. Tous les autres acteurs du drame, eux aussi témoins potentiels, ne peuvent se reconnaître dans le film, car leur vérité ne peut rencontrer que fortuitement celle des images et témoignages.

Le Chagrin a révélé ainsi une tension structurelle : la transmission d'un passé aussi conflictuel relève d'une alchimie dont personne, ni les acteurs, ni les historiens, ni les cinéastes, ne possède le secret. Pas plus qu'ils n'en possèdent l'exclusivité. Elle est partielle, partiale, et ne peut en aucun cas servir de ciment unitaire, sauf à réécrire entièrement une histoire sur mesure.

Tout le contraire du *Chagrin*.

L'affaire Touvier : premier épisode

Le film de Marcel Ophuls n'aurait pas, à sa sortie, provoqué à lui seul un tel scandale s'il avait été un symptôme isolé.

Le 29 août 1971, le *New York Times Magazine* publie un portrait du président Georges Pompidou, sous la signature de l'écrivain Keith Bosford, qui vit en Europe. Il y décrit sans fard l'itinéraire modeste du nouveau président sous l'Occupation et rapporte un propos de celui-ci, concernant la Résistance :

> « Je déteste toutes ces histoires », dit-il d'un geste furtif de la main, son regard clair aiguisé d'une lueur de mécontentement, « je déteste les médailles, je déteste les décorations de toutes sortes[28] ».

Sur l'instant, le propos passe relativement inaperçu. Mais, quelques mois plus tard, l'incident éclate. Le 13 décembre 1971, Maurice Clavel fait un esclandre lors du débat « *A armes égales* » qui l'oppose à Jean Royer, député-maire de

Tours, et défenseur d'un nouvel « ordre moral ». Furieux de voir son court métrage, réalisé en préalable à la discussion, amputé d'un mot, il se lève, en saluant vivement, mais poliment, ses « censeurs ». Dans *le Soulèvement de la vie*, Clavel adressait un appel échevelé à l'éveil des consciences, à la lutte contre la routine et le conformisme, bref, à une nouvelle résistance. Il y rapporte précisément la phrase de Pompidou : « A une heure où le président de la République confie à un très grand journal américain l'aversion et l'agacement que lui inspire la Résistance... » L'ORTF supprime le mot « aversion » [29].

Sans doute le philosophe a-t-il interprété le propos présidentiel : la meilleure preuve est qu'il utilise deux termes, l'un — aversion — maximal, l'autre — agacement — minimal, alors que le président n'en a employé qu'un. Mais il met volontairement le doigt sur un problème clé : l'ambivalence de Pompidou, qui ne pouvait ignorer les déformations possibles de sa confidence à l'égard du souvenir résistant. L'ambiguïté de la phrase tient à ce qu'elle peut désigner aussi bien la Résistance et les résistants que le résistancialisme. Comment ne pas croire que le président parle de l'histoire et non du mythe, alors qu'il tente au même moment de protéger politiquement en imposant (ou en laissant faire) la censure du *Chagrin*, démythifiant à souhait ?

Le président sera d'ailleurs bien embarrassé pour répondre, pris entre ses sentiments personnels (finalement assez similaires à ceux des auteurs du *Chagrin*, mais pour d'autres motifs) et les obligations de sa charge :

> Vous comprendrez que je ne sois nullement tenté de me laisser entraîner dans une discussion sur un tel sujet : ce serait non seulement contraire à la dignité de ma fonction, mais aussi à la force et à l'ancienneté de mes convictions, qu'il n'est dans le pouvoir de personne de mettre en cause [30].

Ce petit scandale illustre à quel point le souvenir de la Résistance a perdu, en 1971, de sa cohérence : le philosophe, ancien résistant, réactive l'héritage en une flambée toute soixante-huitarde, tandis qu'au même moment, un autre « soixante-huitard » dénonce les mythes résistancialistes, censuré lui aussi par un président qui, au fond, n'est pas loin de penser comme lui !

Dans le cas de Maurice Clavel, la résistance est une fois de plus appelée à la rescousse contre les tendances réactionnaires (on a envie de dire : pétainistes) d'un Royer et contre l'« attentisme » qu'il croit déceler chez ses concitoyens. Dans le cas de Marcel Ophuls et des auteurs du *Chagrin*, c'est le souvenir idéalisé de celle-ci qui fait problème. Clavel et Ophuls, de manière différente, appartiennent à la « génération de 68 », par leur désir commun d'anticonformisme. Mais l'un se souvient à voix haute de son expérience vécue des combats de l'Occupation et de la guerre d'Algérie, qui l'éloigne de l'autre, moins porté par la flamme et plus préoccupé par l'occultation de l'antisémitisme et de la Collaboration.

Quant au président Pompidou, il cherche à imposer le silence, servi par des courroies de transmission zélées, alors qu'il est lui-même incapable de maîtriser son inconscient et ses sentiments profonds.

Ces contradictions apparentes s'aiguisent encore plus lors du déclenchement de l'affaire Touvier, qui marque le véritable point de basculement du pouvoir politique à l'égard de la mémoire de l'Occupation.

Le 23 novembre 1971, le président de la République, Georges Pompidou, prend discrètement une mesure de grâce en faveur d'un ancien responsable de la Milice, Paul Touvier. Condamné à mort par deux fois, le 10 septembre 1946 et le 4 mars 1947, par les cours de justice de Lyon puis de Chambéry, Touvier bénéficie depuis 1967 de la prescription légale de vingt ans. Mais il reste interdit de séjour dans douze départements du Sud-Est et ne peut toujours jouir de ses biens. La grâce présidentielle amnistie ces peines secondaires et lui permet de réapparaître au grand jour, à Chambéry, dans sa maison familiale, à mi-chemin entre le plateau des Glières et le massif du Vercors...

C'est le début d'une vive controverse qui a agité des mois

durant la «tranquille» France pompidolienne et resurgira encore près de vingt ans plus tard. Le 5 juin, *l'Express*, sous la signature de Jacques Derogy, rapporte comment il a retrouvé «le bourreau de Lyon», qualificatif qui sera repris plus tard à l'encontre de l'Allemand Barbie. La campagne de presse commence. C'est l'une des plus spectaculaires depuis les années 1950, touchant une résurgence de l'Occupation : 350 articles pour le seul mois de juin, 2 000 pour l'année 1972, 5 000 jusqu'en 1976 [31]. A coups d'«exclusivités», de «révélations», de «pièces inédites» versées au dossier, les médias vont maintenir une pression constante.

Le contexte politique n'est pas étranger à la chose : la «nouvelle société» de Jacques Chaban-Delmas, le Premier ministre, rencontre de plus en plus d'hostilité au sein de l'UDR et des gaullistes intégristes, et le nouveau parti socialiste, conduit par François Mitterrand depuis le 16 juin 1971, réamorce à gauche des espoirs depuis longtemps oubliés. Le président se trouve donc à ce moment-là quelque peu isolé. Il subit même un échec personnel lors du référendum du 23 avril 1972 sur l'élargissement de la Communauté européenne, qui bat tous les records d'abstention. La grâce de Touvier, prise sans aucune publicité, cristallise ainsi, lorsqu'elle est connue, les diverses oppositions. Elle va même servir à certains de machine de guerre contre l'héritier contesté du général de Gaulle.

Le *Chagrin* avait exhumé le souvenir de la «France allemande». Mais, pour l'illustrer, il avait mis en scène un collaborateur présentable, pris au jeu, et devenu presque une vedette de cinéma (Christian de la Mazière) [32]. Et voilà qu'au même moment surgit, tel un fantôme, un «vrai» collaborateur, avec de «vrais» crimes et d'authentiques victimes. La réalité dépasse soudain la fausse fiction. Car le collaborateur Touvier, lui, n'a rien de présentable.

Paul Touvier est né en 1915. Élevé dans une famille de tradition catholique, il aurait appartenu adolescent à l'ACJF (Association catholique de la jeunesse française). Il écoute les conseils de son père, ancien combattant de 14-18, et s'engage comme lui dans le parti social français du colonel de La Rocque, juste avant la guerre. Mobilisé, il participe

aux combats de Norvège d'avril 1940. Puis, après l'armistice, il adhère tout naturellement à la Révolution nationale
de Vichy. Membre de la Légion française des combattants,
fer de lance de la propagande du régime, il entre en 1942 au
Service d'ordre légionnaire. Parce que son patriotisme lui
« commandait de suivre le Maréchal », il épouse normalement
les métamorphoses de son gouvernement. En réalité, selon
le témoignage de Pierre Mantello, c'est sur la pression de son
père et d'un prêtre qu'il s'est engagé dans ce qui devient la
Milice en janvier 1943 [33]. Il en devient le chef du 2e service
(renseignement et action), d'abord pour la Savoie, puis pour
le Rhône, sous les ordres de Joseph Lécussan. A ce titre, il
est mêlé de près au meurtre de Victor Basch et de sa femme,
abattus par Lécussan le 10 janvier 1944, près de Lyon, mais
sans que sa responsabilité directe ait pu être clairement établie y compris dans l'instruction ouverte en 1989.

Loin d'être une « bavure », le crime avait déjà résonné à
l'époque comme une réminiscence sanglante de l'affaire Dreyfus, la victime ayant naguère présidé aux destinées de la Ligue
des droits de l'homme et combattu farouchement dans le
camp des dreyfusards. Vingt-huit ans plus tard, la grâce d'un
des complices présumés de ce crime, qui s'inscrit au cœur des
déchirements fratricides, n'en prendra que plus de relief.

Vols, exactions, massacres, tel est le lot quotidien des miliciens, dans une zone à forte concentration maquisarde. Au
moment de la débâcle, Touvier ne prend pas le chemin de
l'exil avec les restes de la Franc-Garde de Darnand. Échap-
pant « par miracle » à la police, il entre dans une clandestinité qui durera vingt-sept ans.

Touvier n'est donc ni un comparse ni un égaré du type
Lucien Lacombe. Il représente au contraire l'aile extrémiste
de la Collaboration, mise en place directement par Vichy afin
de lutter contre la Résistance. Il ne dégage pas un parfum
de romantisme « européen », mais une odeur de sang, de sang
français, quels que soient les crimes auxquels il a directement
et personnellement participé. Autant de traits qui donnent
au geste de Georges Pompidou le caractère d'une provocation.

Des collaborateurs en cavale, condamnés à mort par

contumace et qui ont refait surface quelques années plus tard, il y en a eu beaucoup. Mais le cas de Touvier sort de l'ordinaire. Dès les débuts, il a bénéficié du soutien de l'Église. Un appui systématique et continu : un prêtre le marie religieusement à sa femme, en secret, juste après la Libération ; il trouve ensuite refuge dans de nombreux couvents, notamment en Savoie, et sera arrêté le 24 mai 1989 dans un couvent d'intégristes. Au total, la liste des prélats, importants ou subalternes, qui lui ont fourni de l'aide est impressionnante, de l'aumônier naguère chargé des prisonniers de la Milice aux jésuites de Lyon, en passant par de nombreux dominicains et bénédictins. *Le Canard enchaîné* parlera même de l'« *ecclesiastic connection* [34] ». Depuis l'épuration, une frange de l'Église, par « charité chrétienne » et par idéologie, a fourni une protection efficace aux anciens pétainistes ou collaborateurs poursuivis par la justice. Mais Touvier a été un protégé de marque, presque un cas à valeur exemplaire : il sera même domicilié un temps à l'archevêché de Lyon... où lui sera notifiée (sans poursuites et non sans difficultés) son interdiction de séjour dans la région [35].

Un homme le soutient de tout son poids, qui n'est pas mince : le chanoine Duquaire, d'abord secrétaire du cardinal Gerlier, puis de Mgr Villot, qu'il suit au Vatican, lorsque ce dernier y est nommé secrétaire d'État. En relation avec Touvier depuis 1957, il dépose une première demande de grâce en 1963, auprès du général de Gaulle, après avoir trouvé un solide appui auprès d'Edmond Michelet, grand résistant, ancien garde des Sceaux et membre du Conseil constitutionnel. Elle concerne la peine de mort elle-même, mais elle est rejetée, d'autant que le contumax, toujours en fuite, a peu de chances d'être exécuté. Après la prescription, qui prend effet en 1967, il réitère sa démarche, cette fois auprès de Georges Pompidou, qui reçoit le recours en 1969. Seules sont en jeu les peines secondaires, dont la confiscation des biens. L'un des arguments invoqués est l'impossibilité pour les enfants de l'ancien milicien de bénéficier d'un héritage provenant du père de Paul Touvier. La demande de grâce chemine alors au ministère de l'Intérieur, à la Cour de sûreté de l'État et à la Chancellerie. Le procureur général près la Cour de sûreté de l'État confie le 28 janvier 1970 au commissaire Jacques Delarue, ancien résistant, historien spécialiste de l'Occupation et qui a participé depuis la Libération à nombre d'enquêtes touchant d'anciens collaborateurs, le soin de constituer un rapport. Jacques Delarue remet ses conclusions le 10 juin 1970. Mettant en évidence les nombreux mensonges de Touvier, il fait valoir la personnalité peu reluisante de Touvier et surtout la nature réelle de son activité sous l'Occupation «néfaste, crapuleuse et sans excuse» qui justifiait pleinement selon lui la première condamnation à mort de 1945, car «sanctionnant une série de crimes et de méfaits divers d'une ampleur peu commune» [36]. Il conseille donc de rejeter le recours : «J'ai dit que si on le graciait, il fallait craindre des manifestations, notamment à Lyon, des gens qui avaient souffert par sa faute [37]. » De son côté, le directeur des Affaires criminelles et des grâces, Pierre Arpaillange, qui sera garde des Sceaux au moment de l'arrestation de Touvier, en mai 1989, transmet lui aussi un avis défavorable, proposant seulement, «en raison de l'ancienneté des faits», d'adoucir les interdictions de séjour afin que Touvier puisse «trouver du travail» [38].

Mais, à la suite de Charles Duquaire, d'Edmond Michelet et d'autres, comme Jacques Brel, abusé par Touvier, de nouvelles personnalités, notamment de la Résistance, prennent position en faveur de Touvier. C'est le cas du colonel Rémy, dans la suite logique de son combat contre l'épuration et de son revirement de 1950 [39]. C'est le cas également du philosophe Gabriel Marcel, convaincu par sa collègue Marie-Madeleine Davy, ancienne résistante. Dans une lettre adressée au président de la République, le 17 novembre 1970, il écrivait que Touvier «n'a rien ménagé pour combattre ce qui, dans une partie de la Milice, lui apparaissait comme des crimes contre l'humanité ; par exemple, l'affreuse exécution de Victor Basch et de sa femme» ajoutant : «Je crois même qu'il n'est resté dans la Milice que pour en combattre les excès [40]. » D'origine juive, il s'est converti au catholicisme et a représenté tout un courant de l'existentialisme chrétien. Vierge de toute compromission sous l'Occupation, il n'en a pas moins été contesté par ses prises de position, par exemple, après la publication, en octobre 1944, avant la libération des camps, d'un article très controversé dans *Témoignage chrétien*, dans lequel il convie les juifs, au sortir des persécutions, à se montrer « discrets » dans leurs « revendications », critiquant « l'accent strident (…) des Français de date récente (qui) ont fréquemment mené outre-Manche ou bien outre-Atlantique une vie incomparablement moins rude et surtout moins dangereuse que celle à laquelle furent astreints leurs congénères demeurés en France [41] ». Ami d'Edmond Michelet, ayant comme lui pris des positions hostiles à l'épuration après la Libération, il s'est trouvé lui aussi littéralement « piégé » par Touvier. Il le reconnaîtra d'ailleurs publiquement, dans *l'Express*, le 19 juin 1972. Il révèle par la même occasion qu'il avait, bien avant la décision de Georges Pompidou, réalisé son erreur, et que son revirement a même plongé Touvier dans une certaine panique, comme en témoigne la lettre pressante que celui-ci lui adresse, le 10 janvier 1971, et qu'il rend publique en même temps que ses explications [42]. Toujours est-il que ces interventions de poids, venant d'intellectuels de renom ou d'anciens résistants prestigieux, ont sans doute influé sur la décision du président de la République. Une fois le scandale découvert, elles ont rendu l'affaire encore plus complexe et tortueuse.

Les dessous de l'affaire ne seront dévoilés qu'en mai 1972. Contre les avis de Jacques Delarue, de la Cour de sûreté de l'État et du garde des Sceaux, Georges Pompidou promulgue la grâce si contestée. La mesure devait rester discrète, sinon confidentielle. Mais police et gendarmerie sont obligées de diffuser l'information sur tout le territoire. « Comment, dans ces conditions, aurait-elle pu rester secrète [43] ? ! » L'affaire prend au contraire une ampleur considérable, à cause du rôle occulte de l'Église, de l'engagement personnel de Pompidou, qui a décidé en toute connaissance de cause, de la personnalité de Touvier qui multiplie dans la presse les contre-vérités, devenant (lui aussi !) une vedette médiatique constamment sollicitée : « Je n'ai jamais tué personne, je n'ai jamais fait tuer personne, je n'ai jamais torturé personne», déclare-t-il par exemple à *Paris-Match* [44].

Les réactions les plus violentes émanent bien entendu des milieux résistants, déjà échaudés par *le Chagrin et la Pitié*. Des manifestations sont organisées dans toute la France. A Paris, le 18 juin 1972, 1 500 personnes se réunissent à la crypte des déportés. Parmi elles, des compagnons de la Libération, plusieurs anciens ministres, dont nombre de gaullistes, des résistants, des représentants de la communauté juive (Pierre Bloch, président de la Ligue contre l'antisémitisme, la LICA, le rabbin Bauër), et des catholiques (dont le père Riquet et le père Braun, anciens résistants), qui, par leur présence, semblent condamner le soutien apporté à Touvier par une partie de l'Église [45].

Au même moment, à Colombey-les-Deux-Églises, Georges Pompidou inaugure la croix de Lorraine érigée en souvenir du général de Gaulle. Une commémoration qui tombe mal. D'autant que l'hostilité à la grâce présidentielle unit de nombreux courants politiques, de l'Union travailliste des gaullistes de gauche au parti communiste. A Chambéry, un conseiller général note : «La dernière manifestation des résistants savoyards contre la grâce accordée au milicien Touvier, qui réunissait 4 000 personnes, a beaucoup plus frappé l'opinion locale que l'annonce, survenue le même jour, de la démission de M. Chaban-Delmas [46]» (le Premier ministre quitte Matignon le 5 juillet 1972).

Fait aggravant, la grâce entre en contradiction avec l'attitude adoptée alors par le gouvernement à l'égard de Klaus Barbie. L'ancien chef du SD de Lyon vient en effet d'être arrêté le 2 mars 1972 par la police bolivienne, suite à une demande d'extradition de la France (qui mettra onze ans à aboutir). Le 26 mai 1972, dans une atmosphère — rare — d'union sacrée, Jean de Lipkovski, secrétaire d'État aux Affaires étrangères, avait déclaré à l'Assemblée : «Nous ne pouvons qu'être unanimes dans la rage qui nous saisit en voyant parader encore cet abject personnage», affirmant la détermination des pouvoirs publics «à réclamer justice [47]». Or, coïncidence, Barbie et Touvier ont eu des responsabilités analogues, l'un au SD, l'autre dans la Milice, ils ont tous deux officié à Lyon, capitale de la Résistance, et se sont même peut-être rencontrés. En tout cas, dans l'opinion, leurs deux noms sont fréquemment associés. Pourquoi le pardon pour l'un, et la colère envers l'autre, alors que tous deux appartiennent au même système criminel ? « En agissant envers Touvier comme il l'a fait, M. Pompidou démontre qu'il ne porte pas sur le nazisme, ensemble dont Touvier ne peut être séparé, le jugement qui est celui de la grande majorité des Français », écrit avec virulence Pierre Bourgeade [48].

Après quatre mois de polémiques, le président finit par sortir de son silence et de son isolement. Lors d'une conférence de presse, le 21 septembre 1972, interrogé sur Touvier par Jacques Fourneyron, du *Progrès de Lyon*, il répond d'abord sur les faits, sans se dérober. Il explique que la grâce s'applique aux peines secondaires, mais ne concerne pas tous les droits civiques (par exemple le droit de vote). Touvier « est toujours frappé de ce qu'on appelle la mort civile ». Évoquant la responsabilité « effrayante » du droit de grâce, il se défend d'avoir pris une quelconque mesure d'absolution. C'était « purement et simplement un acte de clémence et c'est tout », sur lequel il ne reviendra pas. Mais, conscient que l'explication n'est pas à la mesure des réactions provoquées, il finit par donner son sentiment profond sur les souvenirs de l'Occupation, répondant ainsi aux très nombreuses lettres de protestation qu'il avoue avoir reçues :

> Notre pays, depuis un peu plus de trente ans, a été de drame national en drame national. Ce fut la guerre, la défaite et ses humiliations, l'Occupation et ses horreurs, la Libération, par contrecoup, l'épuration et ses excès — reconnaissons-le ; et puis la guerre d'Indochine, et puis l'affreux conflit d'Algérie et ses horreurs, des deux côtés, et l'exode d'un million de Français chassés de leurs foyers, et du coup, l'OAS et ses attentats, et ses violences, et par contrecoup, la répression. Alors, ayant été dénoncé par les gens de Vichy à la police allemande, ayant échappé deux fois à un attentat de l'OAS, une tentative d'attentat une fois aux côtés du général de Gaulle, et l'autre fois à moi destinée, je me sens le droit de dire : allons-nous éternellement entretenir saignantes les plaies de nos désaccords

nationaux ? Le moment n'est-il pas venu de jeter le voile, d'oublier ces temps où les Français ne s'aimaient pas, s'entre-déchiraient et même s'entre-tuaient, et je ne dis pas cela, même s'il y a ici des esprits forts, par calcul politique, je le dis par respect de la France [49].

« Oublier… » Une fois de plus, le mot est lâché. Mais Georges Pompidou ne peut se prévaloir de l'autorité de son illustre prédécesseur. Il est l'héritier du fondateur de la Ve République, pas celui de l'homme du 18 juin. Il reconnaîtra lui-même, avec franchise, avoir traversé une grande partie de l'Occupation « en restant passif [50] ». Malgré quelques tentatives pour rejoindre ses amis intellectuels dans la Résistance, il est resté en marge des grands choix : « Certes, j'ai commis assez d'imprudences pour risquer d'être déporté, ce qui, mort ou vivant, aurait fait de moi un héros. Mais il est évident que je manquais d'esprit d'aventure [51]. » De ce fait, il a dès le début entretenu une certaine suspicion à l'égard de l'esprit résistant. Membre de la commission qui décernait la médaille de la Résistance aux fonctionnaires de l'Éducation nationale, il a pu mesurer le fossé entre les FFI du mois d'août et ceux du mois de septembre. « Cela devait me rendre par la suite à la fois quelque peu sceptique vis-à-vis de certains titres de résistance et indulgent vis-à-vis des ''épurés'', notamment ceux dont j'eus à connaître les dossiers comme rapporteur au Conseil d'État [52]. »

Quand il parle d'oublier, Georges Pompidou obéit à un réflexe commun aux autres générations de la guerre qui ont entretenu un complexe à l'égard des amis, confrères et collègues qui s'étaient totalement engagés. Son geste est même, de ce point de vue, courageux, puisqu'il creuse un peu plus le fossé entre ceux qui « en étaient » et lui, qui n'en « était pas » ou si peu (il a effectivement été dénoncé par l'entourage d'Abel Bonnard en 1944, mais sans être inquiété pour autant).

La grâce est également un acte politique. Elle s'inscrit d'abord dans une continuité. En 1966, le général de Gaulle avait lui aussi gracié des collaborateurs : Jacques Vasseur, qui officiait à la Gestapo d'Angers et Jean Barbier, accusé d'avoir livré des résistants. Mais il s'agissait d'éviter deux exécutions, impensables vingt ans après la guerre, malgré la gravité des faits reprochés. Les deux anciens collaborateurs ne sont d'ailleurs sortis de prison qu'en 1983[53]... C'est sous sa présidence que sont en outre libérés Oberg et Knochen, en 1962. Touvier, au contraire de Vasseur et Barbier, ne risque plus rien. Seuls sont en jeu des biens matériels. Et encore, puisqu'il ne semble pas avoir été abandonné de tous. Dès lors, le « geste humanitaire » n'a pas réellement convaincu.

La décision de Pompidou est ensuite un message en direction de l'extrême droite, qui soutient, depuis 1969, le nouveau président. Déjà, au moment de l'affaire Clavel, *Aspects de la France*, l'organe de l'Action française, lui avait décerné, visiblement satisfait, le titre de « liquidateur du gaullo-résistantialisme » (avec un « t »)[54]. D'après Jacques Delarue, Pompidou aurait également cherché les bonnes grâces de la hiérarchie catholique, un atout électoral non négligeable. Mais reste à savoir pourquoi l'Église aurait tant misé sur ce protégé peu reluisant[55].

Ces contingences personnelles et politiques éclairent en partie la mesure elle-même. Le scandale, lui, prend racine dans la contradiction qui existe entre l'objectif recherché et l'état de l'opinion.

Bien que sincère, Pompidou n'a sans doute pas réalisé pleinement qu'il prenait une partie de l'opinion à rebrousse-poil. Il a laissé ainsi le champ libre à la presse, consciente de l'attente et de l'intérêt soutenu du public. Il a prêté le flanc à ses adversaires au sein de sa propre famille politique. D'un point de vue superficiel, l'affaire Touvier a été exploitée politiquement, comme les scandales immobiliers, les affaires de mœurs ou l'affaire Marcovic.

Mais elle n'en repose pas moins sur une série d'interrogations fondamentales touchant l'organisation du souvenir. Comment faire accepter l'oubli de la guerre franco-française, alors même que les consciences se réveillent, que *le Chagrin* soulève la chape, que le débat s'enclenche à nouveau ? Peut-on taire d'un seul geste, furtif ou symbolique, les questionnements et les doutes des nouvelles générations ? Peut-on ignorer les angoisses des anciens résistants ou déportés qui luttent contre l'amnésie ?

Georges Pompidou a affronté, en ce sens, les effets retour du mythe gaullien. Convaincu de son caractère inventé, il a donné l'impression aux uns qu'il cherchait à jeter les résistants avec l'eau du résistancialisme, tout en défendant celui-ci contre les autres, donnant le sentiment qu'il était plus que jamais nécessaire de taire le passé. Cette contradiction entre la grâce présidentielle et la censure officielle du *Chagrin* a joué comme un catalyseur, renforçant les effets de l'une et de l'autre : le pouvoir qui interdisait la « vérité » sur la Collaboration pardonnait au même moment à un ancien collaborateur.

Pourtant, il est indubitable que la grâce était inscrite dans la tradition officielle d'oubli et de silence. Georges Pompidou, à travers le destin somme toute secondaire d'un milicien, n'a pas cherché autre chose que le général de Gaulle. Mais il a raté sa cible, car l'attente des Français avait changé. L'« honneur inventé » du Général était une rencontre, presque une osmose entre une volonté politique et un besoin culturel et mental. La « réconciliation » de Pompidou arrive au contraire à contre-courant, alors même qu'on vient de rappeler aux Français à quel point ils avaient été fâchés ! L'oubli qu'elle préconise ne s'accompagne d'aucune autre lecture satisfaisante de l'histoire, à la différence de la parole gaullienne. Pis, elle contribue à accroître la suspicion envers une image de substitution qui tenait encore tant bien que mal, celle du résistancialisme. Elle laisse en définitive les Français complètement désarmés face à leur passé.

« Oublier »... Avec le recul, il semble incompréhensible qu'un homme comme Pompidou n'ait pas mesuré toutes les conséquences de son geste, sauf à n'y voir qu'un simple calcul politicien et tactique, ce qui signifierait (et c'est peu vraisemblable) qu'il n'ait pas réellement pensé et souhaité une « réconciliation » des Français avec leur passé. Cela étant, de nombreuses interrogations subsistent encore sur la raison de cette grâce qui seront sans doute levées si le procès a effectivement lieu. Mais il est frappant de constater à quel point cette mesure a eu des effets rigoureusement inverses à ceux escomptés. Non seulement, la blessure de mémoire s'est rouverte mais l'affaire Touvier, relancée involontairement par la mesure présidentielle, va prendre une dimension encore plus importante en 1989, après l'arrestation de l'ancien milicien : le dépôt de plaintes pour « crimes contre l'humanité » contre Touvier par des associations d'anciens résistants et déportés, les premières du genre après la loi de 1964 sur l'imprescriptibilité de ces crimes, vont finalement aboutir après une longue bataille juridique, entraînant dans son sillage la première inculpation effective, celle de Jean Leguay, puis le premier procès de ce type, celui de Klaus Barbie (voir chapitre suivant). Drôle de destin pour une grâce supposée « jeter le voile ».

Rétro... projections

1974. Trois ans après *le Chagrin*, la France est de nouveau « occupée » : des films, des livres, des disques, des reportages et des croix gammées à la une des journaux. C'est le temps d'une mode dite « rétro », dénomination en apparence anodine, puisque n'importe quelle nostalgie du passé pourrait revendiquer l'épithète. Vogue innocente et superficielle ? Voire. Elle s'impose avec trop d'excès pour ne mériter qu'une attention distraite. Elle constitue au contraire le troisième volet du miroir brisé, exprimant de la manière la plus désordonnée le retour du refoulé.

Elle a débuté en 1971, avec la sortie du *Chagrin*, qui n'est cependant ni le premier ni le seul symptôme d'une nouvelle lecture de l'Occupation. Elle est une rencontre datée entre des auteurs, cinéastes ou écrivains, et un public, entre une offre et une demande potentielles : les conditions idéales d'un marché. Les signes avant-coureurs n'avaient pas manqué dans les années précédentes. Patrick Modiano, un des écrivains phares de ce courant, a publié la *Place de l'Étoile* (chez Gallimard) en 1968. Nombre d'auteurs ou de réalisateurs avaient déjà concocté manuscrits et scénarios dont l'action se situe entre 1940 et 1944. Michel Drach, auteur des *Violons du bal*, piaffait depuis quinze ans pour réaliser son film. Paul Guimard cherchait depuis longtemps à porter à l'écran son roman *l'Ironie du sort*, publié en 1960 : les deux projets aboutissent en 1974. L'ouvrage de Paul Guimard connaît même une renaissance, quinze ans après sa sortie : trois nouveaux tirages et 150 000 exemplaires vendus entre 1971 et 1974[56].

Mais cette rencontre n'est pas exempte d'ambiguïtés et faux-semblants. Ces signes culturels, s'ils parlent tous de l'Occupation, présentent des caractères fort différents.

En 1971, Pascal Jardin, dialoguiste connu, publie un petit ouvrage dans lequel il relate ses années « noires » : *la Guerre à neuf ans* (qui connaîtra une suite, *le Nain jaune*, publié en 1978, après l'effet de mode). Il est le fils de Jean Jardin, directeur du cabinet de Laval en 1942 et ancien proche de Raoul Dautry, qui fut un haut fonctionnaire de premier plan avant la guerre et un homme d'influence après. Il est une « éminence grise », de ces hommes qui effraient, quand on les tire de l'ombre, l'opinion étant toujours prête à découvrir partout des « synarques ». Pierre Assouline a révélé récemment à quel point le père avait été surpris par les « souvenirs » de son fils : « Quand on écrit un roman comme celui-là, on dit des choses vraies et on change les noms. Lui, il met les vrais noms et il raconte n'importe quoi[57] ! » Mais peu importe alors la véracité des faits, seule compte la plume impressionniste de Pascal Jardin, fidèle à sa mémoire, sinon à l'histoire.

Le livre est alerte, vif, irrespectueux. Vue d'un mètre trente et quelques, Vichy, capitale agitée, n'est plus qu'un parc d'attraction plein de savoureuses rencontres : Paul Morand, qui s'amuse avec le gamin au tennis-club ; Robert Aron en cavale qui croise sans y prendre garde le consul Krug von Nidda ; Coco Chanel, Yvonne Printemps et tant d'autres. Rien de l'apocalypse ou du lieu mal famé. Juste une vie bourgeoise, à peine troublée par les événements, avec des soirées comme celle-ci :

M. Rahn *(conseiller du Reich à Vichy)* et le ministre Jacques Le Roy Ladurie s'installent au piano après le dîner.

Ces deux colosses improvisent à quatre mains. Ils font du faux Bach, du faux Mozart, du jazz-Bach, du Beethoven-Armstrong, le tout avec une telle force que les cordes du piano sautent les unes après les autres. Il sera réparé dès le lendemain par un accordeur à canne blanche, qui se prétend aveugle et qui truffera la vaste queue de notre Pleyel de concert d'une flopée de micros. L'ennui avec ce genre de types, c'est qu'on ne sait jamais s'ils travaillent pour la Résistance ou pour la Gestapo [58].

Sans conteste, le ton est neuf. Il n'enfreint pas les tabous, mais simplement les ignore. Emmanuel Berl, préfaçant le livre de Jardin, le sent très nettement : « A mon estime, *(ce livre)* éclaire mai 68, mieux que l'Éros de M. Marcuse. » La révolution de la mémoire s'inscrit en somme en filigrane de la révolution sexuelle.

Pascal Jardin est le premier des « enfants de la Collaboration » à mettre ses souvenirs sur la table. Il est suivi peu après par Marie Chaix : *les Lauriers du lac de Constance* (Le Seuil, 1974). D'un ton moins jubilant, elle conte l'itinéraire de son père, Albert Beugras, responsable de l'action clandestine du parti populaire français, des fastes du Paris occupé au crépuscule en terre allemande. Dans la même veine, mais plus tard, Jean-Luc Maxence règle un compte difficile avec *l'Ombre d'un père*, Jean-Pierre Maxence, militant d'extrême droite, ancien chroniqueur littéraire à *Aujourd'hui* et collaborateur occasionnel de *la Gerbe* et de la NRF de Drieu La Rochelle (Éditions libres/Hallier, 1978). Ces écrivains expriment une évidence, qui peu à peu s'impose : quels que soient les crimes des collaborateurs, quelle que soit l'opinion que l'on a d'eux, ils ne peuvent rester indéfiniment des immigrés de l'intérieur : ils font partie du « patrimoine » national (d'ailleurs, on « redécouvre » au même moment que beaucoup ont repris leur place dans la société). Avec leurs mots, leur sincérité, leur style très différents, ces auteurs ont contribué ainsi, en dépit des oppositions légitimes, à réintégrer leurs parents dans la conscience collective.

Au même moment, d'autres « enfants », cette fois du génocide, exhument eux aussi des images de rafles, de répression, d'antisémitisme. C'est le cas de Joseph Joffo (*Un sac de billes,* Lattès, 1973), et, au cinéma, de Michel Drach ou Michel Mitrani (voir chapitre 5).

Enfin, Patrick Modiano constitue une catégorie à lui tout seul, tant a été grande son influence dans ces années-là. Dans tous ses livres (ou presque), il dévoile une fascination pour le chien et loup de l'Occupation. Dans *la Place de l'Étoile* (Gallimard, 1968), il met en scène un juif « collabo », dans une parodie des hallucinations littéraires de Céline ou de Maurice Sachs. Avec *la Ronde de nuit* (Gallimard, 1969) et *Lacombe Lucien,* le scénario du film de Louis Malle (1974), il joue avec l'ambiguïté des engagements, refusant jusqu'à l'excès tout déterminisme idéologique, et promenant ses personnages comme des pantins sans conscience ni morale.

Dans son œuvre, Patrick Modiano contemple avec angoisse et frénésie les éclats épars du miroir qu'il a contribué à briser. Il s'en tient, se réfugie même dans leur réalité partielle : aucune logique, aucune mémoire organisée, rationnelle et rassurante, ne peut en restituer la cohérence, semble-t-il dire. Chez lui, l'Occupation a perdu tout statut historique. C'est un puzzle qu'il ne faut surtout pas reconstituer, la vérité filtrant des vides.

De cette description rapide, on peut sentir à quel point le vocable de mode est impropre, car regroupant des signes contradictoires. La remémoration des enfants restitue dans toute sa nudité la faille des années sombres : fils de collabos ou fils de déportés, toute une génération a subi l'héritage sanglant. Mais, en 1974, il est difficile d'un point de vue sentimental, charnel, d'opérer une hiérarchie équitable. Les aînés, à la Libération, ne l'ont fait qu'imparfaitement. Comment faire mieux trente ans plus tard ? Les collaborateurs restent des fascistes, voire des criminels, et les déportés, des victimes. Mais leurs enfants ? Mis (malgré eux) sur la place publique, les collaborateurs, évincés jusque-là de l'imagerie collective sinon de la société, ont revêtu soudain une autre parure, celle du père. Le drame, c'est que d'autres pères (et mères), partis, eux, en fumée, ont fait leur retour au même moment dans les souvenirs collectifs.

Le parcours fasciné de Modiano suscite la curiosité, son succès en témoigne, qui dépasse la simple reconnaissance d'un talent littéraire. Mais les épigones du *Chagrin,* tous ceux qui dénoncent à juste titre l'ampleur du crime, la réalité de la tentation française à l'égard du fascisme, et pas toujours avec le même bonheur, aussi. Quelle piste suivre ? Celle qui tente de *décomposer* la réalité, ou celle qui la *recompose* en un mouvement contraire ?

L'impact du phénomène (hormis ensuite l'exploitation commerciale, qui n'est qu'une conséquence logique) provient de ces tensions, facteur supplémentaire de trouble dans l'opinion.

Dans l'histoire du syndrome de Vichy, la « mode rétro » a eu une fonction essentielle. Les quelques auteurs qui en ont été l'expression (toute appréciation de valeur mise à part) ont anticipé l'évolution des mentalités collectives, lui donnant une forme sensible et esthétique, donc intelligible pour le plus grand nombre : « Une fois encore, c'étaient des artistes qui, "innocemment", avaient posé les premières charges explosives », note Pascal Ory, ajoutant : « Mais le mouvement n'aurait sans doute pas eu l'ampleur qu'on lui connaît, s'il n'avait reçu une autre impulsion, extérieure quant à elle au circuit naturel, du moins en ses origines, celles des petites et grandes "affaires" qui, par leur objet et leur mise en scène, renouvelèrent sans cesse le débat [59]. »

On peut renverser la perspective : les charges explosives et les « affaires » participent d'un même mouvement, d'une même évolution. Entre 1971 et 1974, la rupture s'est dessinée d'abord dans le registre culturel, d'où émanent les signaux les plus significatifs et les plus visibles. Mais elle est autant un révélateur qu'un catalyseur : encore une fois, la mode rétro n'est devenue un fait social que parce qu'existaient une demande, un terreau favorable. Du moins est-ce l'hypothèse qui permet d'expliquer la sensibilité accrue aux scandales, celui de Touvier ou d'autres, qui s'exprime au même moment : ni la mémoire résistante ni la mémoire juive n'avaient besoin d'Ophuls ou de Modiano pour réagir, le reste de l'opinion, probablement si.

Remémorations, interrogations, fascinations, en quatre

ans la période du miroir brisé a vu s'écrouler le fragile équilibre instauré depuis le milieu des années 1950. On n'en parlait plus? On va en parler. La porte est désormais ouverte à l'obsession.

4

L'obsession (après 1974)

I. La mémoire juive

Depuis le début des années soixante-dix, les souvenirs de l'Occupation ont pris une dimension nouvelle. Chaque année écoulée a vu son lot de révélations, de résurgences, d'affaires, de batailles de mémoires. L'année 1974 ne constitue pas à proprement parler un tournant. Elle inaugure une période qui voit s'installer durablement la référence explicite et manifeste à l'an quarante, dans la foulée du miroir brisé.

Sans doute la crise économique a-t-elle entraîné un penchant nostalgique. Face à un avenir devenu incertain, le passé a pris soudain plus de relief, la prospective a laissé le champ libre à la rétrospective. Le très net regain d'intérêt à l'égard de l'histoire observé depuis quelques années en est une des manifestations.

Néanmoins, entrent en jeu d'autres facteurs directement liés à la structure même du syndrome de Vichy, au premier rang desquels la renaissance d'une mémoire juive. C'est un phénomène international, consécutif aux crises du Proche-Orient et aux nouvelles formes d'antisémitisme. La mémoire du génocide, de la Shoah, en constitue le noyau dur. De ce fait, en France, il était inévitable de voir resurgir les réminiscences vichystes et collaborationnistes, les plus radicales des flambées antisémites hexagonales contemporaines. La quatrième phase de la névrose sera en grande partie repérable grâce au fil rouge de cette mémoire en réveil.

Sur un autre registre, deuxième volet de l'obsession, la crispation du débat politique en France — la « guerre civile verbale » — a contribué à remettre au jour, sinon les failles de l'Occupation, du moins le recours à l'imagerie de la France occupée. Rien de très neuf *a priori* dans la panoplie des ana thèmes ou des fanfaronnades, si ce n'est que des générations d'hommes politiques nés après la guerre les ont repris à leur compte, parfois en les déformant encore plus que leurs aînés. Dans ce même registre politique, la réapparition de réflexes racistes, véhiculés par une extrême droite ressourcée, a redonné vie à des idées, voire des idéologies, proches, ou supposées telles, de celles qui avaient pignon sur rue entre 1940 et 1944.

C'est dans ce contexte que s'est déroulé le procès Barbie dont on aurait pu croire qu'il fût à la fois une catharsis et un point d'orgue, avant que n'éclatent d'autres affaires et que la société française ne s'apprête, à l'orée de la décennie 1990, à affronter d'autres procès et d'autres séquelles de l'an quarante.

Le temps du malaise

> « En novembre 1940, j'avais huit ans,
> j'étais déjà juif. »
> *Le Vieil Homme et l'Enfant*
> (Claude Berri, 1967).

Entre 1978 et 1981, la France a connu une série de soubresauts où l'antisémitisme des années noires tenait une place centrale : l'affaire Darquier de Pellepoix, l'inculpation d'anciens fonctionnaires de Vichy pour crimes contre l'humanité, la polémique autour de la diffusion du film *Holocaust*, l'affaire Faurisson et ses suites. Ces symptômes, très rapprochés dans le temps, n'ont pas éclos fortuitement. Ils ont pris racine dans le trouble croissant de la communauté juive de France depuis la fin des années soixante.

En 1945, cette communauté était profondément marquée par la déportation : un cinquième de la population juive (d'origine française ou étrangère) avait disparu dans les camps, et l'antisémitisme spécifique de l'État français, dans un pays qui fut avant-guerre un refuge, avait déstabilisé les corps et les esprits. On l'a vu plus haut, un fait divers comme

l'affaire Finaly pouvait dégénérer en guerre de religion, voire
en affaire d'État. Les silences entourant la tragédie concentrationnaire (celle des juifs, et celle des autres) creusaient un peu
plus le fossé. Néanmoins, ces séquelles n'ont pas empêché la
reconstitution d'une identité juive au sein de la société française. Les sympathies et réflexes spontanés de solidarité, pendant les heures sombres, y ont en partie contribué. Mais sans
que les mauvais souvenirs se volatilisent pour autant.

Considéré comme une monstruosité historique, l'antisémitisme explicite s'est réfugié dans quelques cercles d'extrême
droite, nostalgiques du nazisme ou poujadistes en mal de bouc
émissaire. Si l'on en croit Béatrice Philippe, même le rapatriement progressif de près de 300 000 juifs d'Afrique du
Nord, entre 1956 et 1967, ne semble pas avoir ravivé l'antisémitisme populaire, alors qu'il modifie en revanche l'équilibre interne de la communauté : déracinés une nouvelle fois,
ces juifs sépharades, à l'instar des autres pieds-noirs (mais
à l'inverse des ashkénazes mieux intégrés), vont revendiquer
avec insistance leur spécificité culturelle et religieuse [1].

La création de l'État d'Israël, en 1948, a bouleversé les données. D'un côté, le soutien des gouvernements de la IVe République à l'égard du nouvel État hébreu, encouragé par une
opinion en majorité pro-israélienne, a facilité la réconciliation des juifs avec le reste de la nation. Mais, d'un autre côté,
a surgi un antisémitisme d'essence idéologique, plus pernicieux car plus équivoque : l'« antisionisme ». Les communistes en seront les premiers hérauts, enserrés dans leur logique
stalinienne, en particulier en 1952-1953, lors du procès
Slansky ou de celui des « blouses blanches ».

L'intervention militaire franco-britannique sur Suez, à
l'automne 1956, marque de ce point de vue une étape importante. Si elle trouve son origine première dans l'évolution des
« événements » d'Algérie et la situation internationale, elle
n'est pas sans conséquences internes. Elle révèle un basculement de droite à gauche du « problème » juif. L'opinion
publique applaudit en majorité l'initiative du gouvernement,
mais par « ardeur impérialiste » plus que par philosémi-
tisme [2]. Au nom d'un nationalisme revivifié après les échecs
indochinois, la droite et l'armée font de même. Le 10 novem-

bre, à l'Assemblée, lorsque Pierre Mendès France s'élève contre ce qu'il considère comme une folie, un député lui crie : « A mort ! », et un autre : « A Moscou ! » (au même moment, Pierre Poujade continue, lui, de stigmatiser le « juif » Mendès, comme naguère les tribunaux du Maréchal). Mais le même jour, Tixier-Vignancour, qui ne s'est jamais distingué par son amour du judaïsme mais approuve l'expédition, s'entend crier : « A Tel-Aviv ! »

Après le PCF, une partie de la gauche non communiste, traditionnellement favorable à Israël, opère également (mais pour des raisons un peu différentes) un virage important :

> Une nouvelle gauche, surtout intellectuelle, définie par ses positions anticolonialistes, découvre l'État juif avec d'autres yeux. Il n'est plus la terre d'asile promise aux victimes des persécutions et aux rescapés des camps mais un allié du colonialisme[3].

La communauté juive se trouve donc dans une situation nouvelle. L'antisémitisme de type populiste, nationaliste ou religieux, celui qui a pu s'exprimer ouvertement sous l'Occupation, sans disparaître complètement, a perdu de sa virulence. Le soutien à Israël, État occidental, lui fait pour l'instant écran. Par contre, l'antisionisme pose des problèmes plus délicats : sous sa bannière voisinent d'authentiques engagements en faveur de la décolonisation, y compris chez de nombreux juifs, et certains vieux réflexes qui s'abritent derrière l'alibi idéologique. Or, ces derniers sont apparemment très éloignés de toute réminiscence de l'antisémitisme nazi ou vichyste, si ce n'est par le biais d'une possible mauvaise conscience.

La guerre des Six Jours, déclenchée le 5 juin 1967 par Israël, marque cette fois une véritable rupture. Malgré une « sympathie » toujours affirmée pour l'État juif, le gouvernement français adopte une position favorable aux pays arabes. Après de multiples avertissements en direction des dirigeants israéliens, la France suspend le 2 juin ses livraisons d'armes à destination de huit pays de la région, dont Israël, un embargo qui s'appliquera de façon rigoureuse à

l'encontre de ce dernier à partir de janvier 1969. Onze jours
après le cessez-le-feu du 10 juin, de Gaulle condamne l'attaque israélienne. Enfin, le 27 novembre 1967, au cours d'une
conférence de presse dans laquelle il explicite la position du
gouvernement, de Gaulle laisse échapper une phrase « mal-
heureuse » :

> Certains mêmes redoutaient que les juifs, jusqu'alors
> dispersés, qui étaient restés ce qu'ils avaient été de tout
> temps, un peuple d'élite, sûr de lui-même et dominateur,
> n'en viennent, une fois rassemblés sur le site de leur
> ancienne grandeur, à changer en ambition ardente et
> conquérante les souhaits très émouvants qu'ils formaient
> depuis dix-neuf siècles [4].

Ces quelques mots provoquent une émotion considérable,
d'autant que la politique du gouvernement français est non
seulement mal acceptée par les juifs français, mais également
par l'ensemble de l'opinion, qui, d'après les sondages, est
massivement satisfaite de la victoire d'Israël. De Gaulle a
tenté à plusieurs reprises, et contrairement à ses habitudes,
d'atténuer l'effet de ses propos, auprès du grand rabbin de
France et de Ben Gourion. Mais cette conférence de presse,
et plus encore le revirement de la diplomatie française, vont
plonger les juifs de France dans une inquiétude qui ne fera
que s'accuser avec le temps.

Dans un texte écrit à chaud, le 28 décembre 1967, Raymond Aron a débusqué, avec passion mais beaucoup de lucidité, tous les effets pervers de cette petite phrase sans
innocence. Sans reprendre à son compte les nombreuses accusations d'antisémitisme portées contre l'homme du 18 juin,
il dénonce d'abord son machiavélisme :

> Ne tombons pas dans le piège qui nous est tendu. En
> insérant une phrase sur le « peuple juif » dans un couplet
> historique sur la naissance d'Israël, le chef de l'État appe-
> lait volontairement deux réponses, l'une qui défendrait
> l'État d'Israël, l'autre qui dénoncerait la qualification
> sommaire, pour ne pas dire insultante, des juifs en tant
> que tels. La conjonction des deux réponses donnerait un

fondement nouveau à l'accusation implicite de double allé-
geance. Inévitablement, les juifs se diviseraient [5]...

Il dénonce ensuite l'idée d'un peuple juif homogène et
défini, encore moins l'idée qu'il existe, en particulier en
France, une « communauté juive » :

> Cette communauté n'existe pas en tant que telle, elle
> n'a pas d'organisation, elle ne peut ni ne doit en avoir.
> Je ne connais pas le pourcentage des pratiquants et des
> non-pratiquants parmi ceux que le gouvernement de Vichy
> désignait comme juifs ou qui continuent d'appartenir au
> « peuple dominateur » [6].

Mais, bien qu'il s'estime « déjudaïsé », il admet la réalité
d'une « émotion collective » propre aux juifs de France, qu'il
partage pleinement. Et c'est sans doute le premier reproche
majeur qu'il formule à l'encontre de De Gaulle : avoir obligé
les juifs français à se déterminer face à Israël, et ce, sur injonc-
tion du Prince. Le second reproche, plus grave, est d'avoir
rompu le tabou qui endiguait l'antisémitisme :

> Le général de Gaulle a, sciemment, volontairement,
> ouvert une nouvelle période de l'histoire juive et peut-être
> de l'antisémitisme. Tout redevient possible. Tout re-
> commence. Pas question, certes, de persécution : seule-
> ment de « malveillance ». Pas le temps du mépris : le temps
> du soupçon [7].

La preuve en est administrée très rapidement. Parmi les
soutiens reçus par le Général après le 27 novembre (au milieu
d'un océan de critiques), celui de Xavier Vallat n'a pas été
le moins encombrant. Le premier commissaire aux Questions
juives de Vichy, qui eut en charge, de 1941 à 1942, l'application des mesures antisémites de l'État français, écrit dans
l'organe de l'Action française :

> Pourquoi dissimulerais-je que le passage consacré au
> Proche-Orient est celui qui m'a apporté les plus hautes
> satisfactions ? (...) Jusqu'ici, quand un lampiste aventuré

dans le journalisme s'avisait de dire que le peuple juif était
un peuple à part, inassimilable, imbu de sa supériorité et
se croyant, depuis la promesse faite par Jéhovah à Abra-
ham, appelé à dominer le monde, M. Bernard Lecache
(*requérait*) d'urgence l'application de la loi Marchandeau,
laquelle, comme on sait, double les tarifs sur la presse (*en
matière de diffamation*) quand un juif est mis en cause
(...). Charles de Gaulle en a assez dit pour se voir soudain traiter de disciple de Hitler, ce qui est bien son tour !
Maintenant, à Bernard Lecache de jouer, et à nous de marquer les coups [8] !

Jusqu'en Israël, la relation avec Vichy s'impose d'elle-
même et un grand quotidien n'hésite pas à titrer : « Charles
Pétain » [9].

Raymond Aron ne représente pas, loin de là, toute l'« opinion juive ». D'accord avec lui sur l'essentiel, Claude Lévi-
Strauss lui rappelle toutefois, dans une correspondance d'avril
1968, que la guerre des Six Jours a suscité une vague de
contre-vérités propagées par des notables de la communauté
juive, ainsi que par certains journaux. Tout en reconnaissant
une « indéracinable antipathie pour le monde arabe », Lévi-
Strauss évoque le sort des minorités opprimées, des Peaux-
Rouges aux Palestiniens [10]. Ce débat feutré et amical montre que les tabous n'ont pas sauté au seul profit des antisémites. Désormais, la référence au nazisme, au génocide ou
à Vichy ne pourra étouffer toute réflexion sur la politique
spécifique de l'État juif. Les « antisionistes » ne sont pas tous
des racistes mais la diabolisation de l'adversaire est propice,
de tous côtés, au risque accru d'amalgame.

Le tournant de 1967, dans la logique du débat sur la décolonisation et l'évolution du tiers-monde, est donc important
à plus d'un titre. Il isole à nouveau une partie de la communauté juive, convaincue que les vieux démons ont refait surface. Le sentiment d'être redevenus des juifs français et non
plus des Français juifs explique le retour vers le passé, certains rappelant spontanément que de mêmes causes produisent parfois des effets similaires. Mais, dans le même temps,
les appels incessants à l'Histoire vont prendre l'allure d'une
tentative de légitimation interne à la communauté, suscepti-

ble de faire taire les oppositions et réticences de juifs peu enclins à soutenir sans condition Israël.

Dans les années 1970, les instances officielles de la communauté juive retrouvent une influence grandissante, d'autant que la diplomatie française s'engage sans ambiguïté dans le camp arabe. La Charte du Conseil représentatif des institutions juives de France (CRIF), rendue publique le 25 janvier 1977, en est un signe. Créé en janvier 1944, ce qui s'appelait alors le Conseil représentatif des israélites de France s'était donné pour mission de constituer un organisme de défense commun à l'ensemble des tendances de la communauté juive. Face à l'Union générale des israélites de France, instaurée par Vichy en 1941 (un peu comme les *Judenräte* dans l'Europe orientale occupée), des communistes, des socialistes du Bund, des sionistes parvinrent à se mettre d'accord avec le Consistoire israélite sur une charte définissant les grandes options de la communauté juive de France, dont le CRIF s'affirmait le seul représentant légitime [11]. En 1977, pour la première fois depuis 1944, le CRIF réaffirme en les actualisant ses grandes opinions : la reconnaissance de sa diversité interne, mais la volonté de forger des liens de solidarité et de cohésion ; la lutte contre le racisme sous toutes ses formes et la défense des Droits de l'homme ; le soutien inconditionnel à l'État d'Israël. Il demande en outre que soit reconnue la présence culturelle et religieuse du judaïsme en France et formule un souhait « légitime », maintes fois répété par la suite, celui d'un « enseignement, dans le cadre de l'Éducation nationale, de son histoire, et, notamment, celui de l'Holocauste [12] ».

Cette préoccupation rejoint celle de nombreuses associations de résistants et de déportés, qui, au même moment, réclament un meilleur enseignement de la période 1939-1945 (cf. chapitre 6). Elle révèle un désir profond : au temps de l'oubli doit succéder le temps du souvenir. Non celui des résurgences brutales, accidentelles, au détour de petites phrases, mais celui qui offre l'opportunité d'une transmission sereine et lucide du passé. Bref, un temps où l'Histoire prendrait le relais des refoulements et souvenirs inexprimés, inscrivant le passé dans une continuité savante et acceptée par tous.

Mais ces vœux ne peuvent dissimuler que la communauté juive est entrée, avec la fracture de 1967, puis les scandales récurrents de la fin des années 1970, dans une nouvelle phase de l'histoire du souvenir. D'autant que, en parallèle aux scandales qui remettent en mémoire le rôle de l'État français et qui concernent *a priori* l'ensemble des juifs, surgit au sein même de la communauté juive un violent débat sur les réactions des juifs face à la persécution nazie : il débute en 1966 avec la parution d'un livre très controversé sur Treblinka, de Jean-François Steiner, et se poursuit jusque dans les années 1980, avec l'émergence de multiples interrogations sur la notion de « résistance juive ».

Plus que le reste de la société, les juifs se voient contraints d'opérer un retour, et parfois un détour par l'an quarante.

L'effet Darquier
ou l'enchaînement diabolique

Darquier

Le 28 octobre 1978, débute un long feuilleton aux rebondissements multiples et inattendus. Ce jour-là, *l'Express* réalise un *scoop* retentissant. Le journaliste Philippe Ganier Raymond a retrouvé et interrogé en Espagne Louis Darquier, dit « de Pellepoix », successeur de Xavier Vallat au commissariat général aux Questions juives, de mai 1942 à février 1944. Sans commentaires et sans précautions particulières, l'entretien est publié intégralement, sous un titre choc : « A Auschwitz, on n'a gazé que les poux », l'un des propos les plus saillants de l'octogénaire malade, couché, qui s'est manifestement libéré devant le micro de toutes les haines accumulées et inexprimées depuis l'Occupation. Nazi convaincu, antisémite forcené depuis les années 1930, fonctionnaire douteux et zélé à l'égard de l'occupant, Darquier a incarné les aspects les plus violents, les plus irrationnels et les plus sinistres de la politique antijuive de Vichy. Des ami-

tiés franquistes et l'absence de demande d'extradition lui ont
assuré un exil confortable, malgré sa condamnation à mort
par contumace, en décembre 1947.

Trente-cinq ans après, Darquier n'a rien oublié ni renié.
Profitant de l'occasion, il déverse un antisémitisme anachronique. Mais dans son verbiage, quelques phrases vont
sembler particulièrement insupportables. D'abord, il nie
l'existence de la solution finale et la disparition de millions
de personnes : « Une invention pure et simple, une invention
juive, bien sûr. » Ensuite, tout en minorant son propre rôle,
il accuse nommément René Bousquet, ancien secrétaire général à la Police, d'avoir organisé la répression contre les juifs
en zone nord, en particulier la rafle du Vel d'Hiv, conduite
par des policiers français. Une affirmation exacte, confirmée
par des documents que produit Ganier Raymond, et qui sont
accablants pour le gouvernement de Vichy, bien que connus
depuis longtemps [13]. Darquier avouera même, non sans ingé-
nuité, qu'il « rencontrait très peu d'Allemands » dans son travail. Enfin, il donne l'image d'un homme tranquille, un peu
étonné de n'avoir pas été inquiété depuis la guerre. Il est vrai,
rappelle le ministère de la Justice au même moment, que Darquier, condamné pour intelligence avec l'ennemi, mais non
pour crimes contre l'humanité, a vu sa peine prescrite depuis
1968, vingt ans après le jugement par contumace.

De telles déclarations ne pouvaient que provoquer l'indignation. Elles déclenchent cependant une ample affaire aux
ramifications multiples. Pourtant Darquier n'est ni un
inconnu ni un collaborateur tombé dans l'oubli. Face aux
nombreuses accusations dont il est l'objet, *l'Express* se défend
en rappelant qu'en mai 1967, dans ses colonnes, Jean-
François Revel avait décrit les responsabilités du fonctionnaire français dans la solution finale [14]. En février 1972, toujours dans *l'Express*, Jacques Derogy avait détaillé les
activités de l'ancien commissaire aux Questions juives [15].
Celui-ci voulait en effet rentrer en France, quelques semaines après la mort de Vallat (survenue le 6 janvier 1972 : ses
obsèques avaient provoqué quelques manifestations opposant d'anciens vichystes et des juifs), et alors que l'émoi suscité par les propos « antirésistancialistes » de Pompidou était

encore vif. Darquier s'était même exprimé dans *le Monde*, déclarant au correspondant du journal à Madrid : « Il est faux que j'aie pris part à l'expulsion des juifs étrangers qui vivaient en France », un mensonge parmi d'autres qu'il réitérera en 1978 [16]. On peut ajouter que de nombreux auteurs avaient depuis près de vingt ans révélé une partie des activités de Darquier [17]. Mais ni les analyses historiques ni les prises de position antérieures de Darquier n'avaient soulevé une vague comparable à celle qui agite l'opinion en 1978.

Le Grand Orient de France, la Fédération nationale des déportés et internés et résistants patriotes (FNDIRP), l'Association internationale des juristes démocrates, et bien d'autres, réclament l'extradition, ou, du moins, l'inculpation pour incitation à la haine raciale. En vertu de la loi du 1er juillet 1972 réprimant ce délit, le garde des Sceaux fait ouvrir une instruction qui n'aboutira jamais, Darquier disparaissant le 21 août 1980 (sa mort ne sera confirmée que trois ans plus tard).

Le 2 novembre 1978, l'« affaire » est évoquée à l'Assemblée nationale. La majorité parlementaire, à l'instar du gouvernement et du président Giscard d'Estaing, s'en prend directement à *l'Express*. Le RPR parle d'« écrits sacrilèges », et l'UDF accuse le journal de « favoriser subrepticement la réhabilitation de crimes abominables ». Dans l'opposition, les communistes mettent en cause le gouvernement, notamment pour l'absence de demande d'extradition, tandis qu'Alain Savary, pour le parti socialiste, demande un droit de réponse sur les ondes, « pour la voix de la vérité, qui fut celle de la Résistance [18] ». Le Premier ministre, Raymond Barre, intervient lui aussi dans le débat, adressant une lettre publique aux présidents des trois chaînes de télévision :

> J'ai constaté, au cours de ces derniers mois, une tendance de certains organismes de presse et d'information à consacrer, de façon parfois complaisante, des articles ou des émissions à des sujets traitant, directement ou indirectement, du nazisme et de ses plus graves manifestations (...). Naturellement, il ne peut être question de jeter un voile sur ces faits et personnages. Je suis le premier à

comprendre l'intérêt et les exigences de la recherche historique, et il me paraît capital que les générations issues
de l'après-guerre disposent d'une connaissance précise et
lucide (…). Mais dans notre pays où ne peut s'effacer le
souvenir de la guerre et de l'Occupation, les responsables
de l'information (…) doivent demeurer vigilants quant à
la manière dont l'Histoire est présentée. Il me paraît souhaitable d'éviter que par goût du spectaculaire ou d'une
excessive originalité une trop grande place soit faite à des
émissions qui risqueraient d'être ressenties comme une
réhabilitation [19]…

Mais l'hostilité du gouvernement n'est pas unanime.
Simone Veil, ministre de la Santé, déclare le 30 octobre à
Europe 1 qu'elle comprend l'initiative de *l'Express* comme
« un cri d'alarme », tandis que Lionel Stoléru, secrétaire
d'État à la Condition des travailleurs manuels, écrit au journal qu'il a « bien fait de verser cette pièce à conviction au
dossier du racisme [20] ». Des réactions tout aussi contradictoires traversent l'opinion, dont le journal se fait l'écho. Le
CRIF dénonce la tentative de Darquier « d'assassiner jusqu'au
souvenir des victimes », le MRAP condamne l'« évocation
partielle ou partiale » du génocide, Henri Amouroux s'élève
contre toute censure, défendant ses confrères et plaidant pour
un « peuple adulte » devant son histoire. De nombreux déportés, enfin, prennent la parole pour exprimer des avis parfois
radicalement divergents : certains s'insurgent contre
« l'insulte » envers les victimes, d'autres félicitent le journal
d'« avoir réveillé la France tout entière [21] ».

Les raisons qui ont poussé *l'Express* à publier un tel article semblent assez simples, même si la forme choisie (un entretien avec Darquier plutôt qu'un commentaire) prêtait sans
doute plus à scandale. Raymond Aron, président du comité
éditorial, n'a pas eu connaissance du projet, envers lequel
il ne cache pas ses réticences. Mais devant les assauts dont
est victime *l'Express*, il décide dans un « post-scriptum » de
défendre la bonne foi des journalistes et couvre Jean-François
Revel, le rédacteur en chef, au nom d'une « morale de l'information [22] ». En effet, le journal a bien senti qu'un tel
document tombait à un moment adéquat.

Quelques mois plus tôt, Kurt Lischka était inculpé et déféré devant un tribunal allemand. Repéré en RFA depuis long temps par Robert Werner, un journaliste à *Paris-Jour*, débusqué à nouveau en 1971 par Beate et Serge Klarsfeld, l'ancien lieutenant-colonel (SS-Obersturmbannführer), chef de service des Affaires juives de la Gestapo, puis principal adjoint de Knochen et, à ce titre, haut responsable du RSHA en France, s'est vu tiré de sa tranquille retraite à la suite de la ratification en 1975, par le parlement de Bonn, d'une convention franco-allemande sur les criminels nazis ayant opéré en France. Après un procès marqué par de nombreux incidents, dont une manifestation regroupant un millier de juifs français, il sera condamné le 11 février 1980 à dix ans de réclusion par le tribunal de Cologne. Deux autres criminels de guerre, de sinistre mémoire en France, seront également condamnés au même moment : Herbert Hagen, l'adjoint d'Oberg, chef de la SS en France, et Ernst Heinrichsohn, l'adjoint de Dannecker, chef de la section antijuive, qui récolteront douze et six ans de prison. *L'Express* obéit donc à un réflexe naturel qui consiste à s'interroger sur les criminels de guerre français dès qu'il est question des criminels allemands.

Tout aussi intéressante est la personnalité de Philippe Ganier Raymond, qui, sept ans plus tard, sera également l'un des personnages clés de l'« affaire Manouchian », autre manifestation du syndrome. Écrivain, auteur d'un ouvrage sur l'Affiche rouge, il a publié en 1975 un recueil de documents sur l'antisémitisme des années d'Occupation. Dénonçant la mode rétro, dans laquelle il voit (comme beaucoup de ses contemporains) une réhabilitation déguisée du fascisme, il s'acharne contre le « régime autoritaire », parlant de Jacques Chirac en termes peu amènes : « Fasciste, le Premier ministre ? Oui sans aucun doute, et avec cette rage très caractéristique des hommes qui tiennent à gommer une adolescence d'extrême gauche. (On retrouve là Déat, Doriot, Gitton.) [23]. » Il présente son entreprise comme une dénonciation de la « droite », indistinctement celle de Vichy, celle de la torture en Algérie, celle des années 1970.

Gens de droite, vous n'êtes pas innocents. Vous-mêmes,
vos pères, ont commis des crimes inexpiables. Voici ce que
vous avez fait, ce que vous avez dit, ce que vous avez
pensé, pendant quatre ans. Ceci n'est pas une anthologie. A peine un éventail, tout juste entrouvert, de ce dont
vous êtes capables quand on vous laisse la bride sur le cou.
Restez à droite, mais qu'on le sache : vous êtes des assassins, et de la pire espèce : des assassins par procuration.
Des lâches [24].

Celui qui, trois ans après ce livre, va dénicher Darquier
n'est donc pas un simple journaliste, à l'affût d'un bon coup.
Il fait partie de ces écrivains, journalistes, chroniqueurs obsédés par l'Occupation, par idéologie, par motivations fami-
liales, personnelles ou affectives, et parfois par goût de la
provocation. Que l'on approuve ou pas, que les raisons soient
bonnes ou non, ces plumes ont joué un rôle déterminant dans
la diffusion du syndrome, contribuant souvent à gonfler les
affaires ou à entraîner l'opinion sur de fausses pistes, en
jouant sur une réalité effective : la politique officielle du
silence.

Holocaust

Immédiatement, l'affaire Darquier en déclenche une autre,
tout aussi passionnée. Une semaine après la publication de
l'entretien, l'écrivain Marek Halter lance un appel en faveur
de la diffusion du téléfilm américain *Holocaust*. S'insurgeant
contre l'absence d'intérêt de la part de la télévision française,
il s'infiltre dans la brèche ouverte huit jours plus tôt : « La
France découvre, stupéfaite, à la suite d'un entretien avec
l'ancien commissaire aux Questions juives sous l'Occupation,
que le fascisme n'est pas mort et que ses plus sûrs alliés sont
l'ignorance et l'oubli [25]. »

Réalisé par Marvin Chomsky, metteur en scène à succès
de *Racines*, d'après un roman de Gerald Green, *Holocaust*
raconte le destin croisé de deux familles allemandes, l'une
juive, l'autre nazie, entre 1935 et 1945. Rompant le tabou
des images, les auteurs n'ont pas hésité à montrer les hor-

reurs de la solution finale, avec force reconstitutions et dialogues de circonstance. Plus important que le message lui-même, c'est la forme choisie, une fiction télévisée, et le souci de toucher le public de masse qui marquent un tournant dans l'évocation du génocide. Diffusé en avril 1978, il est regardé par 120 millions de téléspectateurs américains. Les droits sont tout de suite achetés par la République fédérale allemande et 28 autres pays. Sauf la France.

Pressées de questions, les trois chaînes publiques de télévision se justifient tant bien que mal. FR 3 prétend que la série est « trop chère » (en fait, elle sera achetée 135 000 francs l'heure, le prix habituel des innombrables séries américaines dont est friand le public français). Jean-Louis Guillaud, P.-D.G. de TF 1, estime que les Français ont fait mieux sur la question, à savoir le film d'Alain Resnais *Nuit et Brouillard*, admirable court métrage documentaire, mais vieux de vingt-trois ans. Son collègue d'Antenne 2, lui aussi touché par le virus chauvin, parle d'encourager plutôt une production française. Et tout le monde de penser au film *le Chagrin et la Pitié* (à tort, puisque ce n'est pas une production française, mais allemande et suisse...), qui n'a toujours pas eu les honneurs du petit écran en France. Frilosité habituelle de la télévision française? Réticence devant un message culturel importé d'outre-Atlantique? Non, toujours le silence. Raymond Barre n'a-t-il pas clairement mis en garde les présidents de chaîne? De surcroît, l'élection de la première Assemblée européenne, prévue pour le mois de juin 1979, complique le débat. L'UDF craint par exemple « une campagne antiallemande », visant tout à la fois le RPR et le parti communiste, tandis que ce dernier réplique que « les champions de l'Europe supranationale (celle des trusts) sont prêts à sacrifier allégrement à leurs calculs politiciens le souvenir des milliers de victimes de l'hitlérisme [26] ».

Antenne 2 décide finalement d'acheter les droits de la série, en novembre 1978, huit mois après les premières propositions américaines. « La polémique à propos de l'interview de Darquier de Pellepoix a eu une incidence sur notre décision », déclare à *l'Express* Maurice Ulrich, le P.-D.G. de la chaîne [27]. Armand Jammot, de son côté, estime qu'« il fal-

lait montrer ce document et organiser un grand débat où la
vérité des camps, pour certains totalement inconnue, pour
d'autres volontairement occultée, serait rétablie[28] ». De
même, le pouvoir semble changer d'attitude puisque Christian Beullac, ministre de l'Éducation, qui assure l'intérim du
ministre de la Culture et de la Communication, invite parents
et enseignants à profiter de ce « formidable matériau » télévisé : après le silence, la pédagogie de l'écran[29].

Holocaust est donc projeté entre le 13 février et le 6 mars
1979... et les polémiques reprennent de plus belle. Cette fois,
c'est le contenu du film qui est en cause. On lui reproche son
empreinte hollywoodienne, ses déportés « trop joufflus », ses
erreurs et ses silences sur les complicités indigènes dont a bénéficié la machine à tuer nazie, des policiers polonais aux miliciens français.

> Quand je me suis assise devant l'écran, *écrit Charlotte
> Delbo*, j'avais la gorge nouée. Je redoutais une émotion
> incontrôlable au rappel de ce qui, d'après les articles que
> j'avais lus, serait certainement insoutenable. Presque tout
> de suite, ma gorge s'est desserrée. Non, cela ne me touchait pas *(et)* ne croyez pas que je sois endurcie parce que
> je suis une revenante d'Auschwitz[30].

Avant, pendant, mais aussi après... Le 6 mars, pour clore
la diffusion des quatre épisodes, Antenne 2 organise une
grande messe : un débat aux antédiluviens « Dossiers de
l'écran », dont les fauteuils sont quelque peu usés par les
innombrables querelles d'anciens combattants de toutes les
guerres et de toutes les causes. Après avoir été une pionnière
en matière de dossiers brûlants, l'émission est devenue un
garde-fou classique, la seule manière pour la télévision de justifier son audace et de canaliser les réactions très diverses de
l'opinion, toutes générations confondues. Armand Jammot
n'a-t-il pas déclaré que l'opération se ferait « en toute dignité,
avec l'approbation des associations d'anciens déportés[31] » ?
Sur le plateau sont réunis des « jeunes », bien encadrés pour
éviter tout débordement intempestif, des témoins et des rescapés des camps, dont une Tsigane, et des personnalités,

comme Marie-Claude Vaillant-Couturier de la FNDIRP et
Simone Veil. L'émotion sera sans conteste au rendez-vous :
« *Holocaust*, dira Simone Veil, est un film trop optimiste car
il subsiste la tendresse dans les relations entre les déportés.
En vérité, nous étions devenus de véritables bêtes. » Mais le
dialogue entre « jeunes » et « vieux » ne se fera pas : « Nous
devions apporter les réactions et les impressions de la jeunesse et nous avons eu, au contraire, l'impression qu'il s'agissait d'un débat d'anciens combattants, et nous n'espérons
pas le devenir », déclara, au nom de ses camarades, un de
ces « jeunes ». Pis, des questions légitimes sont évacuées.
Lorsqu'un autre jeune interroge Simone Veil sur le passé de
Robert Hersant, dont *le Canard enchaîné* vient de rappeler
quelques épisodes, elle lui répond, d'autorité, qu'il ne faut
pas confondre « collaborateur et nazi », reconnaissant implicitement qu'un des deux qualificatifs pouvait ainsi s'appliquer en la matière. Et quand l'impertinent lui lit un extrait
paru dans un journal de l'époque, et qui relate une manifestation du groupe Jeune Front, auquel appartenait l'intéressé,
elle adopte une silencieuse dignité, toute de politique
vêtue [32].

Ces malentendus, ces télescopages entre passé et présent
caractérisent le débat national, instauré depuis la projection
d'*Holocaust*. Après la mobilisation réussie en faveur de sa
diffusion, fusent des critiques sur ce dont le film, par définition, ne parle pas. C'est l'inévitable « complexe du Chili »
(ou du Goulag, suivant le bord idéologique) : le film empê-
cherait l'évocation des autres massacres de l'histoire ou la
dénonciation du racisme ordinaire. Tahar Ben Jelloun fait
dans *le Monde* (27 février 1979) une leçon de « linguistique » :
le terme « génocide » concerne aussi bien les Indiens d'Amé-
rique que les Arméniens, les victimes de Sétif que les fellag-
has torturés en Algérie. *Libération* dénonce la « hiérarchi-
sation » des génocides, dont seuls quelques-uns (sous-entendu
celui des juifs) « ont droit aux condoléances officielles ». Lors
du débat, Guy Darbois avait fait une allusion maladroite aux
déportés homosexuels : « une simple mention suffira ». Du
coup, usant d'une ironie facile, procédé habituel du journal
qui masquait à l'époque (les choses ont heureusement changé

depuis) son ignorance récurrente de certains phénomènes, Guy Hocquenghem laisse entendre que les silences qui ont entouré le sort des déportés autres que politiques ou juifs sont le fait de ces derniers, d'« une hiérarchie, reprise sans doute de celle des camps [33]... ».

Dans la même veine, l'Humanité, tout en reconnaissant des qualités au film, y voit une « polarisation sur le problème juif » et propose, afin d'y remédier, d'employer le terme « holocauste » au pluriel [34]. Bref, après l'air du « il faut en parler », certains entonnent le refrain du « parlons d'autre chose ». La polémique a duré cinq mois.

Leguay, Bousquet, Touvier (deuxième épisode)

Darquier, Holocaust... La série noire continue. Le 12 mars 1979, moins d'une semaine après le débat des « Dossiers de l'écran », Jean Leguay, paisible retraité de soixante-neuf ans, inconnu de la plupart des Français, est inculpé de « crimes contre l'humanité » par le juge d'instruction Martine Anzani. Ce nouveau rebondissement se situe à la fois dans le sillage de l'effet Darquier mais aussi dans les suites de l'affaire Touvier, tombée un peu dans l'oubli depuis la grâce de 1972. En effet, après celle-ci, de nombreuses associations d'anciens résistants ou d'anciens déportés, sous l'impulsion des avocats Serge Klarsfeld et Joe Nordmann, président et fondateur de l'Association internationale des juristes démocrates, avaient déposé plusieurs plaintes pour « crimes contre l'humanité » contre Touvier, le 9 novembre 1973, à Lyon, et le 27 mars 1974, à Chambéry. Le 12 février 1974 et le 6 juin 1974 les juges d'instruction des deux juridictions respectives s'étaient déclarés incompétents, décisions confirmées le 30 mai et le 11 juillet 1974 par les chambres d'accusation des cours d'appel de Lyon et Chambéry : les faits incriminés ne pouvaient entrer que dans la catégorie des « crimes de guerre ». Ils étaient donc prescrits depuis 1967, Touvier ayant été condamné par contumace pour la dernière fois en 1947. Mais, le 6 février 1975, la chambre criminelle de la Cour de cassation casse ces deux jugements, estimant que les juges d'instruction n'avaient pas examiné le dossier d'assez près et ne pouvaient ainsi se déclarer incompétents et écarter toute éventualité d'inculpation pour « crimes contre l'humanité ». En réalité, cette décision fondamentale a été prise en partie grâce aux relais dont disposait l'Association internationale des juristes démocrates, notamment Me Lyon-Caen et le président de la chambre criminelle lui-même, le président Rolland[35]. Mais, nouveau rebondissement, le 27 octobre 1975, la chambre d'accusation de Paris se déclare compétente tout en déclarant les plaintes irrecevables par suite de la prescription. Le 30 juin 1976, la chambre criminelle de la Cour de cassation, toujours elle, a de nouveau cassé ce jugement.

Et cette fois, le dossier change de circuit. C'est désormais le Quai d'Orsay qui est sollicité, le 17 décembre 1976, car l'application du « crime contre l'humanité » entre dans le cadre de l'adhésion de la France aux « accords de Londres » de 1945 et à la charte et aux statuts du tribunal international de Nuremberg. Elle relève donc en partie du droit international. La réponse du Quai d'Orsay viendra le 19 juin 1979. A ce stade, deux affaires, l'affaire Touvier et l'affaire Leguay, se sont télescopées et alimentées mutuellement : c'est le 15 novembre 1978, à la suite de l'interview de Darquier, que Me Klarsfeld a déposé une plainte contre Jean Leguay pour « crimes contre l'humanité », plainte qui a abouti à une inculpation effective le 12 mars 1979. De même que dans le cas de Touvier, le juge Martine Anzani avait sollicité le Quai d'Orsay (ordonnance du 20 février 1979) et il est clair qu'ayant réfléchi depuis la première demande de décembre 1976, le Quai d'Orsay avait sa religion faite et pouvait déclarer dans son avis du 19 juin 1979 que l'imprescriptibilité s'appliquait bien en la matière. Après l'inculpation de Leguay, le même juge d'instruction, Martine Anzani, sera nommé pour suivre l'affaire Touvier, désormais lui aussi passible de poursuites imprescriptibles ; le 28 novembre 1981 un mandat d'arrêt international est lancé contre lui. Mais si Touvier est connu à cause du scandale de 1972 et de sa personnalité peu reluisante, Jean Leguay, lui, ne l'est pas.

De mai 1942 à la fin de l'année 1943, Jean Leguay a été le délégué en zone occupée de René Bousquet, secrétaire général à la Police sous Vichy, dépendant directement du chef du gouvernement Pierre Laval. A ce titre, il a eu en charge, en vertu des accords passés entre le général Oberg, chef suprême de la SS en France et ce dernier, les déportations massives des juifs des deux zones, en particulier la grande rafle du Vel' d'Hiv des 16 et 17 juillet 1942. Le 25 mai 1945, la commission d'épuration du ministère de l'Intérieur le révoque de ses fonctions préfectorales, une décision de nature professionnelle, non pénale. En décembre 1955, le conseil d'État casse cette décision, en vertu de « faits de résistance », ce qui permet à Jean Leguay d'être réhabilité et de faire carrière dans les affaires. De son côté, René Bousquet, à l'instar de tous les secrétaires généraux de Vichy, a été déféré le 23 juin 1949 devant la Haute Cour de justice, juridiction pénale, et condamné à une peine systématiquement appliquée alors — cinq ans d'indignité nationale, peine immédiatement levée pour « faits de résistance ». Lui aussi a ensuite fait carrière dans les affaires, notamment à la Banque d'Indochine. Dans une conférence de presse tenue le 12 mars 1979, Serge Klarsfeld n'a pas caché son intention de voir un jour René Bousquet également inculpé [36].

Le milicien Touvier, le commissaire aux questions juives Darquier, les préfets Leguay et Bousquet sans oublier Maurice Papon, qui sera inculpé lui aussi, le 19 janvier 1983, voilà cinq hommes resurgis du passé, tous quatre anciens fonctionnaires de l'État français. C'est leur seul point commun, avec l'autre, capital, d'avoir tous les cinq mais à des degrés divers participé à l'engagement de Vichy dans le processus de la solution finale. Pourtant, que de différences entre les fascistes Touvier et Darquier, qui apparaissent tous deux comme des tortionnaires ou des voyous et se sont situés sans ambiguïté aucune aux côtés des nazis, et les hauts fonctionnaires Leguay, Bousquet et Papon, différences qui ne sont pas sans rappeler la dichotomie (mais aussi l'interpénétration et la solidarité de fait) entre les collaborationnistes parisiens et Vichy. Si Touvier se terre, Darquier, lui, qui ne risque plus rien, n'a pas hésité à revendiquer ouvertement sa sympathie à l'égard du nazisme, trente-cinq ans après la chute du IIIe Reich. Les anciens préfets, au contraire, ont été réintégrés dans la société et dans l'État et peuvent se prévaloir de « services rendus à la Résistance ». Jean Leguay déclare même au *Figaro*, le 13 mars 1979, après son inculpation : « C'est sans aucune appréhension, tout au contraire, que je considère l'inculpation qui vient d'être prononcée (...), n'ayant jamais eu de 1940 à 1944 d'autre souci que celui de défendre et de protéger les Français contre l'occupant. »

Pourtant son inculpation est un maillon essentiel dans la chaîne des dossiers du même ordre. Et c'est au sens propre un événement historique bien plus important que les vaticinations d'un vieux débris antisémite qui recueille pourtant plus l'attention des médias d'alors. C'est en effet, on l'a vu, la première fois que la loi de 1964 sur l'imprescriptibilité des crimes contre l'humanité est mise en application et à l'encontre d'un *Français*, avant de s'appliquer ensuite à l'Allemand Barbie, en 1983. Les dossiers Touvier et Leguay constituent donc bien des précédents juridiques et historiques en un étrange retournement des choses. Alors que la loi de 1964, votée en pleine période de refoulement de la période de Vichy, avait pour objet d'éviter l'impunité de criminels nazis et allemands, elle va contribuer à maintenir la plaie ouverte, voire à engager la justice dans des procédures complexes qui donnent le sentiment, même si la morale peut y trouver son compte, de rouvrir les procès de l'épuration avec deux à trois décennies de retard. Ce qui est effectivement le cas puisqu'à la Libération, aucun collaborateur ni responsable de Vichy n'avait été inculpé pour des faits ayant trait à la déportation des juifs, les crimes commis dans le cadre de la solution finale étant totalement écartés des débats.

Cela étant, il faut noter que le dossier Leguay, de loin le plus important des dossiers ouverts durant la décennie 1980 compte tenu des responsabilités de celui-ci dans l'appareil de l'État français, n'a jamais soulevé l'émoi ni les passions que l'on trouve dans les affaires Darquier, Touvier et, plus tard, Barbie. Leguay est inculpé dans l'indifférence générale et son dossier n'aboutira qu'in extremis, dix ans après !, à l'été 1989, après la condamnation de Barbie en 1987, après l'arrestation de Touvier, en mai 1989. Alors que l'instruction était close et le renvoi du dossier devant la cour d'assises de Paris en passe d'être décidé, Jean Leguay mourra le 2 juillet 1989. Mais, fait totalement inhabituel, l'ordonnance déclarant l'action publique éteinte par suite du décès de l'inculpé se prononcera dans ses attendus sur sa *culpabilité* : « ... l'information a permis d'établir à l'encontre de Leguay Jean sa participation à des crimes contre l'humanité commis en juillet [*la rafle du Vel d'Hiv*], en août et septembre 1942 [37]. » Le réquisitoire définitif du procureur de la République près du Tribunal de grande instance de Paris, rendu le 26 juillet 1989, ne comporte pas moins de 33 pages détaillant les faits reprochés au décédé [38].

Le négationnisme

Dans son délire antisémite, Darquier avait nié l'existence des chambres à gaz d'Auschwitz. Quelques jours après son interview, *le Matin* publiait le bref extrait d'une lettre reçue le 1er novembre 1978, qui émettait le vœu suivant :

> J'espère que certains des propos que le journaliste Philippe Ganier Raymond vient de prêter à Louis Darquier de Pellepoix amèneront enfin le grand public à découvrir que les prétendus massacres en « chambres à gaz » et le prétendu « génocide » sont un seul et même mensonge.

Robert Faurisson choisissait bien son moment pour entrer en scène. Aperçu en janvier 1978, lors d'un colloque sur les Églises pendant la guerre, où il joue les trouble-fête, l'universitaire lyonnais était jusque-là porté par une rumeur aussi étrange que l'énormité de ses propos. Le grand public découvre à cette occasion le milieu interlope des « révisionnistes », un qualificatif qu'ils s'attribuent impunément : le révisionnisme de l'histoire étant une démarche classique chez les scientifiques, on préférera ici le barbarisme, moins élégant mais plus approprié, de « négationnisme », car il s'agit bien d'un système de pensée, d'une idéologie et non d'une démarche scientifique ou même simplement critique. C'est le début d'une épidémie culturelle, nourrie de mensonges, de faux-semblants, qui a profité de l'impact des médias, des réactions adverses inadéquates, et d'une sensibilité à fleur de peau de la mémoire juive.

En 1980, Noam Chomsky, linguiste de renom et violent adversaire de la politique américaine au Viêt-nam, apporte son soutien à Faurisson, sous prétexte de défendre «une liberté d'expression menacée [40]». Assigné devant un tribunal, Faurisson est néanmoins condamné le 8 juillet 1981 à payer le franc symbolique à neuf associations d'anciens déportés, ainsi qu'au MRAP et à la LICRA, qui s'étaient portés partie civile pour diffamation raciale. Sur le fond, la justice a refusé de prendre position, estimant que «les tribunaux n'ont ni qualité ni compétence pour juger l'Histoire», encore moins de «décider comment doit être représenté tel ou tel épisode de l'Histoire nationale ou mondiale». Ce jugement est confirmé le 26 avril 1983, la cour d'appel de Paris concluant que le travail de Faurisson «peut faire figure d'une réhabilitation globale des criminels de guerre nazis». Durant cette longue «persécution», Faurisson et ses adeptes ont bénéficié de l'aide d'une extrême droite trop contente de disposer d'«écrits scientifiques». Maurice Bardèche publie les textes du premier, en juin 1978, dans *Défense de l'Occident*, et c'est un jury fortement marqué à l'extrême droite et, par ailleurs, totalement incompétent sur le sujet, qui délivre à Henri Roques, ex-fondateur et secrétaire général de la Phalange française de Charles Luca, un titre éphémère de docteur d'université, à Nantes, en juin 1985, annulé un an plus tard.

Les négationnistes ont trouvé un soutien encore plus actif au sein d'une frange de l'«ultra-gauche», la Vieille Taupe de Pierre Guillaume, Jean-Gabriel Cohn-Bendit, Serge Thion et d'autres, devenue l'éditeur-diffuseur attitré de leurs écrits. Les motivations des premiers sont assez claires, dans la mesure où Faurisson et ses compères ne font que développer un mensonge inauguré par les nazis eux-mêmes, qui ont vainement tenté de dissimuler la réalité de la solution finale. Celles des seconds restent obscures. L'antistalinisme de ces marxistes intégristes, leur antisionisme et la dénonciation des valeurs occidentales sous le vocable générique d'«impéria-

lisme » les auraient, selon Alain Finkielkraut, conduits à refuser une évidence historique n'entrant pas dans leurs cadres
rétrécis de pensée [41].

Le négationnisme a déclenché de multiples débats, sur la
liberté d'expression, sur la nécessité de discuter et de réfuter
des thèses absurdes, sur le rôle des intellectuels et celui des
historiens en particulier, et bien sûr sur les formes les plus
pernicieuses de l'antisémitisme. Il n'entre que pour partie
dans l'histoire du syndrome en soulevant deux questions :
pourquoi un tel scandale à ce moment-là ? Pourquoi un tel
émoi à l'encontre de propos qui, sur un tout autre sujet,
n'auraient valu à leurs auteurs qu'une totale et cordiale indifférence ?

La négation du génocide n'est en rien un fait nouveau. Dès
1948, Paul Rassinier, un résistant socialiste déporté à Buchenwald et à Dora (des camps de concentration aux conditions
de vie atroces, mais qui n'étaient pas des camps d'extermination), s'était mis en tête de dénoncer les prétendus mensonges sur le système concentrationnaire nazi [42]. Exclu de la
SFIO en 1951, naviguant (comme plus tard Faurisson) entre
ses amitiés pacifistes et libertaires et le soutien d'antisémites
déclarés tels Henry Coston, directeur de la Librairie française,
il est plusieurs fois l'objet de poursuites. En octobre 1964,
accusé de néo-nazisme par suite de ses déclarations dans *Rivarol*, il intente un procès en diffamation à Bernard Lecache,
directeur de la LICA. Il le perd, se ridiculise et se déconsi-
dère définitivement [43]. Jamais pourtant Rassinier, malgré la
bizarrerie de son cas, n'a connu la « gloire » d'un Faurisson,
porté par les médias et crédité d'une réputation de « scientifique » sourcilleux. Et si le scandale a été de même nature,
il n'a pas eu la même ampleur que dans les années 1980, obli-
geant la justice à rendre un arrêt inhabituel sur l'écriture de
l'histoire, ou un secrétaire d'État aux Universités à entamer
des procédures administratives contre des professeurs. Par
ailleurs, outre Rassinier, nombreux sont les anciens collaborateurs qui, à mots plus ou moins couverts, ont colporté la
thèse de la non-culpabilité du nazisme à l'endroit du peuple
juif, et ce, dès la fin de la guerre. Enfin, Faurisson et ses adeptes ne sont que l'antenne hexagonale d'un réseau internatio-

nal, présent aussi bien aux États-Unis qu'en Allemagne, en général soutenu par des mouvements d'extrême droite, des groupements néo-nazis, des « antisionistes » du Proche-Orient : lors de l'« Affaire Gordji », il a été établi que l'ambassade d'Iran finançait les activités de la Vieille Taupe.

En France, il désarçonne dans un premier temps les historiens, qui hésitent entre les arguments d'autorité et la réponse scientifique circonstanciée. En février 1979, une pétition recueille les signatures de très nombreuses sommités du Collège de France, du CNRS, de l'EHESS, etc., pour la plupart spécialistes d'autres périodes que la Seconde Guerre mondiale, sous l'impulsion de Léon Poliakov et Pierre Vidal-Naquet. Tout en reconnaissant la liberté d'interpréter un phénomène comme le génocide hitlérien, elle se refuse à en discuter l'existence :

> Il ne faut pas se demander comment *techniquement* un tel meurtre de masse a eu lieu. Il a été possible techniquement parce qu'il a eu lieu. Tel est le point de départ obligé de toute enquête historique sur ce sujet. Cette vérité, il nous appartenait de la rappeler simplement : il n'y a pas, il ne peut y avoir de débat sur l'existence des chambres à gaz [44].

Sur le fond, elle rend compte du réflexe des historiens de refuser une discussion sur un fait d'autant plus acquis qu'il ne concerne pas un point de détail, mais au contraire l'événement le plus remarquable de l'histoire de la Seconde Guerre mondiale. Mais sur la forme, il semble faire de cet objet d'histoire parmi d'autres (même s'il reste sensible) un champ définitivement clos et balisé. Ce qui n'était pas le cas, puisque les colloques organisés plus tard par l'EHESS (réunissant nombre de signataires de pétition) puis l'IHTP, ont montré que le sujet était susceptible d'être approfondi et suscitait encore des divergences [45].

Ces hésitations peuvent choquer, pis, jeter un doute sur l'assurance des spécialistes en ce domaine. Elles s'expliquent pourtant de plusieurs façons. Les historiens n'ont pas mesuré immédiatement l'impact de tels propos dans l'opinion et beaucoup ont craint, à juste titre, de consolider la position des négationnistes en répondant publiquement. Pierre Vidal-Naquet l'a fort bien senti, étant parmi les premiers à saisir le risque de propagation :

> Du jour où Robert Faurisson, universitaire dûment habilité, enseignant dans une grande université, a pu s'exprimer dans *le Monde*, quitte à s'y voir immédiatement réfuté, la question cessait d'être marginale pour devenir centrale, et ceux qui n'avaient pas une connaissance directe des événements en question, les jeunes notamment, étaient en droit de demander si on voulait leur cacher quelque chose [46].

Ensuite, il est plus aisé d'éradiquer de la mémoire cinq à six millions de personnes (à quelques centaines de milliers près...), que de reconstituer les mécanismes complexes de la solution finale. D'autant, et c'est un point essentiel, que cette histoire avait déjà très largement été établie : il ne s'agissait donc pas de relever un prétendu défi scientifique, mais bien un défi idéologique et pédagogique, les historiens étant logés là à la même enseigne que d'autres, journalistes ou témoins. Les innombrables livres étaient à la disposition de tous. Encore fallait-il être capable de les *relire* en fonction du contexte. Cela étant, le phénomène négationniste a certainement accéléré la publication d'ouvrages en français sur la question, l'historiographie française étant très en retard sur l'historiographie américaine, allemande ou israélienne. L'analyse percutante et lumineuse de Philippe Burrin sur le rôle de Hitler dans la genèse du génocide (*Hitler et les Juifs*, Seuil, 1989) en est un exemple éclatant.

A ce stade, intervient une fois de plus l'effet médiatique. Dans une société encline à croire la moindre rumeur, où n'importe quel « carnet secret » opportunément révélé peut mettre (pour quelques jours) en faillite quarante ans d'historiographie, la démarche scientiste d'un Faurisson créait d'elle-même une actualité. Les journalistes n'en sont pas plus responsables que leurs lecteurs : on peut noter toutefois que les thèses de Faurisson et des négationnistes ont toujours reçu un écho plus large (même si c'était pour les condamner) que les imposants colloques et ouvrages scientifiques, que l'on redécouvrait toujours après coup.

Enfin, plus directement liée à la structure de la mémoire collective, la démarche négationniste a joué sur les failles d'un mode de représentation de l'histoire.

En premier lieu, elle a utilisé à son profit le révisionnisme de la période du miroir brisé. Le même bénéfice du doute et le même sentiment de vérité révélée qui ont permis de faire voler en éclats la gangue des années 1950-1960, et de donner une grande publicité au *Chagrin*, aux ouvrages (historiques ou non) publiés pendant la vague « rétro », à la série *Holocaust*, ont servi un Faurisson, même s'il proférait des mensonges. Là réside la perversité du discours négationniste : s'être engouffré dans cette relecture, cette *révision* de l'histoire des années quarante, entamée depuis une décennie. Dans un public jeune ou un public peu critique, la différence fondamentale entre une *réinterprétation*, fondée sur un apport supplémentaire de sources, confrontée en permanence à la contradiction, voire aux résistances de la société, mais qui n'a jamais remis en cause les faits établis avant elle, et la négation d'un fait massif, opéré au nom d'une logique purement mécanique des choses (« il est impossible que... »), n'est pas apparue tout de suite. Dans cette optique, qu'importe que Faurisson, Roques et consorts aient été des idéologues ? Après tout, une partie de l'histoire du XXe siècle (au hasard, celle de la période stalinienne...) n'a été écrite et réécrite que sous le signe des révisions déchirantes : comment faire la part des choses ?

Dites donc, braves gens ; ça va-t-il durer longtemps, ces clameurs drapées de dignité au sujet de la rencontre Chomsky-Faurisson ? Ça va-t-il durer longtemps ces arguments d'autorité qui discréditent Faurisson, ces affirmations péremptoires (...) ? Qui est-ce qui va avoir enfin le courage et la constance d'expliquer et donc de vulgariser — un beau mot pour une belle action — en quoi consiste la « méthode de l'Histoire » et pourquoi les millions

d'auditeurs et de lecteurs actuels qui n'ont été ni à Buchenwald, ni à Birkenau, ni à l'hôtel Lutétia en 1945 doivent
être sûrs qu'il y a eu des millions de victimes dans les camps
nazis ? D'expliquer pourquoi Faurisson est un menteur,
de l'expliquer posément et méthodiquement (...). J'ai
quarante-neuf ans ; j'ai été à l'hôtel Lutétia où arrivaient
les déportés (...). Ce n'est pas moi qu'il faut convaincre [47].

Mensonge ou pas, il fallait donc répondre, non par devoir,
mais par nécessité : Pierre Vidal-Naquet, Georges Wellers,
François Furet, Raymond Aron, le CDJC, l'IHTP et bien
d'autres l'ont bien senti [48]. Non pour légitimer les faurisson-
neries, mais pour lever un « secret » qui n'en était pas un et
considérer que l'opinion avait droit à des explications sérieu-
ses, même si elles pouvaient sembler superflues pour les spécialistes. Une fois les faits rétablis, aux autres de leur donner
la publicité adéquate.

En second lieu, le négationnisme a pris à contre-pied une
mémoire juive en pleine mutation. Car, « en parler », lever
les tabous (pas tous), rompre le silence, c'est précisément ce
que souhaitent à ce moment-là les rescapés, les témoins, les
associations, et une grande partie de la communauté juive.
Dans ce contexte, Faurisson et ses adeptes ont jeté sciemment
de l'huile sur un feu réactivé. A peine sorties des recoins per-
dus de la mémoire collective, voilà les victimes du génocide
menacées une seconde fois d'extermination, au moment précis
où la victoire contre l'oubli et le refoulement semblait acquise.
On comprend les réactions de panique, presque la peur du
vide, noyée de surcroît dans un débat à multiples ressorts.
On comprend mieux pourquoi Faurisson réussit là où Rassinier a échoué : c'était bien le moment ou jamais.

Les quatre affaires décrites ici sont donc étroitement liées :
l'interview de Darquier, le détonateur, a accéléré et drama-
tisé la diffusion d'*Holocaust*, entraîné l'inculpation effective
ou potentielle d'anciens responsables de Vichy et permis à
la modeste école négationniste française de sortir de son
ghetto. Elles se sont succédé avec une extrême rapidité, provoquant une agitation durable et aiguë, comme si la mémoire
collective était en proie à un brusque accès de fièvre. D'où

le sentiment d'être en présence d'une phase obsessionnelle, dont le symptôme majeur, outre la violence des crises, se manifeste par la répétition.

Chacune de ces affaires, avec son lot de révélations, de polémiques, de dossiers historiques dans la presse, de livres ou de témoignages, semble à chaque fois ne combler qu'imparfaitement une attente, un désir. Leur déroulement est en ce sens significatif : un événement limité au départ, amplifié par les médias (ce qui est déjà un signe, mais non déterminant) et une série de relais qui permettent de maintenir l'actualité du scandale et favorisent son installation dans le présent. Loin d'être une simple querelle d'«anciens combattants», chacun de ces scandales devient un événement en soi, parfois au risque de masquer le contenu historique ou la dimension mémoriale qu'il révèle, car interférant avec d'autres débats (la liberté d'expression de la presse ou celle des intellectuels, la nature du discours universitaire, etc.). Autrement dit, coexistent encore une fois une « offre » et une « demande ». Si, à l'origine, le rôle de quelques individus ou associations est déterminant (Ganier Raymond et *l'Express,* le couple Klarsfeld, Marek Halter…) dans la révélation d'un scandale potentiel, celui-ci ne peut s'épanouir que parce que ce message rencontre un écho, un récepteur sensible : on ne peut comprendre ni la récurrence ni la violence de ces affaires sans tenir compte de cette attente de l'opinion. La mode « rétro » en avait effleuré la surface, l'effet Darquier la montre dans toute sa profondeur. Il n'est donc pas étonnant que ces affaires aient toutes des points communs.

Antisémitisme et « banalisation »

D'abord, elles traduisent la continuité de l'antisémitisme d'hier et celui d'aujourd'hui : de Darquier à Faurisson, un même thème, le «complot juif», justifie dans un cas la déportation, dans l'autre permet de la nier. Elles sont cependant un signe de l'érosion du temps. Dans un monde hanté par la torture, la dictature, ou, plus proche de nous, le racisme quotidien, et pour des générations qui assistent, parfois en direct, aux pires exactions ici ou là sur la planète, l'antisémitisme des années de guerre n'a plus qu'une dimension relative, le statut d'une horreur, d'un « génocide » parmi d'autres. C'est la « banalisation », tant de fois dénoncée par les témoins et survivants.

Le terme recouvre pourtant des phénomènes très divers. La « banalisation », c'est d'abord le fait d'enlever à la « Shoah » sa spécificité, de la confondre avec d'autres massacres, ce qui n'a pas de sens historique, toute morale et idéologie mises à part. Et l'on a raison de dénoncer l'effet pernicieux d'amalgames anachroniques. La « banalisation », c'est aussi la familiarité, la présence récurrente du souvenir dans l'actualité : contrairement à l'opinion légitime de certains témoins ou associations, on en parle, parfois trop, souvent mal, mais toujours avec le risque inhérent de lasser. De ce point de vue, malgré l'ignorance tenace, le sujet n'a plus rien d'une découverte, d'où l'intérêt malsain à l'égard des négationnistes. La « banalisation », c'est encore une forme indispensable d'historisation : devenue un objet d'histoire qui ne mérite, en tant que tel, aucun traitement particulier, si ce n'est la rigueur scientifique applicable à tout domaine, la solution finale perd forcément son statut d'expérience unique et, disons le mot, sacrée. La « banalisation » est enfin une étape indispensable si l'on souhaite donner au génocide un caractère d'exemplarité : il est difficile de se référer à l'antisémitisme nazi afin de dénoncer les nouvelles formes de racisme, si l'on persiste à insister exclusivement sur sa singularité.

Le rôle de Vichy

Cette série de scandales permet en second lieu de mesurer le chemin parcouru depuis les années 1960. La responsabilité de Vichy dans le génocide des juifs non seulement ne fait plus figure de révélation mais apparaît comme un fait acquis, que lui donne de surcroît l'aval de la loi. Elle ne provoque plus en elle-même de scandale : celui ne surgit désormais que de la personnalité des inculpés, fasciste en cavale protégé par l'épiscopat comme Touvier ou ancien ministre comme Papon. Encore faut-il tempérer cette affirmation en attendant les séquelles éventuelles d'un procès Touvier, c'est-à-dire d'un renvoi de Vichy aux assises, un demi-siècle après la chute du régime.

L'évolution est de taille, à partir de 1979, pour voir un juge prononcer une série d'inculpations en chaîne, avec plus ou moins de suivi : huit ans plus tôt, la simple évocation, dans un film, de l'antisémitisme français de l'époque, présenté de surcroît comme une donnée de l'occupation allemande et donc comme une fatalité et non le résultat d'une politique française volontariste, avait soulevé une tempête de protestations.

Cette évolution marque d'ailleurs une étape importante dans les représentations historiographiques du régime (voir chapitre 6). D'un côté, le mythe d'un « bon » et d'un « mauvais » Vichy s'est écroulé. Il est difficile depuis lors de se revendiquer de l'héritage pétainiste sans avoir à assumer *ipso facto*, et la politique de collaboration, et l'antisémitisme de Vichy. Cela n'empêche certes pas de voir des résurgences politiques de la Révolution nationale, notamment au sein du Front national, mais cela évite désormais les faux-semblants ou les lectures borgnes du régime de Vichy. Alors même que l'historiographie est entrée dans les années 1980 dans une phase plus sereine et objective, quitte à réévaluer dans certains cas la politique de Vichy en ne l'accablant pas de crimes qu'il n'a pas commis, cet écueil incontournable a pour l'instant empêché de voir éclore une histoire « négationniste » ou « révisionniste » de Vichy, que les fidèles de Pétain ont toujours plus ou moins espérée.

D'un autre côté cependant, la notion de « crimes contre l'humanité » a mis systématiquement en avant l'aspect antisémite de la politique de Vichy, alors qu'il n'était pas central dans la thématique de la Révolution nationale. Celle-ci reposait certes sur l'exclusion mais n'a jamais construit sa vision du monde autour de la haine du juif, à l'instar du nazisme. L'affaire Touvier est à cet égard typique. Pour juger Touvier cinquante ans après, il faut mettre en évidence ses « crimes contre l'humanité », notamment ses exactions contre les juifs. C'est dans le même temps, quelles que soient ses responsabilités personnelles, oublier que le rôle de la Milice de l'État français était *avant tout* de lutter contre la Résistance, un aspect devenu artificiellement second par l'effet de la loi. A cet égard, la notion « élargie » du crime contre l'humanité, telle que définie par la Cour de cassation par son arrêt du 20 décembre 1985 (voir chapitre 5) dans le cadre de l'instruction contre Barbie, a sans doute permis de faire avancer le dossier Touvier.

La justice

L'intervention de la justice est un troisième point commun et une autre innovation. A côté du témoin de l'événement passé, de l'homme politique qui en fait usage, du cinéaste qui le met en images et de l'historien qui le décortique, entrent en scène le juge et l'avocat. Cette intrusion de la justice, qui devient quasi systématique (Touvier, Leguay, Faurisson, Papon, Barbie, sans oublier les innombrables et traditionnelles poursuites en diffamation), marque un changement important dans la formation d'une mémoire collective. L'amnistie de 1951-1953 avait signifié le pardon de la communauté nationale, ouvrant la voie, malgré ses défenseurs, à une longue phase d'oubli, seulement ponctuée de quelques procès tardifs et, à de très rares exceptions près, sans grandes conséquences. L'application à Jean Leguay, en 1979, d'une décision prise quinze ans plus tôt, l'imprescriptibilité des crimes contre l'humanité, inaugure un processus diamétralement inverse. Elle cristallise les réminiscences, leur donne l'aval symbolique de la loi et justifie leur actualité. L'exercice d'une justice sans prescription abolit le temps. Tout comme le fait la mémoire. Avec cette différence essentielle : par définition, la mémoire est sélective, infidèle et versatile. Pas la justice.

Car cette évolution, pour être une victoire contre le refoulement, n'en a pas moins entraîné des effets incontrôlés. Certains juges se sont vus obligés de dire et de faire l'histoire en lieu et place des historiens, un rôle qui ne leur convient guère comme en témoignent les attendus du cas Faurisson et les dossiers Barbie et Touvier. Dans les prétoires, la mémoire des témoins s'est avérée insuffisante pour tenir lieu de charge ou de décharge, les historiens ont respecté une saine prudence, tandis que les instructions nécessitaient une masse énorme de documents, souvent difficiles à manipuler. C'est une chose d'écrire l'histoire (voir ce qui précède sur Touvier), c'en est une autre de juger un individu dans les règles du droit [49]. Autrement dit, prenant le relais d'interprétations souvent conditionnelles, la justice n'a fait qu'accroître involontairement les tensions entre mémoire, histoire et vérité. En 1986, des quatre inculpés (ou recherchés) pour crimes contre l'humanité (Leguay, Touvier, Papon et Barbie), aucun n'avait été jugé, alors que, pour certains, l'instruction durait depuis huit ans. Depuis, l'Allemand Barbie a été jugé et condamné et le Français Touvier, en passe de l'être. Mais il aura fallu beaucoup de temps pour lever les nombreuses réticences et difficultés.

Comment en parler?

En définitive, tous ces scandales ont soulevé une seule et même question, celle de la transmission du passé : « faut-il en parler ? », « comment en parler ? », « pourquoi en avoir parlé ? », un triptyque en forme d'histoire juive. De tout ce qui précède, on pourrait conclure que le débat a opposé des adversaires bien ciblés : les antisémites d'hier ou d'aujourd'hui, les censeurs ou les frileux, qu'effraie toute évocation d'un passé malodorant, les anciennes victimes et ceux qui, par vocation, refusent l'amnésie collective. Pourtant, le déroulement de ces scandales montre que le hiatus porte le plus souvent sur la façon d'en parler (comment répondre à Faurisson), sur la forme du récit (une série télévisée ou un débat académique), sur les modes d'intervention (l'utilisation de la loi). D'où les divergences, tant sur la nécessité de publier l'interview de Darquier que sur celle de projeter un film sur la solution finale. La volonté de dire, surtout face à la négation, et la volonté de taire, face au risque d'en parler « mal », témoignent d'une ambivalence, en particulier chez les survivants, véhicules privilégiés de la mémoire du génocide. La peur de l'amnésie n'a d'égale que l'intime conviction d'une impossibilité définitive : celle de transmettre l'expérience indicible. Après avoir réclamé la parole, obligée de la prendre

précipitamment pour n'avoir prévu ni un Faurisson en vedette
ni cet enchaînement de scandales — diabolique parce que
obéissant à sa logique propre —, cette mémoire, en apparence
soudée par l'expérience commune de l'horreur, se découvre
multiforme, voire divisée. Alain Finkielkraut, dans son
remarquable essai sur l'affaire Faurisson, a bien mis en
lumière ce phénomène :

> Jamais nous ne saurons : il y a dans cette expérience-là
> quelque chose d'intransmissible, une part nocturne, qui
> nourrit indéfiniment la volonté de savoir, mais qui doit
> être protégée contre la croyance toujours arrogante, tou-
> jours mystifiée, que la lumière est faite et que plus rien
> n'est incommunicable. Aussi prolifique, aussi détaillée
> soit-elle, la parole des déportés est comme enveloppée de
> silence (…). La Mémoire veut tout ensemble connaître le
> génocide et le reconnaître inconnu ; en garantir la présence
> contre l'oubli, et la distance contre les discours réducteurs ;
> actualiser l'événement tout en le maintenant hors de notre
> prise ; l'accueillir sans l'assimiler : en cela, sans doute,
> cette faculté peut être dite religieuse. Le contraire même
> de l'obscurantisme [50].

Ainsi, à la tension opposant le désir de souvenir et la tendance au refoulement, se substitue une contradiction seconde,
au moins pour une frange directement concernée de l'opinion : celle de parler, d'agiter, de brandir, de porter plainte,
contre celle de taire, consciemment, pour préserver l'authenticité du souvenir. Certes, cette tension plus intime, plus directement individuelle, est ancienne : « La volonté de témoigner
ressentie pendant la détention (ou la déportation) n'a produit qu'un nombre relativement restreint de témoignages »,
notent Nathalie Heinich et Michael Pollak [51]. Mais elle
prend des allures de crise pendant ces quelques années parce
que la mémoire du génocide est tout à la fois d'actualité et
menacée de négation radicale. On touche là, sans doute, les
limites extrêmes de la formation d'une mémoire « collective ».

Dans tous les exemples de scandales décrits jusqu'ici, la
mémoire juive pouvait, très grossièrement, faire figure de vic-

time face à des agressions extérieures. Mais si sa sensibilité a été dans ces années-là particulièrement vive, c'est aussi à cause de débats internes, touchant au souvenir du génocide et à l'attitude de certains juifs pendant l'Occupation. Les premières polémiques ont débuté en 1966, juste un an avant les déchirements de 1967.

En 1966, un jeune écrivain d'origine juive, Jean-François Steiner, publie un ouvrage sur l'histoire du camp d'extermination de Treblinka, en particulier de la révolte qui éclata en août 1943, un événement assez rare. Obsédé par le passé, il tente d'exorciser une question lancinante : « Pourquoi les juifs se sont-ils laissé mener à l'abattoir comme des moutons ? », une interrogation que formule très directement Simone de Beauvoir dans une préface qui condense en la nuançant la pensée de l'auteur. Si elle récuse toute idée de « passivité », expliquant que les futures victimes du génocide étaient des civils pacifiques — comme la plupart des Européens des pays occupés par le Reich — que rien ne prédisposait à la révolte armée, elle n'en opère pas moins des distinctions brutales : « La collusion avec les Allemands des notables juifs constituant les *Judenräte* est un fait connu qui se comprend aisément ; en tout temps et tout pays — à de rares exceptions près — les notables collaborent avec les vainqueurs : affaire de classe [52]. »

Steiner a soulevé volontairement ou non en réalité deux problèmes occultés, ou mal connus : l'existence et l'étendue des résistances proprement juives, le rôle des « conseils juifs » dans les ghettos comme courroies de transmission des directives nazies. Mais son ouvrage manque et de rigueur et des précautions d'usage en ces domaines si brûlants. Très vite, il est récupéré par une extrême droite antisémite. En mai, *Rivarol* exulte à l'idée de « juifs collaborateurs », comme le signale le MRAP [53]. Pis encore, l'auteur accorde à *Candide* un entretien exclusif, publié dans un numéro spécial (distribué séparément et gratuitement), dans lequel il déclare :

> *J.-F. Steiner :* ...La façon qu'on avait de nous présenter les choses (...) ça avait un côté un peu sommaire, un peu primaire : hou ! les vilains bourreaux — c'étaient tou-

jours les vilains bourreaux —, les Allemands étaient des
salauds, des sadiques, et les juifs des pauvres victimes, des
innocents bafoués, des martyrs. Il y a tout un langage qui
a été créé, des adjectifs qui sont réservés à ça...

Candide : Vous n'avez tout de même pas écrit ce livre
pour réhabiliter les bourreaux, pour montrer que les Allemands n'étaient pas ces monstres que l'on dit et les juifs
ces martyrs que l'on pleure ?

J.-F. Steiner : Évidemment non. Si j'ai écrit ce livre c'est
parce que, plus que l'indignation, l'émotion qu'on voulait m'enseigner, je ressentais la honte d'être l'un des fils
de ce peuple dont, au bout du compte, six millions de
membres se sont laissé mener à l'abattoir comme des
moutons [54].

On conçoit aisément l'émotion que soulèvent ces paroles
(plus encore que le livre). Léon Poliakov l'accuse de redonner vie à de vieux thèmes antisémites, comme celui de la
« lâcheté juive ». Il se demande si le livre de Steiner, comme
d'autre livres à scandale (tels *le Vicaire* ou *le Dernier des justes*), n'exprime pas « le besoin de diversion ou même d'une
"projection" face à l'atroce vérité de l'Holocauste [55] » ? A
son initiative et celle d'Henri Bulawko et de Vladimir Jan-
kélévitch, se constitue un Comité de vigilance pour le respect
de la déportation et de la Résistance [56]. Ces réactions sont
d'autant plus paradoxales que l'ouvrage de Steiner obtient,
la même année... le grand prix de la Résistance ! Mais le paradoxe n'est qu'apparent. Si les résistants saluent une œuvre
qui parle d'*une* forme de résistance, les représentants de la
communauté juive refusent l'idée de « victime consentante »,
et surtout se sentent embarrassés et divisés sur l'idée d'une
« résistance juive », voire d'une « collaboration juive ».

Deux raisons peuvent en définitive expliquer le scandale.
En premier lieu, il est un écho du procès Eichmann qui s'est
déroulé quatre ans plus tôt en Israël. Car l'angoissante question de la « passivité » a été d'abord posée par les jeunes Israéliens, nourris d'une toute nouvelle tradition militaire, et
découvrant, incrédules, à travers le fonctionnaire Eichmann,
l'incroyable machinerie nazie. C'est aussi lors de ce procès
qu'a été remis en lumière le rôle des *Judenräte* : Simone de

Beauvoir n'a fait que reprendre, terme à terme, les phrases d'Hannah Arendt, dont l'ouvrage sur le procès Eichmann vient précisément d'être traduit cette année-là en France et sortira à la fin de l'année :

> Partout où il y avait des juifs, il y avait des responsables juifs, reconnus comme tels, et ces responsables, à de très rares exceptions près, collaborèrent, d'une façon ou d'une autre, pour une raison ou une autre, avec les nazis [57].

En second lieu, Steiner n'a fait que raviver un débat traditionnel sur la *spécificité* de l'histoire du peuple juif, encore plus complexe pendant la Seconde Guerre mondiale. En effet, d'un côté, il est difficile de nier que les nazis s'en sont pris aux juifs de manière *spécifique,* les considérant donc comme des (sous-) êtres à part, et de l'autre, il est malaisé de considérer que tant les résistances des juifs que les formes de coopération ont pris un caractère spécifiquement « juif ». A titre d'exemple, l'Union générale des israélites de France (UGIF), créée en 1941, doit autant à la configuration particulière de la communauté juive en France (et peut donc s'assimiler à une sorte de *Judenrat*), qu'à la situation particulière du régime de Vichy, gouvernement national et légal pratiquant l'antisémitisme d'État.

Or, c'est précisément au sujet de l'UGIF que la polémique est rouverte en 1980, en plein effet Darquier, avec la publication d'une enquête de Maurice Rajsfus (lui aussi fils de parents juifs déportés en 1942) aux allures de pamphlet : *Des Juifs dans la Collaboration. L'UGIF, 1941-1944* [58]. Préfacé par Pierre Vidal-Naquet qui, comme naguère à propos du livre de Steiner, salue le courage de l'auteur pour s'être attaqué (non sans maladresses, comme Steiner) à un sujet tabou, l'ouvrage déclenche de nouveau une polémique. On tente de le réduire à un brûlot idéologique, l'éditeur étant connu pour être le diffuseur des thèses trotskistes (Annie Kriegel, dans une étude consacrée à l'aide apportée par l'ultragauche aux faurissoniens, ira même jusqu'à prétendre que Rajsfus n'est qu'un pseudonyme utilisé par la maison d'édition, où elle a d'ailleurs été publiée[59]). Un membre du Conseil du consistoire central dénonce, lui, un « livre de division » : « Après les tentatives de séparations entre ashkénazes et sépharades, voici les tentatives de division entre la communauté et ses dirigeants. » Fait significatif, il reprend au sujet de l'UGIF l'argument du bouclier qui rappelle le bouclier pétainiste et en appelle à l'unité, face aux agressions antisémites qui ont cours au même moment[60].

Quelques années plus tard, en 1985, la « nouvelle affaire Manouchian », va, elle, rouvrir l'autre débat lancé par *Treblinka,* celui (toujours en cours) sur la notion de résistance juive[61].

Ces rappels étaient nécessaires pour montrer qu'en parallèle aux affaires liées directement au syndrome et qui affectent l'ensemble de la communauté juive, d'autres scandales, plus internes, ont secoué cet ensemble pour le moins hétérogène. Ce n'est pas simplement la manière dont *les autres* parlaient du génocide ou de l'Occupation qui a fait problème, mais aussi la façon dont les juifs eux-mêmes pouvaient exprimer une réalité historique complexe qui ne peut se limiter à l'« indicible » horreur.

Le soir du vendredi 3 octobre 1980, comme pour ponctuer la série de scandales de l'effet Darquier, une bombe explose devant la synagogue de la rue Copernic, à Paris. Elle tue quatre personnes et en blesse une vingtaine d'autres. Cet attentat, resté impuni et mystérieux pour la police française, avait été précédé d'une série d'exactions contre d'autres synagogues et des cimetières juifs. Un obscur mouvement néo-nazi, la Fédération nationale d'action européenne (FANE), avait été soupçonné et dissous le 3 septembre. Après l'attentat, son chef, Mark Fredriksen, sera d'ailleurs inculpé et, plus tard, condamné pour « écrits racistes ».

« Copernic » n'est en rien une manifestation du syndrome : l'événement s'inscrit dans une histoire du terrorisme antijuif et antisioniste de la fin du XXe siècle. Mais les premières réactions qu'il déclenche donnent la mesure de ce qui se passe dans les esprits à ce moment-là. La majorité de droite au pouvoir semble un moment prise de court. Le Premier ministre

Raymond Barre, interrogé à chaud (mais qui a eu le temps de préparer sa déclaration) déplore « cet attentat odieux qui voulait frapper les israélites qui se rendaient à la synagogue, et qui a frappé des Français innocents qui traversaient la rue[62] ». Seule Simone Veil se rend sur les lieux le samedi matin. Le président Giscard d'Estaing, à part un bref communiqué, passe le week-end à la chasse. Quant à Christian Bonnet, ministre de l'Intérieur, et alors que des soupçons pèsent sur la police après la découverte de quelques fonctionnaires affiliés à la FANE, il réagit, le soir, lui aussi à TF1, « comme pourrait réagir un jeune israélite ». Le pouvoir de l'époque semble impuissant à comprendre cette manifestation meurtrière d'antisémitisme (la première qui ait cherché à tuer ouvertement et aveuglément des juifs en France depuis 1944). La peur d'être soupçonné — même imperceptiblement — d'antisémitisme, alors que la majorité manifeste une indulgence tactique à l'égard de l'extrême droite, explique sans doute les maladresses, embarras et autres « lapsus ».

A l'opposé, les mouvements juifs, les partis de gauche, les syndicats expriment massivement leur colère. Dans les jours qui suivent, toutes les manifestations dénoncent la renaissance du mal absolu : le fascisme. Rarement le « combat antifasciste », depuis la guerre d'Algérie, aura mobilisé tant de monde dans les rues. Est-ce pourtant le véritable ennemi ? Il est remarquable que, dans cet attentat, la communauté juive n'ait pas dirigé ses foudres contre les mouvements palestiniens, et singulièrement, l'Organisation de libération de la Palestine, qui possède depuis quelques années un bureau en France. Ils étaient pourtant, de manière traditionnelle, les responsables désignés (à tort ou à raison).

Certes, les semaines précédentes, une série d'attentats spectaculaires qui suivaient une renaissance du « terrorisme noir » depuis 1977, avaient révélé un néo-nazisme français actif. Mais certains commentateurs, enclins à voir la main de l'OLP partout, sont restés pour une fois étrangement indulgents à son égard. Pourtant... Dès le 18 octobre, quinze jours après les faits, *l'Express* signale une piste « pro-arabe » sans provoquer d'émoi particulier. Quatre ans plus tard, les services secrets israéliens identifieront les auteurs de l'attentat : un groupe dissident du FPLP de George Habbache [63].

Qu'importe, et comment le savoir à l'époque ? Et surtout, pourquoi la communauté juive et la gauche auraient-elles cherché dans cette direction ? Dans la logique des mentalités françaises de 1980, les responsables ne pouvaient être que des « fascistes », des héritiers du nazisme, des revenants. D'où l'ampleur des manifestations contre cet ennemi incontestable et unanimement accepté, d'où les bredouillis du pouvoir, lui aussi enserré dans cette logique. En ce sens, Copernic est une sorte de paroxysme dans l'enchaînement diabolique des années 1978-1981. On retrouve là ce même désir de souvenir et de mise en scène du passé, qui s'est exprimé cette fois sous la forme d'un fantasme plus ou moins alimenté de faits objectifs.

5

L'obsession (après 1974)

II. Le milieu politique

« *Vous avez dit Vichy ?* »

L'obsession des années 1970-1980 est également une conséquence des changements du paysage politique français. La fin, à droite, d'une domination presque sans partage du gaullisme, que consacre en 1974 l'élection de Valéry Giscard d'Estaing, la réunification temporaire (mais décisive) de la gauche puis son accession au pouvoir en 1981, et enfin la montée progressive de divers courants d'extrême droite ont réactivé le débat idéologique. La situation économique critique, les tensions internationales ont créé en outre un contexte favorable.

Toutes les familles politiques ont ainsi produit leur lot d'anathèmes, dont une bonne part puisaient aux sources de l'imagerie des années quarante.

Mais l'éloignement de l'Occupation, l'entrée en scène de nouvelles générations d'hommes politiques ont accru le caractère en apparence anarchique des références au passé, soulevant plusieurs interrogations : pourquoi une telle actualité — il ne s'est pratiquement pas passé une année depuis quinze ans sans que l'on assiste à des polémiques de cet ordre ? Pourquoi les années 1940 — cette époque arrive de loin en tête de toutes les réminiscences véhiculées par la classe politique ? Par quel biais se sont-elles exprimées et qui les utilise plus volontiers ?

Devant l'abondance de la matière, il n'est pas question ici de recenser toutes les petites phrases et autres polémiques qui secouent perpétuellement le « microcosme ». On trouvera dans la chronologie, en annexe, un recensement qui se veut aussi complet que possible, sinon exhaustif. De même, il aurait été séduisant de sérier les affaires par genres, sans tenir compte du contexte. Mais l'histoire du syndrome, si elle possède sa logique propre, n'en est pas moins tributaire avant tout de l'évolution générale des mentalités françaises. Il était donc plus juste d'aborder cette partie, comme les autres, sous l'angle chronologique. Seule l'extrême droite fait l'objet, au paragraphe suivant, d'une analyse spécifique.

Le « giscardo-vichysme »

Contemporain de la vague rétro, le septennat de Valéry Giscard d'Estaing en a subi les contrecoups. Certains l'ont touché personnellement (comme presque tous les dirigeants d'envergure nationale), d'autres ont visé sa politique, voire son image de marque, son « look ».

Né en 1926, Giscard d'Estaing avait à peine vingt ans à la fin de la guerre. Dans un premier temps, ce n'est donc pas lui qui est directement mis en cause, mais son ascendance. On sait que son père Edmond et son oncle René furent tous deux des proches du maréchal Pétain et reçurent l'encombrante francisque, tandis que son grand-père, Jacques Bardoux, une figure de la IIIe République, fut un membre du Conseil national de Vichy. En outre, élu du Puy-de-Dôme depuis janvier 1956, sur le siège occupé par son grand-père, le futur président a bénéficié de l'appui solide d'anciens pétainistes locaux, tel Georges Lamirand, maire de La Bourboule et ancien secrétaire d'État à la Jeunesse des premiers gouvernements de Vichy. Rien de très sulfureux, somme toute, les Indépendants et Paysans recrutant au sein du maréchalisme local.

Mais, hasard de l'histoire, c'est précisément cette région qui est mise en exergue par *le Chagrin et la Pitié*. Lamirand y fait des apparitions remarquées et, surtout, Pierre Mendès France révèle qu'un Giscard d'Estaing aurait promis à son avocat, Me Rochat, d'intercéder en sa faveur auprès du Maréchal, pour le faire libérer de prison, sans avoir jamais donné de suite [1]. L'allusion n'était pas d'une totale innocence politique et a donné de l'ampleur à cette filiation, qui sera par la suite déformée, tant est naturel l'amalgame entre maréchaliste, pétainiste et collaborateur, entre ceux qui ont adhéré à la personne de Pétain, ceux qui ont souscrit aux idées de la Révolution nationale ou (ce n'est pas exclusif) approuvé l'entente avec le Reich.

Si Giscard d'Estaing n'est en rien responsable des idées de ses ascendants, il a contribué en revanche à susciter des interrogations en se forgeant une identité résistante. Son biographe, Olivier Todd, le dit sans ambages : « Giscard résistant, c'est un sujet délicat[2]. » Délicat, mais peut-être pas mystérieux. Giscard a en effet laissé entendre à plusieurs reprises (notamment en 1975) qu'il faisait partie du mouvement Défense de la France, dirigé par Philippe Viannay, et qu'il aurait été chargé de distribuer le journal (l'un des plus importants de la presse clandestine) parmi les élèves du lycée Louis-le-Grand, à Paris. Il est tout aussi vrai que Marie Granet, l'historienne de ce mouvement, a recensé son nom dans les « témoignages utilisés » dans son ouvrage, bien que le nom de Giscard d'Estaing ne figure pas ailleurs dans le livre, et ne semble pas lui avoir été d'une aide déterminante[3]. *Le Canard enchaîné,* particulièrement acharné, a même prétendu que ce « témoignage » avait été sollicité par l'impétrant[4], comme si la qualité de témoin suffisait pour revendiquer celle de résistant. En outre, en 1974-1975, l'archiviste du mouvement, Génia Gemahling, chargée de la liquidation administrative, a adressé à plusieurs reprises des demandes sur la nature de ses contacts et des actions qu'aurait entreprises Giscard d'Estaing, lettres restées sans réponses. En fait, il semble que celui-ci ait obtenu une attestation non officielle, accordée un peu distraitement, afin de pouvoir bénéficier des avantages octroyés aux étudiants résistants dans la poursuite de leurs études, ou encore pour étoffer le dossier de son père quelque peu compromis avec Vichy[5]. Seul fait incontestable, Giscard d'Estaing s'est engagé dans la 1re armée française en décembre 1944 et a participé, au sein d'une unité de chars, à des combats en Allemagne.

En définitive, peu importe (ici) la réalité de l'engagement et les libertés prises avec l'histoire : Giscard d'Estaing n'a été ni le premier ni le seul à revendiquer avec plus ou moins de légitimité une affiliation avec la Résistance : en mars 1977, Françoise Giroud aussi se trouve empêtrée dans une affaire de vraie-fausse médaille de la Résistance. En revanche, le flou qui entoure cet engagement, doublé de l'inévitable utilisation politique, a contribué à jeter le doute, dont les effets ont été plus pernicieux que si Giscard d'Estaing n'avait fait qu'assumer l'héritage indirect du maréchalisme familial. Surtout dans le contexte du miroir brisé et de l'effet Ophuls.

Les choses seraient restées en l'état, si le président de la République n'avait, comme son prédécesseur, multiplié les gestes ambigus à l'encontre de la mémoire résistante. En 1975, il décide d'enlever au 8 mai son caractère de jour férié et de fête nationale, renforçant le déclin de cette commémoration, entamé depuis 1969 (voir chapitre 6) : dans une phase de réminiscence aiguë, les Français, et singulièrement certaines mémoires partisanes, étaient-ils prêts à accepter un oubli officiel, sous prétexte de construction européenne? C'est sans doute son erreur (analogue à celle de Pompidou, dans l'affaire Touvier) que d'avoir mésestimé la réactivation du passé à ce moment-là, ou, au contraire, d'avoir surestimé son pouvoir de résorber les séquelles par décret.

Autre geste mal compris, le 11 novembre 1978, pour le cinquantenaire de l'armistice, le préfet de Vendée va, sur ordre, fleurir la tombe du maréchal Pétain à l'île d'Yeu. Dix ans avant, le général de Gaulle en avait fait autant, tout comme le fera, après lui, le président Mitterrand, le 22 septembre 1984, jour de la poignée de main avec le chancelier Helmut Kohl. On a vu plus haut les rapports complexes que le général de Gaulle entretenait avec la mémoire de Pétain. Quant à François Mitterrand — quels que soient ses sentiments personnels à l'égard de Pétain —, il lui était difficile d'affirmer la réconciliation définitive avec l'ennemi héréditaire d'hier, sans entreprendre un geste analogue en faveur de celui qui fut leur allié objectif entre 1940 et 1944. D'autant plus que, dans ces circonstances, c'est toujours le militaire de la Grande Guerre qu'on honore, pas l'homme du 17 juin.

La gerbe de Giscard d'Estaing, elle, ne passe pas inaperçue. *Le Monde,* perfidement, accorde autant de place à la cérémonie de l'île d'Yeu qu'au discours du président, tandis que Jean Planchais commente, au beau milieu de la page consacrée au 11 novembre, un article d'Alain de Benoist sur le « culte européen des héros », sans lien apparent avec l'événement[6]. A trois reprises, le 5 et le 15 décembre 1978, puis le 2 février 1979, des députés de l'opposition interpellent le gouvernement qui réplique invariablement qu'il a tenu « à rendre officiellement un hommage à tous les maréchaux de France des guerres 1914-1918 et 1939-1945[7] ». L'amalgame entre les deux guerres s'est fait d'ailleurs dans les deux sens : à Rethondes, le président de la République a affirmé, deux semaines après la publication de l'interview de Darquier, sa volonté de « tenir la France à l'abri de cette véritable perversion de l'esprit que constituent toutes les formes de racisme, brutales ou détournées[8] ». Une attitude en somme paradoxale : assimiler Pétain aux « maréchaux des deux guerres » revenait à ôter à la seconde sa spécificité, en particulier son versant de guerre fratricide, ce que tous les gouvernements ont cherché à faire depuis 1945 dans les commémorations ; mais parler du racisme en célébrant la première, un anachronisme historique total, revenait à reconnaître implicitement que c'est le souvenir de la seconde qui soulevait le plus de questions brûlantes.

Pis encore, le développement de la « nouvelle droite » et le climat « fin de règne » des dernières années du septennat font surgir, souvent injustement, l'épouvantail des années quarante. Philippe de Saint-Robert parle du giscardisme comme d'un « fascisme à visage libéral[9] ». Jean Bothorel en fait un avatar de la « synarchie » technocratique de Vichy, dévoilée précisément quelques années plus tôt par l'historien américain Robert Paxton. La comparaison sera maintes fois reprise. Le plus étonnant est qu'elle procède du même processus qui a vu, sous l'Occupation, germer l'imaginaire complot « synarque » : il suffit qu'un clan au pouvoir donne l'impression de l'utiliser à son seul profit et projette l'image d'une « élite technicienne » pour que certains éprouvent le besoin de recourir à la thèse d'un « complot[10] ».

Cependant, l'allusion la plus grave va venir de Jacques Chirac. De l'hôpital Cochin (à défaut de BBC), l'ancien Premier ministre lance, le 6 décembre 1978, un « appel », mettant en cause la politique pro-européenne du président, sur le financement comme sur l'élargissement de la Communauté :

> Il est des heures graves de l'histoire d'un peuple (...). Les votes de 81 représentants français seront bien peu à l'encontre des 389 représentants de pays eux-mêmes excessivement sensibles aux pressions d'outre-Atlantique (...). On prépare l'inféodation de la France, on consent à l'idée de son asservissement (...). Comme toujours quand il s'agit de l'abaissement de la France, le parti de l'étranger est à l'œuvre avec sa voix paisible et rassurante [11]...

Et pour ceux qui n'auraient pas compris l'allusion, Jacques Chirac précise qu'il veut parler du « parti de la renonciation nationale », œuvrant à droite comme à gauche « au profit des intérêts germano-américains [12] ». De son côté, Yves Guéna n'hésite pas à développer la métaphore :

> On l'a vu par exemple en 1940. Il y eut un « parti de l'étranger » dans tous les partis. A droite, bien sûr, avec Maurras ; au sein du parti radical avec les « Munichois », au sein du parti socialiste avec les socialistes qui firent partie du gouvernement de Pétain, au parti communiste avec Doriot [13].

Enfin, le député parisien Pierre Bas, encore plus érudit, évoque non pas Vichy mais... la contre-révolution, « l'armée des princes (...), ceux de Coblence ou de 1815, toujours présents [14] ».

Singulière leçon d'histoire pour une droite au pouvoir ! Était-il besoin de faire de Doriot un membre du PCF en 1940, alors qu'il n'est plus au Parti depuis 1934 ? Pourquoi ne pas évoquer plutôt le pacte germano-soviétique, argument plus percutant, mais bien sûr plus gênant pour le parti communiste, lui aussi hostile à la politique européenne de Giscard ?... Était-il nécessaire d'oublier que les « Munichois » se recrutèrent dans tous les courants politiques ? Et que dire du ton qui rappelle plus le RPF, un parti très pétainisé, que la France libre ?

Mais l'arme a toujours été à double tranchant : Gilbert Comte, arguant des conceptions de l'État du RPR, pourra aussi bien titrer quelques semaines après, sur une pleine page du *Monde* : « Et si Chirac c'était Vichy[15] ? » Le plus drôle est que l'« appel de Cochin » aurait été conçu par le tandem Garaud-Juillet, sans doute plus proche de l'autoritarisme pétainiste que Chirac ou Giscard eux-mêmes.

Soyons justes, ces amalgames et invectives ne sont pas l'apanage d'une famille politique. En novembre 1978, toujours en plein effet Darquier, l'orage éclate au sein du parti socialiste. A l'occasion du prochain congrès, Michel Rocard semble vouloir affronter François Mitterrand. Ce qui lui vaut cette réplique sans appel, au sujet de la politique qu'il préconise : « Cette politique rappelle d'ailleurs étrangement celle que faisait Pierre Laval[16] », lancée par Gaston Defferre. L'amalgame est perfide : évoque-t-il la politique déflationniste de 1935 ou le collaborateur de 1942 ? Comment ne pas entendre que Rocard est, à l'instar de Laval (avec lequel il n'a évidemment aucun rapport), un « traître » ?

Idéologies françaises

Après avoir hanté le septennat giscardien, l'ombre du pétainisme va obscurcir les enjeux de la campagne de l'élection présidentielle de 1981. En janvier, alors que tous les états-majors affûtent leurs couteaux, éclate un gros pétard éditorial, dont le titre sonne comme un message publicitaire, sobre, concis, définitif : *l'Idéologie française.*

Traquant le mal « totalitaire » partout où il se trouve, l'auteur s'est mis en tête d'expliquer au bon peuple que non seulement Vichy et la Collaboration ont été (toutes tendances confondues) un « fascisme aux couleurs de la France », mais que le pétainisme est l'essence même de la culture politique française, sa pierre angulaire. Les héritiers du Maréchal ne sont pas, comme on le croit naïvement, quelques nostalgiques réactionnaires ou les intellectuels de la nouvelle droite. Non, ils se cachent (bien) au sein du parti communiste français, de la revue *Esprit,* et du journal *le Monde,* toutes vénérables institutions plus ou moins ancrées à gauche. Georges Marchais, Hubert Beuve-Méry, Emmanuel Mounier, les «planistes» des années trente, sans oublier Charles Péguy ou les «néo-socialistes du CERES», tous sont, ont été ou seront des «fascistes».

On a suffisamment critiqué Bernard-Henri Lévy pour son incompétence historique, ses amalgames et syllogismes grossiers, pour qu'il soit nécessaire de décortiquer de nouveau l'ouvrage [17]. Reconnaissons par ailleurs à l'auteur de n'avoir jamais nié sa qualité de polémiste. Plus intéressantes sont les réactions qu'il suscite et surtout, dans la logique du syndrome, le sens du débat. Le livre, bien que souvent éreinté, bénéficie d'une exceptionnelle couverture médiatique. *L'Express* offre à ses lecteurs un aperçu de la «polémique» qui traverse — honneur insigne — les hautes sphères du journal, et présente conjointement deux critiques parfaitement contradictoires. Raymond Aron, très universitaire, dénonce avec virulence «l'utilisation, plus ou moins fantaisiste, d'ouvrages sérieux auxquels Bernard-Henri Lévy emprunte sa documentation». Le philosophe s'en prend à son «jeune» collègue, qu'il porta naguère sur les fonts baptismaux. Il l'accuse d'«hystérie», et, plus grave, de «nourrir *(celle)* d'une fraction de la communauté juive, déjà portée aux paroles et aux actes du délire [18]». Jean-François Revel, plus militant, encense au contraire le livre, absout l'auteur des «menues fautes d'inattention» et déclare sans ambages que la vérité historique et historienne importe moins que le combat politique contemporain :

> *L'Idéologie française* (...) révèle cet instant dans la crise de la conscience occidentale où tout effort, pour distinguer entre totalitarisme de droite et totalitarisme de gauche, doit être et a été abandonné. Instant très récent. Il y a cinq ans à peine, l'assimilation du régime soviétique au régime hitlérien soulevait des protestations : elle ne provoque plus que des haussements d'épaules blasés (...). Plus importante que l'histoire de l'antisémitisme, lequel n'est que l'une des composantes du magma totalitaire primitif, composante d'ailleurs commune, on le sait, à l'Allemagne nazie et à la Russie soviétique, plus importante me paraît être, dans le livre de Lévy, la recherche, en France

même, de la souche d'une certaine sensibilité totalitaire, « communitariste », antilibérale, antidémocratique, au stade où cette pensée, encore indifférenciée, n'a pas commencé à se préciser en fascisme noir ou en fascisme rouge [19].

Les Nouvelles littéraires lui consacrent la « une » et Jean-François Kahn, malgré quelques réserves d'usage sur les amalgames, décrit avec bienveillance l'enquête du « commissaire Maigret » de l'antipétainisme, trop content de lire chez d'autres ce qu'il croit profondément : l'existence en France d'une guerre civile entre un « stalinisme de droite » et un « stalinisme de gauche [20] ». *Le Monde,* pour sa part, bien qu'attaqué en la personne de son fondateur, ne lui consacre pas moins de trois gros articles : un, hostile, de Bertrand Poirot-Delpech, la réponse de Lévy (un privilège rarement accordé aux écrivains cités dans la page des livres), et une deuxième critique, plus mitigée, d'André Fontaine [21]. De son côté, *le Nouvel Observateur,* pourtant assez proche de certaines valeurs foulées au pied par Lévy, lui accorde deux pleines pages dithyrambiques, de cette veine masochiste qui veut qu'on encense celui qui vous fouette [22].

Comme l'a bien saisi Revel, le fond du débat est avant tout politique. Le propos de Lévy (si l'on met de côté un instant ses talents de publicitaire) est de dénoncer les tentations totalitaires, en particulier au sein de la gauche française. Mais pour faire accepter son discours au sein d'une intelligentsia qu'il estime — comme beaucoup de sa génération — complètement aveuglée par les séquelles du marxisme, il est obligé de prendre des détours. D'abord, il faut démontrer que les systèmes historiques du stalinisme, du fascisme et du nazisme ont reposé sur les mêmes bases. Ayant déjà étudié le premier, sachant que les seconds gardent toute leur charge négative sans qu'il soit besoin de les analyser à nouveau, il faut ensuite montrer que la France n'a pas été épargnée par le « fascisme », voire qu'elle en a sécrété quelques idées essentielles, d'où l'utilisation des ouvrages de Zeev Sternhell [23]. Quoi de plus simple enfin que de choisir Vichy, un thème vendeur, à même de troubler la gauche, et dont il a observé, comme d'autres, l'actualité.

Mais cela ne suffit pas. Il faut expliquer que Vichy et la Collaboration ne sont en rien des phénomènes mineurs ou exceptionnels et qu'ils appartiennent à une tradition politique bien française : c'est l'un des fondements exacts (en tout cas, vérifiable) de l'amalgame, d'où l'utilisation abusive et caricaturale de l'ouvrage de Robert Paxton, décidément très sollicité. C'est ainsi que Lévy tisse une toile d'araignée, dont les années 1940 constituent l'épicentre : entre tout ce qui, selon lui, ressemble de près ou de loin à une idéologie « totalitaire » (ou, plus simplement, entre tout ce qu'il n'aime pas) et Vichy doit pouvoir exister un fil conducteur, soit par des filiations réelles, au besoin grossies (comme les adeptes d'Uriage, qui furent effectivement maréchalistes, sinon « fascistes »), soit par une lecture rétroactive de l'histoire (Doriot « orchestrant » les foules noires du 6 février 1934, alors qu'il manifeste en tant que communiste, contre la démocratie parlementaire *et* contre le fascisme), soit par une lecture totalement fantasmée de l'Occupation (comme le PCF de 1940, sacré « premier parti pétainiste de France [24] »).

Question : pourquoi, puisque les communistes sont des « fascistes rouges », les nazis ou les franquistes ne seraient-ils pas des « communistes noirs » ou, comme Jean-François Kahn aime à l'écrire, des « staliniens de droite » ?... Réponse : parce que l'absurdité de l'amalgame sauterait aux yeux, parce que l'un des traits communs à tous les fascismes historiques — l'anticommunisme — disparaîtrait, et parce que l'impact conjuratoire serait moins fort.

Lu avec sérénité, *l'Idéologie française* n'est qu'un brûlot maladroit, où le ton inquisitorial et péremptoire ne peut faire oublier que Lévy appartient après tout à cette cohorte des ci-devant marxistes, dont la rupture de ban s'est déroulée dans le même vacarme que leurs noces. Il illustre les limites du concept de « totalitarisme », surtout lorsqu'il est utilisé comme simple figure polémique à vocation « démonisante » : le nazisme est le mal absolu ; stalinisme et nazisme, c'est bonnet blanc et blanc bonnet, donc le stalinisme est aussi le mal absolu, et voilà pourquoi votre fille est sourde. Ce procédé escamote les différences radicales : la place centrale de l'antisémitisme dans le système nazi et la spécificité du génocide

juif, sans rendre justice le moins du monde à la théorie
— fortement critiquée — développée notamment par Hannah Arendt dans les années 1960 et qui met en évidence les
parentés structurelles entre les deux systèmes et non leur degré
de nocivité : parti unique de masse, chef charismatique, encadrement total de la nation, démembrement de la « société
civile », etc. Sous la plume de Lévy (comme d'autres), ces
similitudes deviennent de pures invectives, dont le ressort
réside dans une métonymie : identifier la cible visée, « fasciste » ou « communiste », avec Auschwitz, en jouant sur la
charge émotive. Lorsque Lévy traite Péguy ou Mounier de
« fascistes », il les range ainsi dans la catégorie des pourvoyeurs des camps de la mort. Comment les défendre après
cela ? Comment ne pas penser, comme Revel dans *l'Express,*
qu'une telle accusation ne recèle pas une part de vérité, qu'il
existe « *quelque part (souligné par moi)* un cadavre dans le
placard » ? Toute réflexion devient ensuite inutile, à charge
pour les historiens de rétablir la vérité des faits, de dénoncer
les anachronismes, le tout dans l'indifférence. De ce point
de vue, le « révisionnisme » de Bernard-Henri Lévy n'est guère
différent, dans ses effets, de celui des négationnistes : peu
importent les réalités complexes de l'histoire, seul compte
l'objectif idéologique ; dans un cas, on nie l'existence de la
solution finale, dans l'autre, à force de multiplier les coupables, on enlève au crime toute lisibilité. Le pire est que Lévy
a fait école[25].

Ces considérations mises à part, il n'en reste pas moins que,
provoquant des réactions passionnelles, *l'Idéologie française*
a été un symptôme flagrant de la névrose récurrente de l'an
quarante. Son originalité tient au caractère prémédité, calculé, pour obtenir de l'anathème la meilleure rentabilité. Fort
d'une réputation de « philosophe nouveau » du meilleur cru,
Bernard-Henri Lévy s'est livré à une véritable *interprétation
sauvage* de cette névrose. En tout cas, sa démarche en a toutes les caractéristiques : elle utilise quelques éléments vrais,
effectivement refoulés ou parfois simplement méconnus pendant longtemps ; elle prend les allures d'une apostrophe, lancée à la société française tout entière (d'où son titre) ; tout

en ne reflétant, au bout du compte, que les obsessions de l'auteur lui-même, elle se trouve suffisamment proche d'obsessions collectives (comme la sensibilité accrue des juifs français, dont Lévy se pose en porte-parole) pour avoir l'air d'être une analyse.

L'affaire Marchais

« BHL » roule-t-il pour une tendance politique en ce début de campagne électorale ? C'est possible. En tout cas, il vient à point, même si son ouvrage applique à Giscard d'Estaing la méthode qui lui a si bien réussi avec les hommes de gauche : c'est sans hésitation aucune qu'il écrit en effet que la « décrispation » giscardienne « est au cœur de la problématique pétainiste », idéologie crispée s'il en fut.

D'autres affaires viennent conforter et alimenter son coup. Le 23 février 1981, l'hebdomadaire *le Point* relance l'« affaire Marchais », apportant des preuves qui semblent décisives sur le passé du secrétaire général du parti communiste, candidat à la présidence de la République. On en connaît les principales conclusions : contrairement à ses dires, Georges Marchais, ouvrier métallurgiste non encore inscrit au parti communiste, n'aurait pas été requis pour le STO à la fin de 1942 et ne se serait pas évadé en 1943, mais aurait signé, le 12 décembre 1942, un engagement volontaire pour aller travailler à Leipheim, en Bavière, sur les chantiers du Messerschmitt BF 109, alors qu'il était employé à Bièvres, depuis novembre 1940, dans des ateliers travaillant pour la Luftwaffe [26].

Lancée au début des années 1970, lorsque Georges Marchais prend la succession de Waldeck Rochet à la tête du secrétariat général du Parti, l'affaire rebondit périodiquement : en 1977-1978, devant la justice, qui déboute Marchais de ses plaintes en diffamation contre Auguste Lecœur, ancien dirigeant de l'appareil clandestin du Parti sous l'Occupation ; en 1980, lorsque *l'Express* publie un document tiré des archives d'Augsbourg, qui laisse supposer que Marchais se trouvait bien en Allemagne en mai 1944 ; en 1981, enfin, quand *le Point*, l'historien Philippe Robrieux et d'autres révèlent les principaux éléments manquants.

Dans cette affaire, il est vraisemblable que l'anathème lancé contre Georges Marchais repose sur des bases solides : le cas est suffisamment rare pour qu'il mérite d'être remarqué. Elle n'est remarquable que parce qu'elle touche le principal dirigeant du parti communiste, parti qui a construit toute sa légitimité sur la lutte contre l'occupant. C'est même l'interrogation centrale, au cœur de l'analyse des pratiques du communisme français : comment un faux « déporté du travail » (expression qu'il emploie souvent, se proclamant même porte-parole des STO) a-t-il pu présider aux destinées du « premier parti de la Résistance » ? Comment ce parti, si sensible aux valeurs de cette période, si attaché à l'image de ses fusillés (les vrais comme les faux), si enclin à manier l'injure contre les « collabos » (les faux comme les vrais) a-t-il pu supporter d'être conduit, au mieux par un non-réfractaire, au pis, par un travailleur volontaire pour l'Allemagne ? Est-ce l'aboutissement d'une logique qui a conduit le parti communiste, dès les années 1950, à écarter des instances dirigeantes une partie des responsables de l'appareil clandestin ?

La campagne présidentielle de 1981

Un coup à droite, un coup à gauche. Le fait marquant de cette obsession qui court tout au long des années 1970-1980 est de toucher, au plan politique, toutes les familles idéologiques. Cet effet de balancier s'affirmera avec éclat pendant les derniers jours de la campagne pour les élections présidentielles de 1981.

A bien des égards, cette élection plus qu'importante, articulée autour de la crise et du chômage, est orientée vers l'avenir. Le corps électoral a rajeuni du fait de la présence, pour la première fois aux présidentielles, des 18-21 ans. De même, les élites politiques appartiennent à d'autres générations que celles qui ont connu la guerre en adultes. Sur les dix principaux candidats, six avaient moins de quinze ans en 1945 : Michel Crépeau (1930), Jacques Chirac (1932), Marie-France Garaud (1934), Huguette Bouchardeau (1935), Arlette Laguiller (1940), Brice Lalonde (1946) ; un avait dix-neuf ans : Valéry Giscard d'Estaing (1926) ; trois avaient plus de vingt-cinq ans : Michel Debré (1912), François Mitterrand (1916), tous deux anciens résistants, et Georges Marchais (1920).

Pourtant, une fois de plus, toujours avec une extrême violence polémique, le souvenir de l'Occupation va se retrouver au cœur d'un débat parfois irréel. Le 30 avril, après les résultats du premier tour, le colonel Passy, ancien chef des services spéciaux de la France libre, appelle à voter pour François Mitterrand, une prise de position que le général Massu considère comme « une trahison » en souvenir des « chefs, camarades et subordonnés, tombés sur (*les*) champs de bataille (*des guerres coloniales*) [27] ». Il est suivi quelques jours après par quelques membres éminents de l'*establishment* résistant (Pierre Emmanuel, Paul Milliez, Claude Bourdet, les généraux Buis et Binoche, Gilberte Pierre Brossolette, etc.), qui déclarent par communiqué de presse :

> Nous n'avons pas tous voté le 26 avril pour le même candidat. Aujourd'hui, nous appelons les Français à voter le 10 mai pour François Mitterrand (…), le seul désireux de prolonger les grandes orientations du Conseil national de la Résistance.

Dans un premier temps donc, la mémoire de la Résistance semble pencher à gauche. Enfonçant le clou, *le Canard enchaîné* lance, le 6 mai, l'affaire Papon, accusant le ministre du Budget du gournement sortant d'avoir laissé déporter 1 690 juifs, alors qu'il était secrétaire général de la préfecture de la Gironde. Une révélation qui vient à point, avec documents à l'appui, découverts depuis longtemps dans les archives de la préfecture de la Gironde. L'affaire contient tous les ingrédients classiques : elle vise un haut responsable politique, étale un passé soigneusement caché, faisant voler en éclats la résistance-alibi de l'intéressé, et surtout touche à nouveau la mémoire juive exacerbée [28].

La réplique ne se fait cependant pas attendre. 198 Compagnons de la Libération, sur les 419 survivants de l'ordre, appellent à voter contre François Mitterrand, arguant de l'héritage gaullien de 1958, malgré les protestations de quelques-uns de leurs camarades [29]. Le jeudi 7 mai, deux

jours après la joute télévisée des deux candidats, le général
Alain de Boissieu, grand chancelier de l'ordre national de la
Légion d'honneur et surtout gendre de Charles de Gaulle,
déclare à Orléans, devant les micros frémissants :

> On essaye de se servir de la Résistance et de faire pas-
> ser M. François Mitterrand pour un grand résistant. Or,
> moi, je puis vous donner lecture du jugement que le géné-
> ral de Gaulle portait de la carrière de François Mitterrand.
> Il m'a dit ceci devant témoins : « Après avoir travaillé avec
> Vichy, ce qui lui valut la francisque, il prit contact avec
> la Résistance, puis les services alliés, enfin avec les nôtres
> de la France libre, avant de se remettre entre les mains
> des services britanniques. » Il aura mangé à tous les râte-
> liers, il se sera comporté pendant toute cette période de
> sa carrière comme un arriviste et un intrigant [30].

Accessoirement, le général de Boissieu menace de démissionner si le candidat de la gauche est élu. Ce qu'il fera effectivement, après avoir rappelé — sans être démenti — qu'il
avait agi avec l'« autorisation du président de la République [31] ».

La charge est de taille et la contre-attaque viendra dès le
lendemain, 8 mai (!), par la bouche de Mitterrand qui rappelle que jamais de Gaulle n'a mis en cause son passé de résistant, ajoutant : « Il fallait attendre sans doute que la race des
collaborateurs s'en mêlât [32]. » Et comme toujours en la
matière, c'est un second qui précise les termes du sous-
entendu : « Pendant que François Mitterrand et moi, déclare
Gaston Defferre, étions poursuivis par la Gestapo, Giscard
d'Estaing et sa famille étaient des collaborateurs. Lui était
trop jeune, mais sa famille était composée de collaborateurs [33]. »

L'analyse de cette polémique offre une bonne occasion de
comprendre le mécanisme de l'invective, sa fonction particulière dans le développement du syndrome, ses différences
avec d'autres symptômes et d'autres manifestations de la
mémoire. D'abord, elle éclate à un moment important des
divisions internes. Plus que d'autres campagnes peut-être,
celle de 1981 voit s'affronter deux camps irréductibles, les

deux bords de la faille biséculaire franco-française. Au-delà
des deux hérauts, c'est la droite et la gauche historiques qui
s'opposent. Rien d'étonnant donc de voir resurgir la vieille
querelle des résistants et des collaborateurs, qui permet une
réduction symbolique efficace et percutante.

Efficace, car le signifiant « Vichy » reste d'autant plus
chargé d'un pouvoir maléfique que la polémique se situe chro-
nologiquement au terme d'une crise particulièrement vive de
la mémoire de la guerre. Percutante, parce que, dans le même
mouvement, elle aiguise cette obsession, la canalise, lui donne
un sens politique : choisir l'un ou l'autre des candidats, suivant qu'on est sensible à tel ou tel des anathèmes en présence,
signifie avoir prise, ne serait-ce qu'imperceptiblement, dans
les querelles du passé. On votera ainsi « juif », « résistant »,
« pétainiste », pour se venger des « collabos » du gouvernement, des « victimes innocentes » de Copernic, des gerbes
équivoques ou des cendres maréchales qui restent désespéré-
ment au même endroit.

Bien sûr, tous les politologues ont écrit depuis longtemps
que le « vote juif » n'existe pas et n'auraient sans doute aucun
mal à démontrer que le souvenir de la guerre n'a joué aucun
rôle dans l'élection de 1981. Reste toutefois qu'il a été utilisé, pas toujours spontanément, preuve que les camps en présence (à tort ou à raison) ont cru à son impact. Il est clair,
d'une part, que Giscard d'Estaing comme Mitterrand n'ont
pas cherché à calmer le jeu et ont délibérément accepté que
les derniers jours de la campagne se situent sur le terrain des
années quarante. Au-delà des maladresses ou de l'occasion,
c'est donc qu'ils pouvaient y trouver un bénéfice, fût-il mince.
Car, d'autre part, comment ne pas admettre que la culture
des camps en présence est imprégnée de clichés — on n'ose
parler de mythes ?

Pour beaucoup d'hommes et femmes de gauche, la droite
est, par essence, dans le camp de Vichy, non de manière historique, mais de façon structurelle : on le verra par exemple
en mai 1984, lors de la bataille de placards dans *le Monde*,
lancée par l'association « La mémoire courte » (« Notre capitale, hier comme aujourd'hui, en 1789 comme en 1871, ce
n'est pas Versailles. Et ça n'a jamais été Vichy [34]... »). La

réplique de Mitterrand, « la race des collaborateurs » s'inscrit dans cette tradition, qui fait du fascisme un germe inhérent à la droite, quel que soit le passé — en l'occurrence celui de De Boissieu ou de Giscard d'Estaing — des hommes visés. Ce qui explique que, dans les années qui ont suivi, une des préoccupations des polémistes de droite a été précisément de renvoyer la balle à gauche, en l'accusant (comme Lévy) d'avoir enfanté la bête.

De même, pour une partie de la droite, la résistance intérieure politique, celle des partis et mouvements, ou la résistance armée des FTP communistes ou de l'Armée secrète, ont toujours été suspectes. Lorsqu'un Massu s'insurge et parle de « trahison », c'est aussi au nom d'une certaine conception de la Résistance, celle des galons et des « combats réguliers », pas celle des maquis de 44, une forme de guérilla que le « héros » des guerres coloniales eut à combattre juste après la guerre, en Indochine et en Algérie. De même, l'attaque du général de Boissieu procède de la même logique. Dans la mesure où seule la France libre était légitime, et seuls ceux qui ont soutenu le Général *après* la guerre peuvent se réclamer de l'esprit du 18 juin, il est nécessaire d'abattre l'adversaire en jetant le discrédit sur les autres tendances de la Résistance, quitte à outrepasser la pensée dudit Général. La francisque de François Mitterrand ne constituait pas à elle seule un terrain solide : le futur président reçut effectivement, à l'automne 1943, l'emblème pétainiste, sans l'avoir demandé, au titre du Centre d'entraide des prisonniers de guerre, et alors qu'il se trouvait à Londres, puis à Alger où il rencontra le général de Gaulle au même moment. Il l'a dit et redit depuis longtemps, et, pour l'instant, ni les historiens ni ses adversaires n'ont pu aller au-delà de ces faits, sinon supposer une sympathie diffuse à l'égard du maréchalisme [35]. Il fallait donc faire parler les morts, quitte à les faire mentir : dans ses « Mémoires », le général de Gaulle cite une seule fois le nom de Mitterrand, dans la liste de ses « chargés de mission » en France occupée, sans autre commentaire, dont il n'est pourtant pas avare [36].

A bien des égards, ensuite, ce type de polémique fait office de substitut. Très prosaïquement, elle a servi de diversion à l'absence de commémoration officielle du 8 mai. Embarrassé pour expliquer cette mesure impopulaire, Maurice Plantier, secrétaire d'État aux Anciens combattants, a préféré s'en prendre au colonel Passy (« résistant authentique dont la carrière s'est mal terminée ») et à François Mitterrand (« il a mangé à tous les râteliers [37] »). Plus profondément, elle a permis de transcender le débat traditionnel entre droite et gauche, comme si l'enjeu de 1981 prenait une épaisseur historique et renvoyait aux grands débats du siècle : voter Mitterrand, laissait entendre une droite inquiète du sort des urnes (du moins sa frange la plus polémique), c'est voter à la fois pour le Goulag (les communistes au gouvernement) et pour le fascisme (la francisque vichyste). Lourde décision...

Mais quelle contradiction ! La suppression du 8 mai, en 1975, avait pour fonction de jeter le voile officiel sur « la guerre fratricide pour l'Europe » (Giscard d'Estaing, dans sa lettre aux membres du Conseil européen), donc, accessoirement, et dans la tradition inaugurée par le général de Gaulle, sur les luttes internes. Six ans après, gênés par l'impopularité de cette décision, les mêmes n'hésitent pas à ranimer la guerre fratricide hexagonale, laissant à nouveau transparaître ce que l'on cherchait à dissimuler : la nature idéologique de la Seconde Guerre mondiale, et l'absence de consensus national sur la nature du conflit et sur sa représentation.

Cette inscription dans l'histoire a enfin donné aux derniers jour de la confrontation un caractère dramatique, théâtral, comme une mise en scène venant combler le tarissement des arguments politiques. Les statistiques sur le commerce extérieur ou la hausse des prix laissaient ainsi la place aux péripéties exaltantes du combat clandestin, les millions de chômeurs s'effaçaient devant les millions de victimes. S'opère de la sorte un transfert de la lutte politicienne triviale, encombrée d'affaires douteuses, vers les combats sublimés du passé. N'est-ce pas le sens, avant la polémique, des appels lancés par d'anciens résistants ? Que signifie profondément la référence au CNR, sinon la volonté délibérée de faire sentir le souffle d'une société luttant non pour son pouvoir d'achat mais pour sa liberté ? N'est-ce pas le sens de la réponse du président François Mitterrand : se rendre, seul, au Panthéon pour s'incliner devant Jaurès, Schœlcher et Jean Moulin? Hommage de la nation certes, mais aussi hommage du résistant attaqué, et surtout hommage de la gauche qui récupère à son profit un héritage quelque peu bradé par la droite de l'après-gaullisme.

L'invective parlementaire

Dans les années qui ont suivi l'élection de François Mitterrand, la droite a tenté à plusieurs reprises de renverser la vapeur, moins en réactivant un résistancialisme désuet, qu'en attaquant la gauche sur l'authenticité de son engagement résistant. C'est à l'Assemblée, lieu de débats homériques, que l'invective a le plus souvent trouvé place.

Le 15 septembre 1981, lorsque Pierre Mauroy évoque l'éventualité d'employer de jeunes chômeurs pour mettre en valeur notre patrimoine sylvestre, le député RPR Robert-André Vivien, passé maître dans l'art du piège parlementaire, se lève et s'écrit : « Maréchal, nous voilà ! », allusion aux Chantiers de jeunesse. Pierre Mauroy, désarçonné, répliquera d'un ton solennel, accusant « une certaine bourgeoisie » d'avoir suivi Vichy, à des fins de revanche. Banal, enseigné dans tous les manuels, mais source d'incidents grandiloquents à l'Assemblée nationale. Là encore, la référence polémique au passé n'est qu'un substitut théâtral, cette fois dans le registre de l'opéra bouffe.

Plus significatif encore, l'énorme déchaînement de passions qui a saisi l'Assemblée lors des débats sur la réforme des ordonnances de 1944 concernant la presse. A les relire, on reste confondu par la violence des réactions en regard des provocations, somme toute minces. Dans cette polémique, le mécanisme de l'invective a joué une fois de plus à merveille. Pour s'en rendre compte, il suffit de lire la teneur des propos échangés.

Tout commence par une allusion malencontreuse d'un député communiste...

Edmond Garcin (PCF) : ...Certes, nous ne sommes plus dans les circonstances de 1944. Je me permettrai cependant de rappeler que je fais partie de ceux qui ont combattu sous l'Occupation.

François d'Aubert (UDF) : Avec M. Marchais ?

Alain Madelin (UDF) : Avec les communistes ?

François d'Aubert : M. Marchais est revenu de chez Messerschmitt ?

Alain Madelin : Vous avez vécu le pacte germano-soviétique ?

Edmond Garcin : Je ne suis pas seul à avoir combattu ; d'ailleurs, il n'y avait pas que des communistes, il y en avait d'autres. Je ne permets pas qu'on m'insulte...

Jacques Toubon (RPR) : Et avant 1941, que faisaient les communistes ?

Edmond Garcin : Monsieur Toubon, vous n'étiez pas encore né !

Jacques Toubon : Mais j'ai lu des livres !

Edmond Garcin : Nous avons eu 75 000 fusillés ! Ce que vous dites est scandaleux ! A votre place, j'aurais honte !

Jacques Toubon : Qui a demandé la reparution de *l'Humanité* à la Kommandantur ?

Le président de séance : Du calme, messieurs.

Jacques Toubon : Et avant 1941 ?

Edmond Garcin : Ne proférez pas d'insultes à l'égard des travailleurs français qui se sont battus seuls face à la grande bourgeoisie qui a formé la cinquième colonne contre la France ! Arrêtez donc sur ce thème !

Jacques Toubon : Qui a demandé la reparution légale de *l'Humanité* ? Le parti communiste !

Edmond Garcin : Nous n'avons pas de leçon à recevoir de vous, et, sur ce qui s'est passé à l'époque, je réponds très tranquillement. Dans les camps de concentration, de vos amis, il n'y en avait guère, mais des nôtres, il y en avait beaucoup !

Jacques Toubon : Comment ? Qu'est-ce que ça veut dire ? C'est la meilleure !

Alain Madelin : Ça ne marche pas, ce vieux numéro !

Edmond Garcin : Où était M. Hersant ? On pourrait peut-être en parler puisque cette loi l'intéresse ! *(Applaudissements sur les bancs des communistes.)*

Jacques Toubon : Et Mitterrand ?

Raymond Forni (PS, président de la commission des lois) : Où était M. Hersant, votre patron, monsieur Madelin ?

Alain Madelin : Et Mitterrand ?

Edmond Garcin : Cessez donc vos insinuations, messieurs ! Notre amendement, je le répète, tend à ce qu'il ne soit pas porté, de l'extérieur, atteinte au pluralisme de la presse.

Jacques Toubon : Et Mitterrand ?

Raymond Forni : Et M. Hersant ?

(...)

Raymond Forni : Monsieur Madelin, monsieur Toubon, vous risquez, si vous vous engagez sur ce terrain, de vous heurter à quelques contradictions. Vous risquez notamment de vous voir demander ce que faisait M. Hersant pendant la Seconde Guerre mondiale.

Alain Madelin : Allons-y ! Que faisait M. Mitterrand au lendemain de la guerre ?

(...)

Georges Filioud, secrétaire d'État à la Communication : J'ai entendu par deux fois dans cet hémicycle prononcer le nom de M. le président de la République française...

Jacques Toubon : Eh oui !

François d'Aubert : M. Mitterrand a un passé !

Georges Filioud : ...dans une insinuation contre laquelle je proteste [38]...

La séance reprendra le lendemain. Par la voix de Pierre Joxe, président du groupe parlementaire, les socialistes ont décidé de faire monter la tension, en évoquant d'emblée l'article 75 du règlement de l'Assemblée, qui prévoit la censure contre tout député coupable d'injures envers le président de la République. Mais ce n'est que quelques heures plus tard, après des arguties juridiques, que le député Alain Madelin, qui n'avait pour l'instant *fait qu'allusion au nom du président*, pourra enfin expliquer ses sous-entendus, l'activité de François Mitterrand, « comme éditeur » à la Libération : « *(Il)* était le dirigeant d'une revue qui s'appelle *Votre beauté* *...(dont)* j'inviterai, éventuellement, les historiens à regarder qui en était le propriétaire [39]. »

Voilà pour « l'insulte » au président. On connaît la suite, les interventions pathétiques en faveur du passé de résistant de Mitterrand par son ami, du RPR, Pierre de Bénouville, et surtout le vote de la censure, après des batailles indescriptibles, à l'encontre des députés Toubon, Madelin et d'Aubert, une première depuis 1950.

Étrange affaire, où les protagonistes semblent se battre sans jamais se rencontrer. Le début du pugilat ? Le député communiste Garcin, rappelant, de manière incongrue, son passé de résistant. La provocation ? Les trois députés de l'opposition, avec des arguments classiques contre les communistes : Marchais et la période 1939-1941. L'objet réel de la polémique ? Pour la droite, faire diversion afin d'éviter un débat sur le passé de Robert Hersant, en évoquant celui de Mitterrand. Mais c'est là où l'Assemblée s'enflamme : la simple mention du nom du président, de surcroît concernant ses activités d'après-guerre, provoque non seulement le tumulte, mais, le comble, une réplique d'un député de l'opposition, qui défendra Mitterrand, non pour ce qu'il a pu effectivement faire *après*, mais *pendant* la guerre, alors que personne n'y avait fait la moindre allusion ! Autrement dit, la majorité de l'époque et les défenseurs du président ont littéralement anticipé toute allusion à la francisque ou au passé supposé « pétainiste » du président : formidable illustration d'un non-dit politique.

Par certains côtés, cette affaire est la caricature du syndrome dans le débat politique. L'effet de dramatisation et de substitution y prend une dimension rarement égalée, occupant l'Assemblée pendant deux jours entiers, dans un débat qui, par ailleurs, connaît un nombre record d'amendements et d'interruptions de séance. Elle illustre l'effet pervers du « tabou », ici aux limites de l'hystérie : quel passé honteux de François Mitterrand les députés socialistes cherchent-ils à dissimuler ? Aucun. Quel sacrilège la droite a-t-elle commis ? Aucun, ou si peu. Mais, pris dans la logique de l'anathème si souvent lancé, les socialistes ont réagi par réflexe conditionné, refusant d'admettre que les « collabos » du député communiste valaient largement les allusions faussement pleines de sous-entendus de l'opposition... et oubliant du même coup le « collabo » Hersant. C'était tout le sens du piège tendu.

Ce n'est d'ailleurs que partie remise, puisque l'affaire Hersant va à nouveau faire des vagues quelques semaines plus tard, lorsqu'une partie de l'opinion, anciens résistants en tête, va protester auprès de Simone Veil, qui conduit la liste de l'opposition aux élections européennes, où figure en bonne place Robert Hersant, qui sera élu.

La tendance amorcée alors que la gauche était au pouvoir se poursuit après les élections de mars 1986. D'invective, l'idée que la Collaboration et le fascisme sont issus de la gauche devient un « concept » historique, accrédité ici ou là par des gens plus ou moins autorisés (voir *infra*). Fort de cette avancée, de ce « révisionnisme », Charles Pasqua, ministre de l'Intérieur peut, tranquillement, accuser certains « amis » des socialistes de « s'être couchés devant l'occupant », le 20 mai 1986, lors de la discussion sur le rétablissement du scrutin majoritaire. Tout y est : l'amalgame rétroactif, la provocation calculée, la réaction débridée, et finalement la diversion.

On pourrait facilement minorer l'impact de ces anathèmes et polémiques. On a vu cependant qu'ils ont une fonction propre, intrinsèque au débat politique français et enracinée dans une tradition : le relais pris par des hommes politiques nés pendant ou après la guerre, donc éloignés de toute implication personnelle, en est un signe manifeste. Mais cette agitation permanente n'est pas sans conséquences profondes sur la mémoire de la guerre.

La plupart de ces invectives fonctionnent sur le même mode : celui de l'« injure référentielle », une notion développée récemment par Évelyne Largueche [40]. Dans la plupart des situations décrites ici, quatre acteurs entrent en jeu : l'« injurieur », celui qui envoie le message, l'« injuriaire », le destinataire, l'« injurié », ce dont parle l'injure (ici, Vichy, la Collaboration, la [non]-Résistance, etc.), et enfin le témoin de l'injure. En outre, toutes les formes classiques de la rhétorique sont utilisées, de la métonymie (« X..., c'est Vichy ! ») à l'allusion (« Et Mitterrand ? ! », « Et Hersant ? ! »), en passant par l'amalgame (Giscard et la Collaboration, la politique de Rocard et celle de Laval, etc.).

Rares sont les injures qui accusent nommément la cible d'un crime ou d'un délit historique particulier et défini (à l'exception du cas Hersant, du cas Marchais ou du cas Papon, tous trois ayant fait l'objet de poursuites devant la justice, soit pour diffamation, soit parce qu'existent des charges potentielles solides). Au contraire, la plupart emploient un double ou un triple langage, de sorte à éviter la diffamation : ce sont les « amis » des socialistes qui se « couchent devant l'occupant », X ou Y a « travaillé avec Vichy », sans plus de précision (des milliers de personnes, à commencer par tous les fonctionnaires, sont dans ce cas, y compris d'authentiques résistants...), X ou Y appartient à la « race des collaborateurs », ce qui ne signifie pas qu'il ait lui-même collaboré.

Dans cette configuration, où seul compte l'effet visé plus que la volonté de toucher directement l'adversaire (comme dans une situation purement duale), l'injure ne peut fonctionner que si les témoins — en premier lieu les médias, ensuite l'« opinion » — accomplissent le reste du chemin et concluent d'*eux-mêmes* qu'untel *est* un collaborateur, donc un traître ou un criminel. L'archétype de cette situation est par exemple le débat sur la presse, où ce sont d'abord les socialistes qui ont soulevé implicitement le passé de François Mitterrand, non après la guerre, comme les y invitait l'opposition, mais pendant, laissant (involontairement) les médias puis l'opinion s'interroger sur la nature de ce qu'il fallait dissimuler.

Autrement dit, ces fausses vérités véhiculées par les polémiques sont mises à nu et formulées non seulement par les protagonistes directs, mais également par les spectateurs, qui entretiennent (sans l'avoir voulu) le climat de suspicion. Cette convocation, cette prise à témoin est un facteur essentiel dans l'histoire du syndrome, dans la mesure où elle s'est érigée en véritable système. Or, elle semble à bien des égards en décalage par rapport à la sensibilité réelle de l'opinion (on le verra au chapitre 7), moins préoccupée qu'on ne le dit et que les hommes politiques ne le croient, par ces rappels. A bien des égards donc, l'agitation politique autour du passé met l'opinion en demeure de se poser des questions, qui parfois se révèlent parfaitement artificielles.

Ensuite, l'emploi d'un double ou triple langage, le fait que toutes les familles politiques utilisent les mêmes invectives à l'égard de leurs adversaires ont contribué à obscurcir la représentation du passé : la vérité politique de l'heure a supplanté périodiquement la vérité de l'histoire. Des termes comme celui de « collaborateur » ont perdu toute signification objective. Pire, ils inclinent à penser que tous les protagonistes ont quelque chose à cacher et révèlent une mémoire honteuse, car l'injure, par définition, est une défense. D'où l'effet pervers de ces polémiques, qui rejaillissent périodiquement sur ceux qui les lancent, à droite comme à gauche.

On reste en définitive un peu étonné (naïveté de l'historien) devant la faible valeur ajoutée procurée par ce mode de discours politique. Loin d'avoir terrassé l'ennemi, l'anathème n'a fait que rappeler périodiquement qu'aucune famille politique, qu'aucune personnalité, aussi incontestable soit-elle, n'était sortie indemne de l'Occupation. D'une certaine manière, ce constat (banal) signifie la faillite ultime de l'héritage résistant : quarante ans après, l'héroïsme ou la lucidité de quelques-uns se révèle incapable de racheter les fautes (réelles ou supposées) des autres.

L'extrême droite et l'ombre du père

L'obsession qui caractérise les années 1970-1980 s'est nourrie également d'un autre fait politique majeur qui lui est parallèle : la renaissance d'une extrême droite en France. Les discrédits de la Libération, l'échec de l'OAS et de l'Algérie française, la domination politique du gaullisme au sein de la droite, celle, culturelle, du marxisme et de ses avatars avaient semblé éteindre pour longtemps la voix d'une droite « nationale », « autoritaire », voire « fascisante », réduite de ce fait à quelques nostalgiques des messes brunes d'antan et à quelques excités au poil ras.

Mais, en l'espace d'une décennie, cette « famille d'esprit » a pu retrouver pignon sur rue, s'imposant peu à peu, notamment après 1981, comme une composante non négligeable de l'échiquier électoral. Dans cette reconquête, on peut délimiter sommairement quelques étapes, en parallèle à l'évolution propre du souvenir des années quarante.

A l'été 1979, c'est la « découverte » par les médias et donc par le grand public de la « nouvelle droite ». Subitement, une pluie d'articles s'abat sur les vacanciers tranquilles, dénonçant la résurgence d'un véritable « néo-fascisme » intellectuel, à qui l'on prête de noirs desseins. *Le Monde,* puis *le Nouvel Observateur,* suivis par *Libération, l'Express,* et même *le Figaro* consacrent une série d'enquêtes, de témoignages, de réflexions au Groupement de recherche et d'études pour la civilisation occidentale (GRECE) et à sa revue *Éléments,* à Nouvelle École, au Club de l'Horloge. Au total et en quelques semaines, on a pu recenser, dans la presse française et étrangère, plus de 350 articles [41].

Pourtant, aucun de ces groupes n'est réellement nouveau. Le GRECE a été créé en 1967 par d'anciens éléments d'Europe Action, un groupement néo-fasciste, dont Alain de Benoist, ancien de la Fédération des étudiants nationalistes (FEN), présenté en 1979 comme un des chefs de file de la nouvelle droite. Le Club de l'Horloge, qui aspire à devenir un « Club Jean-Moulin de droite », date, lui, de 1974 et recrute plutôt chez les énarques. A plusieurs reprises, la presse a fait état de leurs réflexions sur l'eugénisme, le refus de l'« égalitarisme », la défense des valeurs « occidentales », sans que cela provoque le déchaînement de l'été 1979. Largement fabriquée par certains journaux, l'affaire n'en révèle pas moins la stratégie « gramscienne » de la nouvelle droite, sa volonté, d'abord discrète, désormais ouverte, d'occuper le terrain culturel et d'engager le combat des idées. En 1978, l'Académie française a décerné son grand prix de l'essai à Alain de Benoist, pour *Vu de droite* [42], et, la même année, Robert Hersant a transformé son *Figaro-Dimanche* en *Figaro-Magazine,* devenu leur organe officieux, au moins dans les premiers temps de l'après-1981.

Au fond, et c'est l'essentiel, on découvre une droite qui pense et surtout puise ses références dans une tradition, dans un système de valeurs, dans une « vision du monde » qui, à tort ou à raison, rappelle la décennie maudite 1934-1944.

L'année suivante voit culminer la peur d'un terrorisme noir. A l'automne 1980, on met au jour l'appartenance d'une vingtaine de policiers à un obscur groupe néo-nazi, la Fédé-

PÉTAIN A LA UNE DU «FIGARO-MAGAZINE»
(du samedi 17 mai 1980)

ration d'action nationaliste européenne (FANE), dirigée par
Marc Fredriksen. Le 26 septembre, à Paris, la synagogue du
Consistoire, le Mémorial juif et une école juive sont mitraillés par une voiture, dont on ne retrouvera pas trace. Et lorsque le 3 octobre éclate la bombe de la rue Copernic, c'est
tout naturellement que l'on dénonce la renaissance d'un néonazisme meurtrier. Car cette psychose, analysée plus haut,
repose sur une part de réalité : entre 1977 et 1981, 290 attentats ont été attribués à l'extrême droite (dont celui, à tort
semble-t-il, de la rue Copernic), parmi lesquels ceux qui ont
tué l'Algérien Laïd Sebaï (le 2 décembre 1977), Henri Curiel
(le 4 mai 1978), Pierre Goldman (le 20 septembre 1979) et
failli tuer Henri Noguères, président de la Ligue des Droits
de l'homme (le 21 septembre 1980)[43].

On l'a crue «nouvelle», elle sera on ne peut plus traditionnelle, au moins par ses chefs, sinon dans son électorat.
La véritable percée de l'extrême droite ne sera pas l'œuvre
d'intellectuels ressourcés (qui vont plutôt renforcer les partis traditionnels), mais celle du mouvement hétérogène
conduit par Jean-Marie Le Pen, vétéran du poujadisme historique et de l'Algérie française, rescapé des luttes intestines
des diverses composantes «nationalistes». En l'espace de trois
ans, celui-ci va réussir à installer ses représentants dans les
municipalités, notamment à Dreux, en septembre 1983, après
avoir conclu une alliance avec l'opposition parlementaire,
puis au Parlement européen, en juin 1984, à l'Assemblée
nationale, en mars 1986, où il obtient 35 députés, autant
— fait sans précédent — que le parti communiste, et enfin
lors des présidentielles de 1988 où Le Pen obtient près de
14,5 % des suffrages exprimés au premier tour. Il est désormais bien installé dans le paysage politique.

Trois moments donc dans la renaissance de l'extrême droite,
mais aussi trois éléments objectivement distincts : il serait
erroné, malgré certaines passerelles entre les diverses familles
de l'extrême droite, de les confondre dans un même ensemble.
L'amalgame a pourtant été fait, à cause de la concomitance
de certains événements, de la proximité de certains thèmes, et
surtout de l'évocation spontanée faite ici et là, par les protagonistes comme par leurs adversaires, des années noires.

L'originalité de la nouvelle droite est d'avoir fait sortir certains hommes et certaines idées du ghetto dans lequel l'échec du combat pour l'Algérie française les avait entraînés. Outre qu'elle a laissé ses cheveux pousser et rangé ses barres de fer au grenier, la nouvelle droite a tenté de réhabiliter le vocable même de droite, en lui redonnant un lustre intellectuel, mais aussi en lui déniant tout caractère honteux, en réaction à ce que semblaient éprouver les partis traditionnels :

> La droite, écrit Alain de Benoist en 1976, aujourd'hui, semble avoir disparu. Plus exactement, personne ne veut plus en entendre parler. C'est à se demander si elle a jamais existé. Tout se passe comme si le mot « droite » se connotait désormais de la charge affective réservée naguère au terme « extrême droite » (...). La gauche est de gauche, l'extrême gauche est de gauche. Les giscardiens et les gaullistes jouent à savoir qui tournera l'autre par la gauche [44].

L'ironie d'Alain de Benoist reflète bien un sentiment qui prévaut non seulement chez les jeunes turcs, mais aussi chez des hommes d'une sensibilité plus traditionnelle, voire maurassienne, comme Gilbert Comte :

> Pourvue pendant plus d'un siècle de partis, de journaux considérables, de théoriciens éminents, la droite n'offre plus d'elle-même aucune représentation officielle, franche et admise (...). Les répugnances de la droite actuelle à porter ses propres couleurs ne trompent certainement personne. Par-delà l'opportunisme, la versatilité des individus, elle trahit la persistance d'un trouble profond, d'une espèce de fracture morale, à l'intérieur même de la France contemporaine [45].

Ce refut du mot, sinon de la chose, s'explique par bien des raisons. La volonté de mettre toujours en équilibre les éléments antagonistes — « ordre » et « progrès », « sécurité » et « liberté » — qui caractérise le libéralisme, notamment du septennat giscardien, l'oblige à se situer au milieu de cette balance fictive. Chez les gaullistes, le refus de la division duale de la politique les entraîne à récuser à la fois les termes de

« droite » et de « gauche »[46]. Mais on peut ajouter que les héritiers de l'homme du 18 juin répugnent à ancrer à droite l'héritage de la Résistance, tant fut grand l'opprobre que l'expérience de l'Occupation a jeté sur la droite française, plus que sur toute autre famille politique. Et si tous se bousculent dans un centre géométriquement impossible, c'est parce qu'à droite on respire encore un parfum de soufre. La nouvelle droite, préoccupée de sa reconnaissance intellectuelle, ne peut donc éviter d'affronter ouvertement l'implicite comme l'explicite que recouvre le souvenir diffus (et confus) de « Vichy ».

Et elle le fait avec d'autant plus d'habileté que les filiations idéologiques ne sont pas inexistantes : refus de l'économie libérale, goût pour un État autoritaire et antiégalitaire, réhabilitation de l'eugénisme social et des thèses d'Alexis Carrel[47]. Mais elle le fait sans fausse pudeur. Trois attitudes semblent ainsi s'affronter : le refus de la nostalgie, la déculpabilisation et la révision du concept de collaboration.

Alain de Benoist, par exemple, traite avec mépris les nostalgiques : « Les uns veulent revenir en 1789, les autres en 1933 ou en 1945 (…). Ce type d'attitude s'est toujours révélé stérile[48]. » Même son de cloche chez Henri de Lesquen, du Club de l'Horloge : « Les nazis ? Ils ont été excessifs et stupides[49]. » D'autres tentent d'assumer l'héritage de Vichy et de la guerre, en relativisant les crimes nazis et en galvaudant le terme « génocide », appliqué par exemple au cas vendéen[50]. Un troisième courant retourne l'accusation contre la gauche. S'appuyant sur les thèses de Zeev Sternhell, reprenant le brûlot de Bernard-Henri Lévy, il tente de prouver que la Collaboration fut avant tout l'affaire de la gauche (puisqu'il y eut d'ex-socialistes et d'ex-communistes à Vichy et dans les rangs des collaborationnistes), et que la composante essentielle du fascisme est le socialisme[51]. On a vu que ces travestissements de l'histoire trouvaient une application immédiate dans l'arène parlementaire. Il semble que c'est là une des parades les plus efficaces à l'heure actuelle contre l'accusation lancée depuis 1945 par la gauche à l'encontre de la droite.

Moins équivoque est l'attitude de l'extrême droite classique, celle qui gravite autour du Front national. Là, l'an quarante n'est pas un mauvais souvenir pour tout le monde. Ici ou là, on retrouve des hommes engagés naguère dans le camp du pétainisme ou de la Collaboration. Dans le comité de soutien à la création du quotidien *Présent*, annoncé en 1981 et qui œuvre pour une « France réelle, celle des vertus chrétiennes du travail, de la famille et de la patrie », apparaissent les noms de l'amiral Auphan, de Maurice Bardèche, de Serge Jeanneret (membre du cabinet d'Abel Bonnard, ministre de l'Éducation nationale de 1942 à 1944), qui voisinent avec ceux de Pierre Chaunu, du R.P. Bruckberger ou de Pierre Debray-Ritzen.

De son côté, *Rivarol*, quatre décennies après la guerre, continue inlassablement de revendiquer son appartenance au camp des vaincus de 1945. En témoigne cet exemple entre mille autres. Dans son numéro du 19 novembre 1982, le journal publie la lettre d'un lecteur mécontent. Se déclarant hostile aux anciens collaborateurs, il dénonce le « pèlerinage » entrepris par des amis du journal sur la tombe de Jean Hérold-Paquis, ancien du parti populaire français, célèbre par sa chronique à Radio-Paris : « Car comme Carthage, l'Angleterre sera détruite », et fusillé à la Libération. Ce qui lui vaut cette réponse de la rédaction :

> Rappelons à notre correspondant que *Rivarol* est un carrefour où se retrouvent les « pétainistes mais pas collaborateurs », les « collaborateurs mais pas pétainistes », et ceux qui n'étaient ni l'un ni l'autre, mais qui ont compris un peu tard que les Alliés avaient tué « le mauvais cochon [52] ».

D'autres organes, plus marginaux encore, gardent cette nostalgie des années quarante, comme *Militant*, parrainé entre autres par Saint-Loup (ancien journaliste de la LVF). Bien qu'obsédé par la question des immigrés, *Militant* ne dédaigne pas de temps à autre de se livrer à quelques fines analyses d'histoire politique :

> En France, on ne peut que le constater, les changements de régime se sont presque tous effectués par la force : la

Iʳᵉ République est issue d'une révolution, le Iᵉʳ Empire
d'un coup d'État, la Restauration d'une invasion étrangère, la Monarchie de Juillet d'une révolution, la IIᵉ République d'une révolution, le Second Empire d'un coup
d'État, la IIIᵉ République d'un coup de force, la IVᵉ République de la Résistance et de la victoire alliée, la Vᵉ enfin
du 13 mai. Seul l'État français est né d'un vote du Parlement confiant les pleins pouvoirs au maréchal Pétain en
juillet 1940 [53].

Une telle lecture de l'histoire ne s'invente pas...

Autre exemple de cette filiation quasi directe avec les années
quarante, la rencontre du 16 octobre 1983, dite « Journée de
l'amitié française », réunissant presque toutes les composantes
de l'extrême droite renaissante : Jean-Marie Le Pen, du Front
national, Philippe Malaud et Pierre Sergent, du Centre national des indépendants et paysans (devenu le tremplin politique « respectable »), Yves Durand, de l'Union nationale
interuniversitaire (UNI), François Brigneau, de *Minute* et *Présent*, sans oublier Romain Marie, de l'association Chrétiens-
Solidarité, André Figuéras ou Jo Ortiz. A la tribune, un ora-
teur dénoncera « les quatre superpuissances colonisant la
France : le marxiste, le maçonnique, le juif, le protestant,
que symbolisent les ministres Fiterman, Hernu, Badinter et
Rocard » (Arnaud de Lassus), tandis qu'un autre fait applau-
dir le nom du maréchal Pétain qui, « en août 1940 a dissous
les sociétés secrètes » (Jacques Ploncard), le tout dans une
salle comble, venue exprimer ses haines, ses peurs et ses fantasmes d'un autre âge, notamment sur l'immigration [54].
Outre le style qui peut faire penser aux meetings du Paris
occupé (mais aussi à ceux des « événements » d'Algérie), la
thématique puise directement autant aux sources du mauras-
sisme et de son rejet des quatre États confédérés qu'à son
application par l'État français, la doctrine de celui-ci s'étant
avant tout caractérisée par ses principes d'exclusion (juifs,
francs-maçons, communistes, socialistes, étrangers, etc.).

Depuis, Jean-Marie Le Pen a prouvé avec éclat et en toute
conscience qu'il était littéralement obsédé par les années quarante. Tout en niant farouchement n'avoir aucun lien avec

l'antisémitisme de l'époque, il semble avoir au sens fort du terme Vichy et la guerre dans la tête ; les chambres à gaz « un point de détail de l'histoire de la Seconde Guerre mondiale » en 1987, « Durafour crématoire » en 1988, la « double nationalité » du ministre Lionel Stoléru, etc.

Cela étant, le rapprochement avec les années noires est venu aussi de l'extérieur. La nouvelle droite a été ainsi immédiatement « diabolisée », avec d'autant plus de facilité qu'elle semblait surgir au même moment que le fantôme de Darquier et les bombes néo-nazies. Ces phénomènes, pourtant distincts, se sont alimentés les uns les autres. Lorsque *le Nouvel Observateur* consacre un dossier à la nouvelle droite à l'été 1979, il inclut dans son numéro un article d'Henri Guillemin sur Pétain, où l'auteur développe à l'envi la thèse du « complot » qu'aurait ourdi dès l'avant-guerre le Maréchal contre la République. Aucune justification dans ce rapprochement, sinon un non-dit : la nouvelle droite est non seulement l'héritière de Pétain mais, à son exemple, elle « complote » contre la démocratie, une attaque d'autant plus malhabile que la thèse d'un complot pétainiste a été réfutée depuis longtemps par les historiens [55].

De même, on a vu que l'attentat de la rue Copernic avait été attribué d'emblée à l'extrême droite et que la mobilisation de la communauté juive et de la gauche s'était faite sur le thème de l'antifascisme et non sur la défense d'Israël. Les exemples abondent de cette assimilation systématique entre l'extrême droite contemporaine — toutes tendances confondues — et les pétainistes ou collaborateurs d'hier : lors de l'élection municipale de Dreux, devenue le symbole et de la remontée de l'extrême droite raciste, et des collusions possibles avec les partis traditionnels, les militants de gauche chanteront spontanément *le Chant des partisans*.

Cet amalgame, plus sensible que politique — à la différence de l'utilisation froide de l'anathème — a eu pour premier effet de retarder la compréhension du phénomène. Il a fallu un certain temps avant que les commentateurs sortent des schémas caricaturaux de l'éternel retour du « collabo », pour comprendre ce qu'avaient de spécifique la montée électorale et le discours du Front national.

Est-ce l'extrême droite qui regimbe, de manière symptomatique, à mettre certaines de ses reliques au placard, ou la gauche des années 1980 qui éprouve du mal à se dégager de sa vision historique trop réductrice de l'extrême droite ?

En tout état de cause, on peut remarquer que la renaissance de celle-ci a bénéficié elle aussi de la fracture culturelle de la fin des années soixante. La remise en cause d'une vision œcuménique de la France occupée, la brèche ouverte dans la mémoire mythique de la Résistance ont profité aux nostalgiques de tous bords. Ravagée et démoralisée par l'échec de l'Algérie française, l'extrême droite a pu entreprendre un ravalement de façade, aidée indirectement par ceux-là mêmes qui ont participé à la destruction du mythe, Georges Pompidou et Valéry Giscard d'Estaing en tête : c'est lors des législatives de 1968, puis des présidentielles de 1969, que les antigaullistes de l'Algérie française vont se rapprocher d'abord de la majorité parlementaire, ensuite du nouveau président ; c'est en 1974 que Giscard d'Estaing va confier son service d'ordre à des hommes très marqués par l'activisme droitiste, qui, la même année, vont fonder, avec sa bénédiction, le parti des forces nouvelles.

Une grande partie de cette extrême droite a semblé incapable de se détacher des réflexes de nostalgie et de fascination pour l'an quarante. Malgré les discours modernistes de la nouvelle droite, un réflexe irrépressible semble l'empêcher de renier l'héritage. Et quoi de surprenant : cette époque est la seule où ses hommes, ses idées, sa symbolique ont eu une parcelle d'autorité. Quelle famille politique peut impunément tourner le dos à son histoire et refuser les quelques balbutiements d'une culture de pouvoir ? Certes, ni le Front national ni la nouvelle droite ne peuvent se réduire à un néo-pétainisme idéologique, ni à une simple résurgence d'un « fascisme français » qui est toujours l'objet de farouches discussions. Il n'en reste pas moins que le meurtre du père ne s'est pas complètement fait, que subsiste une vague nostalgie du « travail-famille-patrie », qui déborde d'ailleurs largement l'extrême droite : Raymond Barre lui-même n'a-t-il pas osé transgresser l'interdit, en décembre 1985 (« Oui au travail, oui à la famille, oui à la patrie, mais dans une France libre parce que des hommes libres l'auront voulu [56] »)? Sans innocence aucune — il le confirmera quelques semaines après, le 12 janvier 1986, à TF 1 —, l'ancien Premier ministre et présidentiable a renoué avec l'essence même du maréchalisme, ce qui fut à la fois son credo et son obstacle radical : pouvoir bâtir la Révolution nationale dans une France que n'occuperait aucune puissance étrangère, sans être ainsi accusé du péché originel de collaboration.

Dans le registre politique, l'anathème n'est donc pas le seul ressort de l'obsession. La permanence de l'héritage direct a joué son rôle, et ce d'autant mieux que nombre d'hommes politiques, à droite comme à gauche, croient encore aux vertus de l'évocation du maréchal rédempteur. Comme épouvantail ou comme emblème.

Barbie : un procès cathartique ?

Samedi 5 février 1983 : sur la base militaire d'Orange, un homme de soixante-dix ans, fatigué et hagard, descend d'un DC 8 en provenance de Guyane. Il est immédiatement transféré à la prison du fort de Montluc. Là, Christian Riss, un juge d'instruction né après la guerre, lui notifie son inculpation pour crimes contre l'humanité, prononcée l'année précédente. La boucle semble bouclée : le capitaine SS Klaus Barbie, chef de la section IV du Sipo-SD de Lyon de 1942 à 1944, se retrouve, quarante ans après, sur les lieux de ses crimes, aux mains des enfants de ceux qu'il a torturés et exécutés.

D'emblée, l'affaire Barbie est entrée, de la volonté expresse du garde des Sceaux, Robert Badinter, dans le registre du symbolique. Et de la gravité : l'arrivée sur le sol métropolitain s'est faite à l'abri des médias, frustrés des images du citoyen bolivien Klaus Altman, car il importe d'éviter la trop rapide « banalisation » du personnage et de garder à l'événement présent et au procès futur toute sa charge émotive et cérémoniale.

Recherché depuis 1945, Klaus Barbie a été jugé par contumace en 1952 et 1954 et condamné pour crimes de guerre[57]. Protégé par les services secrets américains (les États-Unis le reconnaîtront officiellement le 16 août 1983), il est repéré en Bolivie en 1971 par Beate Klarsfeld. Son mari, Serge, révélera par la suite que la Sûreté militaire française connaissait sa cache depuis 1963 et que «rien, strictement rien, n'(avait) été fait par la France» jusque-là[58]. C'est donc la main un peu forcée que les autorités françaises réclament pour la première fois en 1972 l'extradition, démarche renouvelée en vain pendant dix ans.

L'arrivée de la gauche au pouvoir en 1981 accélère le processus, que facilite l'élection libre du président bolivien Silès Zuazo, dirigeant une coalition elle aussi de gauche, le 10 octobre 1982.

Avec l'élection de François Mitterrand, la tradition de la Résistance a connu un regain affiché, en particulier lors de la cérémonie du Panthéon. Dans la perspective du quarantième anniversaire de la disparition de Jean Moulin, que l'on situe en juillet 1943, quelle meilleure célébration que l'extradition de son bourreau? Grâce à cela, on peut émettre l'hypothèse que le gouvernement de la gauche a fait l'économie d'une commémoration, dont l'œcuménisme obligé aurait sans doute posé quelques problèmes aux ordonnateurs des pompes mitterrandiennes : dans le contexte d'alors (la «cohabitation» ou l'«ouverture» n'étant pas de saison), il aurait été difficile d'associer toutes les composantes de la Résistance, gaullistes et communistes compris.

Grâce à l'appui de Régis Debray, Serge Klarsfeld parvient à utiliser ces éléments favorables pour inciter le gouvernement à rouvrir, en 1982, le dossier Barbie. D'autant que plusieurs des ministres sont directement concernés en tant qu'anciens résistants : Claude Cheysson, Charles Hernu, Gaston Defferre, sans oublier bien sûr François Mitterrand lui-même (qui a peut-être connu dans la clandestinité le père de Serge Klarsfeld[59]) et, à un autre titre, Robert Badinter, dont le père fut déporté de Lyon et disparut à Auschwitz, et qui assista, en 1961, au procès Eichmann[60]. A ce stade de l'affaire, l'avocat, qui représente la mémoire des déportés juifs, d'une part, et ceux qui peuvent se réclamer de l'héritage et de la mémoire résistants, d'autre part, ont agi en parfaite harmonie.

La venue de Barbie correspond donc visiblement à une volonté profonde du gouvernement, même si l'opposition y voit une « opération électorale » à l'approche des municipales de mars 1983. Elle ne se présente pas comme une péripétie supplémentaire du souvenir agité de la guerre, pas plus qu'elle n'est un simple avatar du syndrome. Elle exprime le désir manifeste d'un pouvoir politique d'offrir à la mémoire collective un moment exceptionnel : symbole de la barbarie de l'occupant nazi, Barbie, l'homme qui tortura Jean Moulin, sera jugé — à l'instar d'autres procès « historiques » du même ordre — au nom de l'État de droit et d'un impossible oubli.

Le meilleur indice en est sans doute la proposition faite par Georges Filioud, ministre de la Communication, de projeter les séances du procès en direct, sur le petit écran, une véritable « première » en France, que Robert Badinter appuie sur le moment (elle sera par la suite abandonnée, tout en ayant permis le vote d'une loi sur l'enregistrement des « grands » procès à des fins historiques). On invite ainsi les Français à communier autour d'une célébration unitaire, celle des victimes et celle des héros, hors du champ commémoratif étatique, donc hors de toute considération politique, puisque le principal acteur sera la Justice. A la Martinique, le 6 février 1983, au lendemain de l'arrivée de Barbie en France, Pierre Mauroy, chef du gouvernement, avait déclaré :

> En prenant la décision de faire interpeller Klaus Barbie, le gouvernement français n'a obéi à aucun esprit de vengeance. Il a eu simplement un double souci : d'une part, permettre à la justice française de faire son œuvre, d'autre part, être fidèle au souvenir des heures de deuil et de lutte par lesquelles la France a sauvé son honneur. Il faut que les Françaises et les Français n'oublient pas cette histoire qui est la leur. Il faut que les jeunes générations sachent ce qui a été alors vécu pour être prêtes à toujours sauvegarder la dignité de leur patrie et plus encore la dignité de l'homme.

Le cas Barbie est non seulement complexe, ce que n'ignore évidemment pas le gouvernement, mais il va entraîner une série d'effets incontrôlables, démontrant une fois de plus que la mémoire de la Seconde Guerre mondiale n'entre pas dans des cadres préétablis et structurés, malgré la volonté du pouvoir et l'activisme de telle ou telle association.

Dans un premier temps, tout semble se dérouler dans le calme. Un sondage réalisé dans le feu de l'événement montre une opinion unanime, ou presque : 80 % des personnes interrogées estiment que la France a eu raison de réclamer Barbie à la Bolivie (contre 15 % hostiles) ; 54 % approuvent l'idée de le faire juger par un tribunal français (contre 33 % par un tribunal international, 3 % par une juridiction allemande et 10 % qui pensent que « la France doit se désintéresser de cette affaire ») ; 71 % suivront le procès « avec intérêt », 18 % « avec passion » et seulement 10 % « avec indifférence »[61]. Mais il ne s'agit là que d'un reflet fugitif, peu de gens étant réellement à même de comprendre les enjeux et les écueils potentiels, surtout à ce stade.

En effet, les ambiguïtés ne tardent pas à apparaître. Parmi les personnalités interrogées, l'accord se fait avec peine sur l'opportunité de l'expulsion, comme sur le sens du procès à venir. Si Jacques Chirac se félicite que la justice puisse suivre son cours, Simone Veil, très souvent sollicitée, espère assister non à un procès mais « à une contribution à l'histoire », car, de toute manière, « la justice des hommes n'y trouvera pas son compte[62] ». Une opinion partagée par de nombreux anciens résistants ou déportés qui souhaitent un procès « pédagogique ».

A l'extrême droite, comme il se doit, les « amnésistes » pullulent même s'ils sont au bout du compte minoritaires : Jean-Marie Le Pen, *Minute*, ou *Aspects de la France* (qui ne voit en Barbie qu'un « tortionnaire maladroit[63] »). Dans l'opposition parlementaire, Raymond Barre avoue sa gêne, et citant l'archevêque de Lyon, Mgr Decourtray, il reprend à son compte l'un de ses propos : « C'est l'un de ces événements qui appelle le silence plus que la parole[64] », un précepte qui lui a parfois échappé... François Léotard, secrétaire général du parti républicain, affiche ouvertement sa crainte de la

« récupération ». Jouant sur sa virginité historique, génération oblige, il ajoutera même : « Certains hommes politiques actuels n'ont pas nécessairement intérêt à se pencher sur ce passé », arrêtant net toutefois l'amalgame sibyllin, devant le frémissement des micros en attente de l'incident[65]. La tentation de l'anathème a encore une fois affleuré. Au même moment, à gauche ou à droite, on rallume d'ailleurs les vieilles affaires : « Ceux qui tremblent », titre *le Matin*, par allusion aux collaborateurs susceptibles d'être inquiétés par les retombées d'un éventuel procès. Premier risque donc : que l'affaire Barbie ne rallume la guerre franco-française, perdant du même coup toute sa charge exemplaire et symbolique. Cette crainte sera démentie par la suite car dans un premier temps le procès sert de dérivatif aux passions françaises, tout en prenant en compte le traumatisme et l'obsession des années noires, en mettant sur la sellette l'ennemi principal, le mal personnifié, le nazi allemand.

Deuxième risque immédiat : que l'affaire emprunte divers chemins de traverse, noyant l'événement majeur. C'est la farce tragi-comique jouée par l'ex-femme de Jean Moulin, Marguerite Storck Cerruty, qui divorça pourtant en 1928 (un an après leur mariage), et qui fait un bref instant la une des journaux[66]. Ou encore les relents de roman d'espionnage consécutifs aux révélations sur le rôle des services secrets américains et français dans la protection de Barbie après la guerre, relayés beaucoup plus tard (en 1985) par le pistage de certains réseaux néo-nazis et du financier suisse Genoud[67].

Mais le risque le plus difficile à apprécier — et le plus lourd de conséquences sur l'effet mémorial escompté — réside au cœur même de l'événement. Le 23 février 1983, le procureur de la République de Lyon rend publics les chefs d'inculpation. Huit faits précis sont retenus contre Klaus Barbie : ils concernent tous l'arrestation, la torture ou la déportation de « civils », en particulier juifs. En ce sens, le procureur Jean Berthier s'est montré fidèle à la ligne de conduite imposée par le garde des Sceaux, qui, dans toute cette affaire, s'en est tenu au strict respect du droit :

... Ne sont pas compris dans les poursuites engagées au chef de crimes contre l'humanité les faits qui auraient été commis par Klaus Barbie sur la personne de résistants (...). Ces faits constituent des crimes de guerre qui se trouvent aujourd'hui prescrits, et ils n'apparaissaient pas comme des crimes contre l'humanité : ceux-ci visent les massacres, assassinats et déportations subis pendant la guerre et l'Occupation par les populations civiles tels que génocide, prise d'otages (...). Parce qu'ils se sont dressés contre le régime de Vichy et l'armée d'occupation, les résistants sont des combattants volontaires, qualité qu'ils ont toujours revendiquée hautement et que la loi leur a d'ailleurs reconnue (...). Juridiquement, ils ne peuvent donc être assimilés à la population civile subissant les traitements décrits dans la charte du Tribunal international de Nuremberg.

Précisions capitales : c'est à ce stade que commencent réellement les contradictions entre la justice, la mémoire et l'histoire.

Premier problème : les preuves du crime. Jugé comme un témoin suspect, Barbie doit pouvoir bénéficier de toutes les garanties juridiques. Et même si aucun doute n'existe au plan historique, ni sur son appartenance à la SS et au parti nazi, ni sur son action à Lyon, ni sur l'ampleur de sa responsabilité, la justice, elle, a besoin de preuves matérielles, concrètes, qui établissent la culpabilité de l'*individu,* et non celle d'un rouage dans un système réputé criminel. D'où les premières frictions. Les témoins — les victimes... — ne sont pas, quarante ans après, une garantie absolue ; quant aux documents, seuls les originaux seront pris en compte : en décembre 1983, la défense obtiendra que le tribunal de Lyon accepte sa plainte « pour usage de faux », visant la photocopie d'un télégramme de Barbie ordonnant la déportation de quarante et un enfants juifs d'Izieu, le 6 juin 1944. Cette petite victoire symbolique de la défense n'aura pas de suite. Grâce aux longues recherches de Serge Klarsfeld au Centre de documentation juive contemporaine, on retrouvera l'original de ce télégramme, devenu, en décembre 1984, la première pièce à conviction [68]. Aucun historien n'aurait jamais mis en doute le contenu de ce télégramme, d'autant que la photocopie en question avait été réalisée par la cour de Nuremberg. La justice, oui, même si en fin de parcours seuls quelques crimes devront être retenus, ne rendant aucunement compte de la réalité historique et de l'ampleur des crimes du nazi Barbie. Comment, dans ces conditions, parler de « pédagogie historique » ?

Deuxième problème : les rivalités de mémoire. Quelques jours après l'inculpation de Barbie, plusieurs de ses victimes ou leurs familles, ainsi que vingt-deux associations (la Ligue des droits de l'homme, l'Amicale des anciens de Dachau, l'Union départementale du Rhône des combattants volontaires de la Résistance, la FNDIRP...), s'étaient portées partie civile. Mais personne ne pouvait ignorer la distinction fondamentale que ferait — en application de la loi — la justice : les « crimes de guerre », commis contre des soldats *ou assimilés,* comme les résistants, dans le cadre d'actions militaires, bénéficiaient de la prescription de vingt ans ; seuls étaient retenus les « crimes contre l'humanité », imprescriptibles par nature, contre des civils, et tout particulièrement ceux commis dans le cadre de la solution finale. Cette distinction est essentielle. Elle signifie que la justice française, à ce stade de l'instruction, considérait la mort de Jean Moulin et la lutte impitoyable menée par Barbie contre les combattants de l'ombre à Lyon, capitale de la Résistance en zone sud, comme hors des débats, « oubliées » au sens juridique des choses, alors que précisément Barbie a été capturé au nom de la lutte contre l'oubli !

Quelle contradiction : la condamnation éventuelle de celui qui avait tué notre martyr national se ferait pour des crimes commis envers quelques centaines de civils (pour l'essentiel des juifs) ! Dans le prétoire, la Résistance se verrait donc réduite au silence. « Ce n'est que justice ! », estiment — à mots couverts — certains. Le souvenir de la déportation et la constitution d'une « mémoire de l'Holocauste », récente et difficile, pouvaient trouver là une sorte de juste retour des choses, l'occasion de s'exprimer après l'effacement devant la célébration officielle de la mémoire résistante, au moins jusque dans le début des années 1970. Après Eichmann à

Jérusalem, Barbie à Lyon pouvait permettre de condamner l'essence même du nazisme.

Et ce au détriment des anciens résistants, en particulier les proches de Jean Moulin. Comment admettre qu'en vertu du droit disparaisse d'un tel procès le héros national, la figure emblématique ? Trop emblématique peut-être et de façon soudaine pour ne pas receler quelque mauvaise conscience ou quelques oublis opportuns, révélés peu à peu dans le cadre de violentes polémiques ultérieures. Cette inquiétude des résistants était d'ailleurs de leur point de vue justifiée si l'on en croit un sondage réalisé en avril 1987, quelques semaines avant l'ouverture du procès, et publié par *le Monde* (2 mai 1987) : une grande majorité de Français ont spontanément qualifié Barbie de «SS», de «nazi» (40 %), ou encore d'«assassin» et de «tortionnaire» (37 %), mais seulement 2 % l'ont perçu comme étant «celui qui a torturé, assassiné Jean Moulin». Mais cette contradiction entre la justice et l'histoire aurait pu rester latente, le respect des règles et de la chose jugée étant l'essence même d'un tel procès, dont l'objectif était précisément d'affirmer la prééminence d'un système démocratique sur le nazisme, négation par excellence de l'État de droit. Mais c'était sans compter sur l'élément imprévu : l'avocat de Barbie, Me Vergès.

Parti rejoindre les FFL à 17 ans, communiste après la guerre, avocat du FLN et familier des organisations palestiniennes, Vergès, pour des raisons politiques personnelles et par haine de la «démocratie bourgeoise», va très habilement s'infiltrer dans les mailles du dossier Barbie, le dossier judiciaire comme le dossier politique. C'est à ce titre qu'il mérite une brève analyse, car, sans les non-dits, les paradoxes et les ambiguïtés intrinsèques à l'affaire, Vergès se serait sans doute préoccupé d'autres cas sensibles. Sa présence n'est donc pas fortuite, même si elle était immédiatement imprévisible.

«C'est Vergès qui a choisi Barbie et non l'inverse[69].» Jusqu'au 15 juin, la défense de Klaus Barbie était en principe assurée par le bâtonnier de Lyon, Me Alain de la Servette, qui s'était lui-même commis d'office. Il s'était adjoint les services de Robert Boyer, un «prêtre-avocat», et ceux de Jacques Vergès, peut-être sur les conseils de François Genoud, financier suisse, habitué des réseaux néo nazis. Mais, le 14 juin 1983, Mᵍʳ Decourtray, archevêque de Lyon, rend publique une déclaration condamnant la participation d'un membre de l'Église dans cette affaire, au nom de la lutte contre « la banalisation du nazisme ». Le lendemain, Alain de la Servette renonce lui aussi à défendre Barbie, laissant cette charge au seul Jacques Vergès[70].

A peine quelques jours après, ce qui laisse supposer une préparation de longue date, dans un colloque organisé par le Comité d'action prison-justice, Vergès précisera l'esprit dans lequel il entend mener la défense de l'ancien nazi, lui, le « gauchiste » qui préconise une « stratégie de rupture » avec l'État bourgeois. Après avoir rappelé que Barbie est « entré dans l'histoire de notre pays pour avoir arrêté Jean Moulin », il récuse l'exclusion de l'« affaire Moulin » des débats à cause de la définition des crimes contre l'humanité, une définition fort « extensible » et qui peut parfaitement s'appliquer ici. Selon lui, la véritable raison est ailleurs :

> ... Si l'on considérait que c'est un crime contre l'humanité, il faudrait discuter les conditions dans lesquelles Jean Moulin a été livré aux Allemands, parce que Jean Moulin n'a pas été arrêté par accident, au hasard d'une rafle, Jean Moulin a été livré aux Allemands par d'autres résistants français, et il y a des hommes politiques aujourd'hui, qui se réclament de la Résistance, qui veulent paraître devant l'opinion, et peut-être devant l'Histoire s'ils sont mégalomanes, et ils le sont, comme des héros purs, de nouveaux Vercingétorix, et on apprendra à ce moment-là, si ce débat avait lieu, que nos Vercingétorix sont en fait des gens qui menaient double jeu, des gens qui bouffaient à deux gamelles, des gens à qui la passion politique partisane faisait oublier le service de la Résistance, soit qu'ils aient été antigaullistes, soit qu'ils aient été anticommunistes[71].

Il rappelle alors que si la loi sur l'imprescriptibilité des crimes de guerre ne fut pas votée avant décembre 1964, c'était pour éviter que des avocats comme lui, engagés dans le combat du FLN, ne « submergent » le parquet de plaintes, insis-

tant sur le fait que la France devrait d'abord laver son propre linge sale [72]. C'est l'argumentation qu'il emploiera le
plus souvent en public.

Devant les questions angoissées de son auditoire (des militants d'extrême gauche) pour qui, comme le rappelle l'une
d'entre elles, allemande de surcroît, Barbie est « un mons-
tre », Vergès se justifie :

> Un procès c'est un événement, il provoque, il noue le
> drame, il noue le spectacle que les autres ont voulu, et
> c'est à nous d'en faire le montage que nous voulons. Le
> montage, pas au sens de manipulations, le montage au
> sens de donner une signification aux éléments que nous
> avons [73].

Et, plus loin :

> Nous sommes dans une position où nous n'avons pas
> le pouvoir, et nous ne pouvons provoquer un débat qu'à
> travers des occasions que le pouvoir, par son impéritie,
> son aveuglement, nous offre [74].

En quelques phrases, prononcées devant une assemblée
acquise, Vergès a donc spontanément révélé ses intentions
et son plan. Il l'appliquera d'ailleurs à la lettre. D'abord, il
a compris toute la difficulté d'un pouvoir, même démocratique, de juger, surtout après coup, « rétroactivement », un
système politique, fût-il criminel : c'est le débat du procès
de Nuremberg, mais quatre décennies après. Garder le crime
en mémoire, par respect des morts et par vigilance, est une
chose. Le condamner hors des circonstances, dans un climat
qui ne rappelle en rien l'effarement des Alliés découvrant les
camps de la mort, avec des lois et une justice démocratiques,
en est une autre, nécessaire peut-être, mais singulièrement
épineuse.

Ensuite, il tente de retourner à son profit l'« intention pédagogique », ce qui montre la relative naïveté de ceux qui espé-
raient « tirer des leçons » d'un tel événement. L'exemple du
procès Eichmann, en 1961-1962, avait pourtant illustré ces

écueils. Il avait révélé la « banalité du mal », donc sa possible existence ici ou ailleurs et, par conséquent, la part d'hypocrisie qu'il y avait de juger le représentant d'un système vaincu, dans un monde hanté par d'autres systèmes totalitaires ou d'autres génocides. Il avait mis en lumière certaines faces cachées de la solution finale : comme l'attitude des *Judenräte* ou la « passivité » des victimes[75]. D'où le trouble dans un projet apparemment simple (et fou) au départ : juger un des plus hauts responsables du génocide en Israël, État dont l'existence même avait résulté de l'ampleur du crime nazi. Mais, précisément, le procès Eichmann possédait une telle charge idéologique et affective, constituait un tel ciment identitaire pour la jeune nation juive que le jeu en valait sans doute la chandelle.

Enfin, et surtout, l'avocat a frappé le talon d'Achille du dispositif : la mémoire de la Résistance. Non seulement elle est écartée des débats, non seulement elle doit taire sa rage, mais, de surcroît, elle doit abandonner le terrain à un Vergès, qui, non content d'utiliser sans vergogne cet aspect du dossier qu'il sait sensible dans l'opinion, le fait sur le mode du scandale, réactualisant les vieilles polémiques, d'autant plus douloureuses qu'elles mettent en jeu les relations entre résistants eux-mêmes, en dévoilant de façon mensongère les conditions humaines et politiques très dures de la lutte clandestine. On retrouve là une tactique employée par Faurisson, engouffré dans les brèches de la mémoire juive.

Les circonstances de l'arrestation de Jean Moulin avaient déjà resurgi à la surface, dans le sillage de l'arrivée de Barbie. De nouveau avaient été évoqués les événements du 21 juin 1943, le rôle de René Hardy, considéré par de très nombreux résistants (malgré les non-lieux de la justice) comme l'« homme qui a trahi ». Bref, exclues de l'instruction, l'affaire — les affaires — Moulin réapparaissaient comme il se doit dans la presse. C'est dans ce terreau favorable que Vergès lance son faux scandale en novembre 1983, en publiant *Pour en finir avec Ponce Pilate*[76]. En douze pages (!), sans aucun élément nouveau, puisqu'il ne fait que reprendre des ouvrages déjà anciens, il développe la thèse de la « trahison », fidèle à la tactique dessinée au colloque de juin cité plus haut.

L'habileté a consisté ici, non dans le terme employé — on sait depuis quarante ans que Moulin a été trahi — mais dans l'intoxication et la provocation : faire croire à l'existence de « documents secrets » prouvant ses allégations. Or, au même moment, dans certains instituts spécialisés dans l'histoire de la Seconde Guerre mondiale, les historiens ont effectivement pu repérer quelques-uns de ses sbires à la recherche de la lettre ou du papier « décisif »… preuve que le dossier de Vergès était à ce moment-là plus maigre qu'il ne cherchait à le faire croire.

Mais qu'importe, la provocation porte et les résistants sortent de leur réserve. Suivent ainsi une avalanche de déclarations, de mises au point, de témoignages, de publications, donnant le sentiment d'une réaction défensive, toujours à double tranchant [77]. Mais ce n'est qu'une première étape, et la contre-attaque se déclenche sur pression de la FNDIRP, de l'ANACR, de la Ligue des Droits de l'homme, du MRAP et de bien d'autres associations. Renvoyé devant la Cour de cassation, le dossier de l'instruction, clos par un arrêt du 5 octobre 1985 (qui renvoyait Barbie devant la cour d'assises du Rhône), est cassé le 20 décembre 1985. Une décision « historique », donnant une nouvelle interprétation des crimes contre l'humanité et permettant de réintégrer dans l'accusation certains actes commis à l'encontre des résistants. Toute l'instruction sera à refaire, retardant la clôture du nouveau dossier jusqu'au 9 juillet 1986. Ce jour-là, un arrêt de la chambre d'accusation de Paris a retenu contre Barbie, outre les faits déjà cités, trois des six faits qui lui étaient reprochés à l'encontre des résistants. Un arrêt instructif : à la charge de l'inculpé, « la déportation de personnes (…) en raison de leurs activités réelles ou supposées dans la Résistance » ; par contre, l'assassinat sous la torture d'un commissaire de police, en 1943, qui avait laissé s'échapper des résistants, est exclu des débats.

> L'auteur du crime contre l'humanité doit avoir agi dans le cadre de son adhésion à une politique d'hégémonie idéologique telle que l'idéologie national-socialiste du IIIe Reich. Ce mobile doit être spécial, alors que le crime de guerre exige seulement l'intention coupable [78].

Distinctions fines que celles qui parviennent à séparer l'«intention hégémonique» du nazisme des opérations de guerre ou de police... La guerre déclenchée par les nazis n'avait-elle pas comme objectif ultime et permanent l'hégémonie sur l'Europe? A ce compte, tous ceux qui sont tombés contre le IIIe Reich l'ont été pour cause d'hégémonie.

On ne peut s'empêcher de penser que, d'une certaine manière, Vergès a marqué incontestablement des points. N'avait-il pas imaginé, dès le 15 juin 1983, une telle situation? N'avait-il pas compris les rivalités de mémoire? Qui d'autre que lui a savouré les polémiques douteuses entre Serge Klarsfeld, Henri Noguères et Vercors, entre la mémoire juive d'un côté, et la mémoire résistante de l'autre [79]? Quel effet pédagogique pouvait avoir la dispute entre victimes?

Au-delà des arguments juridiques, aussi légitimes les uns que les autres, l'affaire Barbie, avant même que ne commence le procès, le clou du spectacle, a posé certains enjeux de mémoire de toute première importance.

Sur les formes d'abord. Le procès Barbie s'annonçait comme une catharsis, «un énorme psychodrame national, une cure psychanalytique à l'échelle du pays», comme l'a prophétisé Emmanuel Le Roy Ladurie quelques jours à peine après le transfert [80].

Sur les contenus ensuite, donc sur l'avenir des représentations collectives de l'événement. Faut-il insister sur la spécificité de la solution finale, donc sur l'antisémitisme comme perversion intrinsèque et originelle? Faut-il mettre l'accent sur la nature du système politique dans sa totalité et considérer l'ensemble des victimes?

Dans un cas, l'emporte un judéocentrisme, fidèle, par certains côtés, à ce que fut le nazisme quand il a pris pour cible principale — mais ni première ni unique — les juifs. Ce qu'a reconnu la législation internationale en distinguant les crimes de guerre de ceux contre l'humanité, qui visait au premier chef la solution finale. Dans l'autre, domine une conception plus «politique», qui tente de renouer avec l'esprit unitaire (ou supposé tel) de la Résistance. Refusant de s'intéresser à une facette unique du nazisme, fût-elle topique comme l'antisémitisme, elle s'enracine dans la lutte universelle contre tout système oppressif, quelles qu'en soient les victimes. Une conception qui trouve sa légitimité et sa logique dans le cas déjà cité du résistant juif : de sa « résistance » ou de sa « judéité », laquelle l'emporte ? Cette conception a convaincu les magistrats de la Cour de cassation en 1985. Le crime est désormais défini non plus par la nature de la victime mais par la nature de l'acte et l'identité idéologique de son auteur.

Toutefois, cette vision des choses ne manque pas d'ambiguïté non plus : en réduisant la frontière juridique entre la nature des deux crimes, les résistants ne risquaient-ils pas de perdre une spécificité conquise de haute lutte depuis la Libération, celle d'avoir réussi à faire admettre qu'ils étaient des *combattants,* une définition qui justifiait le recours au concept de crime de *guerre* ?

Dans un cas comme dans l'autre, peut-on laisser à la justice le soin d'orienter la signification de l'histoire ? L'interprétation restrictive du crime contre l'humanité a eu pour elle le droit jusqu'en 1985, laissant ce privilège désormais à l'autre. Cela ne signifie pas forcément que leurs visions respectives soient vraies ou fausses suivant les temps. Mais cela dénote une incontestable évolution des mentalités. A condition d'admettre que la position d'une instance judiciaire, pour refléter le droit, refléterait *ipso facto* la mémoire collective. Ce qui reste à prouver : dans la hiérarchie des vecteurs de mémoire, la justice — on a pu l'observer maintes fois depuis la fin de l'épuration — n'est sans doute pas le plus fidèle.

Le procès et son impact

Avec le recul, le procès Barbie, qui s'est déroulé sur six semaines entre le 11 mai et le 4 juillet 1987, prend bien entendu un autre relief. A l'échelle d'une évolution longue de la mémoire des Français, a-t-il effectivement joué le rôle d'une « catharsis » nationale ? A-t-il été un point de non-retour ? Sans doute pas ou de manière incomplète, mais il marque sans conteste un tournant.

Conformément à l'arrêt de la Cour de cassation du 20 décembre 1985, les charges retenues contre Barbie ne se sont pas limitées aux seuls crimes entrant dans le cadre de la solution finale. Cinq chefs d'inculpation ont été formulés : la liquidation du comité lyonnais de l'UGIF et la déportation de 84 personnes consécutive à la rafle du 9 février 1943, rue Sainte-Catherine à Lyon ; la déportation de 43 enfants et de 5 adultes de la colonie d'Izieu, arrêtés le 6 avril 1944 ; la déportation de 650 personnes « environ » dans le dernier convoi à destination des camps, parti de Lyon le 11 août 1944 ; les tortures mortelles infligées au professeur Marcel Gompel ainsi que d'autres déportations individuelles entre 1943 et 1944 ; la déportation de la famille Lesèvre, dont la seule rescapée fut Lise Lesèvre, qui a témoigné au procès. Parmi ces cinq chefs d'inculpation, les trois derniers concernaient aussi bien des juifs que des résistants, sans distinguer si la qualité de « juif » ou celle de « résistant » avait prévalu et si l'une ou l'autre était le motif principal du crime. C'est donc bien la nature des actes commis par Barbie qui a condamné celui-ci à la réclusion perpétuelle et non pas la qualité des victimes. De ce fait, le débat a été relancé sur la justesse d'une telle décision qui, incontestablement, battait en brèche le principe de l'unicité de la solution finale et du génocide des juifs en tant que tels mais permettait *a priori* de prendre date pour l'avenir en dissociant le concept de crime contre l'humanité du coupable contingent — le nazisme et les nazis effectivement jugés. Cette décision, si elle est à bien des égards contestable, a favorisé l'inculpation ultérieure d'un Touvier dont l'action antijuive fut seconde en regard de la lutte menée contre la Résistance mais avec des moyens et des méthodes proches de celles du nazisme, tombant donc sous le coup de la loi imprescriptible. Là se situe le tournant majeur, amorcé dès la décision de décembre 1985, mais que le procès a cristallisé de façon nette. Ce n'est en rien un hasard si les instructions menées contre Leguay et Touvier (voir supra) en ont été considérablement accélérées : avec cette nouvelle définition du crime et la condamnation d'un coupable allemand, il n'était plus possible, au nom des principes mêmes du droit, de retarder son application à des Français coupables de crimes similaires.

Autre fait notable : à première vue, la tactique adoptée par

Me Vergès durant le procès a fait long feu : ni révélations fracassantes, ni déstabilisation, malgré l'absence de l'inculpé qui aurait dû faire de Vergès la cible principale donc le « héros » du spectacle tout au long des audiences. « Tout cela n'était donc que du bluff » s'exclamera Me Paul Vuillard, un des avocats des parties civiles lors de sa plaidoirie.

Du bluff, sans aucun doute. Néanmoins, les contradictions entre la mémoire juive, celle des survivants du génocide, et la mémoire résistante ont été bien réelles, bien qu'exprimées de manière feutrée durant les audiences du procès. C'est le seul point exploité avec succès par Me Vergès. Il n'a fait d'ailleurs qu'utiliser à son profit des représentations depuis long-temps divergentes voire conflictuelles de ces deux mémoires socialement et historiquement différentes, divergences qui s'étaient déjà exprimées notamment après les débats sur la définition du crime contre l'humanité. A titre d'exemple de ces escarmouches, lors de l'audience du 1er juillet, Me Zaoui, avocat de la Fédération des sociétés juives de France, inter-rompit la plaidoirie de Me Bouaïta, avocat algérien de la défense qui opérait un parallèle entre le nazisme et l'attitude de l'État d'Israël. Il déclara qu'il s'agissait là de « propos into-lérables » auxquels il entendait répliquer. Il fut à son tour pris à partie par Me La Phuong, avocat de l'association de résistants « Ceux de la libération », donc partie civile égale-ment : « La défense est libre, ses seuls censeurs ne peuvent être, messieurs et mesdames les jurés, que vous-mêmes [81]. » Pourtant, lors de l'audience du 23 juin, Me Henri Noguères, avocat de la Ligue des droits de l'homme, historien et porte-parole des associations de résistance avait prévenu Me Ver-gès : « Si l'avocat de Barbie devait, dans sa plaidoirie, for-muler et développer les graves imputations qui lui ont valu condamnation (*au sujet de ses accusations non fondées à l'égard d'anciens résistants concernant l'arrestation de Jean Moulin*), s'il devait les reprendre au nom de la liberté de parole du défenseur, je me verrais contraint de demander à votre cour l'autorisation de procéder aux mises au point que j'estimerai nécessaires [82]. » Et Alain Finkielkraut de s'inter-roger : « Légitime tant qu'elle était invoquée par Me Noguè-res pour le compte des résistants, l'interruption devenait sacrilège dès lors que Me Zaoui s'en servait pour les juifs. Comment expliquer ce double traitement[83] ?» Or, ces alliances tactiques inattendues entre certains avocats de résistants et les avocats de la défense, relèvent sans doute moins d'un antisionisme plus ou moins bien partagé que d'une alliance de fait, objective, entre les deux parties : et Me Vergès, et les avocats de la Résistance, pour des raisons certes diamétralement opposées, avaient intérêt à ce que la Résistance, par le biais de l'affaire Moulin «instrumentalisée» de part et d'autre, soit présente dans les débats, de même que les deux parties se sont félicitées de la décision de la Cour de cassation. Vergès, lui, faisait diversion, avec plus ou moins de succès. De l'autre côté, *la Résistance* (et non plus simplement *les victimes résistantes* de Barbie) redevenait un acteur central du procès, une place estimée légitime au nom de l'Histoire et qui ne devait pas être entravée par les différences subtiles entre crimes de guerre et crimes contre l'humanité.

A cet égard, le procès Barbie s'inscrit sans nul doute dans un tournant de la mémoire résistante. Il a révélé à quel point elle était désormais un point nodal dans les représentations et le souvenir de la Seconde Guerre mondiale. De fait, il faut rappeler que dans les années qui précèdent le procès, cette mémoire a été l'objet d'attaques systématiques, plus ou moins fondées, plus ou moins honnêtes, le facteur idéologique jouant à plein la plupart du temps : celles de Me Vergès, par le biais notamment du téléfilm de Claude Bal, *Que la vérité est amère*, accusant certains résistants d'avoir trahi Jean Moulin, à l'instar de René Hardy, considéré de longue date comme celui ayant effectivement livré Moulin à Barbie ; celles dirigées contre le parti communiste dans le téléfilm de Mosco, *Des terroristes à la retraite*, en juin 1985 ; celles formulées par Alexandre de Marenches, en septembre 1986, qui, sous couvert d'«archives de la Gestapo inédites», évoquaient la «traîtrise» de «quelques résistants illustres»[84], etc. Visiblement, durant cette période, tout s'est passé comme si l'on cherchait à faire sauter un verrou. De fait, les résistants se trouvaient dans la même posture que les survivants du génocide : celle d'une difficile «entrée dans l'Histoire», donc d'une mise en perspective et d'une relativisation du mythe (on l'a vu plus haut).

La levée de boucliers qui a accueilli l'ouvrage de Daniel Cordier en 1989 (après le procès Barbie, fort heureusement...) en est un exemple manifeste. Pourtant, contrairement aux attaques précédentes, Cordier, qui « en était », puisque ancien secrétaire et homme de confiance de Jean Moulin, apportait lui des documents incontestables, et invitait tous les historiens à délaisser les témoignages pour se fier aux archives qu'il avait reconstituées. Il n'était pas question d'« attaquer » ou de diffamer, mais de rétablir des vérités longtemps restées dans le vague faute de documents. Mais là encore, les porte-parole de la Résistance ont réagi comme dans un bunker assiégé : pas question de toucher au mythe d'une Résistance unie derrière Moulin et de Gaulle, pas question de rappeler les hésitations pétainistes de certains résistants, dont Henri Frenay, bien que ces éléments aient été plus ou moins connus depuis longtemps, même si manquaient les preuves matérielles et une analyse d'ensemble fondée sur des archives [85].

Au procès, lors de l'audience du 18 juin, Me Paul Vuillard, ancien résistant lui-même et ancien bâtonnier de Lyon, avait déclaré dans sa plaidoirie : « Il n'y aura pas ici de scission de la Résistance française ; elle constitue un bloc indissoluble que rien ne pourra détruire [86]. » « Un bloc... » Pas plus que la date, le terme n'est guère fortuit : il renvoie à cet autre « bloc » de notre tradition nationale, celui de la Révolution française, que l'historiographie contemporaine a fissuré de toutes parts, un risque que cherchent précisément à éviter les gardiens de la flamme.

Pourtant, au-delà des polémiques ou des tactiques de prétoire, le procès Barbie a été avant tout le grand rendez-vous des témoins, résistants ou survivants du génocide, toutes situations confondues. Contre toute attente et malgré les craintes formulées avant le procès, leurs dépositions ont constitué l'événement majeur. Si elles n'ont contribué que faiblement à la condamnation proprement dite de Barbie — le procureur Truche préférant s'appuyer sur les documents à charge — elles ont donné sa dimension spécifique au procès, à savoir la prise de parole par les victimes. Leur convocation en un lieu qui n'était pas simplement un « lieu de mémoire » mais aussi un lieu de justice, avec la sacralisation qui sied à la chose, a semblé comme un soulagement et une revanche sur l'Histoire. C'est un constat banal, mais ces témoins, André Frossard, Lise Lesèvre, Raymond Aubrac, Marie-Claude Vaillant-Couturier et bien d'autres ont été les seuls « héros » du procès car ils ont donné un visage symbolique aux morts qui étaient dans toutes les têtes. « Le procès Barbie a bien retardé le moment, le coup de minuit où les victimes du nazisme de réelles, deviendront historiques », note avec justesse Alain Finkielkraut, même si déplorer comme il le fait cette entrée dans l'Histoire, de toute manière inéluctable, n'a guère de sens [87]. Le procès Barbie, parce qu'il s'est déroulé précisément à un moment où cette « historisation » était vécue par les survivants de la tragédie comme une menace, a rempli une fonction sans doute plus topique et plus banale : conformément à l'esprit de la loi, le procès a rendu d'abord justice aux victimes, avant d'être une « grande leçon d'histoire » ou l'occasion d'« une prise de conscience », objectifs fort louables mais que d'autres vecteurs de mémoire peuvent parfaitement remplir alors que l'inverse n'est pas vrai. Ce sentiment d'une justice rendue est d'ailleurs ce qui semble avoir prévalu chez elles si l'on en croit les diverses déclarations faites après le verdict, plus en tout cas que celui d'avoir participé à une pédagogie du souvenir.

Le procès Barbie a ainsi confirmé ce recours systématique à la justice depuis la fin des années 1970 : les prétoires, malgré tout, sont devenus durant cette décennie un lieu où s'exprime de manière privilégiée la mémoire de cette époque, avec toutes les ambiguïtés signalées tout au long de ce livre. « Ce qui compte, ce n'est pas la pédagogie, qui est l'enseignement d'un savoir mort. C'est la transmission, la résurrection, l'abolition de la distance entre le passé et le présent. Les procès ne sont pas des lieux de mémoire », affirme Claude Lanzmann [88]. Et il ajoute : « Et, s'il s'agit de transmission, au sens de transmettre ce qui s'est véritablement passé, il valait mieux faire *Shoah* qu'un procès, quarante ans plus tard [89]. » Cette position tranchée souligne bien l'enjeu qui a pris corps durant les années 1980 : la question ne se réduisait pas à l'alternative simple et incantatoire « la mémoire ou l'oubli » (abondamment reprise depuis quelques années par toute une production littéraire), mais bien, puisque le retour du passé était une réalité tangible facilement observable, en même temps qu'un processus moralement nécessaire, quel était le meilleur vecteur de transmission (un film, un procès, un essai) et quel était le sens de celle-ci ? Fallait-il d'ailleurs les mettre en concurrence ? *Shoah* a été diffusé à la télévision française lors du procès Barbie, même si la congénitale frilosité de nos chaînes nationales ou privées ou leur soumission à l'« audimat » l'ont relégué à une heure très tardive (autour de minuit) mais sans décourager des millions de téléspectateurs. Lanzmann, même s'il plaide pour sa chapelle d'auteur et de cinéaste, énonce une vérité : il est vraisemblable que son film, dans le registre de la transmission, a eu et aura un impact incomparablement plus fort que le procès de Lyon. En outre, si l'image cristallise des représentations, elle le fait dans un contexte historique précis, avec plus ou moins de réceptivité. Mais elle ne les fige pas éternellement, moins en tout cas qu'une instance judiciaire qui se voit obligée de dire l'histoire à coup d'« arrêts » et de donner en l'occurrence une définition stricte du national-socialisme alors que par essence la vérité historique (et non pas simplement historienne) est relative, mouvante et sujette à une perpétuelle relecture.

DEUXIÈME PARTIE

LA TRANSMISSION

6
Les vecteurs du syndrome

L'évolution décrite dans la première partie de ce livre ne recouvre certes pas toutes les résurgences, les affaires récurrentes, les tensions de la mémoire. Néanmoins, telle quelle, elle dessine une sorte de « courbe de température » (figure 1), qui n'a ici qu'une prétention modeste : celle d'esquisser empiriquement l'actualité de l'Occupation dans la société française de l'après-Vichy, et de montrer en un seul coup d'œil la succession des accès de fièvre et des périodes de rémission.

Cette courbe ne reflète qu'une série de constats établis lorsque la crise (ou l'absence de crise) s'est révélée manifeste, difficilement niable. Elle mesure surtout une intensité, sans hiérarchiser les types de symptômes. L'analyse précédente accordait en effet autant d'importance à telle crise politique majeure, où la référence à l'Occupation affleurait clairement, qu'à une mode littéraire ou cinématographique. L'essentiel était de mettre à plat les signes les plus visibles émis par la mémoire collective dans toute sa diversité, et ce, quels que soient les émetteurs.

L'objet de ce chapitre est de confronter cette évolution avec celle de quelques « vecteurs du souvenir ». La mémoire nationale, celle qui s'inscrit dans un patrimoine commun, se forme après réception de multiples signaux. On appelle ici vecteur tout ce qui propose une reconstruction volontaire de l'événement, à des fins sociales. Qu'elle soit consciente ou non, qu'elle délivre un message explicite ou implicite, les nombreuses représentations de l'événement participent toutes à la définition d'une mémoire collective. De la mémoire individuelle ou familiale à la mémoire locale, de la mémoire de groupes restreints à la mémoire nationale entrent en jeu une série de

Figure 1

LA COURBE DE TEMPÉRATURE DU SYNDROME

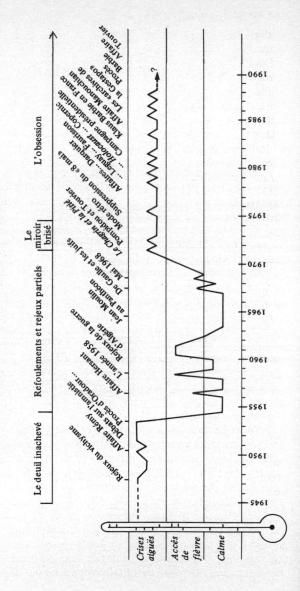

médiations, qui, à tel ou tel moment, prennent plus d'importance que d'autres, suivant l'état des mentalités.

Les vecteurs officiels, commémorations, monuments, célébrations ponctuelles ou régulières, organisent, au nom de l'État et de la nation, du département, de la commune, une représentation œcuménique et unitaire, fruit, en général, de compromis entre les diverses forces en présence. Parmi ces vecteurs officiels, il faut inclure la justice, dont on a vu tout au long des pages qui précèdent la place essentielle qu'elle a tenue dans la définition de la guerre et de l'Occupation.

Les vecteurs associatifs, les déportés, résistants, militaires, STO et d'autres se sont depuis longtemps constitués en groupes, dont la fonction est d'organiser et d'unifier un souvenir partiel, lié à l'expérience spécifique vécue. Dans certains cas, ils deviennent les gardiens d'une représentation figée, défensive ou offensive, de l'événement.

Les vecteurs culturels agissent à un tout autre niveau, et s'expriment de façon plus spontanée et anarchique, du moins en apparence : littérature, cinéma, télévision. Leur message est le plus souvent implicite.

Les vecteurs savants reconstruisent et enseignent l'intelligibilité des faits, en proposant et en formalisant différentes lectures possibles : le livre d'histoire est, à ce titre, un vecteur du souvenir, tributaire des mêmes fluctuations que les autres, en tout cas fort peu détaché de son objet. Il influe par ailleurs sur les manuels et les programmes scolaires, le mode de transmission sociale par excellence.

Tous ces vecteurs proposent, tout autant qu'ils reflètent, un état donné de la mémoire nationale et, singulièrement, de la représentation d'un événement précis, sans qu'il soit toujours possible de déterminer où prend naissance l'impulsion première. Tout au plus peut-on comparer leurs évolutions respectives.

Il n'est pas question ici d'étudier tous les vecteurs du souvenir, qui possèdent chacun leur autonomie et leur histoire propre. Au risque de paraître incomplet, j'ai choisi de n'en étudier que trois : la commémoration, le cinéma et la transmission savante, en excluant ce qui constituait autant de sujets en soi, comme le souvenir de Vichy dans la littérature ou l'analyse d'associations autres que l'ADMP, étudiée dans la première partie. La commémoration illustre l'aspect parfois insaisissable du syndrome, qui s'est exprimé le plus souvent hors des cadres établis, la mémoire officielle ne parvenant à endiguer les débordements et questionnements que pour un temps relativement bref. De leur côté, le cinéma et l'histoire savante présentent deux extrémités fort différentes de la chaîne de transmission, l'un en formulant des représentations spontanées, parfois à contre-courant, mais dont l'impact a toujours été fort (on l'a vu à maintes reprises dans la première partie), l'autre en illustrant la difficulté d'écrire une histoire souvent peu détachée de la mémoire.

En observant l'évolution propre de ces vecteurs du syndrome, j'ai tenté en définitive de la comparer avec l'évolution générale du syndrome, en mettant chacune d'entre elles en regard de la « courbe de température ». Sans doute le procédé peut-il paraître artificiel, dans la mesure où l'allure de cette dernière a dépendu de l'importance de tel ou tel de ces vecteurs à un moment donné : la mise en parallèle des évolutions différenciées n'a donc qu'un but de lisibilité et de compréhension. Cela étant, il semble qu'aucun mode de représentation privilégié ne l'ait emporté sur l'autre de façon claire et manifeste depuis 1945 : c'est même l'une des caractéristiques du souvenir de Vichy que de surgir là où on ne l'attendait pas.

Les silences de la commémoration

Le 24 octobre 1922 était votée la loi instituant le 11 novembre comme fête nationale. Sous prétexte de ne pas multiplier les jours fériés, la Chambre avait d'abord décidé, en 1921, de fêter l'anniversaire de l'armistice de 1918 le dimanche suivant le 11. Mais, sous la pression des anciens combattants, les pouvoirs publics capitulaient : comme l'a admirablement analysé Antoine Prost, la fête des poilus devenait la fête de tous les Français [1]. Elle l'est restée jusqu'à nos jours, presque aussi importante que le 14 juillet.

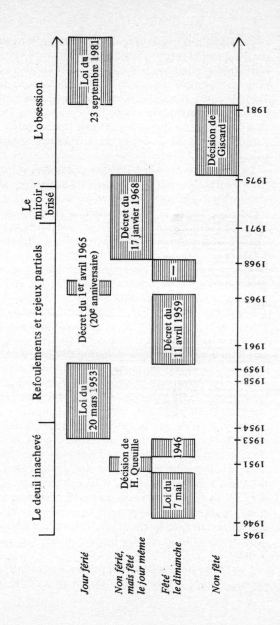

Figure 2

L'ÉVOLUTION DE LA COMMÉMORATION DU 8 MAI

Si déjà, après une guerre terrible, mais vécue sous le signe de l'« union sacrée », l'instauration d'une commémoration nationale n'allait pas de soi, la célébration de la Seconde Guerre mondiale a soulevé des écueils encore plus grands. Dans le cadre d'une vaste enquête collective entreprise par l'Institut d'histoire du temps présent, Robert Frank a bien décrit toutes les vicissitudes de cette insaisissable commémoration[2]. La figure 2 résume les différentes formes qu'elle a prises depuis 1946.

La loi du 7 mai 1946 a fixé la « commémoration de la victoire remportée par les armées françaises et alliées » (on remarquera la hiérarchie des vainqueurs...), le 8, si c'est un dimanche, sinon le premier dimanche qui suit[3]. Ce n'est donc pas un jour férié et chômé, caractères qui lui donneraient évidemment plus d'ampleur. Elle est appliquée jusqu'en 1953, avec plus ou moins de rigueur : en 1951, Henri Queuille, ministre de l'Intérieur, sous la pression des organisations d'anciens combattants et de résistants, décidera de la fêter le 8 mai, un mardi[4].

La loi du 20 mars 1953 constitue un premier changement. En vigueur jusqu'en 1959, elle précise que « la République française célèbre annuellement l'armistice » et que le 8 mai sera jour férié[5]. L'emploi du terme d'« armistice » au lieu de « capitulation » est un lapsus fort éclairant, soit qu'il fasse référence à l'armistice du 11 novembre, donc à la victoire (incontestable, celle-là...) de 1918, soit qu'il révèle la volonté de refouler un autre armistice, celui de juin 1940. La confusion sera d'ailleurs fréquente : l'armistice est une suspension des hostilités entre deux États, signée par l'autorité politique ; la capitulation sans conditions est une reddition militaire, signée par les états-majors. Celle des armées allemandes a eu lieu à Reims, au GQG d'Eisenhower, le 7 mai. Elle a été ratifiée à Berlin, dans la nuit du 8 au 9 mai. Paradoxalement, le choix du 8 mai comme jour de la Victoire ne correspond à aucun événement précis. Il résulte d'une décision des Alliés occidentaux, contre le vœu de Staline, qui tenait au 9 mai[6].

Le général de Gaulle va supprimer à nouveau le jour férié. Jusqu'en 1968, la commémoration se déroule le deuxième dimanche du mois (sauf lors du vingtième anniversaire, où la célébration se fait le 8 mai 1965). Après, et encore sous la pression des associations d'anciens résistants, elle a lieu le jour même, en fin de journée, et ce jusqu'en 1975. Cette décision s'explique par les réticences du Général à l'égard des anciens combattants, qui l'ont conduit ainsi à accepter un bref moment la suppression de leurs pensions (cf. chapitre 2), mais également par la volonté de ne pas multiplier les jours fériés préjudiciables à l'activité économique[7].

Il n'est pas indifférent de constater que la période du résistancialisme gaullien ne renforce aucunement l'éclat de la commémoration : le mythe entretenu dans l'opinion va de pair avec un certain silence sur les événements de 1939-1945. En revanche, à partir de 1968, il est clair que le statut de la commémoration est en porte à faux avec les réactivations et les très nombreuses questions qui surgissent progressivement. L'absence de pompe officielle a sans doute laissé indifférente la jeune génération, plus avide de connaître que de célébrer. Mais, on l'a vu, les questionnements de l'après-Mai ont pris naissance alors que la mémoire de la déportation et la mémoire juive connaissaient un réveil manifeste, tout comme, peu après, la mémoire résistante.

En conséquence, la décision de Valéry Giscard d'Estaing de supprimer purement et simplement toute commémoration sera ressentie comme une véritable agression. Prise en 1975, au début de la phase obsessionnelle du syndrome, elle a obtenu l'effet rigoureusement inverse de celui recherché, à savoir ranimer les vieilles querelles. On peut remarquer cependant qu'elle s'inscrit dans une logique propre à cette commémoration, délaissée dès le début.

Enfin, par une loi du 23 septembre 1981, le gouvernement de Pierre Mauroy a rétabli la fête nationale, dans un consensus général, une mesure sur laquelle n'est pas revenue la droite de retour aux affaires entre 1986 et 1988.

Sauf dans la dernière période, le 8 mai semble la plupart du temps en décalage : à chaque fois que le souvenir des années noires redevient d'actualité (à la fin des années 1940, en 1958-1962, après 1974), le pouvoir enlève à cette commémoration son éclat. Au contraire, la première période fériée

(1953-1959) a correspondu pour l'essentiel à une phase d'accalmie. Sans voir là un lien systématique de cause à effet, on est tenté d'y repérer un signe : le désir de contrebalancer les résurgences en minorant la célébration.

La mémoire officielle n'a jamais pu résoudre ni les ambiguïtés intrinsèques du 8 mai, ni celles des autres commémorations de la dernière guerre.

Une date unique, œcuménique, nationale peut-elle à elle seule effacer l'extrême hétérogénéité de l'événement commémoré ? Que signifie une liturgie calquée sur celle du 11 novembre et pour quels morts respecte-t-on la minute de silence ? Les martyrs de la Résistance et les soldats tombés au champ d'honneur ? Incontestablement, comme en témoignent drapeaux et médailles. Les victimes de la déportation ? Sans doute, comme le signale la présence de telle ou telle amicale de camp. Encore s'agit-il là des déportés, non des victimes spécifiques de la solution finale. Mais les autres, notamment les civils tués par les bombardements (alliés ou allemands), les otages non résistants exécutés, les victimes de la délation, des rafles de Vichy ou des tortures de la Milice, sans parler des Français de l'autre bord, collaborateurs et autres épurés « sommaires » (10 000 seulement, mais 10 000 quand même) ?

Bien sûr, dans les mémoires individuelles, le souvenir de l'être cher, quel que fût son uniforme ou la nature de l'impact qui le tua, est forcément présent. Mais le 8 mai n'a jamais eu cette capacité syncrétique d'effacer les actes des vivants, ni celle de rendre les martyrs égaux devant la mort.

Deux indices en témoignent. D'une part, le 8 mai est fréquemment « détourné » par d'autres commémorations : il est en effet souvent célébré le jour de la fête de Jeanne d'Arc, qui tombe par chance à la même époque, ou encore le 11 novembre, les deux guerres étant dans ce cas « associées », dans la grande tradition gaulliste du 11 novembre 1945 [8]. Et, d'autre part, il est très souvent délaissé au profit d'autres commémorations : le 18 juin, la libération de la ville, un haut fait de résistance ou un martyr local.

Comme l'écrit joliment Robert Frank, « ce qui est tristement mémorable n'est pas aisément commémorable [9] ». Les silences du 8 mai sont trop lourds, trop présents pour qu'un rituel symbolique, de surcroît très fluctuant, puisse les faire oublier. Par définition, la Seconde Guerre mondiale, dans son entité historique, et au contraire de la Grande Guerre, ne peut pas, en France, être un objet de commémoration. C'est l'une des raisons pour lesquelles le passé resurgit « spontanément », hors des cadres institutionnels. La persistance d'un syndrome de Vichy est même la marque la plus éclatante de l'échec, en la matière, de la mémoire officielle.

L'écran des années noires

Le cinéma a joué un rôle particulièrement important dans la transmission du souvenir. D'abord, devenu dès les années trente un loisir de masse, il est un indicateur significatif des mentalités contemporaines. Ensuite, pendant la guerre même, il a exercé une grande influence sur les esprits. Les actualités filmées, comme les films de pure propagande, étaient une source majeure d'information. Quant aux films de fiction, ils ont connu sous l'Occupation un essor spectaculaire, car ils offraient l'indispensable évasion : en juin 1940, tandis que les chars allemands déferlaient sur la France, plus de 800 000 personnes ont trouvé le temps d'aller au cinéma [10]. Rien d'étonnant donc que les générations ayant vécu l'événement tentent ensuite d'en retrouver la trame historique sur les écrans de l'après-guerre. Enfin, mieux que d'autres formes d'expression, le cinéma a permis, parfois, d'évoquer le refoulé et l'indicible, grâce à l'impact immédiat des images d'archives, ou la force des reconstitutions, aussi imparfaites fussent-elles : *le Chagrin et la Pitié* ou *Shoah* en sont deux exemples éclatants.

Pourtant, la Seconde Guerre mondiale n'a pas inspiré un grand nombre de films, et encore moins de cinéastes. Entre 1944 et 1986, 200 productions ou coproductions françaises ont eu pour thème central l'Occupation, la guerre ou la Résistance, ou ont utilisé l'époque comme cadre narratif, compte tenu des œuvres allégoriques, des séries mineures à grand tirage et, depuis 1976, des films « X ». Dans ses périodes les plus fastes, cette production n'a jamais dépassé dans ses maxima les 7 % de la production française totale, soit, dans les meilleurs cas, une dizaine de films dans l'année : en quarante ans, la France a produit moins de films sur la guerre qu'elle n'en a produit pendant les quatre années de l'Occupation. Et ce volume correspond à peine à la moitié de la production étrangère (essentiellement anglo-saxonne) de même nature distribuée en France.

La figure 3 illustre ce relatif désintérêt, tout en soulignant les disparités dans le temps [11].

Si l'on tient compte du contenu des films, on peut esquisser plusieurs étapes.

La Libération

La période de la Libération, jusqu'en 1946, est exceptionnelle à tous points de vue. En un peu plus de deux ans, vingt-

LA SECONDE GUERRE MONDIALE AU CINÉMA
(voir en annexe

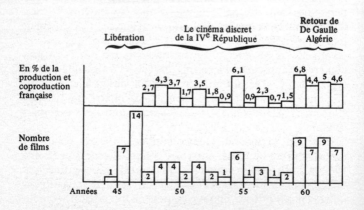

deux films se sont succédé. Près de la moitié sont des montages de documents, réalisés avec l'aide de l'armée (*Fils de France*, de Pierre Blondy, ou *Caravane blindée*, du Service cinématographique des armées, 1946), de la Résistance (*la Bataille du rail*, de René Clément, 1946), ou des gouvernements alliés (*Présence au combat*, de M. Cravenne, 1946). Sur le total, quatorze sont consacrés peu ou prou à la Résistance, et le reste à la guerre. *Le Père tranquille*, de René Clément (1946) — un des auteurs les plus inspirés par la période — est sans doute le film le plus marquant du moment. Bien que célébrant la gloire des résistants, il n'entre pas dans la mythologie résistancialiste. La clandestinité y apparaît un exercice malaisé, quotidien plus qu'épique. Loin d'être un marginal, le héros est au contraire un bon père de famille dont l'engagement perturbe l'environnement familial. Et lorsqu'il est impitoyable (l'exécution du mouchard), il laisse percer non l'étoffe d'un justicier, mais celle d'un citoyen, pris malgré lui dans la tourmente.

(LA PRODUCTION FRANÇAISE)
la liste des films retenus)

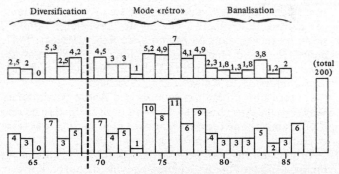

De 1944 à 1969, il s'agit de l'année civile;
de 1969 à 1986, il s'agit de la saison (août-août)

La discrétion de la IVᵉ République

Ni cette profusion ni cette touche de réalisme historique ne se retrouvent entre 1947 et 1958. En onze ans, à peine une trentaine de films. Abondent encore les épisodes militaires (*le Grand Cirque*, de Georges Péclet, 1950), ou résistants (*la Bataille de l'eau lourde*, de Titus Vibe-Muller, 1948). Plus rares sont les œuvres lyriques et austères, comme *le Silence de la mer*, de Jean-Pierre Melville (1949). Si l'on en croit Jean-Pierre Jeancolas, l'apport essentiel du cinéma sous la IVᵉ République est de rendre justice au quotidien, au vécu de la majorité des Français pendant les heures sombres. En ce sens, *la Traversée de Paris*, de Claude Autant-Lara (1956), constitue l'un des sommets du genre, inaugurant le cliché usé (et souvent fondé) du Français occupé... à survivre, préférant tuer le cochon que le doryphore. A sa manière, le film est une première pierre lancée dans le jardin des mythes naissants. Comme l'écrit Jacques Siclier, « Autant-Lara "mangea le morceau" au moment même où Robert Bresson prenait une distance hautaine et tragique pour faire une aventure spirituelle de l'évasion d'un résistant (*Un condamné à mort s'est échappé*, 1956) [12] ».

Fait significatif, pourtant, les premières allusions à des sujets plus délicats apparaissent, ici et là. Si la Collaboration, Vichy ou le fascisme n'ont aucun statut politique, et sont rarement présents autrement que sous forme d'allusions, par contre, le « collabo » devient un personnage familier, sinon fréquent : dans *les Maudits*, de René Clément, 1947, dans *Manon*, d'Henri-Georges Clouzot, 1948, dans *les Amants de Vérone*, d'André Cayatte, 1949, dans *le Bon Dieu sans confession*, d'Autant-Lara, 1954, etc.

Un seul film (*le Bal des pompiers*, d'André Berthomieu, 1948) évoque directement les divisions de l'Occupation au sein d'une famille, une œuvre « ignoble » pour les uns, « bêtasse et édifiante » pour d'autres (Jacques Siclier).

Taboue durant cette période, la déportation inspire néanmoins quelques auteurs, comme Dréville, Clouzot, Cayatte et Lampin, dans *Retour à la vie* (1949), et surtout Alain

Resnais, avec le très célèbre *Nuit et Brouillard* (1956), court métrage réalisé sur un texte de Jean Cayrol, en collaboration avec le Comité d'histoire de la Deuxième Guerre mondiale. A la grande différence toutefois de *Shoah*, le film de Claude Lanzmann réalisé trente ans plus tard, l'œuvre de Resnais évoque surtout la déportation des résistants et la déportation politique, et moins la déportation raciale en tant que telle.

> *Nuit et Brouillard* est un film sublime, écrit François Truffaut, dont il est très difficile de parler ; tout adjectif, tout jugement esthétique sont déplacés à propos de cette œuvre qui, plutôt qu'un « réquisitoire » ou « poème », emprunte l'aspect d'une « méditation » sur la déportation. Toute la force du film réside dans le ton adopté par les auteurs : une douceur terrifiante ; on sort de là « ravagé » et pas très content de soi[13].

Trop sublime sans doute, trop isolé, et sans doute trop en avance sur les mentalités de son temps... Sélectionné pour le Festival de Cannes, en 1956, il subit l'épreuve de la censure : Resnais sera obligé d'effacer un malheureux képi de gendarme, aperçu lors d'une scène au camp d'internement et de regroupement de Pithiviers (créé par les Allemands, mais administré par les Français). Étrange coup de gouache, car ce n'est en rien l'imagination ou le discours d'un auteur qu'on bride, mais bien une image d'époque, donc un fait patent. La participation d'une instance historique officielle comme le CHGM ne changera rien à l'affaire. Finalement, le film est présenté hors festival, suite aux pressions, diplomatiques cette fois, de l'ambassade d'Allemagne fédérale et du Quai d'Orsay.

Les réactivations de 1958-1962

Le retour de De Gaulle au pouvoir entraîne un très net regain d'inspiration : plus de trente films entre 1959 et 1962 (autant que pendant toute la période précédente), qui représentent 4 à 7 % de la production cinématographique française totale (contre environ 1 % avant). La Résistance prend — qui s'en étonnera — des couleurs plus gaullistes et plus

militaires : *Babette s'en va-t-en guerre*, de Christian-Jaque
(1959), où se rencontrent les deux mythes vivants de l'heure :
Bardot et le Général, *Normandie-Niémen*, de Dréville (1960),
Un taxi pour Tobrouk, de Denys de la Patellière (1961).

Mais cette période voit aussi l'apparition plus fréquente
d'« antihéros », contre-modèles rassurants, car plus proches
du public que les hauteurs de l'immanence gaullienne. A côté
de Reggiani, Frankeur, Blier, Ventura, sombres héros de
Marie Octobre de Julien Duvivier (1959), Fernandel tranche
quelque peu dans *la Vache et le Prisonnier*, d'Henri Verneuil
(1959). Le prisonnier de guerre, catégorie peu gaulliste s'il
en est, fait d'ailleurs recette : *le Passage du Rhin*, d'André
Cayatte (1959), *le Caporal épinglé*, de Jean Renoir ou *les
Culottes rouges*, d'Alex Joffé (1962). Quelques films tentent
d'explorer d'autres zones d'ombre, comme *Vacances en
enfer*, de J. Kerchbron (1961), dont le thème — la fuite d'un
milicien déserteur en compagnie d'une jeune fille — rappelle
celui de *Lacombe Lucien*, ou encore *les Honneurs de la
guerre*, de Jean Dewewer (1962), film à contre-courant qui
joue sur le hasard des situations plus que sur l'héroïsme de
saison, plus ou moins étouffé à sa sortie. De même, l'*Enclos*,
d'Armand Gatti (1961), est peut-être le seul film qui se situe
dans un camp de concentration. Enfin, *la Dénonciation*, de
Jacques Doniol-Valcroze (1962), ou *Muriel*, d'Alain Resnais
(1963), sont parmi les rares films de cette époque à faire le
rapprochement entre les luttes de l'Occupation et celles de
la guerre d'Algérie.

Peut-être faudrait-il ajouter à la liste (il n'a pas été comp-
tabilisé) un film apparemment sans rapport avec les années
quarante : *la Guerre des boutons*, d'Yves Robert, sorti en
1961. Inspiré d'un roman de Louis Pergaud édité en 1912,
l'histoire évoque plus un Clochemerle en culottes courtes (ou
sans culottes...), que la guerre franco-française. Et pourtant...
Déjà, dans le livre de Pergaud, la politique n'était pas absente
de la rivalité entre les deux villages : « Car on était calotin
à Velrans et rouge à Longeverne [14]. » Transposé dans la
France d'après-guerre, le roman respire par allusion le parfum des années troubles. Dans le films d'Yves Robert,
Lebrac, le « général », ressemble à un chef de maquis ; le

traître, Bacaillé, seul à porter pèlerine et béret basque, est tout entier conçu comme le dénonciateur type, de surcroît épuré non sans brutalité (c'est la scène la plus dure du film). L'Aztec, l'ennemi, surgit un beau jour, armé d'un terrifiant « blindé » (un tracteur à peine sorti de son emballage), véritable déluge de fer qui surprend les Longevernes en pleine fête de la victoire : les naïfs se croyaient à l'abri dans leur camp retranché, après leur charge de cavalerie héroïque (très « Saint-Cyr ») contre l'adversaire... Sans parler de l'extraordinaire rapport des générations, les fils partant en guerre comme le firent les pères, et le feront leurs enfants, contre l'ennemi héréditaire. Le tout dans un monde rural pas tout à fait entré dans l'ère technologique, ni tout à fait sorti du labour pétainiste. Si le roman de Pergaud dessine l'archétype des luttes intestines françaises, avec, comme arrière-plan, la Commune, la querelle laïque et la République naissante, le film d'Yves Robert, un demi-siècle plus tard, en était sans doute la seule adaptation possible après Vichy.

La diversification des années soixante

Après cette vague inspirée, la République gaullienne et les premières années Pompidou voient se maintenir l'intérêt pour la Seconde Guerre mondiale (une trentaine de films entre 1963 et 1970), sans qu'il soit réellement possible de définir une tendance claire. Tout se passe un peu comme si les différents discours possibles commençaient à s'équilibrer. *Paris brûle-t-il ?*, de René Clément (1966), consacre certes une vision pompeuse et erronée. Il est lancé comme une véritable opération politique, avec défilés militaires et spectacle son et lumières dans Paris, malgré la pluie qui inonde la capitale au soir du 24 octobre 1966.

Mais (presque) au même moment, *l'Armée des ombres* de Melville (1969) propose une vision plus épurée et plus fidèle d'un réseau de la France libre. Bizarrement, on n'y décèle aucune trace ni de mai 68 ni du départ de De Gaulle. Par sa qualité d'écriture, son gaullisme discret (et déjà anachronique), sans ostentation, cette œuvre aurait pu cristalliser une vision de référence jouant sur les trajectoires de quelques personnages d'exception, suffisamment humains et sensibles pour être néanmoins accessibles au plus grand nombre. Mais, outre qu'il arrive un peu tard, le film de Melville est précisément trop proche des hommes, des résistants, dans leur diversité de tempéraments, et pas assez de la Résistance, de l'idée abstraite et intemporelle consacrée par de Gaulle, *via* Malraux. Trop imprégné de la destinée humaine, il lui manquait peut-être le souffle politique.

En ce sens, cinq ans après la panthéonisation-écran de Jean Moulin, le chef-d'œuvre de Melville marque un tournant : il clôt toute possibilité de voir écrit un jour le film fondateur sur la Résistance, avant que *le Chagrin* d'Ophuls, qui se tourne au même moment, n'achève définitivement toute velléité de cette sorte. Ni Clément ni Melville, pour des raisons différentes, n'ont l'étoffe de grands cinéastes officiels, type Eisenstein.

Fait significatif, durant cette période, l'Occupation et la guerre se banalisent, fournissant le cadre de comédies légères, de plus en plus nombreuses, comme *la Vie de château*, de Jean-Paul Rappeneau (1966), et, surtout, le best-seller du cinéma français, *la Grande Vadrouille*, de Gérard Oury (1966) : sans doute le seul film qui a dû faire regretter aux enfants des mal nourris de l'an quarante de ne pas avoir vécu cette époque...

Images rassurantes, multiformes, d'où ne sont pas exclus les mauvais souvenirs, tel est le reflet du cinéma français à l'orée des années soixante-dix. Il est donc un peu rapide de dire que le gaullisme conserve en ce domaine une vision monolithique : l'inspiration puise à toutes les sources, même si le pouvoir a eu ses préférences, encourageant certains et décourageant les autres.

La mode « rétro »

La sortie en avril 1971 du *Chagrin et la Pitié* inaugure une nouvelle étape qui s'affirme deux saisons plus tard, avec un temps de décalage. A partir de 1974, et jusqu'en 1978, le nombre de films consacrés ou inspirés par la Seconde Guerre augmente brusquement : quarante-cinq, entre 1974 et 1978, au plus fort de la vague, soit plus que pendant la décennie qui a précédé. En 1976, avec onze films au moins, on retrouve un taux de 7 % de la production totale, le même qu'en 1946. Pas de doute, le phénomène du miroir brisé a une réalité dans le cinéma français. D'autant que beaucoup de ces films traitent directement de l'Occupation, comme sujet et non pas comme simple arrière-plan.

Il ne faut toutefois pas exagérer l'importance quantitative de la mode « rétro ». Si elle a replongé des années durant le spectateur français dans l'obscurité de l'Occupation, elle n'en recèle pas moins des genres et des messages forts différents, à l'instar des livres de la même veine (voir chapitre 3).

On peut en distinguer quatre — *le Chagrin* est hors concours, car il inspire directement ou non la plupart d'entre eux :

* *Les procureurs* : ils sont peu nombreux, mais ont fait beaucoup de bruit. Dans la lignée du *Chagrin*, ils veulent dénoncer Vichy, la Collaboration, le nazisme en général, soit sous forme de documentaire (*Français si vous saviez*, d'Harris et Sédouy, en 1973, *La République est morte à Diên Biên Phu*, de Jérôme Kanapa, en 1974, qui n'aborde que partiellement la période, *Au nom de la race*, de Marc Hillel, en 1975, *Chantons sous l'Occupation*, d'André Halimi, en 1976), soit sous forme de reconstitutions historiques (*Section spéciale*, de Costa-Gavras, en 1975, le plus représentatif, ou *l'Affiche rouge*, de Frank Cassenti, sorti en novembre 1976). Compté dans cette tendance, *les Chinois à Paris*, de Jean Yanne, en 1973, dont le message, bien que simpliste, est du même ordre. Excessifs ou modérés, ils mettent presque tous l'accent sur des aspects quasiment inconnus, des tribunaux d'exception vichystes, dirigés par d'authentiques magistrats, aux immigrés résistants. Tous sont tributaires d'une certaine autoflagellation collective, les Français apparaissant en général comme veules, sinon « fascistes ». Mais tous mettent aussi en exergue des réalités historiques négligées jusque-là, parfois avec systématisme.

* *Les chroniqueurs* : ceux-là tentent de retrouver l'atmosphère de l'Occupation, dans une veine réaliste, imprégnée de souvenirs personnels (*le Train*, de Pierre Granier-Deferre en 1973, *les Violons du bal*, de Michel Drach, en 1974, *l'Ironie du sort*, d'Édouard Molinaro, *les Guichets du Louvre*, de Michel Mitrani, en 1974, *Souvenirs d'en France* d'André Téchiné, *Un sac de billes*, de Jacques Doillon, en 1975, *la Communion solennelle*, de René Féret, en 1977, etc.). Tous n'ont pas pour seul thème l'Occupation, mais tous en parlent, moins avec révolte qu'avec nostalgie. Dans la plupart de ces films, la mémoire juive ou le souvenir du génocide jouent un rôle central, récurrent, lui aussi un peu systématique et obsédant.

* *Les esthètes* : certains ont marqué la mode rétro, en lui donnant sa réputation de soufre et de scandale. On pense bien sûr au plus typé du genre, *Lacombe Lucien*, de Louis Malle, sur un scénario de Modiano (1974), film marqué à l'époque du sceau de l'hérésie. Avec le recul, on comprend ce qui a pu choquer alors. Le film de Louis Malle a posé problème car la philosophie « du chien et loup » qu'il développe contre le manichéisme de temps antérieurs est illustrée par le destin ballottant d'un gestapiste français, un personnage qui, dans la panoplie des collaborationnistes français, était *a priori* le moins assimilable, le moins excusable, car ne relevant pas d'une équivoque idéologique. Son « hésitation » entre un activisme résistant et son choix final relevait plus d'un besoin d'en découdre, d'une soif d'action et de violence baignant dans l'ère du temps que d'une réflexion politique. Or, tandis que l'opinion redécouvrait au même moment l'existence d'un fascisme français d'essence idéologique et pouvait donc attendre — du moins pour une partie du public — une analyse, voire un réquisitoire, le film semblait faire l'impasse sur cet aspect politique, reléguant du même coup et de manière implicite l'engagement résistant à un niveau similaire. Pris dans la logique modianesque, Louis Malle a tourné le dos à l'Histoire, ce qui était son droit, jouant parfois à l'excès sur une sensibilité à la période qu'il ne pouvait ignorer. En ce sens, le film de Louis Malle est un film sans doute

plus provocateur que provocant. Force est cependant de reconnaître, avec le recul, que ce film a contribué tout autant, mais peut-être de façon plus subtile que *le Chagrin et la pitié*, à modifier durablement la vision simpliste de cette époque.

Dans cette même tendance, on peut ranger plusieurs films, inégaux en qualité, mais semblables par la fascination à l'égard de l'Occupation et du nazisme dont ils font preuve : *Portier de nuit*, de Liliana Cavanni, 1974, *le Bon et les Méchants*, de Claude Lelouch, 1976, *One two two*, de Christian Gion, en 1978, qui annonce l'essoufflement du genre. D'une tout autre qualité, *Monsieur Klein*, de Joseph Losey, en 1976, est sans doute la plus forte allégorie sur la déstructuration que l'Occupation a engendrée dans les corps et dans les esprits.

* *Les opportunistes* : ces films, en général de médiocre qualité, exploitent un genre précis, codé, mais en le situant sous l'Occupation. On pense ainsi aux inusables bidasseries (*Mais où est donc passée la 7ᵉ compagnie ?* de Robert Lamoureux, 1973, *Opération Lady Marlène* et *On a retrouvé la 7ᵉ compagnie*, en 1975, *le Jour de gloire*, de Jacques Besnard, en 1976, *la 7ᵉ Compagnie au clair de lune*, de Philippe Clair, en 1977), soit un par an, jusqu'à ce que l'inspiration quitte l'an quarante pour retrouver les intemporelles manœuvres de temps de paix. On peut aussi compter dans le lot la veine pornographique, lancée (involontairement) par le film de Cavanni (*le Commando des chauds lapins* de Guy Pérol, 1975, *Train spécial pour SS*, de James Gartner, 1977, *Elsa Fraulein SS*, de Mark Stern, 1977, *Bordel SS*, de José Benazéraf, 1978). Bien entendu, la vision de l'Occupation que ces films reflètent est d'un intérêt par essence limité. Mais ils illustrent la présence du thème dans tous les genres, et ont contribué à entretenir la mode « rétro ».

Décortiquée en permanence, remâchée, érotisée, l'Occupation est devenue pour le Français des années 1970, toutes générations confondues, un objet familier, une référence habituelle, une présence continuelle.

Les années 1980, une banalisation

La vague semble refluer à partir de 1978 jusqu'en 1987. Après le procès Barbie, en mai 1987, le sujet retrouve en revanche une certaine actualité avec 14 films entre août 1987 et décembre 1989. La Seconde Guerre mondiale est désormais un sujet « classique », habituel sur les écrans. La dichotomie résistance/collaboration s'estompe au profit d'une vision plus complexe de l'événement qui retrouve ainsi à l'écran une certaine unité historique. Il est désormais possible d'évoquer la société française des années d'occupation sans tomber dans le manichéisme politique ou mythologique des périodes précédentes. De ce fait, le cinéma ne joue plus sauf quelques exceptions le rôle d'un briseur de tabous. Durant cette période, c'est moins la quantité qui importe que l'importance (aux yeux de l'historien) de certaines œuvres, dont quelques-unes sont significatives de l'évolution des esprits et des mentalités.

Le Dernier Métro, de François Truffaut (1980) constitue à la fois une observation juste, équilibrée de la réalité de cette époque en même temps qu'un film consensuel, encensé par la critique. Fait important, sa notoriété réside moins dans le sujet proprement dit — la vie d'un théâtre dans Paris occupé — que dans ses qualités cinématographiques intrinsèques. Les critiques analysent bien un film d'auteur, et quel auteur, plutôt qu'un nouveau film sur les années noires, indice sinon preuve que le scandale n'est plus de mise, au contraire de la décennie précédente où le choix des thèmes avait tendance à rejeter au second plan les caractéristiques propres des œuvres, comme dans le cas de *Lacombe Lucien*.

Papy fait de la Résistance, de Jean-Marie Poiré (1982) est la marque d'une autre évolution. Sans être un chef-d'œuvre, loin de là, le film est iconoclaste à souhait : une famille bien française résiste encore et toujours à l'envahisseur. Un Allemand-poète, caricature de l'officier du *Silence de la mer*, un concierge collabo, un gaulliste pontifiant, un résistant-malgré-lui se démènent dans une farandole sans grande prétention qui s'en prend moins à la Résistance qu'à ses images

pieuses, en particulier celles que le cinéma français a véhiculées depuis quarante ans. C'est un hommage en forme de pied
de nez aux Melville, Clément et autres Oury : le décorateur
du film est Willy Holt, grand spécialiste du genre, qui fut
notamment celui de *Paris brûle-t-il ?* Mais l'essentiel n'est pas
là. *Papy* est probablement le premier film sur l'Occupation
où n'affleure à aucun moment la dimension dramatique des
années noires, qui ne fait aucune sorte de concession au
«contexte», qui ne respecte rien, ni personne. *La Grande
Vadrouille*, chef-d'œuvre burlesque et modèle implicite de
Papy, conservait encore cette dimension, cette pudeur instinc-
tive dès que l'on évoque héros ou martyrs. Avec *Papy*, rien
de tel. Et, autre fait significatif, cette pochade pourtant grin-
çante ne soulève aucune indignation. En 1973, l'allégorie
grasse de Jean Yanne (*les Chinois à Paris*) avait déchaîné quelques passions et mobilisé d'anciens résistants contre la vision
de ces Français veules et ridicules. Dix ans après, aucune critique de ce genre si ce n'est les communistes, seuls à dénoncer
sans craindre le ridicule «l'irresponsabilité» du film, ou
encore *le Matin de Paris* qui parle du «jour le plus con»[15].
Dans le même ordre d'idée, il est frappant de mesurer le
chemin parcouru par Louis Malle entre *Lacombe Lucien* et
Au revoir les enfants (1987). Célébré unanimement par la critique (sept «Césars» en 1988), le film emporte l'adhésion de
tous. Louis Malle n'est soudain plus aux yeux des critiques
le cinéaste provocateur de *Lacombe* et du *Souffle au cœur*
mais l'auteur d'une œuvre inscrite dans le contexte du procès Barbie et de la tragédie des enfants d'Izieu, même si les
motivations de Louis Malle n'avaient qu'un lointain rapport
avec l'actualité immédiate. La prouesse du film réside moins
d'ailleurs dans son évocation émouvante du destin d'un
enfant juif observé dans le regard de son petit compagnon
«aryen» que dans l'observation sans complaisance de l'adolescence éternelle, qui évite l'écueil des clichés mélodramati-
ques. Là encore, comme dans le cas de Truffaut, le contexte
ne «tue» pas le film mais lui donne au contraire toute son
épaisseur. Sans doute le sujet s'y prêtait, mais on peut y voir
un autre indice de cette «banalisation» qui permet à des
œuvres majeures d'être vues comme telles et non pas comme

de simples illustrations à valeur historique. Cela étant, Louis Malle semble secrètement avoir conservé une préférence pour *Lacombe Lucien*, qui devançait son époque alors qu'*Au revoir les enfants* s'inscrit plus dans l'air du temps [16].

Ainsi, de façon schématique, la période des années 1980 rompt avec la tradition volontariste, didactique ou dénonciatrice de la « mode rétro ». L'Occupation est désormais et souvent l'occasion de films adultes pour un public adulte. Il en va de même dans les œuvres qui ne sont pas des fictions dramatiques : les films qui invitent à la réflexion et ont par définition une vocation historique sont désormais loin du schématisme nécessaire car provocateur des premiers du genre.

Shoah, de Claude Lanzmann (1985) et, dans une moindre mesure, *Hôtel Terminus*, de Marcel Ophuls, s'inscrivent bien dans cette veine. *Shoah* est sans conteste une grande œuvre mais n'est pas un film exempt de défauts, bien que la critique et l'usage en aient fait désormais une référence quasi sacrée : « C'est une œuvre qui exige le recueillement (...) nous ne sommes plus dans l'ordre du spectacle mais dans celui du rite [17]. » La profonde originalité du projet, construit exclusivement sur des témoignages et vierge de toute image d'archive, réside dans son objet : non pas le génocide comme phénomène historique mais sa survivance et son inaltérable épaisseur dans le présent, dans la mémoire des témoins comme dans celle des spectateurs. *Shoah* de ce fait même illustre à merveille les rapports conflictuels entre histoire et mémoire, entre une reconstruction scientifique qui hiérarchise les faits, prend ses distances, quitte à oublier en route les individus et à prendre le risque d'un dessèchement et d'une abstraction, et une « recréation » à vocation morale, qui fait revivre les morts — les survivants leur prêtant leur voix et leur présence — et abolit de ce fait la distance en apparence irréductible entre le passé et le présent. Certes, *Shoah* offre une vision subjective. Celle-ci n'est d'ailleurs pas toujours explicitée : pourquoi une telle importance accordée à l'antisémitisme polonais en regard des autres nations qui ont participé plus ou moins volontairement à la solution finale, à commencer par la France ? Quel lien historique existe-t-il entre l'antisémitisme des Polonais (indéniable) et la localisation en Pologne (occupée et en partie annexée par le Reich) des camps d'extermination nazis ? Est-ce si sûr que les Polonais auraient pu faire mieux que d'autres pour sauver les futures victimes, à supposer qu'ils n'aient pas été déjà antisémites ? Ces partis pris apparaissent dans le montage et dans l'équilibre interne du film, même si la parole est presque exclusivement laissée aux acteurs : les victimes, les bourreaux, les « autres ». Mais dans cette subjectivité, dans cette partialité revendiquée d'ailleurs par l'auteur lui-même, réside la force même du film, qui aurait perdu tout son sens s'il avait cherché à être « historique », donc relatif et didactique. D'où l'absurdité de vouloir en faire la seule et unique forme de représentation du génocide. Claude Lanzmann — il l'a suffisamment répété lui-même — a fait, et c'est en grande partie vrai, ce que peu d'historiens de métier avaient réussi à faire, entre autres démontrer que l'« innommable » n'était pas « indicible », que l'on pouvait toucher la conscience d'autres générations que celles de la guerre et que « penser Auschwitz » n'avait rien d'impossible et constituait même l'un des enjeux majeurs de la fin du siècle. Son impact tient au fait qu'il donne à écouter ceux qui précisément, à tort ou à raison, se sentaient au même moment exclus de l'Histoire, les survivants, troublés de surcroît et par les tentatives négationnistes et par les relativisations qu'entraînait dans un tout autre registre la multiplication des études scientifiques sur le génocide : l'attitude de Simone Veil qui, à de nombreuses reprises, notamment lors d'un colloque organisé en décembre 1987 par l'Institut d'histoire du temps présent, a opposé littéralement la parole historienne à la parole des témoins comme étant quasi incompatibles entre elles en est un exemple parmi d'autres, même si sa position est aujourd'hui moins radicale. Accessoirement, *Shoah* s'inscrit bien dans ce réveil de la mémoire juive et dans la période « obsessionnelle » qui ont caractérisé les années 1970-1980. Il a joué le rôle qu'avait joué *le Chagrin et la Pitié* à l'égard des souvenirs de l'Occupation en France, sur un tout autre mode et un autre ton. Et il reste à ce titre une borne essentielle pour saisir les représentations des années 1980.

Hôtel Terminus, de Marcel Ophuls (1988) qui retrace l'itinéraire de Klaus Barbie, son utilisation par les services secrets
américains et les prémisses du procès, n'a pas eu l'impact du
Chagrin malgré le talent de l'auteur. Il n'a d'ailleurs pas
trouvé son public. Sans doute et sans vouloir comparer les
deux œuvres, il correspondait moins à l'attente du public des
années 1980 et offrait une écriture désormais connue, moins
originale car dans un registre désormais classique dont Ophuls
est précisément l'inventeur, que *Shoah*. De surcroît, la représentation dans ce cas précis ne pouvait que s'effacer devant
l'événement lui-même, le procès, et de ce fait perdre de son
relief. Il n'en reste pas moins l'une des rares tentatives dans
la période récente de « déconstruction » à valeur didactique
et politique, qui s'inscrit plutôt dans la veine des années 1970.

« Les années quatre-vingt ne sont plus à l'affrontement
intérieur ni à la fouille dans le passé récent et nauséabond »,
anticipait François Garçon [18]. Reste toutefois une interrogation : quel lien existe-t-il en définitive entre la représentation
filmique et la mémoire collective ? Quel rapport entre le
syndrome et l'évolution décrite ici ? La faible production et
le désintérêt du cinéma de la IVe République ne correspon-
dent guère à ce qui se passe dans les sphères politiques ni à
l'état d'agitation, manifeste jusqu'en 1954. Ce tournant
n'apparaît d'ailleurs pas ici. Le cinéma semble en retrait, en
réserve, évitant le sujet. Il est donc probable qu'il n'a que
très faiblement contribué à forger tel ou tel mythe et s'est
contenté d'entériner une sorte de statu quo.

La percée de 1958-1962 se situe en revanche dans une zone
de remous, en particulier le conflit algérien. Mais dans le message délivré, le cinéma semble freiner les ardeurs de guerre
civile, la production dominante célébrant malgré tout un gaullisme œcuménique et bon enfant. Quant à la période qui
s'ensuit, elle correspond assez à l'absence de résurgences, à la
célébration du culte gaullo-résistant, et aux premières formes de banalisation du sujet.

Mai 68 ne modifie guère cet état de choses, sinon, à retardement, avec l'effet Ophuls. Placé dans la première partie
au cœur du bouleversement des années 1970, on le retrouve

tout naturellement ici, dans le strict domaine du cinéma. Pour la première fois, sortant du conformisme ambiant, le cinéma précède, anticipe et, du coup, contribue à provoquer un changement de mentalité. Du moins n'est-ce vrai que de quelques films. L'effet de mode, les interrogations multiples font le reste : dans les années soixante-dix, le cinéma participe de plain-pied à l'agitation du souvenir.

Enfin, dans la dernière période, le cinéma a connu une double évolution. D'une part, l'Occupation a perdu son statut sulfureux, est devenue l'occasion de films la plupart du temps consensuels et reconnus, et le scandale n'est plus de mise alors même que les derniers tabous ont sauté. Il est sans doute plus facile désormais à un cinéaste de produire une œuvre singulière (et reconnue comme telle) sur cette période sans que celle-ci n'étouffe le projet créateur. D'un autre côté, le cinéma a moins qu'auparavant joué un rôle anticipateur. Il est plus un catalyseur, la mise en images — volontaire ou non — des obsessions des années 1980 qui s'expriment ailleurs, notamment dans les prétoires et cours d'assises. Rien d'étonnant à ce titre que le souvenir du génocide juif soit un thème dominant et récurrent : *Shoah* et *Au revoir les enfants*, bien sûr, mais aussi *le Testament d'un poète juif assassiné*, de Frank Cassenti (1988) ou *Natalia*, de Bernard Cohn (1989).

Autrement dit, sur l'ensemble de la période, le cinéma n'a qu'à de rares moments anticipé l'évolution des mentalités. Il en est plutôt la cristallisation la plus manifeste et la plus imprégnante car il produit ce que peu de livres d'histoire, voire de romans sont capables de recréer : la proximité soudaine de l'événement lointain, événement non vécu par les générations suivantes et de surcroît souvent occulté dans les mémoires. Il réactive en effet le passé et réveille les souvenirs en utilisant le même vecteur privilégié que celui par lequel aujourd'hui, en cette fin de XXe siècle, nous vivons l'histoire en marche : l'image. Avec tous les risques de déformations optiques et donc d'anachronismes.

La mémoire savante

Si les films ont été peu nombreux, c'est en revanche par dizaines de milliers que se comptent les écrits consacrés à la période, de tous les genres, tous les styles, tous les bords. Dans cette masse d'ouvrages, j'ai tenté d'isoler ceux qui ressortent d'une mémoire savante, c'est-à-dire qui proposent une étude rétrospective raisonnée, fondée sur des documents (de quelque nature qu'ils soient), visant une représentation cohérente et intelligible du passé. Bref, des « livres d'histoire ». Et, parmi eux, sans chercher une exhaustivité illusoire (tant pis pour les susceptibilités), ceux qui apparaissent représentatifs d'un courant ou d'une évolution, dans le champ particulier de l'histoire de l'Occupation.

Cependant, il serait naïf de la part d'un historien de croire que la vision savante de l'histoire possède une autonomie propre et une définition stricte. Il était difficile en une telle matière de s'en tenir aux écrits des seuls historiens, universitaires, journalistes ou écrivains, car, tout autant que les thèses ou les synthèses distantes, le témoignage a très largement contribué à éclairer les zones d'ombre de cette période (parfois aussi, il est vrai, à les obscurcir un peu plus).

Ainsi restreinte aux ouvrages d'histoire et aux mémoires ou autobiographies, l'historiographie de l'Occupation a connu une évolution parallèle à celle du syndrome. Le fait est intéressant, car l'impact spécifique de la mémoire savante a été, jusqu'à présent, écarté de l'analyse.

Les premières fondations

De la Libération à 1954, les protagonistes de la guerre franco-française dominent la scène éditoriale, en un concert de voix discordantes. Si les chefs s'expriment rarement, quelques personnalités de premier plan prennent la plume. C'est vrai côté résistant, avec les écrits de Pierre Guillain de Bénouville (*le Sacrifice du matin*, R. Laffont, 1946), d'Yves Farge

(*Rebelles, Soldats et Citoyens*, Grasset, 1946), et de bien d'autres, déjà cités au chapitre 1.

C'est vrai côté vichyste, avec les écrits de Louis Rougier (*Mission secrète à Londres*), d'Henri du Moulin de Labarthète (*le Temps des illusions*), tous deux publiés en 1946 (Genève, Le Cheval ailé), de Louis-Dominique Girard (*Montoire, Verdun diplomatique*, A. Bonne, 1948), tous anciens proches du maréchal Pétain. Côté Collaboration, dominent les publications posthumes de Fernand de Brinon, de Pierre Pucheu, de Jean Hérold-Paquis, etc., les comptes rendus des procès, et quelques écrits d'acteurs secondaires.

Cette première génération de témoignages reflète les combats politiques de l'heure, la liquidation de la résistance politique, le renouveau vichyste ou d'extrême droite. Elle est tout entière inscrite dans la phase de deuil.

En marge de ces luttes, les historiens ont commencé très tôt leurs investigations. Dès octobre 1944, le GPRF a décidé la création de la Commission d'histoire de l'Occupation et de la Libération de la France (CHOLF), rattachée au ministère de l'Éducation nationale. En 1949, son bureau était composé d'historiens (Georges Lefebvre, Henri Michel, Édouard Perroy), du directeur honoraire des Archives de France (Pierre Caron), et de personnalités politiques (le ministère de tutelle, et Gilberte Brossolette, vice-présidente du Conseil de la République). Son travail s'est tout de suite orienté vers l'étude de la Résistance, tandis qu'un autre organisme, créé en 1945 auprès de la présidence du Conseil, le Comité d'histoire de la guerre, était, lui, plus spécialement chargé de réunir des fonds documentaires, provenant notamment de ministères ou d'administrations. Son bureau comprenait Lucien Febvre, Pierre Caron, Pierre Renouvin et Henri Michel. De la fusion des deux, naîtra, en 1951, le Comité d'histoire de la Deuxième Guerre mondiale (CHGM).

Leur action conjuguée permet aux premières études rétrospectives de voir le jour dès la fin des années quarante, dans la première revue spécialisée : les *Cahiers d'histoire de la guerre*, devenus, après quatre livraisons, la *Revue d'histoire de la Deuxième Guerre mondiale*, longtemps une des plus importantes revues scientifiques internationales sur la question. Grâce au dynamisme des archivistes, nombre de fonds sont répertoriés et classés, et certains publiés, comme les papiers de la délégation d'armistice (sous la direction de Pierre Caron et Pierre Cézard). En 1950, Henri Michel fait paraître le premier « Que sais-je? » sur la question, consacré à la Résistance en France.

En marge de ces institutions très officielles, il faut signaler l'existence du Centre de documentation juive contemporaine (CDJC), créé en avril 1943, dans la clandestinité. Il devient après la guerre l'un des endroits les mieux pourvus en archives et documents écrits de toute nature sur la solution finale. Lieu d'exposition, lieu de travail, c'est aussi, depuis 1957, un lieu de mémoire, puisque au même endroit a été érigé le Mémorial du martyr juif inconnu [19].

En 1955, un de ses animateurs, Joseph Billig, publiait le premier volume d'une étude très complète sur *le Commissariat général aux Questions juives* de Vichy (Éditions du Centre, 1955-1960) : vingt-trois ans avant l'effet Darquier, l'ampleur de la participation française à la solution finale était mise au jour, sans provoquer d'émoi, le livre étant resté plus ou moins confidentiel. Les animateurs du CDJC, dont Georges Wellers, Serge Klarsfeld, etc., vont inlassablement poursuivre la publication d'études sur les chambres à gaz, les criminels nazis, les camps, même s'il faut attendre les années 1970 pour recueillir un large écho. La première synthèse universitaire sur la déportation date de 1968 : Olga Wormser-Migot, *le Système concentrationnaire nazi 1933-1945*, PUF, un ouvrage qui rétablit certaines vérités, notamment la distinction entre camps d'extermination et camps de concentration, et localise avec précision l'emplacement des chambres à gaz, non sans provoquer certaines polémiques.

Le Vichy de De Gaulle, le Vichy de Robert Aron

L'année 1954 connaît deux événements littéraires, qui délimitent une première borne : le général de Gaulle fait paraître le premier tome de ses *Mémoires de guerre : l'Appel. 1940-1942* (Plon), et les éditions Fayard publient la première synthèse sur l'État français, l'*Histoire de Vichy* de Robert

Aron et Georgette Elgey. Par une sorte de coïncidence, ils inaugurent une série parallèle : en 1959, sortent en même temps le troisième tome des *Mémoires de guerre : le Salut. 1944-1946*, et l'*Histoire de la libération de la France*, de Robert Aron, qui portent sur la même période. Là, toutefois, s'arrêtent leurs points communs, bien que le Général et l'historien, toutes préséances gardées, aient également contribué, dans ces années de déclin de la IVᵉ République, à cristalliser chacun une certaine vision des années quarante.

Écrits entre 1952 et 1958, les *Mémoires de guerre* ont été marqués par la déception de 1946, le Général utilisant sa plume acerbe contre la « République des partis », et tout à la fois pénétrés d'une inspiration grandiose, celle qui guide le sentiment d'un grand destin. Œuvre éminemment politique, sa profonde originalité en regard du sujet traité ici réside dans le sens positif qu'elle donne aux événements de 1940-1944. Pétain voulait exploiter la défaite, de Gaulle, lui, veut profiter de la victoire. Le premier a joué la carte du désarroi, le second invite implicitement, dix ans après, à renouer avec la gloire de la France combattante, celle de « la France tout entière » : « Cette flamme d'ambition nationale, ranimée sous la cendre au souffle de la tempête, comment la maintenir ardente quand le vent sera tombé [20] ? » Autrement dit, comment, après avoir *gagné* la guerre, la France peut-elle gagner la paix et, surtout, recouvrer la « grandeur » ?

Mais la leçon d'histoire à laquelle de Gaulle convie les Français ne va pas sans quelques vérités bien senties.

Le « salut » et la rédemption, les Français les doivent d'abord à « de Gaulle », ce double dont l'auteur parle à la troisième personne. Sans lui, sans le « sursaut », « encore un peu mourait l'âme de la France [21] ». A le lire, l'homme du 18 juin a mené un combat solitaire. Car, sans nier le rôle de l'ensemble des résistants, il en dénonce les imperfections, et opère, dans le contexte de la guerre froide, un tri minutieux. Les hommes de l'Armée secrète ou des FFL n'ont pas de reproches à se faire. En revanche, les « politiques » n'ont pas toujours compris le message gaullien. Quant aux communistes, la lune de miel est bien terminée. Il ira même jusqu'à leur attribuer (à mots couverts) les fusillades du 26 août 1944,

à Notre-Dame de Paris : par cette provocation, certains espé-
raient, selon lui, convaincre l'opinion de la nécessité de laisser armés les organisations de résistance et les comités de
libération.

Enfin, ce n'est pas sans une certaine modération de ton
qu'il parle de l'autre bord. Les collaborateurs (très rarement
évoqués), « s'ils furent des coupables, nombre d'entre eux
n'ont pas été des lâches [22] ». Il avoue en outre (mais on s'en
doutait déjà) que le désir obstiné de Pétain de se présenter
aux jurés de la Haute Cour l'avait politiquement, et peut-
être personnellement, embarrassé : « Je ne désirais pas qu'on
eût à le rencontrer [23]. » Reprenant l'argument utilisé en 1947
dans ses discours, il invoquera « la vieillesse que la glace des
années (avait) privée des forces nécessaires [24] ».

« Témoignage » de première importance, les *Mémoires de
guerre* invitent à une lecture ambiguë de l'Occupation. Qu'ils
mettent l'accent sur la Résistance et la France libre, c'est l'évidence même, et il n'y avait aucune raison pour qu'il en fût
autrement. Mais, plus que cela, ils opèrent une véritable translation historique. Réduite à la saga d'une poignée d'individus, l'histoire de la *France* (car c'est de cela qu'il s'agit), entre
1940 et 1944, a changé de nature : son centre de gravité s'est
déplacé de Paris et de Vichy vers Londres et Alger. A la nul-
lité des actes de l'État français, l'« autorité de fait », décidée
en 1944, correspond, dix à quinze ans plus tard, sa mise entre
parenthèses. La volonté politique transcende une réalité
objective, et l'Histoire se confond avec la morale.

Toutefois, ces *Mémoires* ne consacrent pas la vision simpliste du résistancialisme. Ce n'est pas tant les Français qui
ont tous été des résistants, que l'« âme de la France », l'abstraction gaullienne par excellence. Et pour mériter la gloire
rétrospective d'avoir vaincu l'opposant, encore faut-il que
celui qui en incarne l'essence préside à nouveau aux plus hautes destinées du pays. Autrement dit, le capital existe, mais
pour l'instant, il sommeille, improductif.

Le Général ne pouvait à lui seul, dans son isolement, faire
passer l'histoire de Vichy à la trappe et abriter sous son aile
celle de quarante millions de Français restés malgré eux en

métropole. D'où l'importance historiographique du premier livre de Robert Aron.

Dans les années trente, Robert Aron, essayiste enflammé, évoluait dans la mouvance des intellectuels « non conformistes », terme un peu fourre-tout qui désigne une génération en rupture de ban, bruyante et prolifique, souvent attirée par certains aspects du fascisme ou du « planisme ». Mais la guerre calme quelque peu l'écrivain passionné. Juif en cavale, il échappe aux lois antisémites de l'État français grâce à Jean Jardin, du cabinet de Laval, et parvient à se réfugier en Afrique du Nord. De son bref passage semi-clandestin à Vichy, il gardera une familiarité des hommes et de l'atmosphère du royaume du Maréchal, connaissance non exempte d'une certaine reconnaissance. Dans ses Mémoires, il rapporte la déception qu'il a ressentie à l'égard du CFLN et de De Gaulle, qu'il accuse d'avoir voulu « éliminer l'influence de ses adversaires *(pétainistes et giraudistes)* et effacer de l'histoire les périodes qu'il désapprouvait[25] ».

Son *Histoire de Vichy*, écrite avec Georgette Elgey, s'est fondée avant tout sur une grande quantité de témoignages et sur les comptes rendus des procès de Haute Cour, inaccessibles à l'époque au commun des chercheurs. Robert Aron a d'ailleurs abondamment utilisé, pour tous ses ouvrages, une documentation inédite, fournie par des personnalités du monde politique ou économique avec lesquelles il entretenait d'excellentes relations : ses archives regorgent ainsi de documents ou de récits que l'on ne trouve pas en d'autres lieux plus officiels[26]. Mais ses sources ont toujours eu le défaut majeur de leur qualité d'« inédit » : elles ont été longtemps incontrôlables, faute d'appareil scientifique dans ses livres, faute pour d'autres d'y avoir accès.

Énorme synthèse de plus de 700 pages, l'*Histoire de Vichy* décrit, presque au jour le jour, l'évolution de l'État français. D'où son caractère de référence pendant une période de plus de quinze ans. Écrite dans un contexte encore peu propice à la distance académique et prenant à contre-courant l'hostilité dominante, imprégnée par la vision des témoins, essentiellement d'anciens ministres ou proches du gouvernement,

elle a proposé une interprétation « minimaliste » du régime
et de sa politique.

Sa thèse se résume en une grille d'explication simple : il
existe deux Vichy, celui de Pétain et celui de Laval. Par exemple, sur un point essentiel, les entrevues de Montoire des 22
et 24 octobre 1940, loin d'y voir le point de départ de la collaboration d'État (un fait admis aujourd'hui par la plupart
des historiens, et confirmé par les archives de Vichy), il distingue soigneusement le chef de l'État du chef du gouvernement :

> Pour le Maréchal, l'armistice n'était et ne pouvait être
> qu'une pause, permettant provisoirement à la France de
> subsister, en attendant l'issue de la guerre entre l'Angle-
> terre et l'Axe ; Montoire, s'inscrivant pour lui dans cette
> même perspective, n'était dès lors qu'un épisode et
> n'apportait nulle innovation à sa politique envers l'Alle-
> magne. Pour Laval, au contraire, l'armistice devait per-
> mettre un retournement des alliances, dont Montoire, de
> façon définitive, allait marquer le début (p. 308-309).

De ce point de vue, la collaboration n'est qu'un « malentendu ». « Équivoque », le régime l'est plus dans ses déclarations officielles que dans la réalité des faits — « mais les
Français ne pouvaient pas le savoir ». Robert Aron, insistant
sur les « négociations clandestines » avec les Alliés, a développé à l'envi la thèse du double jeu. Au passif du régime,
il admet, toutefois, des erreurs de jugement, en particulier
sur l'opportunité d'une refonte de la société française en un
tel moment. Il sous-estime en ce sens l'impact de la Révolution nationale et sa volonté de s'inscrire dans la durée, c'est-
à-dire dans le cadre d'une Europe allemande.

Poursuivant sur sa lancée, Robert Aron, dans son *Histoire
de la Libération*, va prendre beaucoup moins de précautions
pour dénoncer à son tour les « crimes » de la Résistance : c'est
avec sa caution scientifique que sera longtemps accréditée la
thèse de « 30 000 à 40 000 » exécutions sommaires, chiffre
obtenu en coupant la poire en deux, entre les évaluations
maximalistes (plus de 100 000) et minimalistes (environ

10 000), ces dernières étant très voisines de la réalité : le procédé « statistique » est pour le moins douteux. Le général de Gaulle en personne lui écrira sa surprise :

> ... C'est en toute sincérité que je vous adresse mes plus vifs compliments pour cet ouvrage magistral. Il arrive que certains menus faits ou divers chiffres que vous citez diffèrent quelque peu de ce que j'ai pu voir ou savoir. Par exemple le nombre des exécutions dues à la Résistance est connu, d'après des rapports minutieux et justifié des préfets. Je l'ai donné très exactement dans *le Salut (il s'agit du chiffre des 10 000)*, et il est moindre que celui que vous avancez [27].

Par ailleurs, dans ce même ouvrage, Aron exagère la menace « révolutionnaire » qui pèse sur la France à l'été 1944. Mais il faudra des années avant de réviser son optique.

L'esprit de la Résistance

A leurs manières respectives, de Gaulle et Robert Aron ont donc incité à calmer le jeu des séquelles, l'un en offrant (avec contreparties) un honneur rétrospectif inventé, l'autre en minorant le rôle néfaste de Vichy, et tous deux en égratignant l'auréole de la Résistance, en particulier des communistes et de leurs proches.

Avec le retour du Général aux affaires, et après les flambées algériennes, l'historiographie s'oriente résolument vers l'exploration de l'univers touffu des combattants de l'ombre. Dans les années soixante, l'historiographie est ainsi dominée par le Comité d'histoire de la Deuxième Guerre mondiale, dont l'historien Henri Michel est devenu directeur, assisté dans sa tâche par une petite équipe compétente, qui l'a plus qu'aidé à bâtir sa réputation internationale [28]. Henri Michel consacre sa thèse aux « courants de pensée de la Résistance », dans toute leur multiplicité sinon dans leurs divisions. Elle est publiée en 1962, aux Presses universitaires de France, dans la collection qu'il dirige avec Boris Mirkine-Guetzevitch, « L'Esprit de la Résistance ».

De son côté, le CHGM, étoffé d'un important réseau de

correspondants départementaux, lance plusieurs enquêtes successives : sur les statistiques de la déportation, une des premières — et ce, contrairement à l'état des préoccupations générales des années cinquante —, sur la chronologie et la géographie de la Résistance, lancée au début des années soixante, sur la répression des faits de collaboration, plus tardive, en 1968, sur l'économie, enfin, dans les années soixante-dix.

Ces enquêtes reflètent d'autant mieux l'historiographie de l'époque que le CHGM constitue le carrefour obligé, de par ses relations avec les pouvoirs publics, l'armée, les archives de France, les anciens résistants. Sans détailler son œuvre considérable, on peut s'arrêter un instant sur le meilleur et le plus discutable. La « Chronologie de la Résistance » avait pour mission de recenser, département par département, tous les « faits de résistance », où et de quelque nature qu'ils fussent, du sabotage au renseignement, des parachutages à la propagande. Mis en fiches, ces faits devaient ainsi permettre de tisser peu à peu la toile exhaustive de la lutte contre l'occupant [29]. Entreprise sans le secours de l'informatique, elle avait pour horizon le traitement de 200 000 fiches bristol (!), dont trois quarts ont effectivement été établies... bien qu'inutilisables, de l'aveu même de ceux qui en ont eu en partie la charge. Bien sûr, on peut arguer que la mode était alors à l'histoire sérielle et quantitative, mais l'intérêt rétrospectif de la chose réside dans l'illusion qu'il y avait alors de mettre ainsi en boîte (en fait dans une armoire spéciale) « toute » la Résistance. Homologués, pieusement recensés, triés et classés, les protagonistes de la clandestinité se voyaient de la sorte entrer définitivement dans la postérité. L'historien, pour la bonne cause, se faisait mémorialiste.

A l'opposé, l'enquête sur l'épuration a permis de lever les doutes sur le nombre d'« exécutions sommaires [30] ». Entreprise avec un esprit plus scientifique et plus critique que la précédente, elle a établi la probabilité d'un chiffre tournant autour de 10 000 personnes, dont la moitié avant le 6 juin 1944, donc en pleine Occupation. Elle a été abondamment utilisée par tous les historiens et aurait dû (mais ces derniers ne sont guère prophètes en ce pays) mettre un terme à cette polémique récurrente, typique du syndrome.

Or, tandis que la vision gaullienne de la Résistance trouve là un support historique et un vecteur de mémoire (bien qu'Henri Michel ait été socialiste), l'historiographie communiste de la Résistance connaît au même moment un regain manifeste. Stéphane Courtois a bien mis en valeur ce renouveau des années soixante. Après quinze ans de tabous, sacrifiée au profit des luttes internes au parti, qui a vu l'éclipse des anciens de la lutte armée et des FTP, la Résistance redevient un enjeu politique majeur. En 1964, paraît la bible du militant de base, le manuel d'*Histoire du parti communiste français*; en 1967, une *Histoire du PCF dans la Résistance*, sous la direction de Jacques Duclos; en 1969, les *Cahiers de l'institut Maurice-Thorez* commencent à publier de nombreux articles sur le sujet [31].

Ce revirement s'explique par l'histoire interne du Parti, le rôle syncrétique de Duclos, ancien chef du parti clandestin, après la mort de Maurice Thorez, en 1964, la montée de l'Union de la gauche, à partir de 1969. Il constitue même, selon Courtois, une forme de réponse aux rivaux maoïstes d'extrême gauche qui tentent d'accaparer l'héritage, en se proclamant «nouvelle résistance». Mais sur le fond, la représentation des années de guerre n'a pas varié : le Pacte germano-soviétique, vierge de tout protocole secret, est toujours défendu; le Parti s'est engagé dès juillet 1940 dans la Résistance, dont il devient, après juin 1941, le principal moteur.

Ainsi, l'alliance implicite des années soixante entre la mémoire gaulliste et la mémoire communiste, déjà vue lors du transfert de Jean Moulin au Panthéon, semble trouver une expression historiographique, les communistes, d'un côté, le CHGM, de l'autre, occupant le terrain.

En revanche, rares sont les études portant sur la Collaboration ou sur Vichy : fait significatif, Robert Aron n'a tracé aucun sillage ni formé réellement d'émules, même si ses thèses ont pignon sur rue. En 1964, Michèle Cotta publie un petit ouvrage fort dense sur la presse collaborationniste, en écartant soigneusement (et prudemment) de l'analyse les tendances de même inspiration au sein du gouvernement de Vichy

d'avant 1943 (*la Collaboration 1940-1944*, A. Colin). Ce qui
ne l'empêche pas de subir la colère de ceux qu'elle cite ou
de leur famille : entre la première édition de 1964 et la seconde
de 1965, elle fait « disparaître » quelques indications biogra-
phiques, concernant le sort, à la Libération, de quelques personnalités (Claude Jeantet, Jean Loustau, Claude
Maubourguet, Lucien Rebatet — qui n'est plus « actuellement
journaliste à *Rivarol* » dans la seconde édition, et Ralph Sou-
pault). La plupart d'entre eux, s'ils avaient subi de très lourdes peines, dont certains la mort, bénéficiaient des
dispositions de l'amnistie de 1953, qui interdit de citer les
noms. Elle est en principe toujours en vigueur...

De même, Henri Michel diversifie sa production, en
publiant en 1966 une analyse des débuts du régime de Vichy
(*Vichy année 40*, R. Laffont), paradoxalement un des meilleurs ouvrages du spécialiste de la Résistance qu'il est. Il est
un des premiers à montrer le lien indissoluble qui existe entre
la Révolution nationale, la politique intérieure, et la collaboration d'État, la politique « extérieure ». C'est également
en 1966 que Jacques Duquesne publie une première synthèse
sur un sujet complexe et controversé qu'il traite avec prudence (*les Catholiques français sous l'Occupation*, Grasset,
remanié et réédité en 1986). Jacques Delarue fouille méti-
culeusement les dossiers des *Trafics et Crimes sous l'Occupation* (Fayard, 1968). L'année suivante, Jacques Delperrié
de Bayac retrace *l'Histoire de la Milice* (Fayard, 1969).

Plus important, les éditions Fayard (très en pointe sur ces
sujets), non sans un certain courage, traduisent le livre d'un
historien allemand, Eberhard Jäckel (*la France dans l'Europe
de Hitler*), qui aurait dû constituer l'amorce d'un véritable
tournant historiographique. C'est en effet le premier ouvrage
qui démonte les mécanismes de la collaboration d'État (grâce
aux archives allemandes), en renversant totalement la perspective de Robert Aron. D'après Jäckel, c'est en 1942, *avant
le retour de Pierre Laval* (le 18 avril), que la recherche d'une
entente avec le Reich et l'espoir de négocier d'État à État,
malgré l'Occupation, a atteint son point culminant. Ainsi,
loin d'avoir subi la « mauvaise » influence de Laval, Pétain
est bien le principal responsable de la politique de Montoire,

exprimée sans ambiguïté par le gouvernement Darlan (1941-1942). Et ce sont les Allemands qui abandonnent (pour cause de guerre totale) toute idée de coopération avec les Français, entraînant les vaines surenchères de celui qui ira jusqu'à souhaiter la victoire de l'occupant.

Mais l'ouvrage de Jäckel, étranger aux passions françaises, arrive trop tôt, bien qu'il incite nombre d'historiens étrangers et français à opérer en sens inverse la translation gaullienne, de Londres à Vichy, d'Alger à Paris. Il n'aura d'ailleurs aucun écho ni aucun succès (voir chapitre 7).

Un Américain à Vichy

C'est à partir de 1970 que l'horizon historiographique connaît un bouleversement d'importance. Au mois de mars de cette année, se tient à la Fondation nationale des sciences politiques un colloque sur les premières années du gouvernement de Vichy, sous l'impulsion de René Rémond et Janine Bourdin. Il met en présence des universitaires et d'anciennes personnalités vichystes (et qui ne s'en cachent pas), comme René Belin, François Lehideux, Jean Borotra, dans un climat propice à la discussion. La chape de silence semble vouloir se lever et les témoins s'expliquent sur leur politique non sans une certaine franchise. Il est vrai que la distinction entre le « Vichy de Pétain et le Vichy de Laval », consacrée en 1956 (à l'instar de Robert Aron) par une gloire de la maison, André Siegfried, dans la *Revue française de science politique*, est toujours d'actualité. Il est vrai que sont abordés des thèmes institutionnels et idéologiques (la Charte du travail, la jeunesse, la Constitution), peu susceptibles de déchaîner, en cette enceinte feutrée, ne serait-ce qu'un simulacre de guerre franco-française. Il est vrai surtout que ni la politique de collaboration, ni la période 1942-1944, ni les lois antisémites ne sont au menu.

Avec une grande franchise, René Rémond s'en expliquera en s'interrogeant sur la pertinence de la séparation entre politique intérieure et politique extérieure, décidément l'une des clés de voûte de l'histoire de Vichy : « Montoire commandait la politique sociale aussi bien que la politique de la jeunesse[32]. » Mais tel quel, avec ses lacunes inhérentes à tout colloque, avec ses pudeurs, voire ses réticences, le travail collectif de la FNSP a incontestablement ouvert, sinon une brèche, du moins une voie.

L'année suivante, en 1972, Yves Durand publie un petit livre de 176 pages, sobrement intitulé *Vichy 1940-1944* (Bordas), dans lequel il brosse un portrait général du régime, dont l'acuité et les anticipations (compte tenu de l'état de la recherche d'alors) restent encore valables près de quinze ans après.

Mais c'est d'outre-Atlantique que va souffler un vent mauvais pour la France tranquille de Pompidou.

Dans plusieurs articles publiés en français, entre 1956 et 1972, Stanley Hoffmann, spécialiste franco-américain de la vie politique française, avait transgressé la frontière étanche, tracée par Aron, Siegfried, et bien d'autres, entre les pétainistes vichyssois et les fascistes parisiens : « Ni le collaborationnisme servile ni le collaborationnisme idéologique n'auraient pu se développer aussi aisément qu'ils le firent — dans un pays au fond resté sourd à leur appel — s'il n'y avait pas eu de collaboration d'État », écrit-il en 1969[33].

En janvier 1973, les Éditions du Seuil font paraître un ouvrage publié aux États-Unis l'année précédente, traduit de l'américain par Claude Bertrand (mère de l'historien Jean-Pierre Azéma) et préfacé précisément par Stanley Hoffmann. Son titre, *la France de Vichy*, traduction plus brève et plus incisive que le titre anglais, *Vichy France. Old Guard and New Order. 1940-1944*, renverse d'emblée les perspectives traditionnelles[34]. Jusque-là, « Vichy » désignait un gouvernement, un régime, une période particulière. Mais il était peu fréquent — comme on l'a fait souvent depuis — d'assimiler l'Hexagone tout entier avec le pouvoir issu de la défaite, et cantonné dans une faible portion du territoire.

L'auteur, Robert Paxton, cumule plusieurs tares (ou atouts, suivant les points de vue) : il est jeune (41 ans), étranger, n'a donc pas vécu les événements, ni directement ni par filiation interposée, il se mêle d'écrire sur des problèmes que même des spécialistes français n'abordent qu'avec circonspection. L'ouvrage fait sauter en effet quelques verrous. D'abord, Vichy n'a jamais pratiqué un quelconque double jeu, encore moins une résistance à l'occupant, mais au contraire a insisté auprès des Allemands pour que ceux-ci acceptent une politique de collaboration, et ce, dès l'été 1940 (c'est l'essentiel de la thèse d'Eberhard Jäckel, complétée et développée). Ensuite, comme Henri Michel, il pense que la Collaboration et la Révolution nationale forment les deux volets d'une même politique. Il développe par contre une thèse radicalement différente de celui-ci quant à l'héritage de Vichy. Loin de minorer le bilan comme Robert Aron ou Henri Michel, il consacre aux réformes internes des chapitres étoffés. Selon lui, ces réformes dévoilent dans toute son étendue l'ambition des vichystes de transformer l'État et la société. Conduites par une frange de technocrates, baignant dans une atmosphère de revanche contre le Front populaire, ces réformes annoncent pourtant l'évolution des années 1950-1960 (un thème esquissé par le colloque de la FNSP). Enfin, il étudie la spécificité de Vichy, en regard de l'occupant, en particulier dans la lutte contre les juifs.

Animé par sa ferveur intellectuelle, Robert Paxton a poussé parfois la logique de sa thèse jusqu'au bout, donnant l'impression de minimiser le poids réel de l'occupant et de la conjoncture. Par sa cohérence comme par ses excès, son livre a véritablement heurté les mentalités de l'époque, provoquant un petit scandale.

Marc Ferro pressent très vite à quel point cette nouvelle lecture va déranger politiquement : à gauche, parce que est mise en pièces l'idée rassurante de la trahison des seules élites en 1940, « alors qu'en réalité une résistance héroïque et jusqu'à la mort, de Bayonne à l'Afrique, n'avait aucun sens pour personne » ; chez les gaullistes, ensuite, « héritiers du régime qu'ils ont combattu » ; enfin, pour « tout ce qui a pétainisé, a cru, a voulu croire, a voulu faire croire que le Maréchal jouait double jeu [35] ». Pourtant, c'est surtout la gauche qui le défend.

Les communistes applaudissent ce qu'ils estiment être une confirmation de leur thèse sur Vichy, émanation du « capitalisme monopoliste d'État ». Les organes de la communauté juive recommandent vivement la lecture du livre, visiblement satisfaits qu'un spécialiste étranger exprime haut et fort ce qu'ils n'ont cessé de dénoncer. Dans le milieu résistant, les réactions sont plus mitigées. Pour certains, c'est un livre que « tous les résistants devraient lire, sans passion et sans haine, mais avec lucidité [36] ». Mais d'autres n'apprécient guère les brefs passages que l'auteur consacre en introduction aux « résistants de la première heure » (« ces hommes ne posaient alors *(en 1940)* aucun problème réel au régime [37] »). Combien de fois, dans des séminaires ou conférences, Robert Paxton n'a-t-il pas été pris à partie par quelques gardiens de la flamme, courtois mais énervés...

Toutefois, en bonne logique, c'est à droite que les réactions sont les plus hostiles. Dans *l'Aurore*, Dominique Jamet met violemment en doute les compétences de l'historien américain : « Il paraît que M. Robert Paxton enseigne actuellement à l'université de Columbia. On a peine à le croire [38]. » *La France catholique* dénonce également l'« universitaire bien tranquille » atteint par le « paramarxisme », lui préférant les Mémoires de l'amiral Auphan, parus quelques mois plus tôt [39]. C'est en définitive ce même amiral, qui préside aux destinées de l'association Pétain, qui se montrera le plus virulent. Laissant à son collègue Jean Borotra le soin d'argumenter sur l'existence des « télégrammes secrets », la pierre angulaire de l'Évangile, il écrit sans vergogne dans une lettre au *Monde* que tout cela est « une affaire à traiter entre Français [40] ». Ailleurs, il entreprend une critique qui en dit long sur la gifle reçue par le petit monde des pétainistes à la sortie du livre :

> La clé secrète de l'exposé de M. Paxton ne nous est livrée qu'avec la dernière phrase. La voici : « Il est parfois dans l'histoire d'un pays un moment cruel où, pour sauver ce qui donne son vrai sens à la nation, on ne peut pas ne pas désobéir à l'État. En France, c'était après juin 1940. » Ainsi cet Américain, qui avait huit ans à cette époque, jouait tranquillement au ballon de l'autre côté de l'Atlantique alors que les dirigeants de son pays avaient contribué à nous lancer dans la guerre et s'abritaient derrière la loi « *cash and carry* » pour ne pas y être entraînés, prétend aujourd'hui démontrer que la seule solution pour la France ensanglantée et malheureuse de 1940 était la révo-

lution, la guerre subversive. L'ouvrage n'est écrit que pour essayer de justifier cette opinion[41].

Dans la même veine, un lecteur ira même jusqu'à reprocher à Robert Paxton de ne pas comprendre l'horreur d'une guerre civile. A quoi l'Américain répondra qu'il le sait mieux que quiconque, étant lui-même descendant d'une famille sudiste. Paxton sera même une fois confronté directement à l'amiral Auphan, qui lui reprochera publiquement son âge[42].

Le plus délicieux est qu'à plusieurs reprises, l'amiral Auphan s'abritera derrière Robert Aron, dénoncé, en 1955, comme « partial » et considéré, en 1973, comme un « modéré[43] ». Une preuve indubitable que l'ouvrage de Paxton a rendu caduque cette référence académique qui arrangeait tant de monde, en particulier à droite.

Les réactions des spécialistes ne sont pas moins intéressantes, car elles révèlent en creux les potentialités et les blocages de l'historiographie d'alors. Henri Michel couvre Paxton d'éloges, « un maître livre ». Mais, s'il se réjouit de ce « réquisitoire implacable contre le régime de Vichy », au nom de la Résistance dont il se réclame personnellement, il ne peut s'empêcher de regretter que l'auteur américain « ne loue pas pour autant ses adversaires », décelant même un « parfum d'hostilité à la France[44] »... Dans la *Revue française de science politique*, Janine Bourdin exprime « un certain malaise », critiquant les erreurs factuelles et l'utilisation unilatérale des sources allemandes, rappelant l'antériorité de certaines études françaises récentes. Visiblement, elle hésite à se laisser entièrement convaincre, par exemple, de « l'antisémitisme volontaire de Vichy[45] ».

L'article le plus virulent émane d'Alain-Gérald Slama : « La réfutation de ses thèses, je la trouve dans son propre livre[46]. » Un exercice de style très enlevé mais qui, avec le recul, illustre l'impuissance des historiens français de l'époque : d'accord avec Paxton, ils ont regretté à juste titre que le livre n'ait pas été fait par un autochtone ; hostiles, ils ont été rarement capables de démonter les thèses en s'appuyant sur d'autres sources, les archives françaises étant en général fermées. Génial pour les uns, caricatural pour les autres, Paxton a sérieusement (et involontairement) secoué le cocotier universitaire français.

En réalité, et sans enlever à l'auteur tous les mérites de son ouvrage, il faut reconnaître que *la France de Vichy* a largement bénéficié de l'effet Ophuls, et du contexte général des années 1971-1974. Paxton, plus peut-être que les autres ouvrages de la même inspiration publiés au même moment, a représenté malgré lui la caution scientifique du retour du refoulé. Deux ans après la sortie mouvementée du *Chagrin*, il prend l'allure d'une démonstration, froide et objective, des thèses esquissées à chaud dans le film. Et comme Ophuls, pour d'autres raisons, il n'a pas craint la provocation.

Pleins feux sur la France allemande

Après Paxton, les études sur les années noires se multiplient : en 1971, sur 90 sujets de thèses déposés (d'État ou de 3e cycle) et qui portent sur la Seconde Guerre mondiale, 15 étaient consacrés à la Résistance, contre 6 seulement au régime de Vichy ; en 1978, sur 130 environ, 16 portent encore sur la Résistance et la Libération, mais 13 sur Vichy et l'Occupation, 18 sur l'économie et la société, 10 sur les mentalités et la culture.

La Résistance est toujours d'actualité, mais dans un esprit moins commémoratif, même si l'objet d'histoire qu'elle constitue incite difficilement à la critique poussée. On s'intéresse à la sociologie des mouvements (Dominique Veillon, *le Franc-Tireur*, Flammarion, 1977), aux aspects spirituels (Renée Bédarida, *Témoignage chrétien. 1941-1944*, Éditions ouvrières, 1977).

La Collaboration est désormais l'objet de soins attentifs : Claude Lévy, *les Nouveaux Temps et l'idéologie de la Collaboration* (A. Colin, 1974), Jean-Pierre Azéma, *la Collaboration. 1940-1944* (PUF, 1975), Fred Kupferman, *Pierre Laval* (Masson, 1976), Pascal Ory, *les Collaborateurs. 1940-1945* (Seuil, 1976), et, du même, *la France allemande* (Gallimard, 1977).

Cette nouvelle vague n'est pas exempte de réflexes « rétro », à l'instar de la mode du même nom, en particulier de sa tendance inquisitoriale : la mise à l'index (... en fin de volume) de personnalités dont on découvre soudain le passé peu reluisant, incite à un nouvel exercice très en vogue, à savoir repérer son adversaire favori, pour le clouer au pilori. Certains articles de presse regorgent de ces allusions, qui ont contribué à alimenter le jeu des anathèmes [47].

L'essentiel réside toutefois dans la régularité de la production universitaire, parallèle aux ouvrages grand public qui inondent le marché : ceux de Jean Mabire sur les SS français, de Christian Bernadac sur les camps, de Philippe Aziz sur les truands collabos, et, bien sûr, d'Henri Amouroux.

A la cadence d'un par an, puis d'un tous les deux ans, la *Grande Histoire des Français sous l'Occupation* (pourquoi « grande »?), chez Robert Laffont, a rythmé la période la plus obsessionnelle du syndrome. Relayé par une excellente couverture médiatique, grâce à la complicité de ses confrères journalistes (dont beaucoup n'ont jamais réellement supporté la concurrence des historiens sur les champs contemporains), Henri Amouroux a réussi l'exploit de devenir pour la moyenne des Français le spécialiste incontesté de cette époque. Rendons grâce à son talent, ses innombrables « documents inédits », sa capacité d'ingurgiter les travaux de première main. Mais l'essentiel n'est pas là.

Par son style et son ton, Amouroux a proposé une sorte d'antidote au syndrome. Tandis que les scandales et les résurgences se succédaient, il a offert, avec la tranquillité des grands sages, une réalité sans arêtes, acceptable, un peu au ras des individus. De thèse ? Point, ou si peu. Plein d'un bon sens tout populaire, il n'a que faire des analyses sophistiquées : des bons et des méchants, il y en avait dans tous les camps, les Français ont été pétainistes puis gaullistes, quant à *l'Impitoyable Guerre civile* (1983), elle ne commence qu'en 1943 ; « la terreur répliquant à la terreur », les adversaires y sont renvoyés dos à dos. En somme, la plupart des drames de l'Occupation peuvent être mis au compte de la fatalité de la guerre.

Tenu en réserve par beaucoup d'anciens résistants (sauf complicité politique), adulé par les médias, reconnu par le public, il est devenu la caution d'une certaine droite, anciens pétainistes compris : « Si la réconciliation des Français doit un jour se réaliser, votre intervention et votre œuvre d'histoire n'y auront pas peu contribué », lui écrit par exemple le secrétaire de l'Association Pétain en 1978 [48]. Le tome 6, sur la guerre civile, est dédié à Robert Aron, « homme de paix », dont l'œuvre s'est « libérée du manichéisme ». Comme ce dernier, il a répondu à l'attente d'un certain public, par sa langue accessible, mais surtout par son côté rassurant.

En parallèle à ce renouveau littéraire, une deuxième génération de témoignages voit le jour : celle d'anciens collaborateurs ou d'anciens vichystes, et celle d'anciens résistants, en particulier, cette fois, les chefs. Chez les premiers, plus ils ont été engagés, plus ils portent un regard distant sur leur passé, sortant souvent d'un long silence. C'est le cas de l'un des « héros » du *Chagrin*, l'ancien Waffen SS Christian de la Mazière (*le Rêveur casqué*, R. Laffont, 1972), de Victor Barthélemy, ancien dirigeant du PPF (*Du communisme au fascisme*, Albin Michel, 1978). Plus ils ont côtoyé les milieux vichystes, plus ils cherchent la réhabilitation, et plus en ressort la thèse du double jeu et de la résistance pétainistes, comme l'amiral Auphan (*Histoire élémentaire de Vichy*, France-Empire, 1971), l'ancien ministre du Travail René Belin (*Du Secrétariat de la CGT au gouvernement de Vichy*, Albatros, 1978), ou Raymond Abellio (*Sol invictus. 1939-1947. Ma dernière mémoire. III*, Pauvert/Ramsay, 1980).

Chez les seconds, eux aussi silencieux assez longtemps, dominent deux témoignages de première importance, celui d'Henri Frenay, chef du mouvement Combat (*La nuit finira*, R. Laffont, 1973), et celui de Claude Bourdet (*l'Aventure incertaine*, Stock, 1975). Il faut sans doute ajouter à cette veine, l'*Histoire de la Résistance en France*, d'Henri Noguères, entamée en 1967 et terminée en 1981 (en cinq gros volumes, chez R. Laffont). Écrite par un acteur métamorphosé en historiographe, elle a tenté ce que le CHGM n'avait pu mener à bien : décrire, au jour le jour, l'essentiel du fait résistant. Pour ces anciens combattants, le temps n'est plus aux anathèmes contre les collaborateurs ni aux plumes trempées dans l'encre tricolore : dans la vague qui monte et devant les révisionnismes qui s'annoncent, il s'agit de laisser une trace.

Les chantiers futurs

Une quatrième période semble avoir été inaugurée à la fin des années 1970. Le CHGM a laissé la place à l'Institut d'histoire du temps présent, axé sur une période plus vaste (jusqu'à nos jours), mais avec pour effet de faire commencer le second XXe siècle non pas en 1945, mais en 1939.

En 1979, paraît le manuel universitaire le plus complet sur l'ensemble de la période, dégagé des fausses pudeurs ou des révérences obligées. Il est devenu (c'est une réalité aisément vérifiable) la bible de tous les étudiants (Jean-Pierre Azéma, *De Munich à la Libération*, Seuil, tome 14 de la *Nouvelle Histoire de la France contemporaine*).

Par la suite, les études sur la Seconde Guerre mondiale se sont développées : aujourd'hui, environ 240 chercheurs et universitaires travaillent ou côtoient le sujet (au sens le plus extensif), un chiffre relativement élevé [49]. Elles se sont ensuite considérablement diversifiées : l'économie, les Églises, la propagande, les études d'opinion (Pierre Laborie, *Résistants, Vichyssois et Autres*, CNRS, 1980) sont les nouveaux champs. Les fonds d'archives livrent leurs secrets : Jean-Baptiste Duroselle (*l'Abîme. 1939-1945*, Imprimerie nationale, 1982), grâce à de nombreux documents diplomatiques, a permis de rendre caduque la thèse de la « résistance » de Vichy, décrivant l'ampleur de la collaboration d'État, observée du côté français et non plus simplement allemand. Michèle Cointet soutient en 1985 l'une des premières thèses d'État sur le régime de Vichy, consacrée au Conseil national. Des personnages peu connus sortent de l'ombre : c'est le cas de Jean Jardin, directeur de cabinet de Laval, avec le livre de Pierre Assouline (*Une éminence grise*, Balland, 1986), et, chez le même éditeur, celui de Laurent Lemire consacré à un proche de Déat (*l'Homme de l'ombre, Georges Albertini, 1911-1983*, 1990) ; c'est le cas aussi d'Angelo Tasca, ancien communiste, qui travailla au sein des services de l'Information de Vichy (Denis Peschanski, éd.,

Vichy 1940-1944, Archives de guerre d'Angelo Tasca, Éditions du CNRS/Feltrinelli, 1986). Avec l'ouvrage de Philippe Burrin (*la Dérive fasciste. Doriot, Déat, Bergery*, Seuil, 1986), s'amorce une étude plus fouillée des tendances « de gauche » au sein de Vichy (un thème par ailleurs exploité, on l'a vu, par la droite, sur un mode polémique), et surtout une définition historique très rigoureuse du fascisme français, qui en fait un des livres les plus importants des années 1980.

Par ailleurs, on note un très net regain d'intérêt pour la vie culturelle (*Politiques et Pratiques culturelles dans la France de Vichy, Les Cahiers de l'IHTP*, 8, juin 1988), intellectuelle, scientifique sous l'Occupation, recherches qui s'interrogent sur le rôle exact de Vichy dans les différents secteurs de la vie sociale qui continuent d'évoluer : *malgré* ou grâce à l'Occupation, c'est toute la question. L'antisémitisme a inspiré quelques ouvrages importants, car ils marquent une avancée définitive (*Vichy et les Juifs*, de Robert Paxton et Michael Marrus, Calmann-Lévy, 1981 ; Serge Klarsfeld, *Vichy-Auschwitz*, 2 tomes, Fayard, 1983-1985).

Enfin, on l'a vu, l'affaire Barbie-Vergès a sécrété de son côté une troisième génération de témoignages, marquée par la polémique sur la fin tragique de Jean Moulin (ceux de René Hardy, Henri Noguères, Lucie Aubrac, sans oublier, bien sûr, la « bombe » de Daniel Cordier). Toutefois, au-delà de ses aspects anecdotiques, elle reflète sans doute un virage important, qui a pour point de mire une étude *critique* (dénuée de préjugés, favorables ou pas) de la Résistance. Tombée de son piédestal, voilà cette dernière enfin soumise aux investigations les plus indiscrètes, donc les plus scientifiques. Encore n'est-ce qu'un frémissement, déjà pressenti par François Bédarida et souvent provoqué par d'anciens acteurs eux-mêmes, comme Daniel Cordier, qui fut un proche de Jean Moulin [50].

La boucle serait-elle bouclée ? Champ d'investigation originel, l'histoire de la Résistance s'est laissé tenter, dans un premier temps, par l'hagiographie et la prudente réserve. Dans les remous du miroir brisé, c'est Vichy qui, le premier, a été l'objet de soins attentifs et des premières révisions, suivi par les problématiques liées à l'antisémitisme et au génocide. Non sans peine, ces deux volets spécifiques sont devenus l'objet d'enquêtes de plus en plus détachées, scientifiques. Est-ce le tour de la Résistance, en liaison implicite avec le rôle qu'elle a joué avant et après le procès Barbie — on retrouve là l'hypothèse émise à la fin du chapitre précédent ? Seuls les historiens de demain le diront.

L'interface historien

Dans la mémoire collective, les historiens occupent une position d'interface. D'un côté, en amont de la production littéraire ou scientifique, ils dépendent des sources d'information disponibles et sont largement tributaires d'une demande sociale, c'est-à-dire des attentes plus ou moins explicites des diverses tendances de l'opinion, y compris celles du milieu universitaire. En aval, ils influent à leur tour sur les mentalités, en particulier parce que le contenu et la forme de l'enseignement dépendent en grande partie des résultats de la recherche.

Cette chaîne de transmission interactive constitue un moment clé dans la formation des représentations du passé, d'où la nécessité d'en donner ici quelques maillons.

* *Les conditions de la production historique*

Pour écrire l'histoire des années quarante, l'historien a toujours connu de grandes difficultés dans la collecte de ses sources. Dispersées ou détruites, lacunaires ou trop abondantes, elles ont de surcroît connu les vicissitudes que laissent les traces d'un passé controversé.

C'est particulièrement net pour les archives publiques, à l'égard desquelles l'État a toujours fait preuve d'ambivalence. Parce qu'il était indispensable d'évaluer le désastre de l'Occupation, l'ampleur des sacrifices, le poids des erreurs, nombre d'archives ont pu s'ouvrir très vite. Elles ont permis surtout de comprendre le mécanisme de l'exploitation hitlérienne et d'enclencher les premières études sur l'histoire mili-

convertie au catholicisme et avait été baptisée fût regardée comme juive parce qu'elle avait trois grands-parents juifs. La loi de l'Église était explicite : « *Un juif qui a reçu valablement le baptême cesse d'être juif pour se confondre dans le troupeau du Christ.* » C'était là « *le point unique où la loi du 2 juin 1941* [le second statut des juifs] *se trouve en opposition avec un principe professé par l'Église romaine* ».

Même ainsi, Vichy s'en tirait à bon compte. « *Il ne s'ensuit point du tout de cette divergence doctrinale que l'État français soit menacé* [...] *d'une censure ou d'une désapprobation.* »

En conclusion, Bérard rassurait Pétain : la papauté ne ferait aucune difficulté sur cette question. « *Comme quelqu'un m'autorisé me l'a dit au Vatican, il ne nous sera intenté nulle querelle pour le statut des juifs.* »

Mais Vichy devait veiller à ce que ses lois fussent appliquées en tenant compte comme il se devait « *de la justice et de la charité* ».

Pétain utilisa aussitôt ce message. Quelques jours après l'avoir reçu, il se trouva à un dîner de diplomates auquel participait Mgr Valerio Valeri, nonce en France. En présence des ambassadeurs du Brésil et d'Espagne, le Maréchal fit allusion à la lettre de Bérard, leur disant que la papauté n'avait pas d'objection sérieuse à la législation antijuive. Le nonce, qui était opposé au statut des juifs, fut dans l'embarras. Il déclara que le Maréchal devait avoir mal compris les intentions du Saint-Siège. Pétain répliqua avec bonne humeur que c'était le nonce qui n'était pas en accord avec le Saint-Siège, et lui offrit de lui montrer le texte de la lettre. Son interlocuteur le prit au mot, et il semble qu'il ne pût rien trouver à répondre.

Dans une lettre au cardinal Maglione, alors secrétaire d'État, le nonce s'éleva contre les lois antisémites, disant qu'elles contenaient de « *graves erreurs* » du point de vue religieux. Il se demandait qui avait donné cette information à Bérard. Maglione jugea que l'affaire méritait d'être tirée au clair. Le résultat de ces recherches que les sources de Bérard étaient haut placées au secrétariat d'État, et comprenaient Mgr Tardini et Mgr Montini, le futur pape Paul VI. A la fin d'octobre, Mgr Maglione répondit au nonce, confirmant la substance du rapport de Bérard, mais marquant son désaccord avec les « *déductions excessives* » que, selon lui, Pétain en avait tirées. Le sentiment du Vatican était que le statut des juifs était une « *loi malencontreuse* » qui devrait être limitée dans son interprétation et son application.

Quelle que fût l'importance de ce curieux échange, Vichy supposa qu'il avait l'appui du Vatican, et agit en conséquence.

※
※ ※

A l'instar des SS, qui comptaient méthodiquement les juifs envoyés à l'Est, nous pouvons calculer le résultat de la « *solution finale* » en France. A la fin de l'année 1944, un peu plus de 75 000 juifs avaient été déportés de France vers les centres d'extermination situés sur l'ancien territoire de la Pologne. A leur arrivée, la plupart d'entre eux furent immédiatement envoyés dans les chambres à gaz, tandis que les autres étaient mis au travail dans des conditions qui signifiaient une mort presque certaine au bout de quelques semaines ou de quelques mois. Environ 2 500 de ceux-ci, soit près de 3 %, ont survécu. Auschwitz fut la destination d'environ 70 000 déportés de France.

Vichy, une des 1ères stations thermales d'Europe.

Un équipement thermal de 1er ordre orienté vers les affections digestives et métaboliques, la migraine et certaines séquelles rhumatismales, mais aussi capable de rendre leur tonus aux surmenés de la vie moderne.

Demandez notre documentation gratuite, en particulier celle des forfaits "santé", "pleine forme", "passeport sportif", "golf tennis".

Vichy, ville de vacances.

Lac d'Allier, un plan d'eau de 120 ha, plus de 100 ha de parcs et promenades fleuries. Un équipement sportif des plus complets. Vichy, ville artistique et de culture.
Venez vous remettre en forme.

Nom _____
Adresse _____
Office de Tourisme : 19, rue du Parc - B.P. 113 - 03204 VICHY CEDEX

vichy

UN ACTE MANQUÉ ?

En haut, des extraits de l'ouvrage de M. Marrus et R. Paxton
(Vichy et les Juifs) ; en bas, une publicité tout opportune...
(Le Point, n° 448, 18 avril 1981.)

taire ou celle de la Résistance. Le statut du Comité d'histoire de la Deuxième Guerre mondiale, rattaché non à un ministère de tutelle (Éducation ou Universités), mais directement à la présidence du Conseil, puis au Premier ministre, illustre cette volonté. L'alliance entre l'État, les archives et les historiens y a été, on l'a vu, riche de productivité, malgré quelques tentations d'écrire une histoire officielle.

Mais, d'un autre point de vue, l'État s'est considéré comme un cerbère, dépositaire d'informations auxquelles les chercheurs (et les citoyens ordinaires) ne devaient pas accéder, afin d'éviter toute résurgence des querelles franco-françaises, argument maintes fois évoqué, y compris tout récemment.

Le premier décret promulgué depuis l'avant-guerre statuant sur la communication des documents d'archives publiques date du 19 novembre 1970. Il précise que ceux-ci sont, en règle générale, libres d'accès, sauf pour tous ceux ultérieurs au… 10 juillet 1940. De manière symbolique, la création de l'État français a servi officiellement de butoir à la mémoire historique. Pour s'aventurer au-delà, le chercheur devait se barder d'autorisations. Encore celles-ci n'étaient-elles accordées qu'à la discrétion des administrations de tutelle. Lorsque Hervé Villeré, pour un ouvrage sur les sections spéciales de Vichy (tribunaux d'exception instaurés en 1941), sollicite une dérogation pour consulter les archives judiciaires, le garde des Sceaux René Pléven lui adresse un refus ferme, motivé comme suit : « Il importe en effet d'éviter au plus haut point de porter préjudice à des intérêts privés, et de réveiller des passions dans l'opinion publique [51]. »

La même logique qui avait conduit à ne pas diffuser *le Chagrin et la Pitié* a orienté en partie la recherche historique. En vain, puisqu'elle n'a pu endiguer la brisure de la fin des années soixante, et encadrer, comme auparavant, la mémoire par décret.

En 1979, suite à une initiative des Archives de France lancée sept ans plus tôt, est promulguée une loi d'essence incontestablement plus libérale, qui régit désormais le dépôt, la consultation et les règles de fonctionnement des archives publiques et privées. Désormais, les documents sont communicables après trente ans sauf les dossiers médicaux, 150 ans de délai, les dossiers de personnel, 120 ans depuis la date de naissance, les dossiers judiciaires et enquêtes statistiques comprenant des renseignements « individuels ayant trait à la vie personnelle », 100 ans, les documents « mettant en cause la vie privée ou intéressant la sûreté de l'État », 60 ans, ce qui permet une large définition de la nature des documents disponibles, et laisse tout de même dans l'ombre quantité d'aspects de la vie sociale [52].

C'est le Parlement qui a restreint la liberté d'accès, au nom du droit des personnes et suivant les avis du Conseil d'État. Néanmoins, à aucun moment, ni au Sénat ni à l'Assemblée, et encore moins dans le projet du gouvernement, la crainte de voir ouverts des dossiers brûlants, en particulier de l'Occupation, n'a été clairement exprimée. Le sénateur et historien Henri Fréville peut même, dans les débats, argumenter sur des considérations techniques, en évoquant le plus calmement du monde la nécessité d'ouvrir les archives des comités départementaux de Libération [53].

Cette loi marque donc une nette rupture avec la règle du silence. Elle est d'autant plus remarquable, qu'elle se situe très exactement en pleine série de scandales aux conséquences judiciaires (Darquier, Leguay, Bousquet, etc.), où les protagonistes se battent à coups de documents et de révélations. Laissant une grande part d'autonomie aux Archives nationales, la loi de 1979 a renforcé l'indépendance de l'information historique à l'égard du pouvoir, même s'il reste du chemin avant de comparer la France à d'autres pays occidentaux. Grâce à l'esprit d'ouverture de certains conservateurs, de nombreux fonds sont actuellement livrés à la curiosité des chercheurs [54].

La loi du silence, dominante pendant plus de trente ans, a aiguisé les passions en laissant croire (non sans justesse) que le cadavre dans le placard était d'une taille impressionnante. Elle est sans conteste un facteur d'explication du syndrome de Vichy, ayant obtenu l'effet inverse de celui recherché. Ce n'est que très récemment que l'information est devenue accessible, sans pour autant apaiser toutes les obsessions.

La difficulté d'accéder aux documents écrits a, par contrecoup, accru le poids des témoignages. Dans la reconstruction du passé, l'historien et le témoin ont formé souvent un couple inséparable. On peut même affirmer que l'étude de la Seconde Guerre mondiale, en France comme ailleurs, a inauguré un nouveau type de relations entre la mémoire savante, d'un côté, et la mémoire individuelle ou la mémoire associative, de l'autre.

Il est remarquable, par exemple, que l'étude de la Résistance ait précédé celle du régime de Vichy, alors que ce dernier, autorité légale du pays et en charge de l'administration, a laissé incomparablement plus d'archives, de documents, de traces objectives que la première (sans compter les archives allemandes, qui remplissent, en France et en Allemagne, des kilomètres de rayonnages). L'historiographie a subi là aussi une « mémoire dominante ».

Prise au premier degré, la parole du témoin a été utilisée comme source d'information, non comme une trace à multiples reflets, celui du passé, du présent, voire d'une reconstruction « irréelle ». A titre de contre-exemple, Daniel Cordier a attendu près de quarante ans pour entreprendre une somme sur l'action de Jean Moulin, dont il fut l'homme de confiance. Il était, si on l'en croit, las des témoignages mille fois entendus, contradictoires entre eux (en particulier sur ce sujet), et contradictoires avec les documents qu'il possédait : sa démarche se veut hors de toute « histoire orale [55] ». Bien qu'individuelle, cette réaction illustre les tensions entre la mémoire résistante, dominante ou agressée, et l'écriture historique : quel paradoxe de voir un auteur qui est d'abord un témoin, avant d'être un historien, oser affirmer que les témoignages des anciens de la Résistance n'ont plus d'intérêt scientifique ! Aucun professionnel ne prendrait un tel risque...

En définitive, la demande sociale éclaire ces traits de l'évolution historiographique française.

Dans les années 1950-1960, elle est plutôt officielle, définie par le silence sur Vichy (ou les interprétations minimalistes de Robert Aron) et l'installation de la Résistance comme objet d'histoire privilégié. Elle correspond à la phase d'accalmie du syndrome.

Dans les années 1970, elle exprime le souhait d'une génération, celle d'Ophuls, celle des sceptiques de 68, celle du
« miroir brisé », les historiens étant quelque peu en retard (à
peine) sur le cinéma ou la littérature. Mais c'est aussi une
demande intellectuelle qui peut expliquer le tournant de 1971.
La rencontre entre Marcel Ophuls et Robert Paxton a été
objectivement fortuite : le premier, ainsi qu'Alain de Sédouy
et André Harris, était animé d'un projet politique, fortement
impliqué par les querelles hexagonales, en réaction à la
mémoire dominante. Le second, comme la plupart des historiens étrangers spécialistes de la France de Vichy, n'a guère
été soumis à cette influence interne, au contraire de ses
confrères français. Leur contemporanéité résulte d'une même
recherche : celle du fascisme français, dont Vichy et la Collaboration (quelles que soient les nuances) ont représenté
l'expression la moins contestable. L'impact plus précoce aux
États-Unis des thèses d'Hannah Arendt, qui range Vichy dans
les régimes totalitaires, n'est sans doute pas étranger à la plus
grande curiosité des historiens américains. En France, la
demande générationnelle et la demande intellectuelle ont éclos
au même moment.

* Les modes de transmission

En aval de la production historique, se trouve soulevé le
problème de la transmission du savoir : aux étudiants, en particulier les futurs enseignants, et aux élèves, en bout de chaîne.

• Une agrégation pas comme les autres :
En 1971 (encore et toujours cette même année...), les
années quarante se trouvent inscrites aux programmes de
l'agrégation et du CAPES. Elles sont enserrées dans un sujet,
par lui-même explosif : « La France de février 1934 à mai
1958 », soit l'essentiel des guerres franco-françaises du XXe
siècle. L'innovation est de taille et marque un incontestable
succès de l'école historique du temps présent. « Quelle satisfaction de voir l'agrégation pénétrer hardiment dans le
contemporain, au sens propre ! » s'exclame Jean-Baptiste
Duroselle [56].

Socialement, l'événement est important. Durant deux années scolaires (les sujets sont reconduits une fois), entre 1971 et 1973, des milliers d'étudiants sont plongés corps et biens dans la période : 13 000 inscrits en 1972 et 13 250 en 1973, aux six concours de recrutement (agrégation d'histoire, agrégation de géographie, CAPES d'histoire-géo, tous trois séparant hommes et femmes). Cours, travaux dirigés, polycopiés se multiplient, tandis que les UER d'histoire se mobilisent sur les questions du programme, suscitant parfois des vocations de recherche. Enfin, tous les livres (universitaires ou non) abordant ces questions bénéficient d'une exceptionnelle promotion. D'où une certaine inflation quantitative.

Pourtant, les écueils ne manquent pas, rendant la tâche difficile pour les candidats comme pour les enseignants : périodes très proches, chaudes de passion, aux interprétations sans cesse controversées. Dans l'ensemble, la période 40-44 est encore plus délicate que les autres, les étudiants ne disposant alors d'aucune synthèse objective. Sur la quarantaine de livres recensés par Jean-Baptiste Duroselle, près de la moitié sont des témoignages ou des documents, et seuls une dizaine d'auteurs ont réellement un statut scientifique [57].

Sur l'ensemble des concours de 1972-1973, la question de « contemporaine » est tombée trois fois à l'écrit, incluant par deux fois l'Occupation (aux agrégations de géographie, en 1972) : « Parlement et gouvernement en France de 1934 à 1958 », et en 1973 : « La France face à l'Allemagne du réarmement allemand (mars 1935) aux Traités de Rome (mars 1957). » A l'oral, en regard des autres questions (histoire antique, médiévale et moderne), la contemporaine a eu une juste part, sans que les jurys tentent à aucun moment de faire l'impasse sur les années quarante. A titre d'exemple, à l'agrégation d'histoire de 1972, 49 candidats (sur 200 admissibles) ont planché à l'oral sur cette question, dont une dizaine spécifiquement sur la Résistance ou le régime de Vichy. Toutefois, on peut remarquer que les jurys d'agrégation ont en général évité les questions portant sur la Collaboration et les collaborationnistes (les termes n'apparaissent pas dans le libellé des documents à commenter), au contraire des jurys du CAPES, qui n'ont pas hésité, notamment en 1973, à les inscrire plusieurs fois.

L'initiative était courageuse, mais pleine d'embûches pour les impétrants. A l'écrit (en géographie), la moyenne des notes est particulièrement faible : chez les hommes, 50 % (en 1972) et 62 % (en 1973) des copies rédigées ont moins de 5,5 (/20) ; chez les femmes, 40 % (en 1972) et 29 % (en 1973) sont égales ou inférieures à 1 [58]. Peut-être plus que d'habitude, les rapports des jurys abondent en remarques amères ou incrédules :

— Oral de l'agrégation de géographie (femmes, 1972) :

> Les leçons relatives à la période 1940-1944 ont été particulièrement faibles (la moyenne tombe dans ce cas à 5,31 — contre 7,14), qu'il s'agisse d'évoquer la Résistance, l'Occupation ou la politique de Vichy. C'est à croire que certaines candidates ignorent tout des ouvrages qui traitent de cette période (...), qu'elles n'ont jamais vu certains films, qu'elles n'ont jamais entendu parler des œuvres littéraires de ce temps. Vercors et *le Silence de la mer* étaient inconnus d'une candidate [59].

— Oral du CAPES (femmes, 1972) :

> La question d'histoire contemporaine avait fait craindre des prises de position fracassantes sur Pétain, de Gaulle, la Résistance, les collaborateurs... Qu'on se rassure ! Cette période de notre histoire semble avoir pour beaucoup de candidates à peu près les mêmes résonances personnelles que les guerres médiques ou la Révolution anglaise [60].

— Écrit de l'agrégation de géographie (hommes, 1973) :

> En ce qui concerne la Collaboration, on doit regretter la méconnaissance par la plupart des candidats des thèses récemment présentées par l'Américain R.O. Paxton : la publication en français de son ouvrage *Vichy France* a pourtant suscité — dans les mois qui ont précédé le concours — des polémiques dont la presse a rendu compte. Les agrégatifs lisent-ils le journal [61] ?

— Écrit de l'agrégation de géographie (femmes, 1973) :

> Nous n'avons aucun goût pour les sottisiers, mais (...)
> nous nous contenterons d'énumérer quelques erreurs sans
> les commenter : l'armistice signé à Montoire, la ligne
> Maginot prise pour la ligne de démarcation (...) l'Afri-
> que du Nord centre de résistance avant 1942, l'entrée en
> guerre de la France provoquée par l'invasion de la Belgi-
> que, Pétain président la République (...) la transforma-
> tion de la LVF en mouvement de résistance, Weygand
> partisan de la continuation de la guerre en juin 1940 [62]...

L'année 1971 constitue donc la charnière clé pour les historiens et la mémoire savante, dans la mesure où elle fait de
l'Occupation un objet d'études comme un autre, en le bana-
lisant. En outre, ces premiers concours d'enseignement révèlent un fossé qui sépare deux générations : celle des
enseignants, motivés par le sujet et animés d'un sentiment
qui dépasse le simple intérêt professionnel ; celle des étudiants,
la plupart nés à la fin des années quarante, pour lesquels la
période n'est qu'une question difficile, très éloignée en apparence de leurs préoccupations. Il est remarquable, par exemple, que ce soient les premiers qui regrettent la frilosité des
seconds, l'absence de passion, le manque d'investissement,
alors que les jurys semblent avoir eu *a priori* les craintes inverses. Trois ans après, la « génération de 68 » est-elle déjà
éteinte, ou ne s'est-elle au bout du compte restreinte qu'à
quelques groupes marginaux ?

Encore faut-il tempérer cela, en tenant compte des hésitations et de la peur de certains étudiants de ne pas prendre
« le bon parti », suivant la coloration idéologique des jurys,
un facteur supplémentaire de difficultés et de mauvais
résultats [63].

Les étudiants de 1971 ont certes de quoi étonner mais ils
ne sont pas responsables, quoi qu'en disent les jurys. Représentant malgré tout le dessus du panier, ils donnent une idée
de la manière dont a été enseignée la Seconde Guerre mondiale (et le très contemporain en général) dans le secondaire.

• Les manuels :

La période 1939-1945 a été inscrite pour la première fois aux programmes des classes terminales en 1962-1963, suite aux décisions de 1959. Ceux-ci ont été modifiés en 1983. En classe de troisième, elle apparaît à partir de 1969-1970. C'est donc très tardivement, en conjonction avec les débuts de la Vᵉ République, que les Français ont été confrontés à une représentation distanciée, systématique et égale pour tous.

Les deux générations de manuels ne se ressemblent pas, au moins sur le traitement de l'Occupation en France (en laissant de côté les problèmes militaires, en général assez complets). Dans le programme des années 1960, la Seconde Guerre mondiale clôture le cycle chronologique 1914-1945, l'année 1945 constituant un butoir et l'amorce d'un monde différent. Les années noires n'occupent jamais plus de deux ou trois pages, soigneusement symétriques, avec d'un côté la Collaboration, et de l'autre la Résistance. La vision « aronienne » de Vichy est toujours reprise, qui distingue un Vichy « réactionnaire », celui de Pétain, et un Vichy « collaborateur », celui de Laval. Toutefois, si les entrevues de Montoire sont minorées, la plupart des auteurs insistent déjà sur l'intensification de la Collaboration, en 1941, avec l'amiral Darlan.

Sans trahir la réalité complexe du fait résistant, la plupart des manuels proposent invariablement la même hiérarchie, plaçant toujours en tête l'appel du 18 juin et la formation de la France libre. Tout se passe comme si les initiatives métropolitaines ne trouvaient réellement leur identité qu'à travers la personne du général de Gaulle. Enfin, la spécificité de l'antisémitisme français, ses initiatives en matière de lois antijuives sont en général passées sous silence [64].

La métamorphose des années 1980 est de taille. Cette fois, le programme de terminale débute en 1939, plaçant la guerre à l'orée d'un cycle qui aboutit à nos jours. L'Occupation en France est isolée en un chapitre, qui dépasse la dizaine de pages. Sur Vichy, Paxton a détrôné Aron, même si ce dernier conserve des partisans : pour certains, Montoire apparaît désormais au centre du système de la collaboration vichyssoise[65], pour d'autres, elle ressortit d'une volonté de « neutralité bienveillante » à l'égard du Reich[66].

La hiérarchie de la Résistance est abolie. Les premiers résistants ont refusé l'ordre nouveau « sans attendre les directives de quiconque[67] ». Ces manuels consacrent une large part aux lois antisémites françaises et à la vie quotidienne (rationnement, pénurie, mais aussi renouveaux culturels ou artistiques). Toutefois, les communistes sont sans doute les plus mal traités. Ils ont d'ailleurs édité leur propre manuel scolaire[68]. Avec la nouvelle réforme de 1988, la période de 1939-1945 se retrouve à nouveau à la fin du programme de première, « une modification de simple bon sens » car d'une part il allège le programme de terminale et, de l'autre, « permet de mieux éclairer les enchaînements du grand cycle guerre-crise-guerre[69] ».

Presque tous adoptent une démarche « objective », présentant toutes les pièces du dossier, en général sous forme de documents. Ce qui a suscité parfois des remarques sur leur trop grande distanciation, voire leur « désengagement », peut-être par réaction aux manuels de la génération précédente[70].

Reflet de son époque, la première génération de manuels a donc contribué à offrir une vision plus policée et plus fugitive que la seconde. Mais le plus intéressant réside dans le décalage entre une avancée historiographique — celle des années 1971-1974 — et sa traduction scolaire dix ans après ! Certes, il fallait le temps d'une réforme générale des programmes. Par ailleurs, les enseignants n'ont pas attendu les directives de 1983 pour expliquer la solution finale ou l'existence d'un fascisme français. Mais ce décalage suggère, comme pour l'agrégation, un hiatus entre la rupture culturelle du miroir brisé et son impact réel dans les (jeunes) consciences.

Toutefois, les lycées et collèges ont connu d'autres formes de transmission. La Seconde Guerre mondiale a en effet été l'objet de « commémorations scolaires », dans le style laïc du début du siècle. Instaurée en 1954, la Journée de la déportation est avant tout destinée aux élèves. A titre d'anecdote (si l'on peut dire), on peut signaler cette circulaire ministérielle de 1959, rédigée sans doute par le ministre de l'Éducation de l'époque à l'usage des enseignants, et qui réussit l'exploit de décrire toute l'horreur de la déportation en moins d'une page sans prononcer une seule fois (!) le mot « juif » : il est vrai que, sous la plume de ce digne gaulliste, la déportation n'avait de sens que parce qu'elle réprimait ceux qui avaient résisté (un paragraphe entier) [71].

De même, le concours de la Résistance et de la Déportation mobilise tous les ans (depuis 1964) enseignants, élèves et parents. Parrainées par le ministère et par les associations de résistants et déportés, ces manifestations échappent-elles à la tentation d'une mémoire officielle, déjà signalée en amont ? Rien n'est moins sûr. Mais, en tout état de cause, elles rencontrent un franc succès auprès des élèves, et ont longtemps pallié les carences des programmes.

Les vecteurs du souvenir et ceux du syndrome en particulier ont donc obéi chacun à un rythme propre. De leurs décalages, de leur retard ou précocité, s'est formée une image composite de l'événement, dont l'usage n'est pas le même suivant les générations. La mémoire collective en est tout entière tributaire, dans sa diversité. Encore faut-il cependant qu'existe une réception, et que les émetteurs, officiels, culturels ou savants, ne transmettent pas dans le vide.

7

La mémoire diffuse

La plupart des manifestations du syndrome analysées jusqu'ici résultaient soit de la difficile résorption sociale de l'Occupation (amnistie, procès, haines récurrentes), soit des antagonismes idéologiques ou politiques, qui ont entraîné des représentations concurrentes. Elles concernaient donc au premier chef la vie politique, intellectuelle, culturelle, et mettaient en présence des formes d'encadrement du souvenir : mémoire nationale ou étatique, mémoires partisanes, mémoires associatives.

Par nature, ces différentes expressions ont pris en charge le passé, l'ont recomposé, interprété, afin de lui donner un sens, tantôt explicite et volontaire, tantôt implicite et fortuit. Mais l'analyse serait incomplète si, en fin de parcours, on ne s'interrogeait pas sur les « récepteurs », sur l'opinion, la « mémoire diffuse ». Si tous les citoyens reçoivent les messages, chacun les retransforme en fonction de sa propre histoire ou de sa propre sensibilité. L'impossibilité de définir avec précision une « mémoire collective » tient à cette zone obscure, irréductible à tout modèle, inaccessible à toute sociologie. Que le souvenir de Vichy et de l'Occupation obsède, c'est un fait. Cela posé, quelle est la marge entre l'obsession affichée, repérable, et ce que ressent au même moment la majorité des Français ? L'histoire du syndrome, cette histoire de mots, d'actes et de rendez-vous manqués, de mythes versatiles, s'enracine-t-elle réellement au plus profond de la société française ?

Une première réponse est apportée par la nature même des multiples formes d'encadrement. Le fait politique n'est jamais totalement détaché du citoyen, quels que soient les débats de surface ou les anathèmes de circonstance : si Vichy, la Collaboration, la Résistance ont servi de référents majeurs dans notre vie politique, c'est bien parce que les Français y étaient pour la plupart sensibles. Par leur nombre et leur diversité, les associations nées de la guerre ont concerné une minorité importante de la population, qui les anime et les finance. Enfin, lorsqu'un écrivain ou un cinéaste décide de choisir l'Occupation pour sujet ou pour cadre, il répond, on l'a vu, à une demande ou, du moins, la suppose-t-il.

Mais cela n'est au fond que de l'ordre du probable. Aussi peut-on utiliser d'autres indicateurs, plus directs. La diffusion des livres ou la fréquentation des salles de cinéma permettent de donner quelques éléments quantitatifs. Le « courrier des lecteurs », reçu par un journal, une émission, un auteur, offre une vision souvent originale, sinon représentative. Enfin, les sondages d'opinion mesurent, à un moment précis, l'actualité de telle ou telle représentation du passé ou le souvenir d'un personnage historique. Encore ce type de sondage est-il relativement rare et n'a été entrepris que récemment. Leur fréquence depuis quelques années, y compris à l'initiative des historiens, confirme même l'actualité de la guerre dans les médias : ils sont très nombreux entre 1971 et 1985 (quatre en quatorze mois, d'octobre 1979 à décembre 1980), et pratiquement inexistants avant. Dans la mesure où c'est une source essentielle, l'analyse s'est limitée ici aux années 1970-1980.

Un intérêt relatif

Les spectateurs

Si les cinéastes n'ont guère été nombreux à se pencher sur l'Occupation, les spectateurs ne semblent pas s'être déplacés plus que d'habitude pour voir leurs films. D'habitude, un gros succès saisonnier atteint entre 800 000 et 1 million d'entrées dans Paris et la Région parisienne (chiffres le plus souvent pris en compte ici), réparties sur environ cinquante semaines (un an) d'exclusivité, sans préjuger des ressorties ni du passage sur le petit écran [1]. Avant 1969, quelques films entrent dans cette catégorie, dont *la Grande Vadrouille*, record absolu des entrées du cinéma français (17 millions de spectateurs au total). Que ce best-seller populaire se déroule sous l'Occupation relève autant du hasard que du symbole.

Sur les 89 films recensés entre 1969-1970 et 1985-1986, quatre ont été réellement des succès : *le Dernier Métro* (1 100 000 entrées, en 69 semaines d'exclusivité), *les Uns et les Autres* (850 000 entrées, en 51 semaines), *l'As des as* (1 223 000 entrées, en plus de 35 semaines) et *Papy fait de la Résistance*, le plus fulgurant (927 000 entrées, en 13 semaines). Au plan national, *Papy* et le film de Truffaut appartiennent aux 120 plus gros succès des quinze dernières années, avec respectivement 4 000 000 et 3 379 000 entrées comptabilisées en 1985 [2].

Ces quatre films sont sortis entre 1979 et 1983 et ont été réalisés par des valeurs sûres (Truffaut, Lelouch, Oury), à l'exception de *Papy*, succès plus étonnant et plus significatif : la rupture qu'il annonce a donc bien trouvé un écho dans le public.

Une dizaine de films ont atteint une audience honorable (entre 400 000 et 800 000 entrées). Bidasseries exceptées, on peut citer : *Lacombe Lucien* (528 373 entrées, en 23 semaines), *les Violons du bal* (415 644 entrées, en 33 semaines), *le Vieux Fusil* (773 978 entrées, en 25 semaines). Les deux premiers sont sortis dans la saison 1973-1974, ce qui fait de celle-ci une des plus marquées par l'Occupation, avec 10 films totalisant 2 580 000 entrées, pour 13 semaines d'exclusivité en moyenne.

30 % des films ont eu moins de 400 000 spectateurs, dont quelques-uns ont pourtant constitué un tournant ou une innovation. A titre d'exemple, on peut retenir : *l'Armée des ombres* (258 327 entrées, en 15 semaines), film, en revanche, diffusé plusieurs fois à la télévision ; *le Chagrin et la Pitié* (232 091 entrées, en 87 semaines d'exclusivité) ; *Section spéciale* (253 349 entrées, en 11 semaines) ; *les Guichets du Louvre* (132 660 entrées, en 12 semaines).

Ces éléments sont purement indicatifs : qui peut définir les motivations d'un spectateur ou jauger l'impact « historique » que le film peut avoir sur lui ? Néanmoins, ils confirment l'existence d'une réceptivité du public à l'égard de la « mode rétro », lors de la saison 1973-1974, et des saisons suivantes, jusqu'en 1975-1976. Si l'engouement esthétique joue un rôle important, le « révisionnisme » que distillent la plupart de ces films explique sans doute un peu cette affluence. De même, la banalisation du sujet dans les années 1980 s'affirme par un choix porté sur les grandes productions anodines ou légères, plus que sur les rares films proposant encore une vision originale ou personnelle de la guerre : *Hôtel Terminus*, le film de Marcel Ophuls consacré à Barbie n'a fait, en 1988, que 20 000 entrées. Enfin, en règle générale, les films marquants (en tenant compte bien sûr de la part de subjectivité et d'arbitraire qu'il y a dans cet adjectif) n'attirent pas particulièrement lors de leur sortie : leur influence est indirecte, diffuse, par imprégnation du tissu culturel.

Les lecteurs

L'importance d'un livre d'histoire ne se limite pas (heureusement !) à son succès ou à son échec commercial. Mais l'information n'est pas sans intérêt pour mesurer sa portée hors du public spécialisé.

Par sens des proportions, il faut garder en tête l'énorme impact de certains romans. *La Bicyclette bleue*, de Régine Deforges, un exemple récent qui prend pour cadre une France occupée, rappelant l'épique Georgie d'*Autant en emporte le vent*, s'est vendu à des centaines de milliers d'exemplaires. Chiffres vertigineux en regard de ceux, souvent modestes, signalés ici.

Sur l'ensemble de son œuvre, Robert Aron a été un auteur heureux. Outre les éditions originales chez Fayard, l'*Histoire de Vichy*, l'*Histoire de la Libération* et l'*Histoire de l'épuration* ont connu plusieurs éditions reliées (A. Souret, Jules Tallandier, Gremille, etc.) ou de poche (pour les deux premiers).

Les chiffres ci-dessous ne valent que pour l'édition originale [3] :

Titre	Ventes	Période	1ʳᵉ année	(Moyenne/an)
Vichy	53 000	1954-1981	?	(1 892)
Libération	41 000	1959-1982	37 000	(1 708)
Épuration :				
I	24 700	1966-1982	19 500	(1 453)
II	18 700	1970-1982	13 500	(1 438)
III :				
Tome I	7 600	1974-1982	6 000	(844)
Tome II	6 400	1975-1982	5 700	(800)

Reflétant la portée immédiate, non l'effet plus durable des ventes en poche (qui atteignent en général plusieurs dizaines de milliers d'exemplaires), ce tableau montre une hiérarchie : le public a bien accueilli l'*Histoire de Vichy* et l'*Histoire de la Libération*, tandis qu'il a boudé l'*Histoire de l'épuration*, dont les différents volumes ont connu des ventes régulièrement décroissantes, ce qui explique sans doute l'absence d'édition de poche.

Autrement dit, Robert Aron, qui est mort en avril 1975, semble populaire surtout dans les années 1950-1960, dans la phase des refoulements, mais son étoile décline nettement à partir du début des années 1970, époque où perce précisément la nouvelle historiographie.

Sur une période similaire (1973-1985), la production de plusieurs ouvrages des Éditions du Seuil permet elle aussi d'émettre quelques hypothèses [4] :

Titre	Ventes	Période	1ʳᵉ année	(Moyenne/an)
La France de Vichy (R. Paxton)	13 382	1973-1985	11 845	(1 030)
Points Histoire (Poche)	45 072	1974-1985	7 844	(3 756)
Les pousse-au-jouir du maréchal Pétain (G. Miller)	6 107	1975-1985	4 554	(555)
Les Collaborateurs (P. Ory)	8 296	1977-1985	6 894	(921)
Points Histoire	14 213	1980-1985	6 653	(2 368)
De Munich à la Libération (J.-P. Azéma) (Poche)	45 863	1979-1985	13 887	(6 551)
Ni droite ni gauche (Z. Sternhell)	7 443	1983-1985	6 848	(2 481)
Pétain (H. Lottman)	17 597	1984-1985	16 921	(8 798)
Ils partiront dans l'ivresse (L. Aubrac)	29 374	1984-1985	24 164	(14 687)

Dans l'ensemble, la plupart de ces livres se sont vendus honorablement, ni plus ni moins que des ouvrages portant sur des périodes historiques moins chaudes. En ne comparant que les premières éditions de livres d'historiens, la biographie de Pétain arrive largement en tête, malgré sa sortie récente : le succès actuel des biographies est sans doute l'explication la plus probable, plus que les qualités intrinsèques (très médiocres) de l'ouvrage. Le livre de Jean-Pierre Azéma, édité en poche (donc à plus grande et meilleure diffusion), se place juste derrière, grâce à son statut de référence universitaire.

La surprise vient en réalité des ventes de *la France de Vichy*.

Malgré l'importance du livre, malgré la polémique qu'il a déclenchée, il ne réalise pas un score réellement significatif : à peine supérieur (dans la durée) à des ouvrages postérieurs qui lui sont redevables au plan historiographique (Ory, Miller). Dans le même ordre d'idées, l'ouvrage de Zeev Sternhell, sur le fascisme français des années trente, qui a, plus encore que Paxton, suscité de violentes controverses, ne profite guère de son parfum de scandale.

Tous sont d'ailleurs largement dépassés par le témoignage de Lucie Aubrac, résistante, ancienne proche de Jean Moulin. Certes, l'auteur a eu les honneurs d'*Apostrophes*, où sa prestation, face à Jacques Isorni, a produit des étincelles. Le public semble néanmoins préférer les souvenirs nourris par l'expérience vécue aux reconstitutions intellectuelles.

Autre constat, sur l'ensemble des livres cités ici, aucun n'évolue réellement sur une longue période. La plupart des éditions originales font le plein à 75 ou 80 % dès la première année. Il n'y a donc pas corrélation entre l'actualité et la récurrence d'un sujet (même brûlant) et le succès d'une production historique, pas plus qu'il n'y a de rapport entre l'importance historiographique d'un ouvrage et son impact dans le public. L'exemple le plus flagrant est celui de *la France dans l'Europe de Hitler*, d'Eberhard Jäckel, traduit chez Fayard en 1968 : moins de 3 000 exemplaires vendus en dix ans, alors que le livre marquait une réelle avancée.

L'intérêt du public cultivé à l'égard de la Seconde Guerre mondiale ne fait pourtant guère de doute. Il suffit de voir l'étalage d'un kiosque à journaux : les fascicules périodiques abondent. A titre d'exemple, en lançant leur encyclopédie *Le colonel Rémy raconte une épopée de la Résistance*, les éditions Atlas ont commandé un sondage, en octobre 1979, dont les résultats ne manquent pas d'ambivalence. Si, pour 59 % des sondés, la guerre est un événement désormais très éloigné, elle n'en alimente pas moins les conversations chez 62 % d'entre eux (SOFRES/Atlas [5]).

Autre exemple, lorsque les éditions Hachette ont lancé, en 1983, une formule anglo-saxonne de fac-similés (les *Journaux de guerre*, à parution hebdomadaire), leur spécialiste en mar-

keting leur avait prédit un « coefficient de pénétration » de
0,67 %, soit 263 000 acheteurs potentiels (sur 39 millions de
Français, âgés de plus de quinze ans). Le numéro un s'est
vendu en réalité à près de 410 000 exemplaires pour la seule
France métropolitaine. Plus que le tricot, l'art ou la pêche !

D'après les enquêtes préalables, les lecteurs les plus inté-
ressés se partageaient entre les « historiens », qui cherchent
à comprendre les faits, et les « ressourcés », jeunes qui veulent découvrir et personnes âgées qui souhaitent revivre, en
particulier le quotidien de l'époque [6].

Autrement dit, l'histoire intéresse plus que les historiens,
ce qui est normal, car elle est un patrimoine commun, dont
ces derniers ne sont en rien les dépositaires officiels. Mais,
par contrecoup, le rôle des médiateurs (enseignants, vulga-
risateurs, journalistes) dans la formation d'une mémoire historique s'en trouve d'autant plus majoré. Or, on a vu plus
haut le temps nécessaire pour inscrire dans un manuel scolaire une innovation historiographique... Restent donc des
auteurs comme Henri Amouroux, dont les ventes dépassent
de très loin celles de nos historiens et peuvent atteindre le million d'exemplaires, toutes éditions confondues, ou des
conteurs télévisuels comme Alain Decaux, dont l'attrait qu'ils
exercent auprès du public devrait leur permettre de diffuser
plus largement les avancées scientifiques de l'histoire. Le font-
ils toujours ?

L'image des contemporains

L'intérêt est une chose, l'opinion en est une autre [7]. Mais,
entre les deux, intervient la simple connaissance des faits
matériels. En 1976, 53 % des Français ignoraient qui était
le chef de l'État entre 1940 et 1944, et 61 % ne savaient pas
que ce dernier commanda les troupes à Verdun, en 1916
(Sondages). En 1980, 50 % des Français pensaient que l'Allemagne avait déclaré la guerre à la France et seuls 19 % étaient
capables de choisir le chiffre exact des victimes (entre 90 000

et 100 000 morts) lors de la campagne de mai-juin 1940 *(le Figaro-Magazine).*

Ces indications n'étonneront aucun enseignant. Si les silences officiels ont contribué au développement du syndrome, l'ignorance a sans doute joué un rôle considérable.

Ceci rappelé, l'opinion des années 1970-1980 offre un visage composite, parfois inattendu, quels que soient les hommes ou les circonstances évoqués.

La guerre et l'armistice

La défaite de 1940 ne divise plus les Français. Dans la hiérarchie des causes, la responsabilité de la IIIe République dans l'imprégnation militaire arrive en tête (56 %), devant l'incurie des généraux (31 %), l'«esprit de démission» (20 %) ou la «cinquième colonne» (16 %). Des résultats qui reflètent grossièrement la réalité. Seuls 6 % s'en prennent encore directement au Front populaire (*Figaro-Magazine*, 1980).

Pour 41 %, la France aurait dû, en 1919, «chercher un arrangement pour éviter la guerre». Seuls les communistes, dans ce sondage, auraient souhaité (à 50 %) une alliance privilégiée avec l'URSS (*Nouvelles littéraires*, 1980).

De même, l'armistice, avec le recul, contente une majorité de Français : 53 % estiment que «le gouvernement a eu raison de le signer et de rester en métropole» (62 % des partisans de l'UDF). Au total, ce fut plutôt une très bonne chose (10 %) ou une bonne chose (52 %) (*Figaro Magazine*, 1980).

Collaborateurs et résistants

L'image des collaborateurs (Pétain non compris) n'a, en apparence, pas varié. En 1980, 43 % de sondés les considèrent comme des «traîtres inexcusables», et 27 % comme des «lâches» ; seuls 8 % semblent les excuser, et 5 % les définissent comme «honorables». De même, Pierre Laval canalise encore toutes les haines : 33 % l'auraient de nouveau exécuté, 19 % condamné à perpétuité et 2 % gracié, pour 27 % d'indécis (*Nouvelles littéraires*, 1980). La préférence partisane ne modifie pas ces proportions. Sans doute la formulation des questions induisait un tel résultat : à aucun moment on ne prend en compte l'engagement proprement politique des collaborateurs, sauf, indirectement, dans une seule possibilité (« des fascistes prêts à tout pour faire triompher leurs idées », 11 %). Les connotations purement morales l'emportent donc. Mais, cela dit, il est peu probable que la catégorie des collaborateurs, Laval en tête, trouve aujourd'hui beaucoup d'admirateurs.

Les résistants et la Résistance engendrent des sentiments tout aussi traditionnels, à droite comme à gauche. Seul fait intéressant, dans le sondage de 1980 *(Nouvelles littéraires)*, ils sont considérés plutôt comme des « patriotes » (58 %, une seule réponse était possible), particulièrement par les plus vieux, que comme des « héros » (26 %), une définition qui a davantage les faveurs des jeunes. Seuls 8 % des sondés voient en eux des « révolutionnaires ». Est-ce à cause d'un vieux complexe que les contemporains des résistants hésitent à en faire des héros, préférant il est vrai une définition plus claire et plus évidente ?

En décembre 1983, un sondage réalisé avant le quarantième anniversaire de la Libération avait posé la question suivante : « La Libération de la France est due aux efforts conjugués de plusieurs forces luttant contre le nazisme. Laquelle vous semble avoir été la plus déterminante ? » *(l'Histoire)*. 40 % ont répondu sans surprise les Américains, 6 % les Soviétiques (19 % des sympathisants communistes), 4 % les Britanniques. Pour 34 %, ce sont des Français : les Français de Londres (15 %) et les maquisards (19 %), un pourcentage énorme (neuf fois plus que les réponses citant les Anglais, débarqués par centaines de milliers sur les plages normandes...). Cette fois encore, la préférence partisane et surtout l'âge départagent les réponses, comme le montre la figure ci-contre :

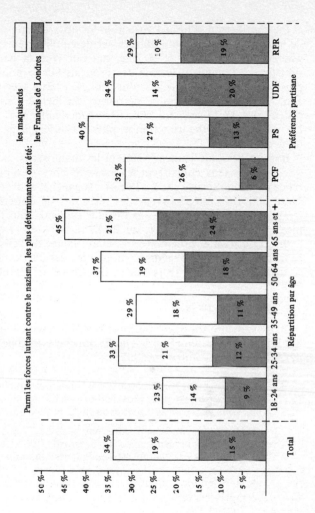

LA LUTTE CONTRE LE NAZISME

Parmi les forces luttant contre le nazisme, les plus déterminantes ont été:
les maquisards
les Français de Londres

En considérant d'abord ensemble les deux composantes de la Résistance, on note un très net déséquilibre entre les générations : les plus de 50 ans, qui ont vécu la guerre, surestiment largement le rôle des Français (45 % pour les plus vieux !), tandis que les plus jeunes, encore très proches de l'école, semblent se détourner du mythe résistancialiste (les 18-24 ans ont choisi les Américains à 51 %). De même, le mythe fonctionne plus volontiers à gauche qu'à droite.

Ensuite, les plus jeunes préfèrent les maquisards, tandis que les plus vieux choisissent les Français libres. La préférence partisane accuse encore l'écart : la gauche, à une écrasante majorité, est en faveur des résistants de l'intérieur, tandis que la droite se réfère aux FFL (les sympathisants UDF plus que ceux, « gaullistes », du RPR...).

Aussi positive et prégnante soit-elle, l'image du résistant se trouve cependant largement supplantée dès que le sondé se trouve confronté à la personne du général de Gaulle.

L'homme du 18 juin

Dans le même sondage, parmi différentes évocations de la Libération, c'est en effet de Gaulle qui emporte la palme, devant le FFI et « notre cher allié » :

> Question : Parmi les évocations suivantes, quelle est celle qui se rapproche le plus de l'idée ou du souvenir que vous vous faites de la Libération de la France en 1944 ?
>
> - Un soldat américain salué par la foule 16
> - Un résistant armé avec un brassard 15
> - Le général de Gaulle descendant les Champs-Élysées 47
> - Une femme tondue 8
> - Autre réponse 3
> - Ne sait pas 11
> ────
> 100

SOURCE : *ibid.*

Plébiscité par les plus de 65 ans (68 %), ou par la droite (63 % d'UDF et 60 % de RPR), il est relégué au deuxième rang (après le soldat américain) par les 18-24 ans (28 %), et par la gauche (43 % de sympathisants du PS, 32 % du PC).

C'est une constante dans les sondages en France que cette captation opérée par le Général. Mais les résultats de 1983 sont à mettre en rapport avec ceux obtenus depuis la disparition de De Gaulle, en 1970. De façon constante mais déclinante, il est resté, parmi tous les qualificatifs possibles, « l'homme du 18 juin » :

LE GÉNÉRAL DE GAULLE, L'HOMME...

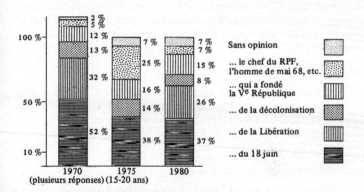

(plusieurs réponses) (15-20 ans)

C'est encore de Gaulle qui donne toute sa consistance au mythe résistancialiste, comme le montrent ces opinions face aux conséquences du 18 juin : si 79 % pensent que l'appel « a sauvé l'honneur de la France » (contre 6 % qui trouvent qu'il a « inutilement divisé les Français »), 57 % estiment que la France a pu ainsi « prendre place parmi les vainqueurs », contre 22 %, pour lesquels « il n'a rien changé à sa position » (*Histoire-Magazine*, 1980).

Enfin, placée sous la responsabilité du Général, l'épuration, dans le même sondage, paraît moins douloureuse : elle fut « un règlement de comptes » et un déni de justice (24 %) ; elle était « nécessaire » même s'il y eut des « excès » (26 %) ; elle était nécessaire et sans excès (11 %) ; elle fut insuffisante (11 %) *(ibid.).*

Par contre, le mythe des « deux cordes », le tandem Pétain-de-Gaulle, ne tient guère la distance, à moins de confondre la réalité historique avec un obscur désir rétrospectif. Interrogés par le *Figaro-Magazine* en mai 1980, et malgré une formulation manichéenne, les Français ont nettement départagé les deux principaux protagonistes de la guerre franco-française : 42 % estiment, en effet, que « leurs rôles furent opposés, puisque le maréchal Pétain collaborait avec l'Allemagne et combattait la Résistance pendant que le général de Gaulle luttait contre l'Allemagne et organisait la Résistance » ; tandis que 31 % ont souscrit à l'autre proposition du journal, « leurs rôles étaient complémentaires puisque le maréchal Pétain protégeait à Vichy, autant qu'il le pouvait, les intérêts de la France pendant que le général de Gaulle, à Londres, préparait la Libération ». Face à un tel dilemme, 27 % ont refusé de répondre.

Toutefois, 59 % de Français « *auraient* souhaité » une entente entre les deux hommes, de 1940 à 1944, contre 16 % : 72 % des UDF, 68 % des RPR et... 42 % des communistes !

Le mythe du mythe Pétain

Dans le premier chapitre, j'avais tenté d'analyser la formation d'un mythe Pétain, après la disparition du Maréchal, en 1951. Mais l'analyse ne portait que sur l'amont, le rôle de l'Association Pétain, l'impact des idées pétainistes dans le monde politique. Observé du point de vue de l'opinion, le souvenir de Pétain a laissé des traces toujours vives, qui constituent, de tous les sujets traités dans ce paragraphe, le plus conflictuel.

Tous les médias le savent : on ne peut aborder la question sans recevoir, en retour, une avalanche de courrier. Il serait fastidieux de recenser tous ces courriers de lecteurs, les dizaines de milliers de lettres et leur kaléidoscope de réactions. Néanmoins, en exergue à la mathématique imprécise et fugitive des sondages, il n'est pas inutile de plonger un peu au cœur de la France dite profonde.

Le 15 août 1985, *l'Événement du jeudi*, à l'initiative de Jean-François Kahn (malgré les doutes d'Albert du Roy, le rédacteur en chef), publiait un petit dossier sur Pétain, à l'occasion du quarantième anniversaire de son procès. Le succès fut incontestable et les ventes grimpèrent. Tout comme le travail de dépouillement du courrier. Malgré le creux estival, des dizaines de lettres, certaines de plus de cinq pages, d'autres en plusieurs épisodes, sont parvenues au journal, qui en a publié une partie [8].

En règle générale, ce sont plutôt les partisans qui écrivent, donnant le sentiment qu'ils se sentent un peu des exclus de l'histoire. Le « bouclier », le « double jeu », la « résistance face aux demandes allemandes » sont les thèmes qui reviennent le plus volontiers. Pétain est rarement le chef d'une Révolution nationale, mais toujours le sauveur et le père protecteur... y compris de ses adversaires :

> La nécessité de l'armistice et l'incertitude sur l'issue de la guerre sont les deux points qui ont réellement préoccupé Pétain en personne. Le reste, cette « Révolution nationale » un peu enfantine et ridicule, n'est pas vraiment le fait de Pétain mais celui d'hommes qui voulaient exploiter à leur profit l'extraordinaire discrédit où étaient tombés les dirigeants de la IIIe République. Le principal souci du gouvernement était de les protéger de la vindicte populaire. D'où certains internements administratifs. (Un lecteur de Metz.)

Henri Amouroux est constamment cité à l'appui de ces thèses : lui-même utilise d'ailleurs largement le courrier qu'il reçoit, comme « source » d'information.

> Amouroux traduit bien la réalité de la situation : nous étions battus à plate couture, les officiers se sauvaient les premiers, il fallait mettre fin à une défaite qui allait tourner au désastre.

Après, Pétain a tergiversé, il a joué le double jeu. (Un lecteur de Saint-Quentin.)

Par contre, certains thèmes popularisés par celui qui fait « autorité » hérissent quelques-uns :

Sans doute Henri Amouroux et ses amis étaient-ils pétainistes — arbre cachant la forêt où ils étaient noyés —, mais je le somme de retrancher de ses « 40 millions » :
1) mes parents prostrés à l'annonce de l'armistice (...) ;
2) moi-même qui n'ai pas attendu le 18 juin pour résister en esprit, en attendant d'agir comme je le pouvais jusqu'à entrer dans un réseau (...) qui devait me conduire à la déportation ;
3) ma sœur et ses camarades de lycée qui se passaient les photographies de De Gaulle (...) ;
4) mon amie X., qui avait en Angleterre un frère marin et un aviateur ; mon amie Y., dont le père, puis les jeunes frères sont passés en France libre.
Etc.
(Un lecteur du Nord.)

Le point sensible, riche de lapsus, de non-dits, ou d'aveux naïfs, reste incontestablement la question des juifs.
Le ton peut être amical... :

Permettez-moi d'abord de vous dire que, vous supposant juif d'après votre nom, c'est la première fois que j'entends une personne de cette religion parler avec l'impartialité dont vous avez fait preuve.
(Un lecteur « pétainiste » de 79 ans, à Jean-François Kahn.)

... ou curieux :

Je pense que l'auteur de l'article devrait nous dire son âge, son origine. S'il est juif, il est normal qu'il ait du ressentiment envers Pétain et surtout son gouvernement.
(Le lecteur cité de Saint-Quentin, à Pierre Enckell, auteur d'un article très polémique.)

Beaucoup de lettres respirent ce même fumet policier, inquisiteur, caractéristique d'une tradition d'extrême droite. Elles dévoilent l'obsession du fichage, telle celle-ci :

> Qui est ce monsieur Pierre Enckell ? Qui est ce monsieur qui écrit que le maréchal Pétain, « *assez buté et pas très futé* », était un lâche ? Nous savons que M. Henry Rousso est chercheur au CNRS, mais qui est ce monsieur Pierre Enckell ? (Un lecteur de… Caluire [9].)

Par équilibre, il faudrait mentionner tous ceux qui rappellent la poignée de main de Montoire, le procès de Riom, la dénonciation tardive de la Milice, le rôle criminel de la police française. Parfois, en usant d'arguments aussi peu solides que les autres (le prétendu « complot » d'avant-guerre, Pétain « se réfugiant » à Sigmaringen, alors qu'il fut emmené prisonnier, etc.). Mais la plupart des lettres hostiles expriment un même agacement devant la réouverture du dossier :

> « Pétain, traître ou victime ? » !!! Ah ! non ! Pas vous ! Comme on connaît la réponse, comme vous connaissez la réponse, laissez donc poser la question aux inconditionnels du vichysme qui remettent périodiquement en cause ce qui est entendu. (Un lecteur parisien [10].)

Enfin, catégories plus étranges, preuve de la complexité du dossier, les « pétaino-gaullistes » et les « résistants-pétainistes-antigaullistes » (sans même parler des anticommunistes de toutes obédiences) :

> Le Maréchal, le premier résistant de France (…) n'a pas cédé aux nazis un mètre carré de terrain, et a limité tout ce qu'il pouvait d'une France vaincue à plate couture. Le colonel de Gaulle — car il n'y a qu'un colonel habillé en général qui n'a jamais vu de près un casque allemand — n'a jamais participé à un combat et a seulement bradé les départements français de notre empire colonial (…). Ancien combattant de 1939-1945, j'ai fait passer en Espagne plus de vingt évadés et aviateurs, mais pas pour la cause de De Gaulle. (Un lecteur de Bayonne [11].)

Haines du passé lointain, haines d'un passé proche se téléscopent, brouillant souvent les cartes et rappelant, une fois encore, que les divisions de l'Occupation ne furent pas aussi nettement délimitées que le temps écoulé a fini par le laisser croire.

Le cas Pétain a inspiré les sondeurs qui, dès 1944-1945, avaient senti là un terrain propice aux calculs savants sur la température de l'opinion. La question la plus volontiers posée porte sur l'opportunité de sa condamnation, et sur le type de peine que la Haute Cour aurait pu lui infliger en 1945, outre la condamnation à mort, commuée en détention à l'île d'Yeu.

La figure ci-dessous compare l'état de l'opinion à la Libération, en plein dans l'événement, et dans les années 1971-1983, où trois sondages ont été réalisés :

PÉTAIN

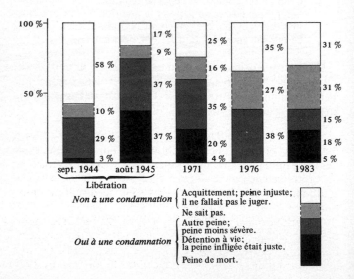

A la Libération, l'évolution spectaculaire de septembre 1944 à août 1945 s'explique par le choc produit lors du retour des déportés et la lassitude d'une guerre longue à se terminer. Pétain a servi, en partie, d'exutoire après les joies éphémères de l'été salvateur de 1944. D'ailleurs n'avait-il pas lui-même réclamé ce rôle : « C'est moi seul que l'Histoire jugera [13] » ?...

Dans les années soixante, on dispose d'assez peu de sondages de ce type. A noter toutefois celui réalisé par l'IFOP (*Sondages*, 9 juin 1966) comparant « du point de vue des intérêts de la France » le rôle de Pétain et celui de De Gaulle et aboutissant aux résultats suivants :

	un rôle		
	plutôt utile	plutôt nuisible	ne se prononcent pas
Pétain	51	17	32
De Gaulle	80	5	15

Des résultats en contradiction avec les questions portant sur les condamnations, tant avant qu'après 1966, à moins de considérer qu'une partie des Français ait estimé « utile » l'action de Pétain... tout en la condamnant.

Entre 1971 et 1983, on voit nettement l'opinion se stabiliser autour de trois pôles bien distincts : les indécis, en augmentation constante au détriment des indulgents, moins d'un tiers de l'opinion, et les intransigeants, les plus nombreux — 38 % —, réclamant de façon régulière une peine, fût-elle symbolique. Seuls les plus sévères sont désormais minoritaires.

Ce partage quasi immobile depuis près de quinze ans semble donc indiquer que le débat autour de Pétain s'est transmis de génération en génération. Ce que confirme une comparaison des réponses par âge entre le sondage de 1971 et celui de 1983.

LA CONDAMNATION DE PÉTAIN
(Répartition et évolution par âge : 1971 - 1983)

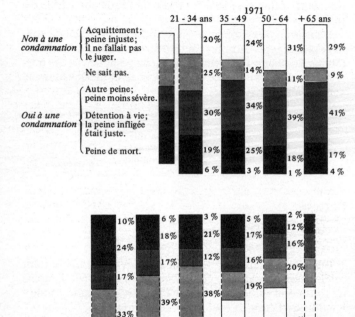

Pris respectivement, ces deux sondages révèlent en premier lieu des ressemblances structurelles. Plus ils ont été proches de l'événement, moins les sondés hésitent à répondre : les indécis sont toujours importants dans les tranches d'âges les plus basses (les moins de 34 ans en 1971, les moins de 50 ans en 1983), Pétain divise donc plus volontiers les Français qui ont des souvenirs directs de l'Occupation, ce qui est normal.

En 1971, ceux qui le condamnent (quelle que soit la peine) sont nettement majoritaires : de 55 % pour les plus jeunes à 62 % pour les plus vieux. En 1983, la fourchette oscille de 51 % à 30 %. Non seulement les opinions hostiles sont moins nombreuses, mais, fait remarquable, l'équilibre s'est inversé. Désormais, l'indulgence est plutôt chez les vieux que chez les jeunes, de manière nettement plus accusée.

Si l'on tient compte des tranches d'âges qui offrent des correspondances, on note systématiquement une indulgence croissante avec l'âge qui avance : les mêmes (statistiquement) qui, en 1971, condamnaient Pétain à 55 % et à 62 % (21-34 ans et 35-49 ans) ne sont plus que 36 % et 38 % en 1983 (35-49 ans et 50-64 ans). Ceux qui avaient 50-64 ans en 1971 et plus de 65 ans en 1983 ont radicalement changé d'avis : de 58 %, ils ne sont plus que 24 % d'hostiles !

Autrement dit, cette comparaison permet d'émettre l'hypothèse qu'existent, non pas un partage permanent de l'opinion (pour ou contre), mais des cycles d'hostilité et d'indulgence qui varient avec l'âge. Ont été contre lui une majorité de ceux qui avaient vécu l'événement, alors que les faits étaient encore relativement proches. Le temps passant, leur hostilité s'est émoussée, tandis que les jeunes générations qui n'ont pas subi l'Occupation retrouvent à leur tour des réflexes « anti-pétainistes ». Changeront-elles elles aussi d'avis passé la quarantaine ?

Les pères, tout en perdant de leur animosité, transmettent donc celle-ci à leurs fils (et filles). C'est sans doute une des clés majeures qui permet de comprendre la récurrence du syndrome de Vichy et ses phases d'accalmie et de crise. D'ailleurs, le sondage de 1983 a montré que la transmission (du souvenir de la Libération, pour garder la formulation exacte de la question) se faisait en priorité par la télévision et les récits de famille (40 % des réponses pour chacune des deux possibilités), au détriment des cérémonies officielles (troisième réponse citée), des livres et de l'école (dernière en rang, mais classée seconde chez les plus jeunes, encore sous son

influence). Or, de tous les vecteurs cités, ce sont là les plus
sensibles au caractère conflictuel du souvenir : plus en tout
cas que les commémorations qui ont une fonction rigoureusement inverse ou que l'école. La télévision, outre l'impact
des images d'archives, ne rend-elle pas compte des moindres
débats, même les plus superficiels, et ne grossit-elle pas auto-
matiquement l'agitation politique, culturelle ou intellectuelle
autour de Vichy ? Quant aux récits de famille, leur prégnance
pourrait signifier une transmission à certains égards analogue à celle, naguère, de l'affaire Dreyfus, pomme de discorde
de tous les dîners de famille.

Quant au « mythe Pétain » proprement dit, il mérite d'être
singulièrement nuancé. L'indulgence est toujours minoritaire,
même de peu, et, pas plus que l'animosité, elle n'est définitive. Seule une frange infime semble, au vu de ces chiffres,
ne pas changer d'opinion. Pétain est devenu une abstraction,
un plus grand commun diviseur, qui suscite des réactions
n'ayant très probablement plus qu'un rapport lointain avec
les luttes intestines de 1940, mais qui reflète bel et bien celles
du présent. Ce que confirme le partage des préférences partisanes :

	1971 Sud-Ouest /SOFRES			1983 Louis Harris/ l'Histoire		
	Condamnation (globale)	Acquittement	Nsp	Cond.	Aquit.	Nsp
Communistes	68 %	17 %	15 %	49 %	18 %	33 %
Socialistes	69 %	20 %	11 %	47 %	27 %	26 %
UDR/RPR	57 %	26 %	17 %	37 %	26 %	27 %
« Centre » /UDF	(55 %)	(31 %)	(14 %)	28 %	50 %	22 %

Pétain sépare la droite et la gauche, mais moins en 1983 qu'en 1971. Entre-temps, les indulgents et surtout les indécis ont nettement augmenté : 33 % de communistes n'ont pas répondu à la question en 1983, ce qui laisse dubitatif sur le degré d'investissement de l'électorat communiste vis-à-vis de la mémoire de la guerre, borne pourtant granitique du Parti.

Au total, nous sommes loin des simplifications abusives du *Figaro-Magazine*, qui a pu titrer en première page, en mai 1980 : « 66 % des Français ne condamnent pas Pétain », un chiffre obtenu en additionnant ceux qui estimaient qu'il était « sincèrement convaincu de l'intérêt national, mais a été dépassé par les événements » (59 %, pour un choix relativement logique : la plupart des collaborateurs, y compris les plus fascisants, ont été dans ce cas, à la lettre près...) et ceux qui le considèrent comme un « héros... injustement condamné » (7 %).

N'est-ce pas le propre des mythes que de faire illusion aussi sur leur existence même ?

La politique du souvenir

Lorsqu'on interroge les Français sur des décisions politiques, effectives ou éventuelles, concernant le souvenir de la guerre, on retrouve une opinion composite, encore moins à même que la classe politique de maîtriser la symbolique attachée à l'an quarante.

Interrogés en 1971 sur le transfert des cendres de Pétain à Douaumont, 72 % ont répondu favorablement : 26 % « pour lui rendre justice », 21 % « parce que 25 ans après, le temps est venu de l'oubli et du pardon », 25 % « parce que cela ne pose aucun problème » *(Sud-Ouest)*. Seuls 11 % ont exprimé leur hostilité et 17 % aucune opinion.

Ce chiffre élevé, comparé aux opinions *en majorité favorables à une condamnation dans le même sondage*, montre sans nul doute que les Français n'ont pas compris (ou refusent d'admettre) la signification d'une telle décision. A l'instar des pétainistes authentiques (mais pour d'autres raisons), ils semblent croire qu'une telle cérémonie aurait valeur de « réconciliation nationale » : comment expliquer sinon que

56 % de sondés, classés à l'extrême gauche (communistes compris), répondent favorablement à la proposition, trois ans après mai 68 !

La formulation des questions a peut-être joué. Mais reste un fait étonnant : le Français contemporain du miroir brisé estime qu'on a eu raison de condamner le chef de l'État français ; mais il pense qu'on aurait dû enterrer le vainqueur de Verdun sur les lieux de sa gloire. Pour glorifier la Révolution nationale ? Non, sans doute pour mieux l'*oublier*.

Autrement dit, en cette année charnière si souvent mise en valeur dans ce livre, seule une frange de la société est sous l'emprise de la rupture culturelle. Dans leur majorité, les Français vivent encore à l'heure de l'« honneur inventé », l'oubli et le pardon faciles, sans penser que Pétain à Douaumont pourrait réveiller la fracture qui sommeille (d'où l'empressement de tous les présidentiables à laisser planer l'éventualité de ce transfert, et celui, tout aussi vif, des présidents à refouler la promesse électorale faussement maladroite).

De même, interrogés en 1975 sur la suppression, par Valéry Giscard d'Estaing, de la commémoration officielle du 8 mai, les Français se sont départagés en deux : 48 % contre (la gauche à plus de 60 % et les plus âgés), 43 % pour (la droite à 65 %) (*l'Express*, mai 1975). Cette fois, l'oubli se place sous le signe du rapprochement franco-allemand : 51 % contre 41 % estiment que la décision peut y contribuer. Toutefois, il est probable que les réponses ont été biaisées par le débat politique d'alors, reflétant plus les divisions partisanes (le sondage ne distingue pas, au sein de la majorité, les libéraux et les gaullistes) qu'un avis tranché sur le sort de la commémoration.

Cette hypothèse est d'ailleurs confirmée par deux sondages réalisés quatre ans après : en 1979, 74 % de Français veulent que les jeunes sachent ce qui s'est passé en 1939-1945 « pour éviter que de tels événements se reproduisent » (SOFRES-*Atlas*) ; et 75 % ont approuvé la diffusion du film *Holocaust*, un moment menacé de censure par inertie, comme *le Chagrin* (SOFRES-*Télé 7 jours*). Il est vrai, dans ce dernier cas, que 67 % ne se sont pas sentis pour autant « plus sensibilisés au problème du racisme » qu'avant.

Dernier élément significatif, dans le sondage SOFRES-*Atlas*, 25 % privilégiaient la défaite de 1940 et l'Occupation dans la formation de leurs opinions politiques, 19 % la Libération (soit 44 % la guerre), contre 32 % préférant mai 68, 18 % la guerre d'Algérie, voire 16 % le Front populaire.

Ces éléments, parfois hétérogènes (mais on ne dispose guère d'autres indications), confirment donc que l'opinion publique, depuis une quinzaine d'années, est toujours en éveil face au souvenir de la Seconde Guerre mondiale. Moins toutefois que l'agitation politique ou intellectuelle pouvait le laisser supposer. Et, surtout, pas dans les mêmes termes.

Le clivage n'existe plus ni sur l'opportunité de l'armistice ni sur les causes de la défaite de 1940. Encore qu'aucun sondage ne fasse réellement le lien entre l'arrêt des combats et le déclenchement concomitant d'une guerre fratricide, aux déterminants purement idéologiques, que Munich annonçait déjà. Les Français sont donc d'accord sur la nécessité qu'il y avait d'arrêter la lutte militaire, pas sur celle d'instaurer un ordre nouveau.

Les collaborateurs sont définitivement exclus, tandis que les résistants suscitent des réactions contradictoires : isolés, ils ne recueillent qu'un *satisfecit* honorable (des « patriotes ») ; confrontés à d'autres forces de résistance et de lutte, comme les Alliés, ils reprennent de l'importance, en un réflexe tout nationaliste ; comparés au général de Gaulle, ils s'effacent complètement devant l'homme du 18 juin. Mais, au total, ils ne représentent pas un sujet de conflit.

Seul Pétain (pas Vichy) divise réellement les Français, ce qui rend d'autant plus absurde l'éventualité d'une « réconciliation nationale » par son fantôme interposé. Son souvenir, objet des fantasmes et des haines les plus tenaces, est, observé du point de vue de l'opinion, la quintessence du syndrome, dont on devrait, en la circonstance, changer l'appellation.

Sans surprise, l'idéologie empêche une vision unilatérale de la guerre : l'électeur de droite est resté plus volontiers pétainiste ou partisan des résistants en uniforme et avec drapeau (les FFL), tandis que celui de gauche rejette encore le Maréchal (moins qu'on pourrait le penser) et admire toujours le maquisard de l'ombre.

Le clivage des générations est par contre éclairant. Entre la génération démographique qui a vécu la guerre et celles du *baby-boom* existe une grande différence d'appréciation. Elle concerne les acteurs de la guerre et les mythes d'après-guerre. Les plus jeunes, au contraire de leurs aînés, refusent le mythe résistancialiste et semblent donc définitivement marqués par la rupture de 1971-1974, tout comme ils refusent le mythe du sauveur au regard bleu horizon, en une sévérité qui va en s'atténuant avec l'âge. Seul de Gaulle provoque encore une adhésion massive.

Par contre, tout comme les parents ou les grands-parents, ces générations restent sensibles aux effets de la guerre franco-française : une frange non négligeable des moins de 35 ans n'hésite pas ainsi à souhaiter rétrospectivement l'exécution effective de Pétain en 1945. Et, sur l'ensemble, rares sont les questions qui obtiennent une réponse massive pour une tranche d'âge donnée, preuve que les divisions, même si elles s'atténuent beaucoup en intensité et même si elles changent de nature ou d'expression, ont toutes les chances de durer.

Conclusion

Au terme de cet ouvrage, la clé du syndrome, le *pourquoi* plus que le *comment*, reste une question largement ouverte. Cependant, deux séries d'explications émergent en dernier ressort : l'une tient à la nature de l'événement originel, l'autre à l'évolution spécifique de son souvenir.

La nouvelle affaire Dreyfus

La profondeur de la crise des années 1940-1944 est en soi une première explication évidente des réactivations ultérieures. Mais l'hypothèse de départ, selon laquelle les luttes intestines ont plus marqué le pays que la défaite ou l'occupation étrangère proprement dite, semble largement confirmée. C'est bien l'existence et le rôle de Vichy, et par ricochet l'existence d'une résistance politique, autant contre les nazis que contre le régime issu de la défaite et contre les collaborateurs, qui a constitué le problème essentiel, depuis les débats sur l'amnistie jusqu'aux scandales des années 1970-1980. Il n'est donc pas surprenant de retrouver dans la résorption de la crise les mêmes données structurelles qui, par ailleurs, ont permis de la définir comme l'archétype des guerres franco-françaises.

Parmi ces données, on peut en isoler trois, constamment rencontrées, et qui s'inscrivent dans une longue tradition politique et culturelle.

La formation et l'entretien d'une mémoire pétainiste sont largement tributaires de la survivance d'une culture catholique traditionnelle, en particulier après 1951 où les fidèles des premières heures ont été rejoints par divers transfuges venus d'autres horizons, y compris de la Résistance. L'Association pour défendre la mémoire du maréchal Pétain, noyau actif de cette mémoire, revendique ouvertement la filiation, même si l'adhésion aux valeurs du catholicisme ne constitue qu'un des traits communs à ses adhérents et sympathisants. L'ADMP fonctionne d'ailleurs comme une secte religieuse et a développé une véritable catéchèse du maréchalisme. Ce fil conducteur peut également éclairer en partie la trajectoire de certains cas individuels, voire de certaines franges de l'opinion : l'abbé Desgranges, lors de l'épuration, le combat des démocrates chrétiens du MRP en faveur de l'amnistie, le colonel Rémy, dont le pétainisme tardif s'est doublé d'une crise de mysticisme, le philosophe Gabriel Marcel, Mgr Duquaire et une partie de la haute hiérarchie catholique, qui ont soutenu avec une grande constance le milicien Paul Touvier (peut-être à cause de ses antécédents au sein des mouvements catholiques de jeunesse), contribuant aux scandales de 1972 et 1989.

Dans la plupart des cas, on retrouve des valeurs similaires, même si elles ne constituent pas forcément un corps de doctrine : la réconciliation et le pardon, l'interprétation apolitique de l'Histoire, la mystique du Sauveur qui assumerait les fautes des autres, le refus viscéral du désordre social, auquel certains ont identifié la Résistance à la Libération (tel Rémy), l'impossible acceptation d'une société laïque, qui donne la nostalgie de la Révolution nationale. Ou de l'image que l'on s'en fait.

Autrement dit, le pétainisme représenterait une sorte d'horizon possible parmi ceux qui sont restés peu ou prou fidèles à une tradition catholique contre-révolutionnaire. Dans le tiers d'« indulgents » qui se retrouve en permanence dans tous les sondages concernant le souvenir de Pétain, ceux-ci formeraient donc un îlot de partisans réels.

C'est une explication classique des crises politiques françaises, renouvelée récemment par Michel Winock : « La nostalgie du catholicisme intransigeant a entretenu un foyer de contre-révolution dont les jaillissements ont été de toutes les crises jusqu'en 1940[1]. » Jusqu'en 1940. Mais après ? Et, autre remarque, la référence au vieux Maréchal n'est-elle pas tout autant politique, touchant des hommes ou des factions que n'anime aucune nostalgie intégriste ?

La deuxième donnée, précisément, est d'ordre idéologique et tient à la nature des clivages politiques traditionnels. Vichy et la Collaboration sont pour une large part issus de traditions de droite et d'extrême droite, que ce soit la droite contre-révolutionnaire, la droite technocratique ou les tendances « fascistoïdes » (Philippe Burrin) et totalitaires, les ralliements d'hommes de gauche ne modifiant pas en profondeur la nature de ces idéologies. Après la guerre, et malgré une excommunication explicite, tous deux n'en sont pas moins devenus des référents politiques, implicites car souvent masqués ou honteux. C'est le cas, d'abord, d'une extrême droite nostalgique, de l'Algérie française au Front national des années 1980, qui ne semble pas prête à tourner le dos à la seule culture de pouvoir qu'elle ait jamais eue. Il lui faut donc naviguer avec doigté entre la tradition pétainiste et le souvenir de la Collaboration proprement dite. Mais c'est vrai également au sein d'une droite autoritaire, du RPF de la fin des années quarante à certains « libéraux » d'aujourd'hui qui n'hésitent pas à revendiquer leur attachement non pas aux valeurs du fascisme, mais bien plutôt au « Travail-Famille-Patrie ».

Dans le même ordre d'idées, après la tentation « gaullo-pétainiste » du RPF, le souvenir de la France libre et du gaullisme de guerre a fondé pour une large part la légitimité du Général de retour au pouvoir en 1958, et permis une régénérescence de la droite française, longtemps discréditée par l'expérience de Vichy.

A l'opposé, la gauche a largement renouvelé ses valeurs en puisant aux sources des idées de la Résistance. Malgré la tentative avortée de « parti de la Résistance » en 1944-1945, la IVe République a revendiqué — à tort ou à raison et par-delà les divisions partisanes — cet héritage. De leur côté, les communistes se sont construit une virginité politique fondée sur leur poids, notamment quantitatif, dans la lutte clandestine, tandis que la gauche non communiste a tenté de ressourcer sa vision de la société en se référant lorsque c'était nécessaire à l'idéal démocratique des résistants.

Mais, si le paysage politique français s'est redessiné en fonction des engagements pris sous l'Occupation, il a conservé dans une large mesure ses clivages ancestraux.

L'antisémitisme, enfin, constitue la troisième donnée caractéristique du syndrome. Le réveil d'une mémoire juive à la fin des années 1960 a été un facteur très net de réactivation du passé. Face à la peur d'une résurgence des vieux démons, la volonté explicite d'une partie de la communauté juive et les initiatives prises par des individus se réclamant plus ou moins ouvertement de leur judéité (Beate et Serge Klarsfeld, Marcel Ophuls, Bernard-Henri Lévy, Claude Lanzmann) ont permis de jeter une lumière rétrospective sur une dimension jusque-là négligée du régime de Vichy. Elles expliquent nombre de scandales et procès qui ont agité la France depuis ces années-là. C'est tout particulièrement net entre 1978 et 1981, dans le sillage de l'émotion soulevée par l'affaire Darquier, à l'origine de l'utilisation — pour la première fois en France — de la loi sur l'imprescriptibilité des crimes contre l'humanité, votée pourtant dès 1964. A cet égard, il est important de rappeler que depuis l'application effective de cette loi, toutes les plaintes déposées et tous les dossiers ouverts, à l'exception, bien sûr, de Barbie, ont concerné d'anciens fonctionnaires de l'État français (Leguay, Touvier, Papon, Bousquet, Sabatier).

Or, si ce retour du passé trouve son origine dans la difficulté d'admettre, d'expliquer, de rationaliser le crime du génocide, perceptible à l'échelle internationale, il n'en véhicule pas moins une constante de l'histoire de France depuis l'affaire Dreyfus : l'existence d'une tradition antisémite, de nature politique et laïque, qui a périodiquement délimité une ligne de clivage au sein de la société française.

La permanence d'une tradition catholique, la division droite/gauche réactivée et ressourcée par les engagements de l'Occupation, l'antisémitisme, autant d'éléments constitutifs (parmi d'autres) du socle fissuré de l'« identité » de la France contemporaine. Tout comme la crise proprement dite de Vichy, son souvenir et ses représentations conflictuelles ont mis en jeu les mêmes valeurs antagonistes. Ainsi, la référence à l'Occupation, quel que soit le camp d'où elle émane, recoupe la plupart du temps les grands débats du siècle : la société ou la nation, l'égalité ou la hiérarchie, l'État ou l'individu, la morale ou l'efficacité, l'exclusion ou l'intégration de la différence, c'est-à-dire (entre autres) une société organiquement « française » ou une société « pluriethnique », « pluriculturelle ». Chaque fois que l'un ou l'autre de ces problèmes s'est trouvé à l'ordre du jour dans la France d'après-guerre, le souvenir de Vichy a resurgi de manière plus ou moins accusée, comme une « nouvelle affaire Dreyfus » qui aurait supplanté la précédente.

Un autre élément vient renforcer cette idée. Les réminiscences houleuses de la Seconde Guerre mondiale, soit de nature internationale, soit touchant durement d'autres pays ont laissé les Français relativement indifférents, alors qu'à l'étranger, notamment aux États-Unis et en Allemagne fédérale, on s'est volontiers intéressé à nos fièvres intestines. L'année où Eichmann est pendu à Jérusalem, en 1962, après un procès retentissant et unique en son genre, Karl Oberg, chef de la SS en France occupée, et son adjoint Helmut Knochen quittent les prisons françaises. Sauf quelques exceptions remarquables, les Français observent alors leur passé au miroir de la guerre d'Algérie finissante. Autres exemples plus récents, lorsque le président des États-Unis Ronald Reagan va s'incliner, le 8 mai 1985, sur des tombes de Waffen SS (dont certains ont participé au massacre d'Oradour-sur-Glane, du moins le suppose-t-on à l'époque), au cimetière de Bitburg, en RFA, ni la classe politique française ni l'opinion ne s'en émeuvent réellement, excepté les communistes, ravis d'une telle aubaine, et quelques associations de jeunes juifs soutenus par SOS-Racisme : pas de protestations officielles, pas de débat à l'Assemblée, bref pas de scandale. Quelques semaines plus tard, une vague d'émotion sans précédent depuis l'affaire Darquier secoue les médias et les milieux politiques et intellectuels : l'objet du délit ? un simple document télévisé sur l'affaire Manouchian [2]. Lors de l'affaire Waldheim, en 1986, qui révèle le passé nazi de l'ancien secrétaire général de l'ONU et futur président de la République autrichienne, seules les organisations juives ont tenté sans grand succès de mobiliser l'opinion. Par contre, Alexandre de Marenches et sa tonne d'archives « secrètes » ont fait un tabac quelques mois plus tard.

Exemples limités et circonscrits mais qui tendent à montrer que le souvenir de la dernière guerre a été vécu en France dans un cadre avant tout national bien que la plupart des belligérants aient connu depuis 1945 des phénomènes similaires, souvent avec une plus grande acuité. En Allemagne fédérale, au moins jusqu'en 1989, le phénomène est patent, de la « querelle des historiens » (*Historikerstreit*) aux interrogations plus profondes sur l'identité allemande et donc sur l'interprétation de son passé national-socialiste. Cette dimension nationale est sans doute un legs direct de la guerre dans la mesure où le conflit idéologique transnational a engendré (ou parfois en était une conséquence) de graves crises d'identité nationale, aux dimensions internes et sur une longue durée, la France étant en l'occurrence un cas exemplaire mais ni isolé, ni même original.

Un mal nécessaire ?

Est-ce à dire que le syndrome est avant tout une grille d'interprétation politique ? Certes non. Au contraire, l'histoire spécifique du souvenir, sa respiration particulière, ses vecteurs privilégiés résultent le plus souvent de décalages, de tensions, de contradictions entre des mémoires organisées, des mémoires savantes et culturelles et la mémoire diffuse de l'opinion. Elle résulte des oscillations entre une offre et une demande qui ne se rencontrent que très rarement.

Ainsi, le souvenir de Vichy s'est d'abord transmis par des mythes concurrents. Mais, outre qu'ils reproduisent l'antagonisme originel, ces mythes se sont révélés incapables de forger une représentation collectivement acceptée de l'événement, du moins de façon durable.

C'est d'abord le cas de la mythologie pétainiste. Elle n'a voulu retenir de l'Occupation que la figure du Maréchal, développant un culte de la personnalité anachronique. Elle a constamment nié le caractère politique de la Révolution nationale, tout comme elle a cherché à réécrire son histoire en écartant tous les aspects inassimilables : la réalité de la collaboration d'État, la nature spécifiquement française de l'antisémitisme de Vichy et le caractère profondément partisan et revanchard du régime, cause de divisions radicales et durables. D'où le fait que cette mythologie s'est trouvée dans une impasse. Elle est fondée sur l'idée d'une « réconciliation » — par la voie symbolique d'une révision du procès ou d'une translation des cendres de Pétain à Douaumont — alors même, y compris dans l'opinion, que le cas Pétain reste un plus grand commun diviseur. Elle se trouve dans l'impossibilité d'alimenter une doctrine acceptable dans le paysage politique contemporain, alors même que l'héritage pétainiste s'inscrit dans une longue tradition, et qu'existe ici ou là une demande. Ce qui explique, d'une part le caractère souvent honteux de cette mémoire, réduite à des mensonges continuels, et d'autre part le fait qu'elle n'a été réellement influente qu'en période de crise : lors de la guerre froide, pendant la guerre d'Algérie, et plus récemment dans les années 1980, périodes où le durcissement du débat politique permet d'être moins regardant sur la réalité historique du message délivré.

La mythologie résistancialiste a eu une tout autre destinée. Alimentée par les communistes et par les gaullistes, exprimant un désir réel et profond de l'opinion, elle n'a pourtant connu qu'une période faste très limitée dans le temps : amorcée à la Libération, et bien qu'elle serve de fondation à la IV⁰ République naissante, elle ne prend corps officiellement qu'après le retour du général de Gaulle au pouvoir, et trouve son apogée entre la fin de la guerre d'Algérie et mai 68. Elle aussi a cherché à transfigurer la réalité de l'Occupation. Gaullistes et communistes se sont retrouvés pour exagérer l'ampleur du fait résistant au sein de la population, les uns en identifiant la Résistance à une certaine *idée* de la France

tout entière, incarnée par le Général à lui tout seul, les autres
en décrivant la Résistance comme un vaste mouvement populaire d'insurrection nationale. Ils se sont retrouvés également
pour marginaliser le rôle de Vichy, « poignée de traîtres » pour
les uns, expression d'une frange de la « bourgeoisie » pour
les autres. De ce fait, le résistancialisme a, tout autant que
la mythologie pétainiste, réduit l'importance des luttes intestines, alors même que les disputes entre mémoires rivales en
étaient l'indice le plus manifeste.

Le procureur général Mornet, qui requit la peine de mort
contre Pétain, qui ne fut ni gaulliste ni résistant, et encore
moins communiste, a défini avec une grande naïveté la fonction potentielle du mythe résistancialiste. Intitulant ses
Mémoires : *Quatre Ans à rayer de notre histoire*, il ajoutait
aussitôt :

> Ce titre appelle une réplique : celle des résistants qui,
> de Londres au Tchad en passant par Bir-Hakeim et tous
> les maquis de France, ont fait de ces quatre années *qua-*
> *tre ans à inscrire dans notre histoire* [3].

Au fond, c'est bien la nature intrinsèquement idéologique
du mythe résistancialiste qui explique ses faiblesses. Il a par
exemple laissé sur la touche d'autres mémoires tout aussi marquées par l'Occupation : les prisonniers de guerre, plus d'un
million d'hommes qui n'ont pas connu l'Occupation, sont
restés souvent attachés au Pétain de la Grande Guerre, et dont
la perception des événements a été radicalement différente
du reste des Français ; les travailleurs du STO, mémoire honteuse par suite de la glorification outrée du réfractaire, assimilé souvent au maquisard ; les déportés raciaux, juifs en tête,
ombre insupportable au tableau idyllique, dont le réveil tardif dans les années 1970 a précisément contribué à modifier
la représentation des années de guerre ; et peut-être aussi une
bonne partie des... résistants eux-mêmes, dépossédés de leur
histoire, et dont beaucoup ont été en porte à faux du fait de
leurs réserves à l'égard du gaullisme ou du communisme.

D'où le déclin rapide du mythe après la mort de De Gaulle,
d'où les attaques récentes contre la tradition de gauche de

la Résistance, lancées par des idéologues et des politiciens, les socialistes ayant cherché à réactiver le mythe à leur profit en 1981, d'où le recours quasi permanent à la polémique, à l'anathème, à l'injure, souvent au mensonge (à droite comme à gauche) et en définitive à la sollicitation abusive de l'Histoire : s'il ne fallait qu'une preuve de faiblesse des mythologies de l'après-Vichy, cette dernière en est une de taille.

La nature mythologique des représentations du passé n'explique cependant pas tout. De bout en bout de cet ouvrage, on a rencontré des actes manqués, des célébrations qui se trompent de guerre, des procès mal venus ou des effets pervers incessants. Ils résultent de décalages entre les différentes strates de la mémoire collective, en proie à des tensions multiples, qui ne se résument pas à des conflits idéologiques.

Existent ainsi des conflits permanents entre la volonté d'oubli et la volonté de se souvenir, entre la nécessité du refoulement et le retour imprévisible du refoulé, entre la tendance à l'ignorance et l'aspiration à la vérité. Ces conflits se sont exprimés entre une mémoire officielle, celle qui célèbre, sélectionne et censure au nom de l'État, et des mémoires singulières fortement motivées donc organisées, qu'elles soient régionales (comme lors du procès de Bordeaux), religieuses (celle des juifs, de l'affaire Finaly à l'affaire Darquier), associatives, etc. Ils s'expriment également entre générations, sans doute une des clés les plus immédiates pour comprendre les principales articulations chronologiques du syndrome.

En 1954, les Français commencent à percevoir la réalité de la croissance, donc la fin des pénuries. Les séquelles étant provisoirement résolues après l'amnistie, l'épisode de la guerre semble définitivement clos. Toutes les générations qui ont vécu l'Occupation à l'âge adulte aspirent à l'oubli, voire à l'ignorance. Peut-être à cause d'un obscur sentiment de honte de n'avoir pas toujours été présents à l'heure des choix décisifs, que l'on décèle chez des hommes aussi différents que Sartre ou Pompidou. Elles ont été les plus enclines aux silences, qui se manifestent aussi bien par l'apaisement provisoire des polémiques, que par les tabous dont sont empreints les films ou l'historiographie, tabous apparemment acceptés par la majorité : du moins, rares sont les indices qui permettent d'affirmer le contraire. Paradoxalement, même les résistants et les déportés ont contribué à cet état d'esprit (avant de le dénoncer plus tard, dans un tout autre contexte), les uns par discrétion, notamment chez les plus engagés, les autres devant l'impossibilité où ils étaient de décrire leur expérience.

En 1971, au contraire, c'est une génération née pendant ou après la guerre qui brise le miroir. Mai 68 avait ouvert la voie qu'empruntent nombre de cinéastes, d'écrivains, voire d'historiens, animés de sentiments parfois opposés : la fascination modianesque pour le chien et loup, l'agacement des auteurs du *Chagrin et la Pitié* envers le résistancialisme, la mise en pièces des pudeurs historiennes de Robert Aron, grâce à des scientifiques en partie étrangers certes, mais vite relayés par une historiographie française en plein recentrage, qui osera même aventurer l'agrégation (donc les futurs enseignants, et, à terme, les élèves...) sur ce terrain miné. La rupture n'est pas politique, elle est culturelle, parfois avec l'excès propre à toutes les révisions. Contrairement à d'autres périodes de réactivation, où l'agitation se localise dans quelques lieux (Parlement, prétoires, presse ou intelligentsia), les nouvelles représentations offertes dans le début des années soixante-dix ont rencontré une réelle demande de l'opinion.

Reste une interrogation sur les générations de demain, celles qui sont nées alors que les parents vivaient à l'heure de la mode «rétro». Seuls éléments tangibles, d'une part la période obsessionnelle n'est pas close : du procès Barbie à l'affaire Touvier, en passant par les querelles autour de la Résistance, les séquelles subsistent comme autant de brûlots potentiels. D'autre part, même s'il est vraisemblable que les jeunes générations se sentent de moins en moins concernées, sinon par l'histoire de l'Occupation, du moins par son caractère polémique, les sondages réalisés sur le souvenir de Pétain (toujours lui) montrent que les clivages traditionnels se perpétuent.

Ce livre n'a pas prétendu réécrire l'histoire de France à la lumière de l'Occupation. Il s'est attaché à mettre en relief une dimension mémoriale souvent négligée. Mais reste un constat historique : dans ses structures profondes, la société française a évité l'éclatement qu'aurait pu entraîner la crise de Vichy. Après 1944, la «synthèse républicaine» chère à Stanley Hoffmann a retrouvé sa solidité, malgré tous les soubresauts et divisions de l'après-guerre. Autant les manifestations du souvenir ont donné l'image d'un pays incapable de retrouver le fil de son histoire, autant la société a raffermi progressivement ses aires de consensus. Le syndrome n'est-il que le prix de cette évolution ? Si la mémoire a été autant malade, sans doute était-ce parce que le corps a bien résisté. A moins que le mal ne soit héréditaire. Et incurable.

Janvier 1987
et janvier 1990
pour la seconde édition

Notes

LA NÉVROSE

1. Pierre Nora (éd.), *Les Lieux de mémoire*, tome 1 : *La République*, tome 2 : *La Nation*, Gallimard, 1984 et 1986.

2. *Ibid.*, tome 1, p. xxv.

3. Philippe Joutard, *La Légende des Camisards. Une sensibilité au passé*, Gallimard, 1977.

4. Antoine Prost, *Les Anciens Combattants et la Société française, 1914-1939*, Presses de la FNSP, 1977.

5. Voir entre autres la discussion entre Mona Ozouf, « Peut-on commémorer la Révolution française ? », et François Furet, « La Révolution dans l'imaginaire politique français », *Le Débat*, 26, septembre 1983, avec Maurice Agulhon, « Faut-il avoir peur de 1789 ? », *id.*, 30, mai 1984.

6. Voir les débats suscités autour de la thèse de Reynald Secher, *Le Génocide franco-français. La Vendée-Vengé*, PUF, 1986. Voir également Jean-Clément Martin, *La Vendée et la France*, Le Seuil, 1987, et surtout, du même auteur, *La Vendée de la mémoire, 1800-1980*, Le Seuil, 1989.

7. Voir notamment Alfred Wahl (éd.), *Mémoire de la Seconde Guerre mondiale*, Actes du colloque de Metz, 6-8 octobre 1983, Metz, Centre de recherche histoire et civilisation de l'Université, 1984, et Institut d'histoire du temps présent, *La Mémoire des Français. Quarante ans de commémoration de la Seconde Guerre mondiale*, Éditions du CNRS, 1986.

8. C'est la problématique développée dans « Les guerres franco-françaises », *Vingtième Siècle. Revue d'histoire*, 5, 1985. Sur la comparaison des crises, voir Michel Winock, *La Fièvre hexagonale, les grandes crises politiques de 1871 à 1968*, Calmann-Lévy, 1986.

9. Krzysztof Pomian, « Les avatars de l'identité historique », *Le Débat*, 3, juillet-août 1980. Voir aussi du même auteur, *L'Ordre du temps*, Gallimard, 1984.

10. Chiffres cités par Pierre Guiral, *in Les Épurations administratives*, *XIXe-XXe siècles*, Genève, Droz, 1977, p. 103.

11. Chiffres cités par Dominique Rossignol, *Vichy et les Francs-Maçons*, J.-C. Lattès, 1981, p. 214.

12. Sur l'épuration, les chiffres les plus sûrs ont été avancés par Peter Novick, *L'Épuration française, 1944-1949*. Balland, 1985 (traduction d'un ouvrage paru aux États-Unis en 1968) ; par Jean-Pierre Rioux, *La France de la IVe République*, tome 1 : *L'Ardeur et la Nécessité. 1944-1952*, Le Seuil, 1980, et par les enquêtes du Comité d'histoire de la Deuxième Guerre mondiale puis de l'Institut d'histoire du temps présent. Pour un bilan récent, outre de nombreux articles dans le *Bulletin du CHGM* et

la *Revue d'histoire de la Deuxième Guerre mondiale*, on peut se reporter à Marcel Baudot, « L'épuration : bilan chiffré », *Bulletin de l'IHTP*, 25, septembre 1986, p. 27-53. Herbert Lottman (*L'Épuration 1944-1953*, Fayard, 1986), bien que dernier en date, n'a fait que reprendre ces données chiffrées. Sur l'épuration professionnelle, outre les ouvrages de Robert Aron analysés au chapitre 6, voir Pierre Guiral, *op. cit.*, et Henry Rousso, « Les élites économiques dans les années quarante », *Le Elites in Francia e in Italia negli anni quaranta, Italia contemporanea*, 153, 1983, et *Mélanges de l'École française de Rome (Moyen Age/Temps modernes)*, tome 95, 1983-2.

13. William H. McNeill, *The Pursuite of Power, Technology, armed Force and Society since A.D. 1000*, Chicago University Press, 1982.

14. Le cas particulier (et quasi unique) de l'Association pour défendre la mémoire du maréchal Pétain est analysé en tant que tel dans cet ouvrage, au chapitre 1. Pour d'autres exemples d'associations, voir par exemple Alfred Wahl (éd.), *op. cit.*, ainsi que des enquêtes en cours à l'IHTP. Un cas mériterait une attention particulière, celui des associations des anciens des Chantiers de jeunesse, qui véhiculent des messages contradictoires, inspirés à la fois du pétainisme originel, de la Résistance, voire, dans certains cas, de l'expérience de la déportation.

AVANT-PROPOS
A LA DEUXIÈME ÉDITION

1. La filmographie et la chronologie en annexe ont été revues et actualisées (jusqu'en décembre 1989). Une bibliographie a été établie spécialement pour cette nouvelle édition.

2. Francis Marmande, « La mémoire barbouillée », *Lignes*, 2, février 1988, p. 87.

3. Annie Kriegel, « Les intermittences de la mémoire : de l'histoire immédiate à l'Histoire », *Pardès*, n° spécial « Penser Auschwitz », 9-10, 1989, p. 257. Voir également son article dans *L'Arche*, 367, novembre 1987, où elle a cru comprendre que le « syndrome de Vichy » désignait dans mon esprit la survivance tenace et quasiment hégémonique du pétainisme en France depuis 1945. C'était lire le livre un peu vite.

4. Voir, à ce sujet, le colloque international « Vichy et les Français », organisé au CNRS, en juin 1990, par l'Institut d'histoire du temps présent.

1. LE DEUIL INACHEVÉ
(1944-1954)

1. Sondage *L'Express*-Gallup, 19 août 1983.

2. Charles de Gaulle, *Mémoires de guerre*, tome 2, *L'Unité*, Plon, 1956, p. 308.

3. Georges Bidault, *D'une résistance à l'autre*, Les Presses du siècle, 1965, p. 359-360.

4. Discours du 2 avril 1945, prononcé à l'Hôtel-de-Ville de Paris.

5. René Rémond, *Les Droites en France*, Aubier-Montaigne, 1982, p. 238.

6. Peter Novick, *L'Épuration française. 1944-1949*, *op. cit.*, p. 188.

7. Maurice Agulhon, « Les communistes et la Libération de la France » dans *La Libération de la France*, Éditions du CNRS, 1976, p. 84-85. Ces conclusions ne sont pas toujours confirmées dans les travaux conduits par l'IHTP sur « les pouvoirs à la Libération », colloque des 13 et 14 décembre 1989.

8. Jean Cassou, *La Mémoire courte*, Éditions de Minuit, 1953, p. 33-34.

9. Charles Rist, *Une saison gâtée. Journal de la guerre et de l'Occupation*, présenté par Jean-Noël Jeanneney, Fayard, 1983, p. 40.

10. Voir note 12 de l'introduction.

11. Sur ce point, voir « Le Midi toulousain. Occupation et Libération », *Revue d'histoire de la Deuxième Guerre mondiale et des conflits contemporains*, 131, juillet 1983, en particulier les articles de M. Goubet et P. Laborie.

12. Antoine Prost, *Les Anciens Combattants. 1914-1940*, Gallimard/Julliard, 1977, coll. « Archives », p. 47.

13. Sur ce point, voir Claude Cherrier, « Douleur et incertitude en Seine-et-Marne », dans *La Mémoire des Français*, *op. cit.*, p. 147.

14. Sur les commémorations et monuments, *ibid.*

15. Cité par Gérard Namer, *Batailles pour la mémoire. La commémoration en France de 1945 à nos jours*, Papyrus, 1983, p. 20, ouvrage qui traite pour l'essentiel des commémorations à la Libération.

16. Sur le Panthéon, voir Mona Ozouf, « Le Panthéon, l'École normale des morts », *in* Pierre Nora (éd.), *Les Lieux de la mémoire, op. cit.*, tome 1.

17. Voir l'étude très complète de Jean-Pierre Rioux, « "Cette immense joie pleine de larmes" : les Français et le "Jour V" », dans Maurice Vaïsse (éd.), *8 mai 1945 : la victoire en Europe*, Lyon, La Manufacture, 1985.

18. Voir le dossier édité par la Fédération nationale des déportés et internés résistants et patriotes, *Le Choc. 1945 : la presse révèle l'enfer des camps nazis*, FNDIRP, 1985.

19. Olga Wormser-Migot, « Le rapatriement des déportés », dans *La Libération de la France*, *op. cit.*, p. 372.

20. *Esprit*, septembre 1945, cité par Béatrice Philippe, *Être juif dans la société française*, Montalba/Pluriel, p. 372.

21. Marguerite Duras, *La Douleur*, POL, 1985, p. 41. Elle cite le discours du 2 avril, lors de la Journée des drapeaux.

22. Fred Kupferman, *Les Premiers Beaux Jours. 1944-1946*, Calmann-Lévy, 1985, p. 106.

23. Chiffres cités par François Duprat, *Les Mouvements d'extrême droite en France depuis 1945*, Albatros, 1972, p. 18-26. L'auteur, militant lui-même, a été assassiné dans des conditions restées mystérieuses en mars 1978.

24. Michel Dacier, « Le résistantialisme », *Écrits de Paris*, 1, janvier 1947.

25. *Ibid.*

26. Louis-Dominique Girard, *La Guerre franco-française*, A. Bonne, 1950.

27. *Aspects de la France*, 25 juillet 1947, dans une critique du livre de Maurice Bardèche, *Lettre à François Mauriac*, La Pensée libre, 1947. Même unis dans une solidarité antirésistante, les maurrassiens s'opposent, comme sous l'Occupation, aux tendances fascistes. Cet article reproche ainsi à Bardèche d'« oublier » opportunément la présence des « boches » pour justifier les positions des fascistes français, donc des collaborationnistes.

28. « Vingt ans en 1945 », *La Table ronde*, 20-21, août-septembre 1949, cité par Raoul Girardet, « L'héritage de l'Action française », *Revue française de science politique*, VII, octobre-décembre 1957. Sur l'extrême droite, voir également René Chiroux, *L'Extrême droite sous la Ve République*, Librairie générale de droit et de jurisprudence, 1974. Dans la littérature profuse consacrée aux mouvements d'extrême droite en France, c'est sans doute l'ouvrage le plus complet et le plus sérieux.

29. Raoul Girardet, art. cit.

30. *Rivarol*, 1, 1951. Dans le même temps, l'hebdomadaire montre qu'il n'oublie rien de ses haines passées et renoue avec le style ordurier des feuilles antisémites de l'Occupation : de Daniel Mayer, Jacques Savin, dans ce numéro, écrit qu'« il appartient à l'élément israélite de la SFIO que par bonheur le déchaînement de la terreur hitlérienne n'a pour ainsi dire pas réussi à entamer ». Oublies-moi, mais moi je ne l'oublierai pas...

31. Abbé Desgranges, *Les Crimes masqués du résistantialisme*, Éditions de l'Élan, 1948, p. 10.

32. *Ibid.*, p. 44-50.

33. Abbé Desgranges, *Journal d'un prêtre député, 1936-1940*, Le Palatinat, 1960. Voir aussi Jean-Claude Delbreil, « Les démocrates populaires, Vichy et la Résistance, 1940-1942 », dans Xavier de Montclos, Monique Luirard, François Delpech, Pierre Bolle (éds.), *Églises et Chrétiens dans la Deuxième Guerre mondiale : La France*, actes du colloque de Lyon du 27-30 janvier 1978, Lyon, PUL, 1982, p. 118.

34. *Ibid.*, p. 183.

35. Discours de Paul Faure, Association des représentants du peuple de la IIIe République, *Le Banquet des Mille*, 14 mars 1948, brochure, Bibliothèque nationale, 8° Lb (60) 37.

36. L'« affaire » a été ressortie par *Le Crapouillot* dans son numéro d'avril-mai 1985, provoquant une réaction indignée de Georges Guingouin. Sur les faits divers cités, voir entre autres Raymond Ruffin, *Ces chefs de maquis qui gênaient*, Presses de la cité, 1980.

37. La formule est de Jean-Pierre Azéma, *De Munich à la Libération*, Le Seuil, 1979, p. 169.

38. *Mes grands hommes et quelques autres*, Grasset, 1982, p. 130.

39. Outre l'article de *Carrefour*, on peut trouver cette phrase, avec quelques variantes, dans nombre d'ouvrages de Rémy, en particulier celui consacré à sa conversion mystique au pétainisme, *Dans l'ombre du Maréchal*, Presses de la cité, 1971.

40. Lettre de Rémy à l'auteur, 13 août 1983.

41. Rémy, *Mémoires d'un agent secret de la France libre*, Solar, 1945,

p. 455. Dans la version abrégée, *On m'appelait Rémy*, parue en 1951 chez France-Empire, donc après l'article de *Carrefour*, puis dans la nouvelle édition de 1959, cette phrase sera supprimée.

42. Sur ce ou ces télégrammes, adressés par le gouvernement de Vichy à l'amiral Darlan qui se trouve à Alger lors du débarquement anglo-américain, voir les analyses divergentes de Jean-Baptiste Duroselle, *L'Abîme. 1939-1945*, Imprimerie nationale, 1982, p. 377 *sq.*, qui ne les avait pas retrouvés, et celle de Hervé Coutau-Bégarie et Claude Huan, *Darlan*, Fayard, 1989, qui en ont retrouvé au moins un, celui du 13 novembre 1942, signifiant à Darlan « l'accord intime » du Maréchal, télégramme dicté par l'Amiral Auphan qui semble avoir « interprété les silences de Pétain », p. 618.

43. Discours du 20 juin 1948, à Verdun. *Discours et Messages. 1946-1958*, Plon, p. 200.

44. Conférence de presse du 29 mars 1949, *ibid.*

45. Conférence de presse du 16 mars 1950, *ibid.*

46. Voir Jean Lacouture, *De Gaulle*, tome 2 : *Le Politique*, Le Seuil, 1985. L'auteur n'accorde que peu d'importance à l'affaire Rémy.

47. *Le Monde*, 14 avril 1950.

48. Lettre du général de Gaulle à Rémy, du 13 avril 1950, communiquée à l'auteur par Rémy. Elle a été publiée depuis dans : Charles de Gaulle, *Lettres, Notes et Carnets. 8 mai 1945-18 juin 1951*, Plon, 1984, p. 416.

49. Lettre au colonel Fleuret, du 10 mai 1950, *Lettres, Notes et Carnets... op. cit.*, p. 420-421.

50. Lettre à M. de la Bardonnie, du 4 mai 1950, *ibid.*, p. 420. C'est lui qui souligne. A préciser que de Gaulle ne semble pas tenir l'auteur de cette lettre en grande estime : cf. Georges Pompidou, *Pour rétablir une vérité*, 1982, p. 125.

51. Rémy, *De Gaulle, cet inconnu*, Solar, 1947, p. 28-29.

52. D'après le manuscrit original, avec les corrections manuscrites de De Gaulle, p. 13, archives du colonel Rémy, communiquées le 13 août 1983. Jean Charlot dans *Le Gaullisme d'opposition, 1946-1958* (Fayard, 1983) avait abouti aux mêmes conclusions.

53. Georges Pompidou, *op. cit.*, p. 126-127.

54. *Journal officiel, Débats parlementaires, Assemblée nationale*, débat du 9 novembre 1950.

55. René Rémond, *op. cit.*, p. 249.

56. Voir les articles de Jean-Marc Théolleyre, parus dans *Le Monde*, 24-26 juillet 1951. Voir aussi le reportage des *Actualités françaises*, archives de l'INA.

57. Article signé Sirius, *Le Monde*, 24 juillet 1951.

58. Témoignage rapporté par *Le Monde*, 27 avril 1948.

59. *Bulletin de l'ADMP*, 1, juillet 1952. De simple bulletin trimestriel, imprimé sur mauvais papier et sans illustrations, l'organe de l'association se transforme en journal à partir de mars 1959, *Le Maréchal*, sur un papier de qualité, en grand format, bimensuel puis à nouveau trimestriel et agrémenté de très nombreuses photos de Pétain ou des divers pèlerinages.

60. Pour les effectifs, voir le *Bulletin* de janvier 1956, puis *Le Maréchal*, numéros de mai 1961, novembre 1971 et avril 1976. Le dernier chif-

fre m'a été communiqué par Me René Descubes, lors d'un entretien le 22 juin 1983, alors qu'il était secrétaire général. Cependant, l'ADMP refuse d'ouvrir ses fichiers pour donner un chiffre réel du nombre d'adhérents qui atteignent peut-être aujourd'hui une dizaine de milliers de personnes, en comptant tous les artifices de présentation.

61. Claude Michelet, *Mon père, Edmond Michelet*, Presses de la cité, 1971, cité par Rémy, *Mes grands hommes et quelques autres*, *op. cit.*, p. 285.

62. Voir Jacques Isorni, *Ainsi passent les républiques*, Flammarion, 1959. Cette affaire a définitivement fâché Rémy et Isorni, déjà fort opposés au sein de l'ADMP.

63. Témoignages de Jacques Isorni à l'auteur, 5 novembre 1984. Sur Pompidou, voir le chapitre 3.

64. Congrès de l'ADMP du 1er mai 1977, *Le Maréchal*, 107, juillet 1977.

65. *Le Maréchal*, 81, janvier 1971.

66. Jean Paulhan, *Lettre aux directeurs de la Résistance*, Éditions de Minuit, 1951, réédité en 1968 aux éditions J.-J. Pauvert avec un échange de correspondance entre Paulhan et d'anciens résistants fort en colère.

67. *Journal officiel, Lois et décrets*, 6 janvier 1951.

68. Roger Duveau, rapporteur du projet de loi, *Journal officiel, Débats parlementaires, Assemblée nationale*, 11 juillet 1952, p. 3899.

69. *Ibid.*, 21 octobre 1952, p. 4254-4255.

70. *Ibid.*

71. *Journal officiel, Lois et décrets*, 7 août 1953.

72. Il s'agit des chiffres officiels tirés du *Journal officiel, Débats parlementaires, Assemblée nationale* (séances du 11 avril 1950, du 24 octobre 1952, puis des 6 octobre 1956 et du 15 mai 1958, ces deux dernières étant citées par Peter Novick, *op. cit.*, p. 297-298). Deux premières lois très partielles avaient été votées le 17 avril 1946 et le 17 août 1947. Elles concernaient des délits secondaires comme le marché noir ou les mineurs de moins de 21 ans — pour des crimes n'ayant entraîné que de faibles peines — ou qui se sont illustrés par la suite dans des combats en Indochine.

73. Jean Cassou, *op. cit.*, p. 49-50.

74. André Kaspi, « L'affaire des enfants Finaly », *L'Histoire*, 76, mars 1985.

75. Jean-Pierre Rioux, « Le procès d'Oradour », *L'Histoire*, 64, février 1984.

76. Jean Lefranc, rapporteur du projet de loi, *Journal officiel, Débats parlementaires, Assemblée nationale*, 18 février 1953, p. 1111.

77. *Ibid.*, p. 1115.

78. Cité par Pierre Barral, « L'affaire d'Oradour, affrontement de deux mémoires », dans *Mémoire de la Seconde Guerre mondiale*, *op. cit.*, p. 243-252. On trouvera dans cette publication de nombreuses analyses sur les incorporés de force, notamment celles d'Alfred Wahl. Voir aussi, sur cette mémoire douloureuse, Geneviève Herberich-Marx et Freddy Raphaël, « Les incorporés de force alsaciens. Déni, convocation et provocation de la mémoire », *Vingtième Siècle. Revue d'histoire*, 6, avril- juin 1985.

79. *Journal officiel, Débats parlementaires, Assemblée nationale*, séance du 20 février 1953, p. 1255.

80. Voir Marc Sadoun, *Les Socialistes sous l'Occupation. Résistance et Collaboration*, Presses de la Fondation nationale des sciences politiques, 1982, p. 276.

81. Jean-Pierre Rioux, «L'opinion publique française et la CED : querelle partisane ou bataille de la mémoire?», *Relations internationales*, 37, printemps 1984.

2. LES REFOULEMENTS
(1954-1971)

1. *Le Monde*, 2 octobre 1954. Cf. *Procès d'après-guerre*, dossier établi et présenté par Jean-Marc Théolleyre, La Découverte/*Le Monde*, 1985, p. 203.

2. *Ibid.*, p. 205.

3. Notamment dans *L'Œuvre*, 24 mars 1941, où l'on voit une photographie qui montre l'inauguration du centre Brévannes, sur laquelle figure vraisemblablement Hersant. Jean Legendre, dans son réquisitoire, avait par erreur indiqué un numéro de mars 1942, *Journal officiel*, *Débats parlementaires*, *Assemblée nationale*, 19 avril 1956. Voir également la polémique entre Jean Balestre et «F. Montfort», que le premier dénonce comme étant «M. Hersant», *Au Pilori*, 21 septembre 1942 et 1er octobre 1942. R. Hersant a démenti être l'auteur d'un article dans *Au Pilori*, cf. *Le Nouvel Observateur*, 2 mai 1977.

4. Sur l'itinéraire d'Hersant, voir notamment Nicolas Brimo, *Le Dossier Hersant*, Maspero, 1977, coll. «Cahiers Libres».

5. C'est bien entendu inexact : la LVF est créée en juillet 1941.

6. Cf. Jean-Pierre Rioux, *La France de la IVe République*, tome 2, *L'Expansion et l'Impuissance, 1952-1958*, Le Seuil, 1983, p. 61.

7. Rapport de Gerhard Heller, de février 1941, cité par Gérard Loiseaux, *La Littérature de la défaite et de la Collaboration*, Publications de la Sorbonne, 1984, p. 88-90.

8. Voir Pascal Ory, *Les Collaborateurs*, Le Seuil, 1976, p. 251.

9. *Discours d'André François-Poncet, réception à l'Académie française*, 22 janvier 1953, Institut de France, 1953. Sur la réaction de De Gaulle — «Il était joli leur bouclier!» —, cf. Georges Pompidou, *op. cit.*, p. 139.

10. *Ibid.*

11. Chez Fayard, 1954 (voir chapitre 6). Aron ne tarit pas d'éloges à l'égard de François-Poncet : «L'Académie est redevable au nouvel élu d'avoir été la première institution française à exprimer la justice et la vérité», dans *Histoire de l'épuration*, tome 3, vol. 2, *Le Monde de la presse, des arts et des lettres... 1944-1953*, Fayard, 1975, p. 39. Il est vrai qu'à l'époque, Aron a rejoint ses amis sous la Coupole.

12. «Les élections à l'Académie française, analyse d'un scrutin significatif. L'échec de M. Paul Morand», *RFSP*, vol. VIII, 3, septembre 1958, p. 646-654. Malgré un titre très universitaire, l'article est le témoignage, «bien informé» mais très vif, d'un protagoniste.

13. Lettre du 20 avril 1958, signée par : François Mauriac, Jules

Romains, Pasteur Vallery-Radot, Robert d'Harcourt, André Siegfried, Georges Duhamel, Maurice Garçon, Fernand Gregh, Wladimir d'Ormesson, André Chamson, Robert Kemp, publiée dans *Le Monde*, 2 mai 1958.

14. Cité dans l'article de la *RFSP*, art. cit.

15. *Le Monde*, 13 mai 1958.

16. Duc de Castries, *La Vieille Dame du Quai Conti. Une histoire de l'Académie française*, Librairie académique Perrin, 1978, p. 400.

17. D'après un rappel du *Monde*, 6 juillet 1968, lors de l'élection définitive. Ce qui n'empêche aucunement le chef de l'État d'obéir à sa charge en adressant à Jacques de Lacretelle une lettre pour le remercier de l'envoi du *Tiroir secret*, dans laquelle il s'exclame : « Quel talent vous avez! », 24 octobre 1959, *Lettres, Notes et Carnets, juin 1958-décembre 1960*, Plon, 1985, p. 274.

18. Cité par Michel Winock, *La Fièvre hexagonale, op. cit.*, p. 299-300.

19. René Rémond, *1958. Le Retour de De Gaulle*, Bruxelles, Complexe, 1983, coll. « La mémoire du siècle », p. 20-21.

20. François Mitterrand, *Le Coup d'État permanent*, Plon, 1964, p. 73.

21. Il s'agit de *La Nef*, dont les premiers numéros ont été publiés en juillet 1944, à Alger.

22. *Journal officiel, Débats parlementaires, Assemblée nationale*, deuxième séance du 2 juin 1958, *JO* du 3 juin 1958, p. 2618-2619. A titre d'anecdote, on peut préciser que, précédant ce débat, lourd de souvenirs, les députés se sont prononcés pour une amnistie des faits de collaboration économique imputés à des étrangers de pays neutres pendant la guerre. 360 ont voté pour cette amnistie, dont beaucoup de parlementaires de gauche (Jules Moch, Gaston Defferre, François Mitterrand), et 189 contre, dont les communistes et le député... Robert Hersant, *ibid.*

23. Conférence de presse du 10 novembre 1959.

24. Jean Touchard, *Le Gaullisme, 1940-1969*, Le Seuil, 1978, p. 271, coll. « Points Histoire ».

25. *Journal officiel, Lois et décrets*, 15 avril 1959, p. 4763.

26. Sur les vecteurs de souvenirs que sont les commémorations, voir le chapitre 6.

27. *Le Monde*, 19 et 20 avril 1959. Ce discours ne figure pas dans l'édition des *Discours et Messages*, publiés chez Plon.

28. *Ibid.*

29. *Ibid.*

30. *Le Monde*, 7 et 8 juin 1959.

31. C'est la scène terminale du *Chagrin et la Pitié*, tirée des *Actualités françaises* : les réalisateurs ont procédé à un « arrêt sur image » lorsque de Gaulle serra la main de Gaspar (du moins on le suppose, le Général, de dos, masquant son interlocuteur), donnant à ce geste une signification *a posteriori* plus importante. Contrairement à ce que dit Eugène Martres, dans *La Mémoire des Français, op. cit.*, p. 284-285, il ne semble pas que de Gaulle ait été jusqu'à « sauter » le colonel Gaspar dans ses salutations.

32. Pierre Vidal-Naquet, « Une fidélité têtue. La résistance française à la guerre d'Algérie », *Vingtième Siècle. Revue d'histoire*, 10, avril-juin 1986.

33. Michel Winock, *La République se meurt. 1956-1958*, Gallimard/Folio, 1985 (nlle édition), p. 127.

34. *Tribune socialiste*, 17 novembre 1962. Cité par Joseph Algazy, *La Tentation fasciste en France de 1944 à 1965*, Fayard, 1984, p. 240.

35. Michel Winock, *op. cit.*, p. 152.

36. Bernard Droz, « Le cas très singulier de la guerre d'Algérie », dans le n° spécial « Les guerres franco-françaises », *Vingtième Siècle. Revue d'histoire*, *op. cit.*

37. *La Nation française*, 17 juillet 1956. Voir René Chiroux, *op. cit.*, p. 45-46.

38. Charles Luca, lors du premier congrès du MPF, les 20 et 21 décembre 1958, qui fit grand bruit. *Fidélité*, février 1959. Luca avait d'abord fondé la Phalange française, dissoute en mai 1958, dont le secrétaire général était Henri Jalin, alias Henri Roques.

39. François Duprat, *op. cit.*, p. 63.

40. *Le Maréchal*, janvier 1960.

41. *Mémoires d'espoir*, tome 1, *Le Renouveau, 1958-1962*, Plon, 1970, p. 83.

42. Georges Bidault, *D'une résistance à l'autre*, *op. cit.*, p. 277-278.

43. *Le Maréchal*, janvier 1965.

44. René Chiroux, *op. cit.*, p. 79.

45. Mona Ozouf, « Peut-on commémorer la Révolution française ? », art. cit.

46. La formule est de François Nourissier, « Le cadavre dans le placard », *Le Point*, 11 mars 1974.

47. *Journal officiel*, *Débats parlementaires*, *Assemblée nationale*, question écrite du 8 mai 1963, réponse du 29 août 1964.

48. Lettre du 23 avril 1963 du ministère de l'Intérieur à André Holleaux, directeur de cabinet d'André Malraux. Dossier « Jean Moulin au Panthéon », conservé aux archives du service des Palais nationaux, non coté.

49. Décret du 11 décembre 1964, *Journal officiel*, 12 décembre 1964.

50. Note de service du gouverneur militaire de Paris, 11 décembre 1964, *id.*

51. Note pour le ministre André Malraux émanant de la Direction de l'architecture, relatant la réunion interministérielle du 8 décembre, non datée, *id.*

52. Note de service du gouverneur militaire de Paris, *op. cit.* Les descriptions de la cérémonie sont tirées des plans de la Direction de l'architecture, du procès-verbal de l'inhumation dressé le 19 décembre 1964, par le conservateur des monuments de Paris et des comptes rendus du *Monde*. Les archives de l'INA possèdent un document des *Actualités françaises* sur ces journées.

53. Témoignage et documents fournis par Charles Fournier-Bocquet, ancien FTP, secrétaire général de l'ANACR.

54. Je me permets de renvoyer à ma contribution, « Cet obscur objet du souvenir », dans *La Mémoire des Français*, *op. cit.*, p. 53.

55. Éditorial d'André Wurmser, *L'Humanité*, 19 décembre 1964.

56. Mona Ozouf, « L'École normale des morts », *in Les Lieux de mémoire*, *op. cit.*, tome 1, p. 162.

57. *Ibid.*

58. Souligné par moi ; serment du 22 octobre 1972, communiqué par

Jean Marie Guillon, correspondant de l'IHTP dans le Var, que je remercie. Voir sa contribution dans *La Mémoire des Français, op. cit.* p. 303.

59. M. Agulhon, « Réflexions sur les monuments commémoratifs », *ibid.*, p. 43.

60. *Journal officiel*, 29 décembre 1964.

61. *Journal officiel, Débats parlementaires, Assemblée nationale*, séance du 16 décembre 1964, *JO* du 17 décembre 1964.

62. André Siegfried, confrère d'épée académique du général défunt, dans *L'Année politique*, 1965, p. 9.

63. Philippe Viannay, « Le présent du passé », manuscrit inédit, écrit dans les années 1970, et communiqué obligeamment par l'auteur. Voir également ses mémoires, *Du bon usage de la France. Résistance, journalisme, Glénans*, Ramsay, 1988, en particulier sur de Gaulle et la Résistance, p. 159-169.

3. LE MIROIR BRISÉ
(1971-1974)

1. Pascal Ory, *L'Entre-deux-mai, histoire culturelle de la France, mai 1968 - mai 1981*, Le Seuil, 1983, p. 13.

2. François Nourissier, « Le cadavre dans le placard », art. cit.

3. Paul Thibaud, « Du sel sur nos plaies », *Esprit*, 5, mai 1981, à propos de *L'Idéologie française*, de Bernard-Henri Lévy.

4. Voir les couvertures du *Figaro-Magazine*, 10 décembre 1983 ou de *L'Express*, 23 mars 1984, toutes les deux sur le thème « C'était le bon temps ! ».

5. Une analyse rétrospective du cinéma est entreprise au chapitre 6.

6. Marcel Ophuls, *Le Chagrin et la Pitié*, éd. Alain Moreau, 1980, p. 207. Il s'agit du scénario, présenté par le réalisateur seul, après sa brouille avec les producteurs, avatar d'un succès qui les a tous visiblement dépassés.

7. Raphaël Géminiani dira exactement ceci : « Euh... on les a vus... Non, non, les Allemands, on les a vus de par le maquis... qui venaient, mais enfin on n'a pas été occupés. » Le plan suivant le montre sur son vélo, avec, *en surimpression*, cette phrase : « Les Allemands, on ne les a pas vus (Géminiani) », *ibid.*, p. 118.

8. Michel Capdenac, *Les Lettres françaises*, 21 avril 1971.

9. André Gisselbrecht, *L'Humanité*, 20 septembre 1971.

10. Jacques Langlois, *Rivarol*, 23 avril 1971.

11. Alfred Fabre-Luce, *Le Monde*, 13 mai 1971.

12. Germaine Tillion, *Le Monde*, 8 juin 1971.

13. Claude Mauriac, *Le Figaro*, 23 avril 1971.

14. Jean-Paul Sartre, *La Cause du peuple/J'accuse*, cité dans la revue de presse de *Téléciné*, n° spécial consacré au *Chagrin*, 171-172, juillet 1971, p. 21.

15. *In Téléciné, ibid.*, p. 31. Sur *Zoom* et *Munich*, voir Jean-Noël Jeanneney et Monique Sauvage (éds.), *Télévision, nouvelle mémoire. Les magazines de grand reportage. 1959-1968*, Le Seuil/INA, 1982.

16. *Ibid.*

17. Le propos de Jean-Jacques de Bresson a été repris dans toute la presse d'alors. Sur son itinéraire de résistant, voir *Bulletin de liaison de l'ANMRF*, 32, janvier 1986.

18. Statistiques publiées dans *Le Film français*, cf. chapitre 7.

19. Marcel Ophuls, *Le Chagrin et la Pitié*, *op. cit.*, p. 226-227.

20. Cf. chapitre suivant.

21. Simone Veil, sur les ondes d'Europe 1, lors de la diffusion télévisée ; cf. *Le Monde*, 30 octobre 1981.

22. Voir l'article de Danièle Heymann, *L'Express*, 28 août 1981.

23. Simone Veil, art. cit.

24. André Harris, *Téléciné*, *op. cit.*, p. 38.

25. Stanley Hoffmann, « Chagrin et pitié ? », *Contrepoint*, 10, 1973, repris dans *Essais sur la France, déclin ou renouveau ?*, Le Seuil, 1974, p. 67-87.

26. Marcel Ophuls, interrogé par Gilbert Salachas, *Téléciné*, *op. cit.*, p. 31.

27. Entretien avec Pierre Mendès France, *Téléciné*, *op. cit.*, p. 42-52.

28. « "I hate all that business", he said with a quick wave of his hand and sharp displeasure in his bright eyes, "I hate medals, I hate decorations of all kinds" », *The New York Times Magazine*, 29 août 1971.

29. Voir *Le Monde*, 15 décembre 1971, qui explique, d'après le dictionnaire *Robert* que *hate* veut dire détester, qui signifie « aversion pour ».

30. Lettre au général Ginas, publiée dans *Le Monde*, 3 février 1972.

31. Chiffres cités par Jacques Chambaz et Dominique Jamet, *Le Quotidien de Paris*, 22 août 1980 (la lecture du dossier de presse confirme intuitivement ceux-ci). Il s'agit d'un entretien fleuve, publié entre le 21 août et le 3 septembre 1980. Selon le témoignage de Jacques Chambaz (recueilli par l'auteur le 24 juin 1985), le journal était à l'époque « à la recherche d'un sujet fort », provoquant l'événement plus qu'il ne le couvrait. Rien ne justifiait en effet à ce moment-là une telle interview, « immense, immense et trop longue ».

32. Celui-ci publie en 1972 ses souvenirs : *Le Rêveur casqué* (Laffont). Contrairement à l'image modérée qu'il donne de lui dans *Le Chagrin et la Pitié* et dans ses souvenirs, il semble avoir évolué depuis vers des positions à nouveau proches de ses engagements de jeunesse, comme en témoignent par exemple ses prises de position dans l'organe néo-fasciste *Révolution européenne*, octobre 1989.

33. « Le mouvement populaire des familles en Savoie (1940-1945) », *Les Cahiers du Groupement pour la recherche sur les mouvements familiaux*, 3, 1985, p. 318. Ces indications confirment les dires de Touvier lui-même (à prendre avec beaucoup de précautions), notamment dans plusieurs brochures publiées à compte d'auteur, par ses enfants, ses avocats et lui-même : Chantal et Pierre Touvier, *Lettre ouverte aux représentants du peuple français suivie de 20 documents inédits*, juin 1976 (dactylo.) ; Paul Touvier, *Lettre ouverte au grand juge suivie de ce qu'avait à dire mon avocat en Cour de cassation*, juin 1976 (dactylo.) et, du même, *Mes crimes contre l'humanité*, Imprimerie SPT, 1er novembre 1979.

34. Article de Nicolas Brimo, 23 mars 1983.

35. Témoignage du directeur de cabinet du préfet du Rhône à Jacques

Derogy, *L'Express*, 5 juin 1972. Le fait est également mentionné dans le « Rapport Delarue », qui a été publié par deux journalistes du *Monde*, Laurent Greilsamer et Daniel Schneidermann, *Un certain Monsieur Paul. L'Affaire Touvier*, Fayard, 1989, p. 237-254.

36. *Ibid.*

37. Témoignage à l'auteur, 11 septembre 1984.

38. Document reproduit par *Libération*, 30 octobre 1989, à la suite de la mise en cause par Laurent Greilsamer et Daniel Schneidermann, *op. cit.*, qui prétendaient que Pierre Arpaillange avait au contraire œuvré dans le sens de la grâce. Voir leur réponse, pas très convaincante, dans *Le Monde*, 31 octobre 1989. En tout état de cause, les éclaircissements ne seront définitifs qu'une fois l'instruction close.

39. Voir notamment ses déclarations à l'AFP, 19 août 1972.

40. Lettre rendue publique par *L'Express*, 19 juin 1972.

41. « Lendemain de persécution », *Courrier français du Témoignage chrétien*, 21 octobre 1944.

42. *L'Express*, 19 juin 1972, art. cit.

43. Jacques Delarue, témoignage cité.

44. *Paris-Match*, 23 décembre 1972.

45. Voir par exemple *L'Express*, 26 juin 1972.

46. *L'Express*, 17 juillet 1972.

47. Rapporté avec aigreur par Louis-Martin Chauffier, *Le Figaro*, 17-18 juin 1972.

48. *Combat*, 16 juin 1972. Les articles de Pierre Bourgeade lui vaudront peu après une inculpation pour « offenses au chef de l'État ». Se présentant comme un des derniers organes de presse issu de la Résistance, le journal mène une campagne très violente contre la grâce.

49. Georges Pompidou, *Entretiens et Discours, 1968-1974*, Flammarion, 1984 (nlle édition), p. 157-158. Dans *Le Monde* (23 septembre 1972), qui publie l'intégralité de la conférence, on peut observer que, juste après cette réponse, la parole est à René Andrieu, rédacteur en chef de *L'Humanité* qui interroge le président sur les problèmes de politique électorale. Visiblement, à part les réactions d'anciens résistants, le parti communiste n'a pas enfoncé le clou Touvier. Peut-être parce qu'au même moment, il est lui aussi victime du syndrome : c'est en effet deux ans avant, à l'été 1970, qu'a commencé l'affaire Marchais, secrétaire général adjoint depuis le 8 février 1970 et successeur désigné de Waldeck Rochet. A l'époque, il n'est encore qu'un « ancien du STO, évadé en 1943 » (*L'Express*, 27 juillet 1970). Mais les doutes commencent à poindre dans la presse « bourgeoise ». Étrange, cette symétrie des chefs des deux principales composantes de la mémoire résistante : un héritier du gaullisme qui ne doit quasiment rien à l'épopée fondatrice, un futur chef du parti communiste qui n'honore en rien la mémoire des « 75 000 fusillés ».

50. Georges Pompidou, *ibid.*, p. 28.

51. *Ibid.*, p. 29.

52. *Ibid.*, p. 30.

53. Il s'agit des derniers collaborateurs restant en prison, libérés dans la plus grande discrétion. Outre Barbier et Vasseur, Joseph Cortial, lui aussi condamné à mort, avait bénéficié d'une commutation de peine de la part de Georges Pompidou. Leur longévité carcérale s'explique par la date de

leurs procès : repérés plus de vingt ans après la guerre, ils ont été jugés entre 1965 et 1970, ne bénéficiant ni de l'amnistie ni de la prescription.

54. Cf. *Aspects de la France*, 23 décembre 1971, cité par Dominique Veillon, *La Collaboration, textes et débats*, Le Livre de poche, 1984, p. 420.

55. Témoignage cité de Jacques Delarue.

56. Rapporté par *Le Point*, « L'Occupation : pourquoi tout le monde en parle », 11 mars 1974.

57. Pierre Assouline, *Une éminence grise, Jean Jardin (1904-1976)*, Balland, 1986, p. 338.

58. Pascal Jardin, *La Guerre à neuf ans*, Grasset, 1971, p. 136 de l'édition en Livre de poche.

59. Pascal Ory, *op. cit.*, p. 118 *sq.*, chapitre intitulé « Rétro satanas », reprise d'un article du *Débat*, 16, novembre 1981.

4. L'OBSESSION (après 1974)
I. La mémoire juive

1. Béatrice Philippe, *op. cit.*, p. 389 *sq.*

2. Voir Jean-Pierre Rioux, « L'opinion publique ou ''le lion vieilli et le coq déplumé'' », dans le dossier Suez, *L'Histoire*, 38, octobre 1981.

3. Michel Winock, *Édouard Drumont et Cie. Antisémitisme et fascisme en France*, Le Seuil, 1982, p. 107.

4. Est reproduite ici la transcription du *Monde*, 29 novembre 1967, identique à celle des éditions Plon : Charles de Gaulle, *Discours et Messages*, tome V : *Vers le terme, 1966-1969*, 1970, p. 232. Il semble toutefois que la phrase réelle soit quelque peu différente, si l'on en croit plusieurs auteurs, dont Raymond Aron, Léon Poliakov et d'autres : « ... n'en viennent, une fois qu'ils seraient rassemblés, à changer en ambition ardente et conquérante les souhaits très émouvants qu'ils formaient depuis dix-neuf siècles : ''L'an prochain à Jérusalem'' ».

5. Raymond Aron, « Le temps du soupçon », reproduit dans *De Gaulle, Israël et les Juifs*, Plon, 1968, p. 20.

6. *Ibid.*, p. 35.

7. *Ibid.*, p. 18.

8. Xavier Vallat, *Aspects de la France*, 8 décembre 1967.

9. *Maariv*, 29 novembre 1967.

10. Lettre du 19 avril 1968, citée dans les *Mémoires* de Raymond Aron, tome 2, Julliard, 1983, p. 730 (de l'édition Presses Pocket).

11. Sur le CRIF, les juifs, les communistes pendant la guerre, voir le passionnant témoignage de l'un de ses fondateurs, Adam Rayski, membre des Francs-tireurs et Partisans (section de la main-d'œuvre immigrée), qui sera l'un des protagonistes de la (nouvelle) affaire Manouchian : *Nos illusions perdues*, Balland, 1985. Voir également Annie Kriegel, *Réflexions sur les questions juives*, Hachette/Pluriel, 1984, p. 109 *sq.*

12. Texte reproduit dans Annie Kriegel, *op. cit.* Après la guerre, le CRIF, tout en gardant le même sigle, s'est transformé en Conseil représentatif des institutions juives de France, dénomination plus modeste

et restreinte, qui redonne toute sa place au terme « juif », au détriment du vocable ambigu d'« israélite ».

13. En particulier, le télégramme du 6 juillet 1942 envoyé par Dannecker, responsable des affaires juives en France, à la section IV B 4 (Eichmann) du RSHA : « ... le président Laval a proposé à l'occasion de la déportation des familles juives de la zone non occupée, de déporter également les enfants de moins de 16 ans. Le problème des enfants juifs restant en zone occupée ne l'intéresse pas... », un document détenu par le Centre de documentation juive contemporaine.

14. *L'Express*, 8 mai 1967, à propos de l'ouvrage du Dr Claude Lévy et Paul Tillard, *La Grande Rafle du Vel' d'Hiv*, Laffont, 1967.

15. *L'Express*, 14 février 1972.

16. Cité dans *L'Express*, 4 novembre 1978.

17. Joseph Billig, *Le Commissariat général aux Questions juives (1941-1944)*, 3 volumes, Éditions du Centre (CDJC), 1955-1960. En 1975, un étudiant de Paris I soutenait un mémoire de maîtrise, sous la direction du Pr Jacques Droz, sur la propagande antisémite, en utilisant certains papiers de Darquier détenus par le CDJC. Dans le sillage de l'effet Darquier, ce mémoire devait sortir de l'anonymat, fait assez rare pour ce genre de travail universitaire : Jean Laloum, *La France antisémite de Darquier de Pellepoix*, Syros, 1979, préface de Jacques Droz.

18. *Le Monde*, 4 novembre 1978. A la même séance, la discussion s'envenime entre les communistes et le ministre des Affaires étrangères, Louis de Guéringaud. Le ministre dément que l'ambassadeur de France à Madrid, Robert Barbara de Labelotterie, baron de Boisséson, ait eu, entre 1964 et 1970, des contacts avec d'anciens collaborateurs ou membres de l'OAS.

19. Lettre rendue publique le 3 novembre 1978, adressée à Jacqueline Baudrier (Radio-France), Jean-Louis Guillaud (TF 1), Maurice Ulrich (Antenne 2) et Claude Contamine (FR 3).

20. *L'Express*, 4 novembre 1978.

21. *Ibid.*, ainsi que le numéro suivant, 11 novembre 1978.

22. *Ibid.*

23. Philippe Ganier Raymond, *Une certaine France. L'antisémitisme 40-44*, Balland, 1975, p. 11-12.

24. *Ibid.*, p. 29-30.

25. *L'Express*, 4 novembre 1978, *Le Monde*, 4 novembre 1978, etc.

26. Dans la *Lettre de l'UDF*, 14 février 1979 et *L'Humanité*, 15 février 1979. Voir Henri Ménudier, « "Holocauste" en France », *Revue d'Allemagne*, XIII, 3, juillet-septembre 1981. Voir également Freddy Raphaël, « Bagatelles pour un génocide : "Holocauste" et la presse de gauche en France (1979-1980) », *Revue des sciences sociales de la France de l'Est*, 14, 1985.

27. *L'Express*, 17 février 1979.

28. *Ibid.*, 27 janvier 1979.

29. Christian Beullac, dans *Le Monde*, 14 février 1979.

30. Charlotte Delbo, « Une marque indélébile », *Le Monde*, 27 février 1979. Ancienne déportée, Charlotte Delbo est l'auteur de nombreux ouvrages sur sa douloureuse expérience : *Aucun de nous ne reviendra*, Genève, Gonthier, 1965, un livre écrit en 1946, publié vingt ans plus tard ;

Le Convoi du 24 janvier, Minuit, 1965, et, plus récemment, *La Mémoire et les Jours*, Paris, Berg International, 1985.

31. *L'Express*, 27 janvier 1979.

32. Sur le débat, voir *Le Matin*, 7 mars 1979, *Libération*, 8 mars 1979 et *Le Monde*, 8 mars 1979. Sur le cas Hersant, le jeune « impertinent » a lu une partie de l'enquête menée par *Le Canard enchaîné* du 28 février 1979 et qui relatait un reportage paru dans un journal québécois, *L'Action catholique*, du 24 août 1940. Ce dernier faisait état d'un entretien avec le mouvement Jeune Front, à la suite d'une de ses manifestations aux Champs-Élysées : « Son chef, Robert Hersant, a déclaré au cours de la manifestation de mardi que ce n'était que le commencement et qu'on allait pourchasser tous les juifs et les francs-maçons "parce qu'ils sont responsables de la désorganisation de la France". » Contrairement à ce qu'elle fera en 1984, au moment de présenter sa liste des élections européennes, où figure en bonne place Robert Hersant, Simone Veil ne défend pas celui-ci.

33. Guy Hocquenghem : « Une simple mention suffira. Mardi soir, aux débats des "Dossiers" sur *Holocauste*, distribution des prix du martyre », *Libération*, 8 mars 1979.

34. *L'Humanité*, 13 février 1979.

35. Témoignage de Mᵉ Joe Nordmann à l'auteur, 4 octobre 1989.

36. Voir notamment sa démonstration du rôle personnel de Bousquet dans Serge Klarsfeld, *Vichy-Auschwitz. Le rôle de Vichy dans la solution finale de la question juive en France*, 2 vol., Fayard, 1983 et 1985, notamment vol. 1, p. 93-104.

37. « Ordonnance déclarant l'action publique éteinte », du juge Jean-Pierre Getti, 11 septembre 1989, Tribunal de grande instance de Paris, p. 3.

38. « Réquisitoire définitif aux fins de constatation de l'extinction de l'action publique », Tribunal de grande instance de Paris, Parquet du procureur de la République, 26 juillet 1989.

39. *Le Matin de Paris*, 16 novembre 1978. Selon Pierre Vidal-Naquet, c'est la parution d'un autre article de Faurisson, dans *Le Monde* du 29 décembre 1978, suivi peu après d'une réponse de Georges Wellers, qui a donné à l'affaire Faurisson sa véritable dimension médiatique. Voir son remarquable ouvrage : *Les Assassins de la mémoire. « Un Eichmann de papier » et autres essais sur le révisionnisme*, La Découverte, 1987, p. 211, note 71.

40. Robert Faurisson, *Mémoire en défense. Contre ceux qui m'accusent de falsifier l'histoire. La question des chambres à gaz*, La Vieille Taupe, 1980. L'ouvrage est préfacé par Noam Chomsky : « Quelques commentaires élémentaires sur le droit à la liberté d'expression. » Sans « connaître très bien ses travaux », Chomsky absout Faurisson de tout soupçon d'antisémitisme et le définit même comme « un libéral plutôt apolitique », p. xiv-xv.

41. Cf. Alain Finkielkraut, *L'Avenir d'une négation. Réflexion sur la question du génocide*, Le Seuil, 1982.

42. Paul Rassinier, *Passage de la ligne*, 1948 et *Le Mensonge d'Ulysse*, 1950, publiés à compte d'auteur, puis réédités par la Librairie française (d'Henry Coston) et La Vieille Taupe (en 1979).

43. Cf. Roland Lewin, « Paul Rassinier ou la conjonction des extrêmes », *Silex*, 26, 1984 et Henry Rousso, « La négation du génocide juif », *L'Histoire*, 106, décembre 1987.

44. *Le Monde*, 21 février 1979.

45. Colloque de l'École des Hautes Études en sciences sociales, *L'Allemagne nazie et le Génocide juif*, Hautes études/Gallimard/Le Seuil, 1985 et François Bédarida (éd.), *La Politique nazie d'extermination*, IHTP-Albin Michel, 1989.

46. Pierre Vidal-Naquet, *Les Juifs, la Mémoire et le Présent*, Maspero, 1981, p. 196-197, dans une introduction à « Un Eichmann de papier », publié la première fois dans *Esprit*, septembre 1980. Cet article constitue l'une des meilleures réponses à Faurisson, de l'aveu même des partisans de ce dernier : « ... le texte le plus important écrit contre Faurisson. Ce texte a bloqué la diffusion fulgurante des thèses révisionnistes en convainquant l'intelligentsia française qu'il n'était pas nécessaire d'en prendre connaissance tant elles étaient odieuses et absurdes » (dans Jean-Gabriel Cohn-Bendit et alii, *Intolérable Intolérance*, Éditions de la Différence, 1981, p. 196). Quelques dizaines de pages (même remarquables) suffisaient donc pour faire exploser en vol cette « fulgurante » fusée...

47. Lettre d'André D., dans « Le journal des lecteurs », *Les Nouvelles littéraires*, 15 janvier 1981.

48. Outre le colloque déjà cité et Pierre Vidal-Naquet, Georges Wellers, du CDJC, fait paraître *Les chambres à gaz ont existé*, Gallimard, 1981, et de très nombreux articles dans *Le Monde juif*. En 1984, paraît aux Éditions de Minuit la traduction d'un ouvrage fondamental, paru l'année précédente en RFA, et rédigé par un collectif de témoins et d'historiens : Eugen Kogon, Hermann Langbein, Adalbert Ruckerl, *Les Chambres à gaz, secret d'État*, Minuit, 1984 et Le Seuil, coll. « Points Histoire », 1987. Les réactions ont été également nombreuses après la pseudo-soutenance d'Henri Roques sur les « Confessions de Kurt Gerstein ». Voir, entre autres, la table ronde organisée par l'Institut d'histoire du temps présent, *Bulletin de l'IHTP*, 25, septembre 1986. Participait notamment à cette table ronde le Pr néerlandais Harry Paape, coéditeur (avec Gerrold van der Stroom et David Barnouw) d'une édition scientifique des différentes versions du *Journal* d'Anne Frank (*Les Journaux d'Anne Frank*, Calmann-Lévy, 1950-1989, trad. Philippe Noble et Isabelle Rosselin-Bobulesco). Ce document a fait un sort définitif à la première thèse « révisionniste » de Faurisson, qui a prétendu que le *Journal* d'Anne Frank était un « faux » rédigé après la guerre.

49. Sur les rapports entre la justice et l'histoire, cf. *Le Débat*, 32, novembre 1984. Voir également les extraits du jugement rendu sur l'affaire opposant Laurent Wetzel et des associations de déportés au sujet du passé de Marcel Paul, dans lequel la justice relaxe l'historien en vertu de sa neutralité à l'égard d'interprétations divergentes, *Vingtième Siècle. Revue d'histoire*, 8, octobre-décembre 1985, p. 117-121.

50. Alain Finkielkraut, *op. cit.*, p. 94-95.

51. Nathalie Heinich, Michael Pollak, « Le témoignage », Mission recherche-expérimentation, ministère des Affaires sociales et de la Solidarité nationale, 1985, publié dans *Actes de la Recherche en sciences sociales*, 62/63, 1986 ; voir également les autres articles de Michael Pol-

lak dans cette revue : « Des mots qui tuent », 41, février 1982, et « La gestion de l'indicible », 62/63, 1986.

52. Simone de Beauvoir, préface à Jean-François Steiner, *Treblinka*, Fayard, 1966.

53. Critique de Jean-Maurice Hermann, vice-président de la FNDIRP, *Droit et Liberté*, 252, 15 avril-15 mai 1966.

54. « Les Juifs, ce qu'on n'a jamais osé dire », *Le Nouveau Candide*, n° spécial et gratuit, 255, 14-20 mars 1966 ; J.-F. Steiner a été reporter à *Candide*.

55. Léon Poliakov, « Treblinka : vérité et roman », *Preuves*, 183, mai 1966.

56. Cf. *La Presse nouvelle*, 23-29 septembre 1966.

57. Hannah Arendt, *Eichmann à Jérusalem. Rapport sur la banalité du mal*, Gallimard, 1966 (1re édition : 1963).

58. Maurice Rajsfus, *Des Juifs dans la Collaboration. L'UGIF, 1941-1944*, Paris, EDI (Études et Documentation internationales), 1980, préface de Pierre Vidal-Naquet, qui sera suivi l'année suivante par : *Sois juif et tais-toi*, EDI, 1981, qui provoque à nouveau une polémique sur le rôle d'André Baur, président de l'UGIF, dont Raymond Lindon, son beau-frère, et qui fut procureur notamment dans les procès de la Libération, prendra la défense (*Hommage à André Baur...* ronéo, s.l.n.d., déposé au CDJC).

59. Cf. Annie Kriegel, « Vérité historique et mensonges politiques. Diversion et révisions sur l'antisémitisme », *Commentaire*, 12, hiver 1980-1981, repris dans *Réflexions sur les questions juives, op. cit.*, p. 87. Rajsfus est tout simplement le nom de sa mère.

60. Gérard Michel, *Tribune juive*, 681-682, 17 juillet-10 août 1981.

61. Sur ce point, voir *Les Juifs dans la Résistance et la Libération. Histoire, témoignages, débats*, textes réunis et présentés par le RHICOJ, Éditions du Scribe, 1985 ; « La Résistance juive en France : où en est son histoire ? », *Le Monde juif*, 118, avril-juin 1985 ; Lucien Lazare, *La Résistance juive en France*, Stock, 1987 et Claude Lévy, « La résistance juive en France. De l'enjeu de mémoire à l'histoire critique », *Vingtième siècle. Revue d'histoire*, 22, avril-juin 1989.

62. Ce propos, prononcé le soir même de l'attentat, a connu dans la presse, comme toutes les « petites phrases » des hommes politiques, nombre de versions différentes par la forme, sinon par le fond. Est retranscrite ici la version exacte, d'après l'enregistrement vidéo du journal de 23 heures sur TF 1, 3 octobre 1980. Il faut noter que cette déclaration a été prononcée en direct vers 23 h 30 (5 heures environ après l'attentat) sur le perron de l'hôtel Matignon, alors que le Premier ministre revenait de Lyon. Il ne s'agit donc ni des premiers mots de Raymond Barre (interrogé immédiatement après l'attentat au téléphone), ni d'une déclaration impromptue : il a eu tout le temps de préparer celle-ci. (Je remercie vivement Yvan Charron, de TF 1, de m'avoir permis de visionner cette bande.)

63. Voir l'enquête d'Annette Lévy-Willard dans *Libération*, 3 octobre 1984. Hypothèse d'école : il est parfaitement possible, voire probable, que les auteurs de l'attentat aient utilisé la peur d'un fascisme renaissant, peut-être même manipulé les groupuscules d'extrême droite.

5. L'OBSESSION (après 1974)
II. Le milieu politique

1. Voir Marcel Ophuls, *Le Chagrin et la Pitié, op. cit.*, p. 85. Contrairement à ce qui est indiqué en note, il ne s'agit pas d'Edmond, le père, mais de René, l'oncle. Encore que Rochat ait nié par la suite qu'une telle démarche ait été entreprise, comme le rapporte Christiane Rimbaud, *Le Procès Mendès France*, Librairie Académique Perrin, 1986, p. 170.

2. Olivier Todd, *La Marelle de Giscard, 1926-1974*, Robert Laffont, 1977, p. 53.

3. Marie Granet, *Défense de la France. Histoire d'un mouvement de résistance (1940-1944)*, PUF, 1960, coll. «Esprit de la Résistance», p. 200.

4. *Le Canard enchaîné*, 6 mai 1981, entre les deux tours des présidentielles.

5. Témoignage de Génia Gemahling à l'auteur, août 1986.

6. *Le Monde*, 14 novembre 1978.

7. Questions écrites des députés Christian Laurissergues, Jacques Chaminade et Hubert Ruffe, du Lot-et-Garonne, et réponses du ministre de la Défense, *Journal officiel, Débats parlementaires, Assemblée nationale*, séances du 10 février 1979 (p. 876) et du 14 mars 1979 (p. 1618). Le 15 mars, toujours par question écrite, le député UDF Emmanuel Hamel demande de son côté si l'anniversaire du pacte germano-soviétique «fera l'objet d'émissions télévisées», et se voit répondre par le ministre de la Culture et de la Communication que «la programmation des émissions de télévision relève de la seule responsabilité des présidents et des conseils d'administration des sociétés de programmes (mais que) néanmoins, l'intérêt manifesté par l'honorable parlementaire (...) a été porté à la connaissance des présidents», *ibid.*, 14 juillet 1979.

8. Discours présidentiel de Rethondes, le 11 novembre 1978, *Le Monde*, 14 novembre 1978.

9. *Le Monde*, 31 décembre 1980.

10. Jean Bothorel, *La République mondaine*, Grasset, 1979, p. 101-105. La «synarchie» désigne l'équipe de jeunes technocrates arrivés au pouvoir dans le sillage de l'amiral Darlan, en février 1941. Dans la nombreuse littérature, outre Robert Paxton, voir Richard F. Kuisel, «The legend of Vichy Synarchy», *French Historical Studies*, VI, 1970.

11. *L'Année politique*, 1978, p. 161-162.

12. *Ibid.*

13. Sur *France-Inter*, le 15 décembre 1978.

14. Dans une lettre au groupe RPR, le 22 décembre 1978.

15. *Le Monde*, 6 février 1979.

16. *Le Monde*, 24 novembre 1978.

17. Voir entre autres la réaction épidermique de Paul Thibaud. «Du sel sur nos plaies», *Esprit*, 5, mai 1981, et le dossier que lui consacre *Le Débat*, 13, juin 1981.

18. «Provocation», *L'Express*, 7 février 1981.

19. «L'ambiguïté française», *ibid.*, sur la même page.

20. « Le pétainisme constitue-t-il la vraie idéologie française ? »,
Les Nouvelles littéraires, 15 janvier 1981. Voir aussi l'ouvrage de Jean-
François Kahn, *La Guerre civile. Essais sur les stalinismes de droite et
de gauche*, Le Seuil, 1982. A signaler que le journal a ouvert ses colonnes à un débat de lecteurs, où affleure la complicité avec Lévy au nom
d'une solidarité d'âge, du refus des tabous supposés encore vivaces (!?),
bref qui donne à réfléchir sur le véritable abus de confiance opéré par
BHL envers l'opinion au nom du « il n'y a pas de fumée sans feu ».

21. *Le Monde*, 16 janvier, 23 janvier et 31 janvier 1981.

22. « Français, quand vous saurez », par Jean-Paul Enthoven, *Le Nouvel Observateur*, 26 janvier 1981.

23. Il s'agit des premiers ouvrages de l'historien israélien, en particulier *La Droite révolutionnaire. 1885-1914. Les origines françaises du
fascisme*, Le Seuil, 1978, dont Lévy avait senti toutes les promesses. Dans
son ouvrage suivant, *Ni droite, ni gauche. L'idéologie fasciste en France*,
Le Seuil, 1983, Sternhell soulèvera à nouveau une tempête en affirmant
d'entrée que le fascisme français « se rapproche le plus du type idéal,
"de l'idée" de fascisme au sens platonicien du terme » (p. 41-42). Parmi
les nombreuses réfutations, voir celle de Philippe Burrin, *La Dérive fasciste. Doriot, Déat, Bergery, 1933-1945*, Le Seuil, 1986.

24. Bernard-Henri Lévy, *L'idéologie française*, Grasset, 1981, p. 18
et p. 86.

25. Voir le dossier consacré au « fascisme à la française », *Globe*, 21,
octobre 1987.

26. Sur ces faits, voir Philippe Robrieux, *Histoire intérieure du parti
communiste*, tome 2, *1945-1972*, et tome 4, *Biographies, chronologie,
bibliographie*, Fayard, 1980-1984 ; et Auguste Lecœur, *La Stratégie du
mensonge, du Kremlin à Georges Marchais*, Ramsay, 1980.

27. *Le Monde*, 5 mai 1981.

28. Cf. Michel Slitinsky, *L'Affaire Papon*, Alain Moreau, 1983, préface de Gilles Pérault.

29. *Le Monde*, 9 mai 1981.

30. *Ibid.*

31. Lettre adressée à la presse après sa démission, *Le Monde*, 19 mai
1981.

32. Dans un meeting à Mulhouse, cf. *Le Matin de Paris*, 9 mai 1981.

33. *Ibid.* Le journal publie en outre de nombreuses protestations de
résistants de droite ou de gauche (Daniel Mayer, Joël Le Tac, Philippe
Viannay, Claude Bourdet, etc.).

34. « La Mémoire courte », publicité dans *Le Monde*, 16 mars 1984.
Cette bataille de placards, dans le contexte de la querelle scolaire, s'est
déroulée de mars à juillet, l'Association Pétain, les associations de déportés et d'autres entrant tour à tour dans la mêlée. *Vingtième Siècle. Revue
d'histoire*, en a publié les principaux éléments (5, janvier-mars 1985,
« Les guerres franco-françaises »).

35. La biographie de Catherine Nay illustre ces louvoiements, nourris de faits connus et d'hypothèses plus ou moins fondées, *Le Noir et
le Rouge ou l'Histoire d'une ambition*, Grasset, 1984. Elle a appliqué
à Mitterrand la méthode appliquée à d'autres, notamment à Giscard.

36. *Mémoires de guerre*, tome 2, *L'Unité, 1942-1944*, Plon, p. 169.

37. Sur *France-Inter*, le matin du 8 mai 1981.

38. Extrait du compte rendu sténographique, *Journal officiel, Débats parlementaires, Assemblée nationale*, séance du 1er février 1984, p. 443-444.

39. *Ibid.*, séance du 2 février 1984, p. 447, François Mitterrand a effectivement fait partie, durant quelques mois, d'une société de presse publiant *Votre beauté*, affiliée au groupe L'Oréal, dirigé par Eugène Schueller, qui a appartenu aux dirigeants du Mouvement social révolutionnaire, fondé en septembre 1940 par Eugène Deloncle. Ce mouvement fut une émanation de la Cagoule d'avant-guerre et tissa des liens étroits avec l'occupant. Le rappel de ces faits — sans signification particulière en ce qui concerne Mitterrand (même Catherine Nay en convient implicitement, *op. cit.*, p. 198-199) — a toujours été une constante de l'extrême droite et Alain Madelin, ancien dirigeant d'Occident, n'a sans doute pas oublié ses réflexes de jeunesse.

40. Évelyne Largueche, *L'Effet-injure. De la pragmatique à la psychanalyse*, PUF, 1983 (sous la direction et avec une préface de Jean Laplanche).

41. Chiffre rapporté par Hervé Hamon et Patrick Rotman, *Les Intellocrates. Expédition en haute intelligentsia*, Le Seuil, 1981, p. 247. Sur la nouvelle droite, voir aussi *Mots*, 12, mars 1986, n° spécial « Droite, nouvelle droite, extrême droite. Discours et idéologie, en France et en Italie », en particulier les articles de Pierre-André Taguieff.

42. Alain de Benoist, *Vu de droite, Anthologie critique des idées contemporaines*, Copernic, 1977.

43. Chiffres cités dans « L'extrême droite nazie et fasciste : menace et riposte », rapport présenté par Madeleine Rébérioux, préparé avec la collaboration du MRAP et de l'association Henri Curiel, au 62e Congrès de la Ligue des Droits de l'homme (Lille, février 1982), 1981, p. 3.

44. Alain de Benoist, « Droite : l'ancienne et la nouvelle », *Item*, janvier 1976-avril 1977, repris dans *Les Idées à l'endroit*, Éditions libres/Hallier, 1979, p. 57.

45. *Le Monde diplomatique*, janvier 1977, cité par Alain de Benoist, *ibid.*, p. 59.

46. Analyse schématiquement empruntée à René Rémond, *Les Droites en France*, *op. cit.*

47. Alexis Carrel, révélé par son best-seller *L'Homme, cet inconnu* (Plon, 1935), prix Nobel de médecine en 1912, fut tout à la fois un précurseur des sciences sociales modernes, un chirurgien réputé et un théoricien douteux de la sélection biologique (« L'établissement par l'eugénisme d'une aristocratie biologique héréditaire serait une étape importante vers la solution des grands problèmes de l'heure », *op. cit.*, Le Livre de poche, p. 414). Vichy lui confia en 1941 la direction de la Fondation française pour l'étude des problèmes humains, d'où sortiront en 1945 l'IFOP de Jean Stoetzel et l'INED. Voir Alain Drouard, « Les trois âges de la Fondation française pour l'étude des problèmes humains », *Population*, 6, 1983 ainsi que sa thèse soutenue en 1989.

48. Alain de Benoist, *op. cit.*, p. 74.

49. Interrogé par Kathleen Evin, *Le Nouvel Observateur*, 23 avril 1979.

50. Cf. notamment le compte rendu des débats de l'université de printemps du Club de l'Horloge, dans *l'Événement du jeudi*, 29 mai 1986.

51. Cf. Club de l'Horloge, *Socialisme et Fascisme : une même famille ?*,

Albin Michel, 1984 ; et Alain Griotteray, *1940 : La droite était au rendez-vous*, R. Laffont, 1985.

52. *Rivarol*, 19 novembre 1982, p. 4.

53. « La question électorale », par Bruno Viala, *Militant*, septembre 1982.

54. D'après le compte rendu qu'en fait Edwy Plenel dans *Le Monde*, 19 octobre 1983, repris dans *L'Effet Le Pen*, dossier présenté et établi par Edwy Plenel et Alain Rollat, *Le Monde*/La Découverte. Romain Marie, dont certains propos ont été rapportés par le journal, a intenté et gagné un procès en diffamation. Étrange, cet antisémitisme qui s'affiche, sûr de lui et dominateur, dans les meetings et colonnes des journaux « spécialisés », et se retrouve « honteux » dans les prétoires.

55. « Les habits neufs de la droite française », et, à la fin du journal, « Pétain sans képi », *Le Nouvel Observateur*, 2 juillet 1979.

56. *Le Monde*, 17 décembre 1985.

57. Pour une approche biographique, et dans une littérature profuse et très inégale, voir Ladislas de Hoyos, *Barbie*, R. Laffont, 1987, Jacques Delarue, « Un SS nommé Barbie », *L'Histoire*, 82, 1985 ainsi que le document présenté par Pierre Assouline dans le même numéro ; et de Guy Morel, *Barbie pour mémoire*, Paris, Éditions de la FNDIRP, 1986. Voir et revoir enfin le film de Marcel Ophuls, *Hôtel Terminus*.

58. *Le Monde*, 16 février 1983. C'est une note du détachement français de sûreté au Palatinat du 7 novembre 1963 qui signale déjà la « manipulation certaine » de Barbie par les États-Unis et la RFA, et demande l'intervention de la DST et du SDECE.

59. *Le Monde*, 13-14 février 1983.

60. Robert Badinter souhaitait que « comparaisse enfin devant les hommes le racisme tout ruisselant d'orgueil et de sang » (dans une tribune libre de *L'Express*, 6 avril 1961).

61. Sondage IFRES/*VSD*, réalisé les 5-7 février 1983, *VSD*, 10 février 1983.

62. Entretien avec *Le Nouvel Observateur*, 11 février 1983.

63. Cité par Claude Lévy, « L'affaire Barbie à travers la presse nationale », dactylo, 8 p., conférence à l'Institut d'histoire du temps présent, 4 mars 1983.

64. Raymond Barre au « Grand Jury RTL/*Le Monde* », 13 février 1983, *Le Monde*, 15 février 1983.

65. Cité par *Le Monde*, 9 février 1983.

66. Elle est l'auteur de : *J'étais la femme de Jean Moulin*, paru en 1977, et dénoncé partout comme une mystification. Aidée par Pierre Bercis, du Club socialiste des Droits de l'homme et Guy Georges, secrétaire général du Syndicat national des instituteurs (une présence signalée par *Libération*, le 8 février 1983, mais pas par *Le Matin* du même jour), elle est apparue dans une grotesque conférence de presse, où, flairant le guet-apens, le ministre Paul Quilès a décliné in extremis sa participation.

67. Sur ces filières, outre les ouvrages cités, voir l'enquête de Guillaume Darcell et Guy Konopnicki, *Globe*, 1, novembre 1985, ainsi que celles de Jacques Derogy, dans *L'Express*.

68. Sur cet événement, voir Serge Klarsfeld, *Les Enfants d'Izieu, une tragédie juive*, AZ Repro, 1984.

69. Jacques Delarue, dans une conférence donnée à l'Institut d'histoire du temps présent, le 21 octobre 1985.

70. Sur ces événements, voir Erna Paris, *L'Affaire Barbie, analyse d'un mal français*, Ramsay, 1985, intéressant pour les portraits qu'elle fait, en bonne journaliste, des protagonistes : les Klarsfeld, Vergès, Genoud, etc.

71. Jacques Vergès et Étienne Bloch, *La Face cachée du procès Barbie*, compte rendu des débats de Ligoure (19 juin 1983), Samuel Tastet éditeur, 1983, p. 16. Ce document, plus ou moins confidentiel (qui m'a été très aimablement signalé par Jacques Delarue), révèle les complicités intellectuelles dont bénéficie Vergès, tout en montrant les réticences des « collectifs » plutôt d'extrême gauche devant la trop grande « habileté » de l'avocat de Barbie. A le lire, on pense parfois aux dérives de l'ultra-gauche faurissonienne, elle aussi objectivement alliée d'intérêts néo-nazis.

72. Argument fallacieux et polémique, mais qui n'est pas sans évoquer un élément vrai : le vote de la loi de 1964 sur l'imprescriptibilité des crimes contre l'humanité a eu lieu au même moment que le vote de la première amnistie relative aux « événements » d'Algérie (voir chapitre 2), *ibid.*, p. 23.

73. *Ibid.*, p. 32-33.

74. *Ibid.*, p. 35.

75. Cf. Hannah Arendt, *Eichmann à Jérusalem*, *op. cit.*, et le chapitre 4.

76. Le Pré-aux-Clercs, 1983. Cette thèse sera reprise par Claude Bal, dans un documentaire télévisé non diffusé, *Que la vérité est amère*, dont les intentions polémiques sont manifestes.

77. Parmi ce regain de témoignages, René Hardy, *Derniers Mots. Mémoires*, Fayard, 1984 (où l'auteur tente de dégager sa responsabilité, manipulé vraisemblablement par Vergès) ; Lucie Aubrac, *Ils partiront dans l'ivresse. Lyon, mai 43, Londres, février 44*, Le Seuil, 1984 (écrit pour répondre aux accusations, l'ouvrage s'est avéré comme un des plus sensibles témoignages sur la vie des clandestins) ; et enfin, Henri Noguères, *La vérité aura le dernier mot*, Le Seuil, 1985.

78. *Le Monde*, 11 juillet 1986.

79. Dans *Le Monde* : Henri Noguères, le 3 janvier 1986, Serge Klarsfeld, le 15 janvier 1986, Vercors, le 22 janvier 1986. Quant à Jacques Vergès, ravi, il déclarait à *Libération* (21 décembre 1985) que la décision de la Cour de cassation était « une gifle pour la Chancellerie ».

80. Dans *Le Quotidien de Paris*, 7 février 1983.

81. Audience du 1er juillet 1987, cf. *Le Monde*, 3 juillet 1987.

82. Audience du 23 juin 1987, cf. *Le Monde*, 25 juin 1987.

83. Alain Finkielkraut, *La Mémoire vaine. Du crime contre l'humanité*, Gallimard, 1989, p. 76.

84. Cf. Christine Okrent et comte de Marenches, *Dans le secret des princes*, Stock, 1986, p. 84-85.

85. Daniel Cordier, *Jean Moulin. L'inconnu du Panthéon*, tome 1, *Une ambition pour la République. Juin 1899-juin 1936*, tome II, *Le Choix d'un destin. Juin 1936-novembre 1940*, Lattès, 1989, quatre autres volumes à paraître. Sur la polémique, voir entre autres les articles incendiaires d'Henri Noguères et du général Chevance-Bertin (*Le Monde*, 15 et 25 novembre 1989), d'une mauvaise foi assez étonnante, et ceux de Jean-Pierre Azéma et de Daniel Cordier (*Le Monde*, 7 et 29 novembre 1989).

86. Audience du 18 juin 1987, *Le Monde*, 20 juin 1987.

87. Alain Finkielkraut, *op. cit.*, p. 125.

88. « Le masochisme de Vergès. Entretien avec Claude Lanzmann », dans Bernard-Henri Lévy (éd.), *Archives d'un procès. Klaus Barbie, Globe*/Le Livre de Poche, 1987, p. 191.

89. « *Shoah* et la shoah. Entretien avec C. Lanzmann », *ibid.*, p. 51.

6. LES VECTEURS DU SYNDROME

1. Antoine Prost, *Les Anciens Combattants et la Société française 1914-1939*, vol. 3, *Mentalités et Idéologies, op. cit.*, p. 62 *sq.*

2. *La Mémoire des Français, op. cit.* L'auteur a participé à cette enquête, mais la rapide analyse du 8 mai faite ici est largement redevable au travail de Robert Frank (cf. « Bilan d'une enquête », p. 371), ainsi qu'à celui des correspondants de l'IHTP.

3. Article unique, loi du 7 mai 1946, *Journal officiel* du 8 mai 1946.

4. Cité par Marie-Thérèse Frank, Marie-Thérèse Viaud et Eugène Martres, *in La Mémoire des Français, op. cit.*, p. 128, 275 et 287.

5. Article I, loi du 20 mars 1953, *Journal officiel* du 21 mars 1953.

6. Cf. Maurice Vaïsse (éd.), *8 mai 1945 : la victoire en Europe, op. cit.*

7. Rapport du ministre de l'Intérieur, relatif au décret du 11 avril 1959, *Journal officiel*, du 15 avril 1959, modifié par décret du 17 janvier 1968.

8. Sur ce point, voir Gérard Namer, *Batailles pour la mémoire, op. cit.*

9. Robert Frank, *op. cit.*, p. 377.

10. Cité par François Garçon, *De Blum à Pétain. Cinéma et société française (1936-1944)*, Éditions du Cerf, 1984, p. 28.

11. Les aspects quantitatifs de ce paragraphe sont largement puisés à deux recensements fort précieux (avec certains rajouts) : Jean-Pierre Jeancolas, « Fonction du témoignage (les années 1939-1945 dans le cinéma d'après-guerre) », *Positif*, 170, juin 1975, p. 45-60, qui couvre la période 1944-1975 ; Jean-Michel Andrault, Jean-Pierre Bertin-Maghit, Gérard Vincent, « Le cinéma français et la Seconde Guerre mondiale », *La Revue du Cinéma*, 378, décembre 1982, p. 71-111, dossier très complet sur la période 1969-1979. Pour les années 1980-1989, j'ai utilisé — suivant le même modèle que les auteurs précédents — les statistiques publiées régulièrement par l'hebdomadaire *Le Film français*. Les chiffres de l'ensemble de la production de 1947 à 1980 (films « X » non compris ici car en nombre disproportionné) sont tirés des séries rétrospectives de l'INSEE. Ce qui permet de pondérer l'échantillon en regard de l'ensemble des films français, et confirme l'existence d'une évolution, malgré les très faibles entités. C'est d'ailleurs pour cette raison que le graphe n'a pas de prétention « statistique », les taux pouvant varier considérablement avec une unité de plus ou de moins. En outre, le corpus n'est sans doute pas exhaustif, car le classement s'est opéré souvent au vu des synopsis (il est financièrement et techniquement difficile de visionner 200 copies, pour certaines inexistantes ou trop abîmées). Enfin, les analyses (parfois les remarques) sur les films relèvent d'une approche historique qui ne tient pas compte de la qualité technique ou proprement filmique des œuvres.

12. Jacques Siclier, *La France de Pétain et son cinéma*, Henri Veyner, 1981, p. 247.

13. François Truffaut, *Les Films de ma vie*, Flammarion, 1975, cité par Annette Insdorf, *L'Holocauste à l'écran*, CinemAction/Éditions du Cerf, 1985, p. 43 (ouvrage commode mais très imprécis et incomplet).

14. Louis Pergaud, *La Guerre des boutons*, Mercure de France, 1963 (p. 55 de l'édition Folio).

15. Gilles Le Morvan, *L'Humanité*, 31 octobre 1983, Michel Pérez, *Le Matin de Paris*, 28 octobre 1983.

16. Témoignage à l'auteur, février 1989.

17. Alain Finkielkraut, *Le Quotidien de Paris*, 30 avril 1985. Dans la première version de cet ouvrage, j'avais mésestimé l'importance du film et porté un jugement hâtif et non fondé, gêné par ses défauts somme toute mineurs et surtout par le manque d'esprit critique de la plupart des commentateurs comme si la moindre réserve devait définitivement ranger son auteur dans la catégorie des noirs antisémites et autres «assassins de la mémoire». Je reconnais bien volontiers mon erreur, non pas à cause des procédés d'intimidation ou de la réaction épidermique de Claude Lanzmann que je comprends, mais parce qu'à revoir le film et en en négligeant les scories, j'ai pris conscience de sa dimension exceptionnelle. Sans doute la première vision m'avait-elle littéralement dérangé, preuve que le film atteint son but. Néanmoins, je persiste à croire que la sanctification d'une œuvre, fût-elle majeure, est dangereuse et va à l'encontre même de l'objectif poursuivi. De surcroît, il est invraisemblable de confondre la tragédie elle-même et le recueillement auquel elle oblige avec une de ses représentations, admirable peut-être, mais datée et signée, donc inscrite dans son temps. En ce qui concerne les critiques que l'on peut adresser au film, sans pour autant lui nier cette dimension exceptionnelle, je renvoie à l'article (dans l'ensemble très favorable) de Timothy Garton Ash qui les a formulées mieux que je n'aurais pu le faire («The Life of Death», *The New York Review of Books*, 19 décembre 1985, traduction : «La vie de la mort». A propos de *Shoah*» *Commentaire*, 39, automne 1987).

18. François Garçon, «Le retour d'une inquiétante imposture : *Lili Marleen* et *Le Dernier Métro*», *Les Temps modernes*, 422, septembre 1981, p. 547.

19. Sur ce point, voir Annette Wieviorka, «Un lieu de mémoire : Le mémorial du martyr juif inconnu», *Pardès*, 2/1985.

20. Ch. de Gaulle, *Le salut, 1944-1946*, Plon, 1959, p. 178.

21. *Ibid.*, p. 236.

22. *Ibid.*, p. 38.

23. *Ibid.*, p. 112.

24. *Ibid.*, p. 250.

25. Robert Aron, *Fragments d'une vie*, Plon, 1981, p. 241.

26. Les archives de Robert Aron sont déposées à la BDIC, dont les conservateurs m'ont obligeamment permis de les consulter. Mme Yvette Garnier-Rizet, qui fut sa plus proche collaboratrice à partir de 1955, m'a confirmé l'étendue des relations de Robert Aron. C'est notamment grâce à Raymond de Balazy, représentant des employeurs à la Commission nationale interprofessionnelle d'épuration (l'épuration des entreprises), qu'il a pu écrire le premier volume du tome II de son *Histoire de l'épuration*

(*Le Monde des affaires*, Fayard, 1974). Celui-ci lui a en effet livré une grande quantité de dossiers, dont les originaux, déposés aux Archives nationales, ont été jalousement fermés jusqu'au début des années 1980.

27. Lettre du 3 janvier 1960, Charles de Gaulle, *Lettres, Notes et Carnets. Juin 1958-décembre 1960*, Plon, 1985, p. 311-312.

28. Notamment Marie Kaan, veuve de Pierre Kaan, résistant mort en déportation, qui a servi d'intermédiaire avec les milieux de la Résistance, Claude Lévy, le secrétaire général, Françoise Mercier, aux archives, Dominique Veillon, à la documentation, Marianne Ranson, à la photothèque, Michel Rauzier, à la bibliothèque, Annick Besnard, sa collaboratrice, sans oublier Jean Leclerc et d'autres, dont tous les historiens qui ont collaboré de près avec le CHGM (Marie Granet, Marcel Baudot, François Boudot, Jean-Marie d'Hoop, etc.), trop nombreux pour être cités ici : il suffit pour cela de se reporter aux bibliographies du sujet, où leurs noms, ainsi que celui des correspondants départementaux, abondent.

29. Voir Henri Michel, « Pour une chronologie de la Résistance », *Revue historique*, octobre 1960 ; « Chronologie de la Résistance, directives-modalités », *Bulletin spécial du CHGM*, juillet 1966 ; et, pour le bilan, Claude Lévy, « La chronologie de la Résistance, état des travaux au 31 décembre 1981 », *Bulletin de l'Institut d'histoire du temps présent*, 7, 1982.

30. Voir les archives du CHGM, Archives nationales, 78 AJ, ainsi que son *Bulletin*. L'enquête a été prolongée après la disparition du comité, cf. *Bulletin de l'IHTP*, 25, septembre 1986.

31. Stéphane Courtois, « Luttes politiques et élaboration d'une histoire : le PCF historien du PCF dans la Deuxième Guerre mondiale », *Communisme*, 4, 1983.

32. René Rémond, *Le Gouvernement de Vichy, 1940-1942, Institutions et politiques*, A. Colin, 1972, p. 16.

33. Stanley Hoffmann, « Collaboration et collaborationnisme », *Preuves*, juillet-septembre 1969. Du même auteur : « La droite à Vichy », *Revue française de science politique*, janvier-mars 1956. Tous ses articles sur Vichy sont repris dans *Essais sur la France. Déclin ou renouveau ?*, Le Seuil, 1974. Directeur du Center for European Studies (Harvard University), S. Hoffmann, d'origine autrichienne mais naturalisé français et ayant vécu en france de la fin des années 1920 aux années 1950, a donc connu, comme juif, les inquiétudes de l'Occupation. Bien qu'il ait par la suite émigré aux États-Unis, il ne peut être considéré comme un historien ou politologue « étranger ».

34. *La France de Vichy* a été publié dans la collection « L'Univers historique », dirigée par Jacques Julliard et Michel Winock, qui ont, avec Jean-Pierre Azéma, grandement contribué à ce que ce livre paraisse en France rapidement, contrairement à d'autres ouvrages étrangers (comme celui de Novick, *op. cit.*, sur l'épuration, traduit dix-sept ans après sa sortie aux États-Unis, chez Balland, ou d'autres, jamais traduits).

35. Marc Ferro, « Maréchal, nous sommes toujours là », *La Quinzaine littéraire*, 16 février 1973.

36. *L'Agent de liaison*, mars 1973.

37. Robert Paxton, *La France de Vichy*, Le Seuil, 1973, p. 49 de l'édition en « Points Histoire » (1974). A noter que, lors de la parution de cette édition de poche, la couverture de presse sera presque aussi impor-

tante. Mais cette fois, giscardisme oblige, on mettra surtout l'accent sur les thèses concernant la « technocratie » de Vichy, plus que sur la Collaboration elle-même.

38. Dominique Jamet, « L'œuf de Columbia », *L'Aurore*, 9 février 1973.
39. Michel Denis, *La France catholique*, 18 mai 1973.
40. *Le Monde*, 17 mai 1973.
41. Dans *Le Maréchal*, 90, avril-mai 1973.
42. Lors du débat des « Dossiers de l'écran » sur Pétain, le 25 mai 1976. Coincé entre trois représentants de la Résistance, dont Pierre-Henri Teitgen, et trois pétainistes du meilleur cru (Auphan, Isorni et Girard), l'historien américain n'avait pratiquement pas pu placer un mot, le point de vue scientifique (et officiel) étant exprimé par Henri Michel. C'est du moins le souvenir qu'en a gardé un jeune étudiant, lancé à l'époque sur l'histoire de Vichy après une fiévreuse lecture de ladite *France de Vichy...*
Dans une édition récente de son ouvrage aux États-Unis, Robert Paxton a rappelé pour le lecteur américain la vague soulevée par son livre à sa sortie en France. Sans renier ses conclusions, il refuse l'accusation portée contre lui d'une « supériorité morale » *(a mood of easy moral superiority)* que lui aurait conféré l'éloignement en regard des passions françaises et son statut de « vainqueur », parce que américain : « En fait (ce livre) fut écrit à l'ombre de la guerre du Viêt-nam, qui avait aiguisé mon animosité à l'égard des conformismes nationalistes de toute sorte. Rédigeant à la fin des années 1960, ce n'était pas les comparaisons avec la France défaite qui me hantaient, mais la morgue assurée des Allemands de l'été 1940 » (New York, Columbia University Press, Morningside Edition, 1982, p. xv).
43. Voir le *Bulletin de l'Association pour défendre la mémoire du maréchal Pétain*, 11, janvier 1955, p. 10, qui voit en Aron un homme « qui tient à passer pour plus hostile au "régime de Vichy" qu'il ne le fut réellement ». Six ans plus tard, il n'était déjà plus hérétique, puisque *Le Maréchal* reproduit l'un de ses articles sur la « Question juive », un des seuls jamais parus dans cet organe, 19, février 1961. Enfin, en 1973, Auphan, toujours dans *Le Maréchal* (art. cit.), le désigne comme un des historiens « les plus modérés ». Au fur et à mesure que la citadelle s'écroule, les fidèles s'accrochent aux interprétations les moins défavorables pour eux, quitte à chaque fois, à lâcher du lest...
44. Henri Michel, dans la *Revue d'histoire de la Deuxième Guerre mondiale*, 93, janvier 1974.
45. Janine Bourdin, *RFSP*, XXIII, 3, juin 1973.
46. Alain-Gérard Slama, « Les yeux d'Abetz », *Contrepoint*, 10, avril 1973 (dans le même numéro où Stanley Hoffmann publie un article sur *Le Chagrin*, art. cit.).
47. Qu'il soit permis à l'auteur de confesser que lui-même a sans doute été influencé par cet état d'esprit et y a contribué dans ses premiers écrits.
48. Lettre du 4 décembre 1978, de René Descubes, *Le Maréchal*, 113, 1979.
49. « Répertoire des chercheurs sur la Seconde Guerre mondiale », *Cahiers de l'IHTP*, 2, octobre 1985.
50. Cf. François Bédarida, « L'histoire de la Résistance, lectures d'hier, chantiers de demain », *Vingtième Siècle. Revue d'histoire*, n° spécial : « Nouveaux enjeux d'une décennie. Fascismes, antifascismes, 1935-1945 »,

11, juillet-septembre 1986. Pour les témoignages de résistants et l'ouvrage de Daniel Cordier, voir la note 85 du chapitre 5 et la note 55 ci-dessous.

51. Cf. Hervé Villeré, *L'Affaire de la Section spéciale*, Fayard, 1973. La lettre de René Pléven, reproduite page 17, date du 10 février 1972.

52. Article 7, loi du 3 janvier 1979, *Journal officiel*, 5 janvier 1979.

53. Rapport de la Commission des affaires culturelles du Sénat, n° 536, séance du 18 mai 1978. Henri Fréville, pourtant sensible au sujet (il est notamment l'auteur des *Archives secrètes de Bretagne 1940-1944*, Rennes, Ouest-France, 1985), m'a confirmé cette remarquable absence. Sur cette loi, voir également le rapport de la même commission, n° 146, séance du 13 décembre 1978 ; *Journal officiel, Débats parlementaires, Sénat*, séances des 4 et 5 décembre 1978, p. 8769 *sq.* ; et l'analyse d'Ariane Ducrot, « Comment fut élaborée et votée la loi sur les archives du 3 janvier 1979 », *La Gazette des Archives*, 104, 1979.

54. Pierre Cézard, longtemps chef de la section contemporaine, est un de ceux-là : depuis le temps de la Libération où il courait, sous les balles, avec une brouette, pour récolter les archives de la Gestapo ou du Majestic, jusqu'à son départ, en 1984, il est sans doute l'homme qui a le mieux perçu l'enjeu des millions de documents abrités par l'hôtel de Soubise. « Il savait tout, mais ne dit rien », laissant les historiens s'exprimer, non sans noter parfois la distance entre leurs commentaires et les documents dont il avait la garde. Ses successeurs, dont Chantal de Tourtier-Bonazzi, ont incontestablement poursuivi et élargi cette politique d'ouverture. (Entretien avec Pierre Cézard, 1986, réalisé avec Jean-Pierre Azéma.)

55. Daniel Cordier s'est exprimé plusieurs fois sur cette question : voir les nombreux entretiens à la presse lors de la parution de son livre, en 1989, et son texte dans le *Bulletin de l'Institut d'histoire du temps présent*, « De l'acteur à l'historien » (35, mars 1989).

56. Dans la bibliographie qu'il a rédigée sur la question, *Historiens et Géographes*, 232, octobre 1971, p. 77.

57. *Ibid.*, p. 79 et 81-84.

58. Voir les rapports des jurys de l'agrégation de géographie, *Historiens et Géographes*, 239, décembre 1972, p. 249 et 273 (pour le concours de 1972) et 245, décembre 1973, p. 265 et 289.

59. *Ibid.*, décembre 1972, p. 283.

60. *Ibid.*, p. 326.

61. *Ibid.*, décembre 1973, p. 267.

62. *Ibid.*, p. 289.

63. Remarque suggérée par un impétrant de l'époque, mon collègue Michel Margairaz, que je remercie pour m'avoir rappelé l'intérêt de l'agrégation de 1972-1973.

64. Je ne tiens compte ici que des manuels de terminale, sans préjuger bien sûr du contenu réel de l'enseignement dispensé, ni insister sur les différences entre auteurs : voir par exemple Antoine Bonifacio, *Le Monde contemporain*, Hachette, 1966, ou encore Bouillon, Sorlin, Rudel, *Le Monde contemporain*, Bordas, 1968. Sur leurs silences, cf. Serge Klarsfeld, *Le Monde*, 26 avril 1982, et *L'Enseignement de la Shoah*, Éditions du CDJC, 1982, actes d'une table ronde organisée le 14 mars 1982 par le CDJC et l'Association des professeurs d'histoire et de géographie. Annette Wagner, qui termine une thèse sur la Seconde Guerre mondiale dans les manuels, m'a fourni

de précieuses indications. Voir aussi l'enquête de Pierre Assouline, « Faut-il brûler les manuels d'histoire ? », *L'Histoire*, 59, septembre 1983.

65. Antoine Prost (éd.), *Histoire, Classe de terminale*, A. Colin, 1983.

66. Sentou, Aldebert, Phan, *Histoire. Classe de terminale*, Delagrave, 1983.

67. Antoine Prost, *op. cit.*, p. 45.

68. Serge Wolikow (éd.), *Histoire du temps présent 1939-1982*, Messidor/Éditions sociales, 1983. « Les accords de capitulation de Munich livrent la Tchécoslovaquie au démantèlement nazi » (p. 21) et, plus loin (p. 22) « menacée de se retrouver seule en guerre et sur deux fronts, l'URSS accepte de signer un pacte de non-agression avec l'Allemagne. Le danger d'une alliance tripartite antifasciste est une fois de plus écarté, huit jours plus tard, Hitler envahit la Pologne ». Seul ?

69. Dominique Borne, « L'histoire du XXe siècle au lycée. Le nouveau programme de terminale », *Vingtième Siècle. Revue d'histoire*, 21, janvier-mars 1989.

70. Cf. *Le Monde de l'éducation*, septembre 1983, p. 40.

71. Circulaire reproduite dans « La déportation », *Textes et Documents*, Institut pédagogique national, 17, 1er trimestre 1964, p. 1.

7. LA MÉMOIRE DIFFUSE

1. Cf. *Le Film français* ; et Jean-Michel Andrault, Jean-Pierre Bertin Maghit et Gérard Vincent, « Le cinéma français et la Seconde Guerre mondiale », art. cit.

2. Encart spécial du *Film français*, 1986.

3. Je remercie Éric Vigne, des éditions Fayard, d'avoir bien voulu me communiquer ces chiffres (une information que la plupart des éditeurs rechignent à donner), ainsi que Mme Yvette Garnier-Rizet, secrétaire de Robert Aron. Les chiffres provenant de sources d'auteur ont été majorés et arrondis pour tenir compte des aléas purement éditoriaux, droit de passe, comptabilités particulières, etc.

4. Ces statistiques ont pu m'être communiquées aux Éditions du Seuil grâce à Michel Winock, et à la patience d'Anne Sastourné, qui s'est chargée de les collecter.

5. Voir note 7.

6. Renseignements fournis très obligeamment par Olivier Béressi, chef du marketing à l'ALP (filiale d'Hachette), qui m'a autorisé à consulter ses archives, notamment les comptes rendus des « tables rondes » et sondages préalables au lancement de la série.

7. Sondages utilisés, par ordre chronologique : IFOP (*Sondages*, 9 juin 1966, sur Pétain) ; SOFRES/*Le Figaro*, novembre 1970, *in Histoire-Magazine*, 10, 1980 (commentaire René Rémond) ; SOFRES/*Sud-Ouest*, *in Le Maréchal*, 85, novembre 1971 ; « Les Français et la commémoration du 8 mai 1945 », SOFRES/*L'Express*, réalisé le 13 mai 1975 ; « Les jeunes (15-20 ans) se prononcent sur de Gaulle », SOFRES/*L'Express*, 10 novembre 1975 ; « Débats autour du maréchal Pétain », *Sondages*

(IFOP), 3-4, 1976 ; sur *Holocauste, Télé 7 jours*, 21 mars 1979, cité par Henri Ménudier, «*Holocauste* en France», art. cit. ; SOFRES/*Atlas*, effectué en octobre 1979 (non publié), cf. *L'Histoire*, 19, janvier 1980 ; «Ce que pensent les Français 35 ans après», Publimétrie/*Les Nouvelles littéraires*, 21 février 1980. «66 % des Français ne condamnent pas Pétain», SOFRES/*Le Figaro-Magazine*, 17 mai 1980 ; «Les Français jugent de Gaulle», SOFRES/*Histoire-Magazine*, 1980, n° cité ; SOFRES/*Journaux de guerre* (non publié), décembre 1982 ; «Quarante ans après : les Français et la Libération», Louis-Harris France/*L'Histoire* (commentaire Robert Frank et Henry Rousso), 67, mai 1984. Parmi les sondages entrepris par les historiens, outre le dernier cité, il faut noter ceux, pionniers, de Jean-Louis Crémieux-Brilhac et G. Bensimhon, «Les propagandes radiophoniques et l'opinion publique en France de 1940 à 1944», *Revue d'histoire de la Deuxième Guerre mondiale*, 101, janvier 1976 (construit à partir d'un questionnaire rétrospectif sur les années d'Occupation proprement dites), et celui de Pierre Guillaume, «Résistance et Collaboration devant l'opinion actuelle», *Bulletin de la Société d'histoire moderne et contemporaine*, 3, 1976 ; ceux entrepris par l'association MEMOR, dont celui de Jean-Paul Thuillier, «Quarante ans après : mémoires de guerre en zone interdite» (inédit, 1985), qui couvrent le Nord de la France, et celui entrepris par Jean-Jacques Girardot et François Marcot, «Au Musée de la Résistance et de la Déportation de Besançon. Enquêtes par questionnaires», *La Mémoire des Français*, *op. cit.* Dans les lignes qui suivent, les sondages seront référencés uniquement par leur support (*L'Histoire*, *Le Figaro*, etc.) et la date, en général celle de leur réalisation (et non de leur publication).

8. Je remercie Judith Saymal et Pascal Krop de m'avoir permis de consulter ces lettres, dont certaines ont été publiées dans les premiers numéros de septembre. Après le «Droit de réponse» de Michel Polac consacré à Pétain, en janvier 1986, TF 1 a reçu environ 320 lettres, dont on trouvera un bref compte rendu par Éric Le Vaillant, dans *Vingtième Siècle. Revue d'histoire*, 13, 1986.

9. Lettre publiée et signée, *L'Événement du jeudi*, 5 septembre 1985, p. 64.

10. *Ibid.*

11. *Ibid.*, p. 63.

12. *Bulletin d'information de l'IFOP*, 1944-1945 (enquêtes parisiennes) ; la question posée était : «Faut-il infliger une peine au maréchal Pétain ? » et proposait: «la mort», «une autre peine», «pas de peine». SOFRES/*Sud-Ouest*, novembre 1971 ; la question était : «En 1945, le maréchal Pétain a été condamné à mort pour ''haute trahison'' puis gracié en raison de son âge. Pensez-vous qu'à son égard on a été... pas assez sévère (il aurait fallu exécuter la condamnation comme on l'a fait pour d'autres), ...juste comme il faut, ...trop sévère (une condamnation morale aurait suffi), ...tout à fait injuste (il n'aurait pas dû être condamné). » *Sondages*, 1976, *op. cit.* ; la question était : «Le maréchal Pétain a été condamné à mort, gracié, etc. Sur le principe, estimez-vous qu'il était normal qu'il soit traduit en jugement après la guerre ? » *L'Histoire*, art. cit., 1983 ; la question était formulée de façon quasi identique à celle posée en 1971.

13. Cf. Jean-Pierre Rioux, *La IVe République*, tome 1, *op. cit.*, p. 56-57.

CONCLUSION

1. Michel Winock, *La Fièvre hexagonale*, *op. cit.*, p. 383.

2. Sur ce point, je me permets de renvoyer à ma contribution dans Geoffrey Hartmann (éd.), *Bitburg in moral and political Perspective*, Bloomington, Indiana University Press, 1986.

3. Procureur général Mornet, *Quatre Ans à rayer de notre histoire*, éd. Self, 1949. La citation est en exergue du livre et les derniers mots soulignés par l'auteur.

Annexe 1
Le cinéma français
et la Seconde Guerre mondiale

Productions et coproductions françaises
(cf. chapitre 6)

1944

La Libération de Paris (document d'archives)

1945

Après Mein Kampf, *mes crimes* (A. Ryder)
Débarquement sud (document du SCA)
Fausse Alerte (J. de Baroncelli)
Le Jugement dernier (R. Chanas)
Nuit d'alerte (L. Mathot)
Peloton d'exécution (A. Berthomieu)
Six juin à l'aube (J. Grémillon)

1946

Un ami viendra ce soir (R. Bernard)
La Bataille du rail (R. Clément)
Caravane blindée (document du SCA)
Les Clandestins (A. Chotin)
Les Démons de l'aube (Y. Allégret)
Fils de France (P. Blondy)
La Grande Épreuve (document du SCA)
Jéricho (H. Calef)
Mission spéciale (M. de Caronge)
Patrie (L. Daquin)
Le Père tranquille (R. Clément)
Présence au combat (M. Cravenne)
Tempête sur les Alpes (M. Ichac)
Vive la liberté (J. Musso)

1947

Le Bataillon du ciel (A. Esway)
Les Maudits (R. Clément)

1948

Le Bal des pompiers (A. Berthomieu)
La Bataille de l'eau lourde (T. Vibe-Muller)
Au cœur de l'orage (J.-P. Le Chanois)
Manon (H.G. Clouzot)

1949

Les Amants de Vérone (A. Cayatte)
Leclerc (document de Régnier et Lavergne)
Retour à la vie (Dréville, Cayatte, Clouzot, Lampin)
Le Silence de la mer (J.-P. Melville)

1950

Autant en emporte l'histoire (montage de J. Marin)
Le Grand Cirque (G. Péclet)

1951

Casabianca (G. Péclet)
Les Mains sales (F. Rivers)

Les miracles n'ont lieu qu'une fois
(Y. Allégret)
La Tour de Babel (G. Rony)

1952

Éternel Espoir (M. Joly)
Jeux interdits (R. Clément)

1953

Deux de l'escadrille (M. Labro)

1954

Le Bon Dieu sans confession
(C. Autant-Lara)
La Cage aux souris (J. Gourguet)
Le Défroqué (L. Joannon)
Double Destin (V. Vicas)
La neige était sale (L. Saslavsky)
Tabor (G. Péclet)

1955

Les Évadés (J.-P. Le Chanois)

1956

Un condamné à mort s'est échappé
(J.-J. Bresson)
Nuit et Brouillard (A. Resnais et
J. Cayrol)
La Traversée de Paris (C.
Autant-Lara)

1957

Les Louves (L. Saslavsky)

1958

La Chatte (H. Decoin)
Mission diabolique (P. May)

1959

Babette s'en va-t-en guerre (Christian-Jaque)
Le Chemin des écoliers (Boisrond)

Hiroshima mon amour (A.
Resnais)
Marie-Octobre (J. Duvivier)
La Nuit des espions (R. Hossein)
Le Passage du Rhin (A. Cayatte)
La Sentence (J. Valère)
La Vache et le Prisonnier (H.
Verneuil)
La Verte Moisson (F. Villiers)

1960

Le Bois des amants (C.
Autant-Lara)
Candide (N. Carbonneaux)
La chatte sort ses griffes (H.
Decoin)
Fortunat (A. Joffé)
Une gueule comme la mienne
(F. Dard)
Normandie-Niémen (Dréville)
Le Septième Jour de Saint-Malo
(P. Mesnier)

1961

Arrêtez les tambours (G. Lautner)
L'Enclos (A. Gatti)
Kamikaze (document de P. Wolf)
La Guerre inconnue (document de
P. Wolf)
[*La Guerre des boutons* (Y.
Robert)]
Léon Morin, prêtre (J.-P. Melville)
Qui êtes-vous, M. Sorge? (Y.
Ciampi)
Un taxi pour Tobrouk (D. de la
Patellière)
Le Temps du ghetto (document de
F. Rossif)
Vacances en enfer (J. Kerchbron)

1962

Le Caporal épinglé (J. Renoir)
Carillons sans joie (J. Braibant)
Un cheval pour deux (J.-M.
Thibault)

Les Culottes rouges (A. Joffé)
La Dénonciation (J. Doniol-Valcroze)
Les Honneurs de la guerre (J. Dewewer)
La Traversée de la Loire (J. Gourguet)

1963

Le Jour et l'Heure (R. Clément)
La Mémoire courte (document de Torrent et Prémysler)
Muriel ou le temps d'un retour (A. Resnais)
Le Vice et la Vertu (R. Vadim)

1964

La Bataille de France (document de J. Aurel)
Le Repas des fauves (Christian-Jaque)
Week-end à Zuydcotte (H. Verneuil)

1966

Le coup de grâce (J. Cayrol/C. Durand)
La Grande Vadrouille (G. Oury)
La Ligne de démarcation (C. Chabrol)
La Longue Marche (A. Astruc)
Martin soldat (M. Deville)
Paris brûle-t-il? (R. Clément)
La Vie de château (J.-P. Rappeneau)

1967

Un homme de trop (Costa-Gavras)
Le Temps des doryphores (D. Rémy)
Le Vieil Homme et l'Enfant (C. Berri)

1968

Le Crime de David Levinstein (A. Charpak)
Drôle de jeu (P. Kast)
Le Franciscain de Bourges (C. Autant-Lara)
Le Mois le plus beau (G. Blanc)
Tu moissonneras la tempête (document du R.P. Bruckberger)

1969-1970 (saison 1970)

L'Armée des ombres (J.-P. Melville)
La Grosse Pagaille (Steno)
Nous n'irons plus au bois (G. Dumoulin)
Les Patates (C. Autant-Lara)
Panzer Division (L. Mérino)
Pour un sourire (F. Dupont-Midy)
Sept Hommes pour Tobrouk (M. Loy)

1970-1971

Le Chagrin et la Pitié (document de M. Ophuls)
Le Mur de l'Atlantique (M. Camus)
Le Petit Matin (Albicocco)
Sous les ordres du Führer (E. Castellari)

1971-1972

Pic et pic et colegram (R. Weinberg)
Les Portes du feu (C.-B. Aubert)
La Poudre d'escampette (Ph. de Broca)
Le Sauveur (M. Mardore)
Le Soldat Laforêt (G. Cavagnac)

1972-1973

Français, si vous saviez (document d'A. Harris et A. de Sédouy)

Une larme dans l'océan (H. Glaeser)

1973-1974

Les Chinois à Paris (J. Yanne)
Le Führer en folie (Ph. Clair)
Gross Paris (G. Grangier)
Lacombe Lucien (L. Malle)
Mais où est donc passée la 7e compagnie? (R. Lamoureux)
Portier de nuit (L. Cavanni)
Prêtres interdits (D. de La Patellière)
La République est morte à Diên Biên Phu (document de J. Kanapa)
Les Violons du bal (M. Drach)
Le Train (P. Granier-Deferre)

1974-1975

Au nom de la race (document de M. Hillel et C. Henry)
La Brigade (R. Gilson)
L'Ironie du sort (E. Molinaro)
Les Guichets du Louvre (M. Mitrani)
Mariage (C. Lelouch)
Section spéciale (Costa-Gavras)
Soldat Duroc, ça va être ta fête (M. Gérard)
Vive la France (M. Audiard)

1975-1976

Le Bon et les Méchants (C. Lelouch)
Chantons sous l'Occupation (document d'A. Halimi)
Le Commando des chauds lupins (G. Pérol)
Jeu (R. Gray)
Les Mal Partis (J.-B. Rossi)
On a retrouvé la 7e compagnie (R. Lamoureux)
Opération Lady Marlène (R. Lamoureux)

Le Pont de singe (document d'A. Harris et A. de Sédouy)
Un sac de billes (J. Doillon)
Souvenirs d'en-France (A. Téchiné)
Le Vieux Fusil (R. Enrico)

1976-1977

L'Affiche rouge (F. Cassenti)
La Communion solennelle (R. Féret)
Monsieur Klein (J. Losey)
Le Jour de gloire (J. Besnard)
René la Canne (F. Girod)
Train spécial pour SS (J. Gartner)

1977-1978

Bordel SS (J. Bénazéraf)
Elsa Fraulein SS (L. Stern)
Hitler, un film d'Allemagne (H. J. Syberberg)
Le mille-pattes fait des claquettes (J. Girault)
Nathalie, rescapée de l'enfer (J. Gartner)
One, two, two : 122 rue de Provence (C. Gion)
Les Routes du Sud (J. Losey)
La 7e compagnie au clair de lune (R. Lamoureux)
La Vie devant soi (M. Mitrani)

1978-1979

Un balcon en forêt (M. Mitrani)
De l'enfer à la victoire (H. Milestone)
Général... nous voilà! (J. Besnard)
Ya ya mon colonel (M. Guerrini)

1979-1980

Le Dernier Métro (F. Truffaut)
La Prise de pouvoir de Philippe Pétain (document de J. Chérasse)
Les Turlupins (B. Revon)

1980-1981

La Peau (L. Cavanni)
Les Surdoués de la 1re compagnie (J. Besnard)
Les Uns et les Autres (C. Lelouch)

1981-1982

L'As des As (G. Oury)
La Mémoire courte (Eduardo)
La Passante du Sans-souci (J. Rouffio)

1982-1983

Un Amour en Allemagne (A. Wajda)
Au nom de tous les miens (R. Enrico)
Le Bal (E. Scola)
Papy fait de la Résistance (J.-M. Poiré)
Le Retour des bidasses en folie (Vocoret)

1983-1984

Le Grand Carnaval (A. Arcady)
Le Sang des autres (C. Chabrol)

1984-1985

Blanche et Marie (J. Renard)
Le Fou de guerre (D. Risi)
Partir, revenir (C. Lelouch)

1985-1986

L'Aube (M. Jancso)

Berlin Affair (L. Cavanni)
Bras de fer (G. Vergez)
Douce France (F. Chardeaux)
Shoah (document de C. Lanzmann)
Le Temps détruit (lettres d'une guerre) (P. Beuchot)

1986-1987*

Dernier Été à Tanger (A. Arcady)

1987-1988

Au revoir les enfants (L. Malle)
Fucking Fernand (G. Mordillat)
De Guerre lasse (R. Enrico)
Le Testament d'un poète juif assassiné (F. Cassenti)
Les Années sandwich (P. Boutron)

1988-1989

Ada dans la jungle (G. Zingg)
Hôtel Terminus (M. Ophuls)
Une affaire de femmes (C. Chabrol)
Mon ami le traître (J. Giovanni)
Cinq Jours en juin (M. Legrand)
Après la guerre (J.-L. Hubert)
Natalia (B. Cohn)
Baptême (R. Féret)

1989 (août-décembre)

L'Orchestre rouge (J. Rouffio)

* Les films postérieurs à 1986 ne sont pas inclus dans le graphique de la p. 260-261.

Chronologie indicative*

25 août 1944	Le général de Gaulle à Paris.
11 novembre 1944	Première commémoration de l'après-guerre prise en charge par le PCF.
Janvier 1945	Querelles de panthéonisations.
12 février 1945	Commémoration du 12 février 1934 par le PCF.
2 avril 1945	Journée des Drapeaux à la gloire de l'armée française.
1er mai 1945	Commémoration du mouvement ouvrier.
8 mai 1945	Date officielle de la capitulation allemande.
18 juin 1945	Commémoration de l'appel du général de Gaulle.
14 juillet 1945	Fête nationale et commémoration de la Victoire.
18 août 1945	Début des commémorations de la Libération de Paris.
11 novembre 1945	Commémoration œcuménique des deux guerres mondiales.
20 novembre 1945	Ouverture du procès de Nuremberg.
20 janvier 1946	Démission du général de Gaulle.
10 septembre 1946	Première condamnation à mort par contumace de Paul Touvier, ancien chef milicien, par la cour de Justice du Rhône.
1er octobre 1946	Verdicts au procès de Nuremberg.
13 octobre 1946	Référendum sur la constitution de la IVe République.
19 décembre 1946	Début de la guerre d'Indochine.

* Outre quelques repères d'histoire générale, sont recensés ici en priorité les événements — importants, secondaires ou simplement cités dans le corps du texte — se rapportant directement ou indirectement aux séquelles de la Seconde Guerre mondiale, en France mais aussi à l'étranger.

Janvier 1947	Premier numéro des *Écrits de Paris*.
4 mars 1947	Deuxième condamnation à mort par contumace de Paul Touvier, par la cour de Justice de la Savoie.
7 avril 1947	Fondation du Rassemblement du peuple français (RPF).
4 mai 1947	Renvoi des ministres communistes.
10 juin 1947	Premier numéro d'*Aspects de la France*.
17 juin 1947	La France et la Grande-Bretagne acceptent l'aide Marshall.
14 mars 1948	Banquet des hommes politiques inéligibles, dit des « Mille ».
13 avril 1948	Création du Comité d'honneur pour la libération du maréchal Pétain.
20 juin 1948	De Gaulle, à Verdun, évoque le sort du maréchal Pétain.
13 mars 1949	Début d'une campagne d'amnistie soutenue par le MRP et quelques éléments du RPF.
11 avril 1950	Article du colonel Rémy dans *Carrefour*, « L'épée et le bouclier », qui prend la défense de Pétain.
25 juin 1950	Début de la guerre de Corée.
24 octobre 1950	Ouverture à la Chambre du débat sur l'amnistie.
9 novembre 1950	Dépôt de l'amendement Terrenoire demandant la libération de Pétain.
5 janvier 1951	Promulgation de la première loi d'amnistie des délits liés à l'Occupation.
18 janvier 1951	Premier numéro de *Rivarol*.
15 février 1951	Fondation du Centre national des indépendants et paysans (CNIP).
17 juin 1951	Élection de Jacques Isorni, Paul Estèbe, Roger de Saivre aux législatives sur la liste UNIR, ainsi que de Jacques Le Roy Ladurie.
23 juillet 1951	Mort du maréchal Pétain.
27 octobre 1951	Messe à Notre-Dame de Paris à la mémoire du maréchal Pétain et contre-manifestation d'anciens résistants.
6 novembre 1951	Création de l'Association pour défendre la mémoire du maréchal Pétain (ADMP).
6 mars 1952	Investiture d'Antoine Pinay, avec le soutien de 27 députés RPF.

7 mars 1952	Charles Maurras gracié pour raisons médicales; il meurt le 6 novembre suivant.
27 mai 1952	Antoine Pinay signe le traité sur la CED.
12 janvier 1953	Ouverture du procès d'Oradour devant le tribunal de Bordeaux.
22 janvier 1953	Réception d'André François-Poncet à l'Académie française au fauteuil du maréchal Pétain.
3 février 1953	Début de l'affaire Finaly.
13 février 1953	Condamnations sévères des accusés alsaciens au procès d'Oradour.
18 février 1953	Vote d'une loi d'amnistie spéciale pour les condamnés du procès d'Oradour.
22 juillet 1953	Naissance du mouvement poujadiste.
27 juillet 1953	Armistice en Corée.
6 août 1953	Promulgation de la deuxième loi d'amnistie des délits liés à l'Occupation.
14 avril 1954	Loi instaurant une « Journée nationale du souvenir des victimes et des héros de la Déportation » le dernier dimanche d'avril.
7 mai 1954	Chute de Diên Biên Phu.
18 juin 1954	Mendès France président du Conseil.
20 juillet 1954	Signature des accords de Genève.
30 août 1954	Le Parlement rejette le traité de la CED.
9 octobre 1954	Karl Oberg, ancien chef suprême de la SS en France, condamné à mort en Allemagne mais extradé vers la France le 10 octobre 1946, est condamné à mort, ainsi que son adjoint, Helmut Knochen, par le tribunal militaire de Paris.
1er novembre 1954	Début de l'insurrection en Algérie.
2 janvier 1956	Pierre Poujade obtient 11 % des suffrages exprimés aux législatives.
18 avril 1956	Robert Hersant, élu député radical-socialiste de l'Oise, invalidé par l'Assemblée, réélu le 18 juin.
5 novembre 1956	Raid anglo-français sur Suez.
22 mai 1958	Échec de Paul Morand à l'Académie française.
1er juin 1958	De Gaulle président du Conseil.
28 septembre 1958	Adoption de la constitution de la Ve République.
30 décembre 1958	Suppression de la retraite des anciens combattants, rétablie en 1960.

11 avril 1959	Le 8 mai n'est plus un jour férié.
17 avril 1959	De Gaulle à Vichy : « Nous sommes un seul peuple... »
5 juin 1959	De Gaulle au Mont-Mouchet, haut lieu de la Résistance.
31 octobre 1959	Graciés l'année précédente par René Coty, Oberg et Knochen voient leur peine commuée en détention perpétuelle.
6 janvier 1960	Création d'une filiale de l'association Pétain en Algérie.
22 mars 1960	Retour d'exil d'Abel Bonnard, ancien secrétaire d'État à l'Éducation nationale sous Vichy. Réunie à nouveau, la Haute Cour commue la peine de mort à une peine (purgée) de dix ans de bannissement.
11 avril 1961	Ouverture du procès Eichmann à Jérusalem.
22 avril 1961	Putsch des généraux à Alger.
18 mars 1962	Signature des accords d'Évian.
31 mai 1962	Exécution d'Adolf Eichmann à Jérusalem.
28 octobre 1962	Référendum sur l'élection du président de la République au suffrage universel.
Décembre 1962	Libération discrète de Karl Oberg et d'Helmut Knochen, qui sont renvoyés en RFA.
22 janvier 1963	Signature du traité de coopération franco-allemand.
2 août 1964	Début de l'engagement massif des États-Unis au Viêt-nam.
17 décembre 1964	Vote de la première loi d'amnistie sur les affaires liées aux événements d'Algérie.
17 décembre 1964	Novak, adjoint d'Eichmann, condamné seulement à huit ans de prison en RFA.
18-19 décembre 1964	Cérémonies du transfert des cendres de Jean Moulin au Panthéon.
26 décembre 1964	Le Parlement adopte à l'unanimité la loi sur l'imprescriptibilité des crimes contre l'humanité.
30 janvier 1965	De Gaulle refuse que les obsèques du général Weygand, mort le 28 janvier, se déroulent aux Invalides.
6 novembre 1965	Jacques Vasseur, un ancien collaborateur arrêté le 20 novembre 1962, est condamné à mort ; il

	sera gracié par de Gaulle en février 1966, de même que Jean Barbier, un autre collaborateur, lui aussi condamné à mort et gracié en juillet 1966.
19 décembre 1965	De Gaulle réélu président de la République au suffrage universel.
21 juin 1966	Joseph Cortial, un ancien collaborateur, est condamné à la détention perpétuelle.
5 juin 1967	Début de la guerre des Six Jours.
27 novembre 1967	Conférence de presse du général de Gaulle sur Israël : « Un peuple sûr de lui et dominateur. »
3 mai 1968	Évacuation de la Sorbonne par la police et aggravation de la crise étudiante.
24 octobre 1968	Élection de Paul Morand à l'Académie française.
10 novembre 1968	A la veille du 50e anniversaire de l'armistice, de Gaulle fait déposer une gerbe sur les tombes de Pétain, Gallieni, Joffre et Clemenceau : « Quatre grands hommes qui ne reposent pas aux Invalides. »
15 juin 1969	Georges Pompidou président de la République.
Juillet 1970	Début de la polémique autour du passé de Georges Marchais, secrétaire général adjoint du PCF, sur son séjour en Allemagne, en 1942.
9 novembre 1970	Mort du général de Gaulle.
Avril 1971	Sortie du *Chagrin et la Pitié*, de Marcel Ophuls.
13 septembre 1971	Incident à « Armes égales » entre Maurice Clavel et l'ORTF à propos des déclarations de Pompidou sur la Résistance.
23 novembre 1971	Pompidou gracie Paul Touvier.
12 février 1972	Incidents à l'église Notre-Dame des Victoires lors d'une cérémonie à la mémoire de Xavier Vallat, ancien commissaire aux Questions juives de Vichy, mort le 6 janvier 1972.
1er juillet 1972	Loi réprimant l'incitation à la haine raciale.
18 juillet 1972	Manifestation à la Crypte des déportés contre la grâce de Touvier.
21 septembre 1972	Allocution de Pompidou sur la « réconciliation nationale », suite à l'affaire Touvier.
Février 1973	Enlèvement du cercueil de Pétain à l'île d'Yeu par des militants d'extrême droite.

19 mars 1973	Début de la polémique autour de *la France de Vichy*, de Robert Paxton.
9 novembre 1973	Première plainte contre Touvier pour crimes contre l'humanité, à Lyon, suivie d'une deuxième, à Chambéry, le 27 mars 1974.
2 avril 1974	Mort de Georges Pompidou.
19 mai 1974	Valéry Giscard d'Estaing président de la République.
6 février 1975	La chambre criminelle de la Cour de cassation casse deux jugements des cours d'appels de Lyon et Chambéry qui s'étaient déclarées «incompétentes» dans le dossier Touvier.
8 mai 1975	Suite à une décision du président Giscard d'Estaing, et pour la première fois, le 8 mai n'est plus fêté officiellement.
27 octobre 1975	La chambre d'accusation de Paris se déclare compétente dans le dossier Touvier, mais estime que les crimes sont prescrits.
13 juin 1976	Giscard d'Estaing, à Douaumont, rend un hommage à Pétain.
30 juin 1976	La chambre criminelle de la Cour de cassation casse l'arrêt de la chambre d'accusation de Paris : le dossier Touvier est toujours en suspens.
27 janvier 1978	Robert Faurisson fait scandale au colloque «Églises et chrétiens de France», à Lyon.
17 mai 1978	Premier numéro du *Figaro-Magazine*.
25 mai 1978	Discussion au Sénat de la nouvelle loi sur les archives. Elle sera votée en janvier 1979.
28 octobre 1978	Interview de Darquier de Pellepoix dans *L'Express*.
1er novembre 1978	Faurisson publie un article dans *Le Matin de Paris*, puis, le 29 décembre 1978, dans *Le Monde*.
11 novembre 1978	A l'occasion de la célébration de l'armistice, Giscard d'Estaing fait fleurir la tombe du maréchal Pétain.
15 novembre 1978	Serge Klarsfeld dépose une plainte contre Jean Leguay, ancien délégué du secrétaire général à la Police de Vichy.
16 novembre 1978	Prises de position d'universitaires lyonnais contre Faurisson et début de la mobilisation des historiens.

6 décembre 1978	Jacques Chirac lance l'«appel de Cochin» dans lequel il parle du «parti de l'étranger».
4 janvier 1979	Obsèques de Bernard Faÿ, chargé par Vichy de la liquidation des loges maçonniques, à Saint Nicolas-du-Chardonnet.
27 février 1979	Dernier épisode d'*Holocaust*, à la télévision française, suivi d'un débat aux «Dossiers de l'écran».
12 mars 1979	Jean Leguay inculpé de crimes contre l'humanité.
29 avril 1979	Colloque d'Orléans sur «l'enseignement de l'histoire des crimes nazis».
7 juin 1979	Premières élections au Parlement européen.
19 juin 1979	Sollicité le 17 décembre 1976, le Quai d'Orsay déclare que le dossier Touvier relève bien du crime imprescriptible contre l'humanité.
22 juin 1979	Premier article du *Monde* sur la «Nouvelle droite» et début de la polémique.
11 février 1980	Procès à Cologne de Herbert Hagen et Kurt Lischka, condamnés et emprisonnés.
8 mars 1980	*L'Express* relance l'affaire Marchais.
11 avril 1980	Sondage du *Figaro-Magazine* sur Pétain qui fait la couverture avec en titre : «66 % des Français ne le condamnent pas.»
23 septembre 1980	Début d'une vague d'attentats antisémites et de contre-manifestations antiracistes.
3 octobre 1980	Attentat de la rue Copernic, 4 morts et une vingtaine de blessés.
4 octobre 1980	Vague de manifestations en France contre l'antisémitisme et le racisme.
17 octobre 1980	Inculpation de Marc Fredriksen, chef de la FANE, mouvement néo-nazi.
13 novembre 1980	Attentat contre les locaux de l'association Pétain.
9 décembre 1980	Loi permettant aux associations de se porter partie civile contre l'apologie des crimes contre l'humanité.
20 décembre 1980	Publication de *Mémoire en défense* de Faurisson, avec une préface de Noam Chomsky.
Janvier 1981	Parution de *L'Idéologie française*, de Bernard-Henri Lévy.

30 avril 1981	Le colonel Passy prend position en faveur de Mitterrand, candidat aux présidentielles.
5 mai 1981	Le général de Boissieu parle de démissionner de son poste de grand chancelier de la Légion d'honneur si Mitterrand est élu. Il l'accuse d'avoir « travaillé avec Vichy ».
6 mai 1981	*Le Canard enchaîné* lance l'affaire Papon, accusant l'ancien préfet et ministre d'avoir contribué à la déportation de juifs à Bordeaux.
10 mai 1981	François Mitterrand président de la République.
11 mai 1981	Le général de Boissieu démissionne.
21 mai 1981	Mitterrand au Panthéon sur les tombes de Jean Jaurès, Victor Schœlcher et Jean Moulin.
8 juillet 1981	Robert Faurisson condamné à payer le franc symbolique au MRAP, à la LICRA et à diverses associations.
15 septembre 1981	Incident à l'Assemblée à propos des « chantiers de jeunesses » de Pierre Mauroy.
28 novembre 1981	Paul Touvier, toujours en fuite, est inculpé de crimes contre l'humanité par le juge Martine Anzani qui lance un mandat d'arrêt international.
5 janvier 1982	Lancement du quotidien *Présent*, de tendance catholique traditionaliste, proche du Front national.
26 avril 1982	Grande exposition au Palais de Chaillot sur la Déportation.
8 mai 1982	Le 8 mai est célébré à nouveau comme jour férié, suite à une loi du 23 septembre 1981.
19 janvier 1983	Inculpation de Maurice Papon pour crimes contre l'humanité.
5 février 1983	Klaus Barbie, extradé la veille de Bolivie, est inculpé de crimes contre l'humanité.
24 avril 1983	Affaire des faux « carnets d'Hitler ». Gerd Heidemann, du *Stern*, sera condamné le 6 mai 1983.
26 avril 1983	Robert Faurisson, jugé en appel, est condamné une nouvelle fois. Mais les attendus du jugement ne retiennent pas le délit de « falsification de l'histoire ».
16 août 1983	Une commisson d'enquête américaine reconnaît que Barbie a été utilisé par les services secrets américains.

14 novembre 1983	Mᵉ Vergès, avocat de Barbie, publie *Pour en finir avec Ponce Pilate* où il accuse certaines personnalités de la Résistance.
1ᵉʳ février 1984	Incidents à l'Assemblée sur le passé de François Mitterrand et de Robert Hersant pendant la guerre. Trois députés, Jacques Toubon, Alain Madelin et François d'Aubert seront sanctionnés, fait rarissime.
12 février 1984	La presse révèle que les trois derniers collaborateurs emprisonnés, Vasseur, Cortial et Barbier ont été libérés entre la fin de l'année 1982 et août 1983.
13 février 1984	Jean-Marie Le Pen passe pour la première fois dans une grande émission politique, « L'Heure de vérité » sur Antenne 2.
17 juin 1984	Robert Hersant élu député européen sur la liste UDF conduite par Simone Veil.
19 septembre 1984	Annonce du faux décès de Touvier dans le *Dauphiné libéré*.
22 septembre 1984	Poignée de main à Verdun entre François Mitterrand et Helmut Kohl ; le président français fait déposer une gerbe sur la tombe de Pétain.
Avril 1985	Sortie sur les écrans de *Shoah*, de Claude Lanzmann.
8 mai 1985	Visite controversée de Ronald Reagan, président des États-Unis, au cimetière de Bitburg, en RFA.
2 juillet 1985	Après des semaines de débats agités sur l'affaire Manouchian, le film *Des Terroristes à la retraite*, de Mosco, passe aux « Dossiers de l'écran ».
5 octobre 1985	Clôture de la première instruction du dossier Barbie.
20 décembre 1985	La Cour de cassation, dans un arrêt historique, modifie la définition du crime contre l'humanité qui peut inclure désormais des actes commis envers des résistants.
16 mars 1986	La droite gagne les élections législatives ; le scrutin proportionnel permet au Front national d'avoir 35 députés. Début de la « cohabitation ».
9 juillet 1986	Clôture de la seconde instruction du dossier Barbie.

Septembre 1986	Alexandre de Marenches, ancien chef des services de contre-espionnage, fait scandale en prétendant que des « archives inédites de la Gestapo » révéleraient des « traîtres » parmi les personnalités de la Résistance.
11 février 1987	La Cour de cassation annule l'instruction contre Maurice Papon qui sera à nouveau inculpé de crimes contre l'humanité fin juillet 1988.
22 février 1987	Accord de Genève entre délégations juives et chrétiennes prévoyant le départ des sœurs du Carmel d'Auschwitz, installées sur le site depuis août 1984.
11 mai 1987	Ouverture du procès de Klaus Barbie, aux Assises du Rhône, à Lyon.
4 juillet 1987	Klaus Barbie condamné à la réclusion perpétuelle.
13 septembre 1987	Jean-Marie Le Pen : « Les chambres à gaz [...] un point de détail de l'histoire de la Seconde Guerre mondiale [...]. Il y a des historiens qui débattent de ces questions. »
8 mai 1988	François Mitterrand réélu président de la République.
Juin 1988	Le juge Claude Grellier, qui a pris la suite du juge Martine Anzani, réanime le dossier Touvier en confiant l'enquête à la « section recherche » de la gendarmerie de Paris.
2 septembre 1988	Jean-Marie Le Pen, s'en prenant à Michel Durafour, ministre de la Fonction publique, parle de « Durafour-crématoire ».
24 mai 1989	Paul Touvier est arrêté à Nice par la gendarmerie et inculpé par Jean-Pierre Getti, juge d'instruction à Paris, de crimes contre l'humanité.
2 juillet 1989	Mort de Jean Leguay, alors que son dossier allait être renvoyé devant la Cour d'assises. L'ordonnance de non-lieu du 11 septembre 1989 se prononce de façon inhabituelle sur sa culpabilité pour crimes contre l'humanité.
3 juillet 1989	Une commission d'historiens est chargée par le cardinal Decourtray de dépouiller les archives de l'archevêché de Lyon et faire la lumière sur les complicités dont Touvier a bénéficié au sein de l'Église.
26 août 1989	Mgr Glemp, primat de Pologne, récuse

	l'accord de Genève et relance la polémique sur le carmel d'Auschwitz en déclarant légitime la présence des sœurs.
Octobre 1989	Polémique entre anciens résistants autour de *Jean Moulin. L'inconnu du Panthéon*, la biographie de Daniel Cordier, son ex-homme de confiance.
10 novembre 1989	Ouverture du Mur de Berlin.
22 novembre 1989	Paul Touvier est à nouveau inculpé de crimes contre l'humanité par Jacques Hamy, doyen des juges d'instruction de Lyon, après le dépôt à Lyon de onze nouvelles plaintes.
5 décembre 1989	Jean-Marie Le Pen au secrétaire d'État au Plan Lionel Stoléru : « Est-il exact que vous ayez la double nationalité ? », laissant entendre qu'un Français juif n'est pas tout à fait comme les autres.

Bibliographie

Cette bibliographie a été établie pour la deuxième édition. Elle n'a pas pour objet de recenser toutes les références citées en notes, ni toutes les lectures entrant dans le cadre du sujet traité, car, de par sa nature même, celui-ci couvrait des domaines très divers. Ne sont pas cités par exemple ici les ouvrages sur la période 1939-1945 ou encore les témoignages. Son ambition, plus modeste, est de montrer l'environnement intellectuel, forcément subjectif et partiel, dans lequel l'ouvrage a été conçu et d'offrir un ensemble de lectures autour de son thème principal : l'histoire de la mémoire collective, des représentations et des usages du passé, en particulier en France, en privilégiant bien sûr les études rétrospectives sur la mémoire de la Seconde Guerre mondiale. Elle comprend également quelques titres sur des notions voisines : la tradition, le concept de génération, l'historiographie, etc.

1. Mémoire collective, représentations, usages du passé : concepts et généralités

« Colloque Histoire et Mémoire, 9-10 mars 1985 », *Psychanalystes. Revue du collège de psychanalystes*, 18 et 19, janvier et avril 1986.

« Documents de la mémoire », *L'Écrit du temps*, 10, automne 1985.

« La Mémoire », *Bulletin de psychologie*, 389, XLII, janvier-avril 1989.

« La Mémoire et l'oubli », *Communications*, n° dirigé par Nicole Lapierre, 49, 1989.

« Mémoires de femmes », *Pénélope. Pour l'histoire des femmes*, 12, printemps 1985.

« Memory and Counter-Memory », *Representations*, special issue edited by Natalie Zemon Davis and Randolph Starn, 26, Spring 1989.

« Politiques de l'oubli », *Le Genre humain*, automne 1988.

Croire la mémoire ? Approches critiques de la mémoire orale, Actes, 1988.

History and Memory. Studies in Representation of the Past, Athenäum/Tel Aviv University, I, 1, 1989 [La première revue spécialisée, éditée par Saul Friedländer].

Mémoire et Histoire. Données et débats. Actes du XXVᵉ colloque des intellectuels juifs de langue française, Denoël, 1986.

Les Processus collectifs de mémorisation (Mémoire et organisation), s.l.d. de Jean-Louis Le Moigne et Daniel Pascot, Aix-en-Provence, Librairie de l'Université, 1979.

Usages de l'oubli. Contributions de Yosef H. Yerushalmi, Nicole Loraux, Hans Mommsen, Jean-Claude Milner, Gianni Vattimo au colloque de Royaumont, Le Seuil, 1988.

BINION, Rudolph, *Introduction à la psychohistoire*, PUF, 1982, préface de Louis Chevalier.

FERRO, Marc, *Comment on raconte l'histoire aux enfants à travers le monde entier*, Payot, 1983.

FRIEDLÄNDER, Saul, *Histoire et Psychanalyse. Essai sur les possibilités et les limites de la psychohistoire*, Le Seuil, 1975.

GIRARDET, Raoul, « Du concept de génération à la notion de contemporanéité », *Revue d'histoire moderne et contemporaine*, XXX, avril-juin 1983.

HALBWACHS, Maurice, *La Mémoire collective*, PUF, 1968, préface de Jean Duvignaud, introduction de Jean-Michel Alexandre (1re édition, PUF, 1950).

HALBWACHS, Maurice, *Les Cadres sociaux de la mémoire*, Paris/La Haye, Mouton, 1976, préface de François Châtelet (1re édition, Alcan, 1925).

HOBSBAWM, Eric et RANGER, Terence (éds.), *The Invention of Tradition*, Cambridge, Cambridge University Press, 1983.

JEUDY, Henri-Pierre, *Mémoires du social*, PUF, 1986.

JOUTARD, Philippe, *Ces voix qui viennent du passé*, Hachette, 1983.

KRIEGEL, Annie, « Le concept politique de génération : apogée et déclin », *Commentaire*, 7, 1979.

LE GOFF, Jacques, *Mémoire et Histoire*, Gallimard/Folio, 1988.

LOWENTHAL, David, *The Past is a Foreign Country*, Cambridge, Cambridge University Press, 1985 [Un livre superbe et méconnu en France].

MAY, Ernest R., *Lessons of the Past : The Use and Misuse of History in American Foreign Policy*, New York/Londres, Oxford University Press, 1973.

McNEILL, William H., *The Pursuit of Power. Technology, Armed Force and Society since A.D. 1000*, Chicago/Londres, The University of Chicago Press, 1982.

McNEILL, William H., *Mythistory and Other Essays*, Chicago/Londres, The University of Chicago Press, 1986.

NAMER, Gérard, *Mémoire et Société*, Méridiens Klincksieck, 1987, préface de Jean Duvignaud.

NORA, Pierre, « Mémoire collective », dans *La Nouvelle Histoire*, Retz, 1978.

POMIAN, Krzysztof, « Les avatars de l'identité historique », *Le Débat*, 3, juillet-août 1980.

POMIAN, Krzysztof, *L'Ordre du temps*, Gallimard, 1984.

TORRES, Félix, *Déjà vu. Post et néo-modernisme : le retour du passé*, Ramsay, 1986.

VERRET, Michel, « Mémoire ouvrière, mémoire communiste », *Revue française de science politique*, XXXIV, 3, juin 1984.

WACHTEL, Nathan, « Memory and History : Introduction », dans « Between Memory and History », special issue, *History and Anthropology*, II, 2, octobre 1986.

YATES, Frances A., *L'Art de la mémoire*, Gallimard, 1966.

ZONABEND, Françoise, *La Mémoire longue. Temps et histoires au village*, PUF, 1980.

2. Mémoire collective, histoire et identité françaises

« Les générations », *Vingtième Siècle. Revue d'histoire*, 22, avril-juin 1989, s.l.d. de Jean-Pierre Azéma et Michel Winock.

« Les guerres franco-françaises », *Vingtième Siècle. Revue d'histoire*, 5, 1985, s.l.d. de Jean-Pierre Azéma, Jean-Pierre Rioux et Henry Rousso.

« Les nostalgies des Français », *H-Histoire*, 5, juin 1980.

« 89 : La commémoration », *Le Débat*, 57, novembre-décembre 1989.

« La tradition politique », *Pouvoirs*, 42, 1987.

AGULHON, Maurice, *Marianne au combat. L'imagerie et la symbolique républicaines de 1789 à 1880*, Flammarion, 1979.

AGULHON, Maurice, *Marianne au pouvoir. L'imagerie et la symbolique républicaines de 1880 à 1914*, Flammarion, 1989.

AMALVI, Christian, *De l'art et la manière d'accommoder les héros de l'histoire de France. Essais de mythologie nationale*, Albin Michel, 1988.

BELLOIN, Gérard, *Entendez-vous dans nos mémoires ?... Les Français et leur Révolution*, La Découverte, 1988.

BÉTOURNÉ, Olivier et ARTIG, Aglaia I., *Penser l'histoire de la Révolution. Deux siècles de passion française*, La Découverte, 1989.

BONNET, Jean-Claude et Roger, Philippe (éds.), *La Légende de la Révolution au XXᵉ siècle. De Gance à Renoir, de Romain Rolland à Claude Simon*, Flammarion, 1988.

CANINI, Gérard (éd.), *Mémoire de la Grande Guerre*, Nancy, Presses universitaires de Nancy, 1989.

CITRON, Suzanne, *Le Mythe national. L'histoire de France en question*, EDI/Éditions ouvrières, 1987.

FURET, François, « La Révolution dans l'imaginaire politique français », *Le Débat*, 26, septembre 1983.

FURET, François, *Penser la Révolution française*, Gallimard/Folio, 1987 (1ʳᵉ édition 1978).

GÉRARD, Alice, *La Révolution française. Mythes et interprétations (1789-1970)*, Flammarion, 1970.

GIRARDET, Raoul, *Mythes et Mythologies politiques*, Seuil, 1986, réédition « Points-Seuil », 1990.

JOUTARD, Philippe, *La Légende des Camisards. Une sensibilité au passé*, Gallimard, 1977.

KIMMEL, Alain et POUJOL, Jacques, *Certaines Idées de la France*, Francfort, Diesterweg, 1982.

LAVABRE, Marie-Claire, « Génération et mémoire », table ronde « Génération et politique », Congrès de l'Association française de science politique, octobre 1981, dactylo ; et « Mémoire et identité partisanes : le cas du PCF », Consortium européen de science politique, Salzbourg, 13-18 avril 1984, dactylo.

MARTIN, Jean-Clément, *La Vendée de la mémoire, 1800-1980*, Seuil, 1989.

NORA, Pierre (éd.), *Les Lieux de mémoire*, tome 1 : *La République*, tome 2 : *La Nation*, 3 vol., Gallimard, 1984 et 1986.

ORY, Pascal ET SIRINELLI, Jean-François, *Les Intellectuels en France. De l'Affaire Dreyfus à nos jours*, Colin, 1986.

OZOUF, Mona, « Peut-on commémorer la Révolution française ? », *Le Débat*, 26, septembre 1983.

PROST, Antoine, *Les Anciens Combattants (1914-1939)*, Gallimard/Julliard, 1977.

PROST, Antoine, *Les Anciens Combattants et la Société française. 1914-1939*, 3 vol. : *Histoire, Sociologie, Mentalités et Idéologies*, Presses de la FNSP, 1977.

RIOUX, Jean-Pierre (éd.), *La Guerre d'Algérie et les Français*, Albin Michel, 1990 [derniers chapitres sur la mémoire].

RUDELLE, Odile, « Lieux de mémoire révolutionnaire et communion républicaine », *Vingtième Siècle. Revue d'histoire*, 24, octobre-décembre 1989.

SANSON, Rosemonde, *Les Quatorze Juillet. Fête et conscience nationale, 1789-1975*, Flammarion, 1975.

SIRINELLI, Jean-François, *Générations intellectuelles. Khâgneux et normaliens dans l'entre-deux-guerres*, Fayard, 1988.

VOVELLE, Michel (éd.), *L'Image de la Révolution française. Actes du Congrès mondial de la Sorbonne de juillet 1989*, Paris/Londres, Pergamon Press, 1989.

WINOCK, Michel, *La Fièvre hexagonale. Les grandes crises politiques de 1871 à 1968*, Calmann-Lévy, 1986, réédition « Points-Seuil », 1987.

3. Mémoire et séquelles de la Seconde Guerre mondiale en France

A) *Généralités*

AZÉMA, Jean-Pierre, « La Guerre », dans René Rémond (éd.), *Pour une histoire politique*, Le Seuil, 1988.

BÉDARIDA, François, « L'histoire de la Résistance. Lectures d'hier, chantiers de demain », *Vingtième Siècle. Revue d'histoire*, 11, juillet-septembre 1986.

BORNE, Dominique, « L'histoire du XXe siècle au lycée. Le nouveau programme de terminale », *Vingtième Siècle. Revue d'histoire*, 21, janvier-mars 1989 et réponses dans *ibid.*, 23, juillet-septembre 1989.

CORNETTE, Joël et LUC, Jean-Noël, « "Bac-Génération" 84. L'enseignement du temps présent en terminale », *Vingtième Siècle. Revue d'histoire*, 6, avril-juin 1985.

Courtois, Stéphane, « Luttes politiques et élaboration d'une histoire : le PCF historien du PCF dans la Deuxième Guerre mondiale », *Communisme*, 4, 1983.

Faligot, Roger et Kauffer, Rémi, *Les Résistants. De la guerre de l'ombre aux allées du pouvoir (1944-1989)*, Fayard, 1989.

Franck, Robert et Rousso, Henry, « Quarante ans après : les Français et la Libération », *L'Histoire*, 67, mai 1984.

Haft, Cynthia, *The Theme of Nazi Concentration Camps in French Literature*, Paris/La Haye, Mouton, 1973.

Herberich-Marx, Geneviève et Raphaël, Freddy, « Les incorporés de force alsaciens. Déni, convocation et provocation de la mémoire », *Vingtième Siècle. Revue d'histoire*, 6, avril-juin 1985.

Hoffmann, Stanley, *Essais sur la France. Déclin ou renouveau ?*, Le Seuil, 1974 [notamment le chapitre iii, « Chagrin et Pitié ? »].

Institut d'histoire du temps présent, *La Mémoire des Français. Quarante ans de commémorations de la Seconde Guerre mondiale*, Éditions du CNRS, 1986.

Laroche, Jacques M., « A Success Story in the French Popular Literature of the 1980's : *La Bicyclette bleue* », *The French Review*, 60, 4, mars 1987.

Lévy, Bernard-Henri, *L'Idéologie française*, Grasset, 1981.

Namer, Gérard, *Batailles pour la Mémoire. La Commémoration en France de 1945 à nos jours*, Papyrus, 1983.

Ory, Pascal, « Comme de l'an quarante. Dix années de ''rétro satanas'' », *Le Débat*, 16, novembre 1981.

Rioux, Jean-Pierre, *La France de la IVᵉ République*, vol. 1 : *L'Ardeur et la Nécessité, 1944-1952*, vol. 2 : *L'Expansion et l'Impuissance, 1952-1958*, Seuil/« Points-Histoire », 1980 et 1983.

Rioux, Jean-Pierre, « Le procès d'Oradour », *L'Histoire*, 64, février 1984.

Rousso, Henry, « Vichy, le grand fossé », *Vingtième Siècle. Revue d'histoire*, 5, janvier-mars 1985.

Rousso, Henry, « Où en est l'histoire de la Résistance ? » dans *L'Histoire, Études sur la France de 1939 à nos jours*, Seuil/« Points-Histoire », 1985.

Ruffin, Raymond, *Ces chefs de maquis qui gênaient*, Presses de la Cité, 1980.

Théolleyre, Jean-Marc, *Procès d'après-guerre*, La Découverte/*Le Monde*, 1985.

Thibaud, Paul, « Du sel sur nos plaies. A propos de *L'Idéologie française* », *Esprit*, 5, mai 1981.

Veillon, Dominique, « La Seconde Guerre mondiale à travers les sources orales », *Questions à l'histoire orale, Cahiers de l'Institut d'histoire du temps présent*, 4, juin 1987.

Wahl, Alfred (éd.), *Mémoire de la Seconde Guerre mondiale, Actes du colloque de Metz, 6-8 octobre 1983*, Metz, Centre de recherche histoire et civilisation de l'Université de Metz, 1984.

Wieviorka, Olivier, « La génération de la Résistance », *Vingtième Siècle. Revue d'histoire*, 22, avril-juin 1989.

WILKINSON, James D., « Remembering World War II. The perspective of the Losers », *The American Scholar*, été 1985 [Allemagne, Italie et... France].

• *Klaus Barbie, la traque et le procès*

Le Monde, « Le Procès de Klaus Barbie », n° spécial, juillet 1987.

BOWER, Tom, *Itinéraire d'un bourreau ordinaire*, Calmann-Lévy, 1984 (première édition : Londres, 1984).

FROSSARD, André, *Le Crime contre l'humanité*, Laffont 1987.

GAUTHIER, Paul (éd.), *Chronique du procès Barbie : pour servir la mémoire*, Cerf, 1988.

GIVET, Jacques, *Le Cas Vergès*, Lieu commun éd., 1986.

HOYOS, Ladislas de, *Barbie*, Laffont, 1987.

LÉVY, Bernard-Henri (éd.), *Archives d'un procès. Klaus Barbie*, Globe/Le Livre de Poche, 1986.

MÉRINDOL, Pierre, *Barbie : Le Procès*, Lyon, La Manufacture, 1987.

MOREL, Guy, *Barbie pour mémoire*, Éditions de la FNDIRP, 1986.

MORGAN, Ted, *The French, the Germans, the Jews, the Klaus Barbie Trial, and the City of Lyon, 1940-1945*, New York, Arbor House/W. Morrow, 1989.

PARIS, Erna, *L'Affaire Barbie. Analyse d'un mal français*, Ramsay, 1985.

VERGÈS, Jacques ET BLOCH, Étienne, *La Face cachée du procès Barbie*, Samuel Tastet éd., 1983.

VERGÈS, Jacques, *Je défends Barbie*, Picollec, 1988.

Pour une plus ample bibliographie, voir Jean Astruc, « La documentation sur le procès Barbie à l'IHTP », *Bulletin de l'Institut d'histoire du temps présent*, 34, décembre 1988.

• *L'affaire Touvier*

FLORY, Claude, *Touvier m'a avoué*, Laffont, 1989.

GREILSAMER, Laurent ET SCHNEIDERMANN, Daniel, *Un certain Monsieur Paul. L'affaire Touvier*, Fayard, 1989.

MONIQUET, Claude, *Touvier, un milicien à l'ombre de l'Église*, O. Orban, 1989.

B) *Extrême droite et nostalgies idéologiques*

« Droite, nouvelle droite, extrême droite. Discours et idéologie en France et en Italie », n° spécial, *Mots*, 12, mars 1986, coordonné par Simone Bonnafous et Pierre-André Taguieff.

Les extrêmes droites en France et en Europe », *Lignes*, 4, octobre 1988.

« Racisme et antiracisme. Frontières et recouvrements », n° spécial, *Mots*, 18, mars 1989, coordonné par Simone Bonnafous et Pierre-André Taguieff.

ALGAZY, Joseph, *La Tentation fasciste en France de 1944 à 1965*, Fayard, 1985.

ALGAZY, Joseph, *L'Extrême droite en France de 1965 à 1984*, L'Harmattan, 1989.

ANDERSON, Malcolm, *Conservative Politics in France*, Londres, G. Allen and Unwin, 1974.

BENOIST, Alain de, *Vu de droite. Anthologie critique des idées contemporaines*, Copernic, 1977.

BENOIST, Alain de, *Les Idées à l'endroit*, Éditions libres/Hallier, 1979.

CHEBEL D'APPOLLONIA, Ariane, *L'Extrême droite en France. De Maurras à Le Pen*, Bruxelles, Complexe, 1988.

CHIROUX, René, *L'Extrême droite sous la Ve République*, Librairie générale de droit et de jurisprudence, 1974.

DUPRAT, François, *Les Mouvements d'extrême droite en France depuis 1945*, Albatros, 1972.

DURANTON-CRABOL, Anne-Marie, *Visages de la Nouvelle Droite. Le GRECE et son histoire*, Presses de la FNSP, 1988.

GIRARDET, Raoul, « L'héritage de l'Action française », *Revue française de science politique*, VII, octobre-décembre 1957.

MAYER, Nonna et PERRINEAU, Pascal (éds.), *Le Front national à découvert*, Presses de la FNSP, 1989, préface de René Rémond.

MILZA, Pierre, *Fascisme français. Passé et Présent*, Flammarion, 1987.

PLENEL, Edwy ET ROLLAT, Alain, *L'Effet Le Pen*, La Découverte/*Le Monde*, 1984.

RÉMOND, René, *Les Droites en France*, Aubier-Montaigne, 1982.

TAGUIEFF, Pierre-André, « Identité française et idéologie », dans « Racines, derniers temps. Les territoires de l'identité », n° spécial, *EspacesTemps*, 42, 1989.

TAGUIEFF, Pierre-André, *La Force du préjugé. Essai sur le racisme et ses doubles*, La Découverte, 1988.

TAGUIEFF, Pierre-André, « Nationalisme et réactions fondamentalistes en France. Mythologies identitaires et ressentiment antimoderne », *Vingtième Siècle. Revue d'histoire*, 25, janvier-mars 1990.

C) La Seconde Guerre mondiale au cinéma depuis 1944

ANDRAULT, Jean-Michel ; BERTIN-MAGHIT, Jean-Pierre ; VINCENT, Gérard, « Le cinéma français et la Seconde Guerre mondiale », *La Revue du cinéma*, 378, décembre 1982.

AZÉMA, Jean-Pierre ET ROUSSO, Henry, « Les "Années sombres" à la Vidéothèque de Paris », *L'Histoire*, 116, novembre 1988.

BAZIN, André, *Le Cinéma de l'Occupation et de la Résistance*, UGE 10/18, 1975, préface de François Truffaut.

BERTIN-MAGHIT, Jean-Pierre, *Le Cinéma sous l'Occupation. Le monde du cinéma français de 1940 à 1946*, O. Orban, 1989.

BEUCHOT, Pierre ET BERTIN-MAGHIT, Jean-Pierre, *Cinéma de l'ombre*, documentaire télévisé, INA/A2, 1984.

CHIRAT, Raymond, *La IVe République et ses films*, 5 Continents/Hatier, 1985.

DANIEL, Joseph, *Guerre et Cinéma. Grandes illusions et petits soldats, 1895-1971*, Presses de la FNSP, 1972.

FERRO, Marc, *Analyse de films, analyse de sociétés. Une source nouvelle pour l'histoire*, Classiques Hachette, 1975.

FERRO, Marc (éd.), *Film et Histoire*, Éditions de l'EHESS, 1984.

INSDORF, Annette, *L'Holocauste à l'écran*, CinémAction/Éditions du Cerf, 1985.

JEANCOLAS, Jean-Pierre, « Fonction du témoignage : les années 1939-1945 dans le cinéma d'après-guerre », *Positif*, 170, juin 1975.

SICLIER, Jacques, *La France de Pétain et son cinéma*, Henri Veyrier, 1981.

• *Sur quelques films*

BERTIN-MAGHIT, Jean-Pierre, « *La Bataille du Rail* : de l'authenticité à la chanson de geste », *Revue d'histoire moderne et contemporaine*, XXXIII, avril-juin 1986.

RASKIN, Richard, « *Nuit et Brouillard* » *by Alain Resnais. On the Making, Reception and Functions of a Major Documentary film*, Aarhus (Danemark), Aarhus University Press, 1987.

OPHULS, Marcel, *Le Chagrin et la Pitié*, Alain Moreau, 1980.

Téléciné, « Spécial *Chagrin et la Pitié* », 171-172, juillet 1971.

MÉNUDIER, Henri, « "Holocauste" en France », *Revue d'Allemagne*, XIII, 3, juillet-septembre 1981.

RAPHAËL, Freddy, « "Holocauste" et la presse de gauche en France (1979-1980) », *Revue des sciences sociales de la France de l'Est*, 14, 1985.

GARÇON, François, « Le retour d'une inquiétante imposture : *Lili Marleen* et *Le Dernier Métro* », *Les Temps modernes*, 422, septembre 1981.

Au sujet de Shoah *de Claude Lanzmann*, Belin, 1990.

LANZMANN, Claude, *Shoah*, Fayard, 1989.

4. Mémoire juive, mémoire du génocide, mémoire du nazisme

« L'Allemagne, le nazisme et les juifs », dossier, *Vingtième Siècle. Revue d'histoire*, 16, octobre-décembre 1987.

« La Mémoire d'Auschwitz », dossier, *Esprit*, 9, septembre 1980.

« Mémoire du nazisme en RFA et RDA », dossier, *Esprit*, 10, octobre 1987.

« Penser Auschwitz », numéro spécial, *Pardès*, 9-10, 1989, sous la direction de Shmuel Trigano.

« La Querelle des historiens allemands vue de l'Est », dossier, *La Nouvelle Alternative*, 13, mars 1989.

L'Allemagne nazie et le Génocide juif. Colloque de l'EHESS, Hautes Études/Gallimard/Seuil, 1985 [chapitres sur les interprétations de Roger Errera, Amos Funkenstein, Pierre Vidal-Naquet et Claude Lefort].

L'Enseignement de la Choa. Comment les manuels d'histoire présentent-ils l'extermination des Juifs au cours de la Seconde Guerre mondiale, Centre de documentation juive contemporaine, 1982.

Devant l'histoire. Les Documents de la controverse sur la singularité de l'extermination des Juifs par le régime nazi, Passages/Cerf, 1988.

Mémoire du Génocide, recueil de 80 articles du *Monde juif* conçu par Serge Klarsfeld, Centre de documentation juive contemporaine/Association des « Fils et Filles des déportés juifs de France », 1987.

Le Procès de Nuremberg. Conséquences et actualisation, Bruxelles, éditions Bruylant-Université libre de Bruxelles, 1988.

ARENDT, Hannah, *Eichmann à Jérusalem. Rapport sur la banalité du mal*, Gallimard, 1966 (1re édition : 1963).

ARENDT, Hannah, *Les Origines du totalitarisme. I. Sur l'antisémitisme*, Calmann-Lévy, 1973 et Le Seuil, coll. « Points Politique », 1984.

ARON, Raymond, *De Gaulle, Israël et les Juifs*, Plon, 1968.

AYÇOBERRY, Pierre, *La Question nazie. Essai sur les interprétations du national-socialisme (1922-1975)*, Le Seuil, coll. « Points-Histoire », 1979.

BÉDARIDA, François (éd.), *La Politique nazie d'extermination*, IHTP/Albin Michel, 1989 [chapitres sur l'historiographie de François Bédarida, Philippe Burrin et Pierre Vidal-Naquet].

BIRNBAUM, Pierre, *Un mythe politique : « La République juive ». De Léon Blum à Pierre Mendès France*, Fayard, 1988.

DAWIDOWICZ, Lucy S., *The Holocaust and the Historians*, Cambridge/Londres, Harvard University Press, 1981.

ERLER, Gernot ; MÜLLER, Rolf Dieter et alii, *L'Histoire escamotée. Les tentatives de liquidation du passé nazi en Allemagne*, La Découverte, 1988, préface d'André Gisselbrecht.

FINKIELKRAUT, Alain, *L'Avenir d'une négation. Réflexion sur la question du génocide*, Le Seuil, 1982.

FINKIELKRAUT, Alain, *La Mémoire vaine. Du crime contre l'humanité*, Gallimard, 1989.

FRESCO, Nadine, « Les redresseurs de morts », *Les Temps modernes*, 407, juin 1980.

FRIEDLÄNDER, Saul, *Reflets du nazisme*, Le Seuil, 1982.

GROSSER, Alfred, *Le Crime et la Mémoire*, Flammarion, 1989.

HARTMANN, Geoffrey (éd.), *Bitburg in Moral and Political Perspective*, Bloomington, Indiana University Press, 1986.

HEINICH, Nathalie ET POLLAK, Michael, « Le témoignage », *Actes de la recherche en sciences sociales*, 62/63, 1986.

KASPI, André, « L'affaire des enfants Finaly », *L'Histoire*, 76, mars 1985.

KRIEGEL, Annie, *Réflexions sur les questions juives*, Hachette/Pluriel, 1984.

LAPIERRE, Nicole, *Le Silence de la mémoire. A la recherche des Juifs de Plock*, Plon, 1989.

LÉVY, Claude, « La Résistance juive en France. De l'enjeu de mémoire à l'histoire critique », *Vingtième Siècle. Revue d'histoire*, 22, avril-juin 1989.

LEWIN, Roland, « Paul Rassinier ou la conjonction des extrêmes », *Silex*, 26, 1984.

MAIER, Charles S., *The Unmasterable Past. History, Holocaust, and German National Identity*, Cambridge/Londres, Harvard University Press, 1988.

MARRUS, Michael R., *The Holocaust in History*, Hanovre/Londres, University Press of New England, 1987.

MÜLLER, Klaus-Jürgen, « La Résistance allemande au régime nazi. L'historiographie en République fédérale », *Vingtième Siècle. Revue d'histoire*, 11, juillet-septembre 1986.

POLIAKOV, Léon, *De Moscou à Beyrouth. Essai sur la désinformation*, Calmann-Lévy, 1983.

POLLAK, Michael, « Des mots qui tuent », *Actes de la recherche en sciences sociales*, 41, 1982.

POLLAK, Michael, « La gestion de l'indicible », *Actes de la recherche en sciences sociales*, 62/63, 1986.

ROUSSO, Henry, « La négation du génocide juif », *L'Histoire*, 106, décembre 1987.

RUBINSTEIN, Amnon, *Le Rêve et l'Histoire. Le sionisme, Israël et les Juifs*, Calmann-Lévy, 1985.

TAGUIEFF, Pierre-André, « La nouvelle judéophobie. Antisionisme, antiracisme et anti-impérialisme », *Les Temps modernes*, 520, novembre 1989.

VIDAL-NAQUET, Pierre, *Les Juifs, la mémoire et le présent*, Maspero, 1981.

VIDAL-NAQUET, Pierre, *Les Assassins de la mémoire. « Un Eichmann de papier » et autres essais sur le révisionnisme*, La Découverte, 1987.

VIDAL-NAQUET, Pierre, « Le défi de la Shoah à l'Histoire », *Les Temps modernes*, 507, octobre 1988.

WIEVIORKA, Annette, « Un lieu de mémoire : le mémorial du martyr juif inconnu », *Pardès*, 2, 1985.

WIEVIORKA, Annette, *Le Procès Eichmann*, Bruxelles, Complexe, 1989.

WIEVIORKA, Annette, *Les Livres du souvenir. Mémoriaux juifs de Pologne*, Gallimard/Julliard, 1983, en collab. avec Itzhok Niborski.

WINOCK, Michel, *Édouard Drumont et Cie. Antisémitisme et fascisme en France*, Le Seuil, 1982.

YERUSHALMI, Yosef Hayim, *Zakhor. Histoire juive et mémoire juive*, La Découverte, 1984.

Index général *

---

* Il comprend l'index des noms propres (individus ou organisations), des périodiques, des sigles, y compris ceux cités dans les notes, à l'exception des références, comme les noms d'auteurs, d'ouvrages, d'articles, etc. Quelques références thématiques portant sur le corps du texte (notes exclues) ont été sélectionnées à titre purement indicatif.

Table

COMPOSITION : CHARENTE-PHOTOGRAVURE
IMPRESSION : BRODARD ET TAUPIN
DÉPÔT LÉGAL MAI 1990. N° 12 157-2 (6663Q-5)